Library of
Davidson College

VOID

BURT FRANKLIN: RESEARCH & SOURCE WORKS SERIES 790
Essays in Literature and Criticism 148

ESSAI SUR L'HISTOIRE

DU

VERS FRANÇAIS

ESSAI SUR L'HISTOIRE

DU

VERS FRANÇAIS

PAR

Hugo P. THIEME

PRÉFACE DE M. GUSTAVE LANSON

BURT FRANKLIN
NEW YORK

Published by LENOX HILL Pub. & Dist. Co. (Burt Franklin)
235 East 44th St., New York, N.Y. 10017
Originally Published: 1916
Reprinted: 1971
Printed in the U.S.A.

S.B.N.: 8337-35063
Library of Congress Card Catalog No.: 70-168703
Burt Franklin: Research and Source Works Series 790
Essays in Literature and Criticism 148

Reprinted from the original edition in the Princeton University Library.

PRÉFACE

Mon cher ami,

Vous voulez que je présente votre livre au lecteur français. Je le fais avec plaisir ; car votre choix est une marque d'estime et d'amitié que vous me donnez. Mais vous n'avez pas besoin d'être présenté.

Quel est donc l'étudiant en littérature française — l'étudiant de vingt ans, ou l'étudiant de soixante ans qu'on appelle un professeur — qui n'a manié le « Thieme » ? Où est-il, celui qui n'a pas fureté dans ce riche et suggestif Guide Bibliographique de la Littérature française de 1800 à 1906 que vous avez si patiemment développé de l'embryon primitif ? Où est-il, celui qui ne s'est pas donné le plaisir de consigner en marge de votre livre une demi-douzaine de rectifications, tout fier d'avoir pris le « Thieme » en faute, et, au fond de lui-même (car le Français est juste), parfaitement conscient de ne pouvoir se passer un instant de vous dans l'étude du XIXᵉ siècle ?

Et quel besoin aussi a ce nouveau livre de recommandation ? Quiconque l'ouvrira, regardera la table des matières, ou parcourra l'introduction, reconnaîtra aussitôt la nouveauté de votre essai, et en devinera *l'immense utilité. Vous nous offrez une bibliographie raisonnée de l'histoire de la versification Française, un répertoire et des tableaux soigneusement ordonnés à l'aide desquels l'étude de n'importe quel problème du sujet deviendra facile, et qui auront encore la propriété de suggérer des études nouvelles à entreprendre.*

Mais vous n'êtes pas seulement un érudit, mon cher Thieme ; ou plutôt vous êtes un vrai, un excellent érudit : j'entends un érudit intelligent. Je ne sais pas pourquoi, en vérité, tant de gens chez nous s'obstinent encore à établir une opposition, et comme une incompatibilité, entre l'érudition et l'intelligence, le labeur et le talent. Ne donnons pas dans cette erreur qui tend à créer un préjugé en faveur de l'ignorance et de la légèreté.

L'érudition d'un esprit médiocre est quelque chose de médiocre, c'est sûr : mais l'ignorance d'un esprit médiocre, dira-t-on que c'est quelque chose de supérieur?

Savoir est un moyen de comprendre, et ce n'est pas seulement dans les sciences de la nature que vaut l'axiome de Bacon : « Quantum scit, tantum potest. »

Vous tâchez, mon cher Thieme, de ne rien ignorer du sujet où vous vous appliquez, afin de ne manquer aucune des idées vraies qui lui appartiennent. En lisant votre introduction et votre première partie, on sera charmé d'y trouver à chaque page des vues originales, fines, précises, ou larges. On sera tenté de dire que votre érudition par là est bien française ; mais ne vaut-il pas mieux dire qu'elle est tout simplement ce que l'érudition doit être en tous pays pour donner son propre et plein effet?

Je ne veux point ôter au lecteur le plaisir de découvrir lui-même une à une les idées qui font l'intérêt de votre essai. Mais ne puis-je dire au moins combien j'ai été frappé de vous voir vous refuser à séparer la versification de la vie pour la considérer abstraitement? Au contraire, vous insistez pour que l'on ne perde jamais de vue le rapport qui unit les formes successives du vers français à tous les états de civilisation que nous avons traversés, et vous montrez comment nos révolutions métriques et rythmiques se lient aux changements de notre goût, aux acquisitions de notre sensibilité, et même à nos transformations politiques et sociales. Vue philosophique et féconde qu'on n'était guère habitué à trouver dans les manuels de versification.

Je tiens aussi à signaler un jugement que vous avez porté, et auquel votre haute compétence donne un poids singulier. Nous sommes toujours gênés, nous autres Français, pour déclarer aux étrangers confiants dans leur savoir et leur jugement qu'il y a certaines choses dans la langue et la littérature françaises qu'un Français seul perçoit et qu'il a seul qualité pour apprécier. Nous faisons par politesse bien des concessions aux opinions et aux décisions exotiques. Aussi est-ce avec un vif plaisir que je vous entends dire qu'après tout « les Français eux-mêmes ont seuls le sens intime et subtil de leur propre vers et de son rythme ».

Vous faites bien voir l'opposition de la conception allemande et de la conception française de notre vers : les philologues d'outre-Rhin ramenant tout à l'accent et à la quantité, et chez nous le « principe logique-mathématique » dominant en général.

Vous évaluez avec une belle impartialité l'apport allemand et l'apport français dans cet ordre d'études ; et sans refuser à nos voisins leur mérite, vous nous dites clairement le nôtre. Merci. Nous qui fûmes jadis si chauvins, si contents de nous, nous avons besoin *aujourd'hui qu'on nous donne confiance en nous-mêmes. Soyez tranquille, nous n'en abuserons pas.*

Vous faites comprendre enfin combien les nouveautés, à leur heure, sont nécessaires, à quel point les plus violents révolutionnaires qui ont paru tout saccager, font l'effet, au bout d'un certain nombre d'années, de n'avoir jamais rompu l'attache à la tradition, et d'avoir tiré toute la substance de leurs plus téméraires créations des profondeurs même du génie national. Peut-être pourrait-on vous dire que dans le passé, bien des innovations ont avorté, que nous ne voyons plus que celles qui ont réussi, prouvant ainsi qu'elles n'étaient pas contraires aux principes de la vie; et que, de même, dans les tentatives des vingt ou trente dernières années, le temps fera le discernement de ce qui était français et viable. Soyons prudents à rejeter, prudents aussi à glorifier.

Cependant je crois avec vous que le vers libre est un enrichissement de notre système de versification, à condition qu'on y voie un élargissement, un complément de l'art traditionnel, et non pas une nouvelle loi qui abolit l'ancienne.

Je n'en finirais pas, mon cher ami, si je voulais causer avec vous de toutes les suggestions que fournit votre livre ; et je m'en voudrais d'occuper trop longtemps le lecteur qui veut s'instruire auprès de vous.

Mais il faut bien que je lui dise un mot de ce que, depuis tant d'années, vous faites pour la culture française, dans la grande Université de Michigan, au cœur de cette région lointaine et pour nous presque fabuleuse des Grands Lacs, où la France avait pénétré jadis par ses soldats, ses pionniers, ses trappeurs, ses missionnaires, et puis, pendant plus d'un siècle, ne pénétra plus du tout. Seuls quelques noms de lieux — villages, rues de villes, îles ou caps — la rappelaient : Belle Isle, Bois Blanc, Saint-Clair, Pontchartrain, sont les noms qui frappaient mon oreille, quand je débarquai à Détroit. Mais peu à peu la France est rentrée dans votre Ouest américain : elle est rentrée par ses écrivains, son esprit, sa civilisation. Et de ce rappel, nous devons rendre grâces à bien des individus et bien des sociétés, mais à personne plus qu'au groupe des professeurs du département français de l'Université de Michigan.

Je n'oublierai jamais ma visite à cette charmante cité d'Ann Arbor, toute pleine d'arbres et de verdures, où est installée l'Université ; votre si cordial accueil dans votre délicieux cottage de Geddes Heights ; et l'exquise soirée que nous avons passée ensemble, avec les membres américains et français du département que vous aviez priés de venir causer avec moi de la France. J'ai, ce soir-là, retrouvé la patrie au milieu de la chaude sympathie qui s'attachait à toutes les choses de France, et dans la fine intelligence dont elles étaient saisies. On ne s'apercevait peut-être qu'on n'était pas en France qu'à un signe, c'est que l'on n'y disait pas du tout de mal de nous.

Je vous ai revu depuis à Paris, mon cher Thieme, aux heures tragiques du commencement de septembre 1914, quand, après vos vacances passées chez nous, vous étiez rappelé dans votre pays par vos obligations professionnelles. Je me souviendrai toujours en quels termes simples et profonds, selon votre discrète manière, vous me dîtes votre affection pour ma patrie, votre douleur du droit violé, vos souhaits, votre espoir. Je ne révélerai pas — vous ne le laisseriez pas publier — que vous n'en êtes pas resté aux paroles ; et je tairai la délica-

tesse ingénieuse que vous avez à plusieurs reprises employée à dissimuler les généreux élans de votre humanité.

S'il est vrai — comme je le crois — que l'on n'obtient la connaissance intime des choses et des âmes que par la sympathie (une sympathie éclairée, bien entendu, et qui, au lieu d'aveugler le sens critique, le stimule et le guide), alors, mon cher Thieme, vous nous connaissez vraiment à fond ; et je ne m'étonne plus de la justesse pénétrante de votre érudition.

Paris, le 6 mars 1916.

GUSTAVE LANSON.

INTRODUCTION

Quoiqu'on ait publié de nombreux ouvrages touchant divers points de la versification française et en dépit même de l'abondance des prétendues histoires et des traités de versification, personne encore n'a présenté ce sujet comme il conviendrait. L'histoire proprement dite de la versification française dans ses phases multiples, les divers aspects sous lesquels il convient de l'aborder, la complexité de ses principes ou de ses qualités rythmiques, les différentes controverses qui ont contribué d'une manière si considérable à l'évolution de la structure du vers français, son véritable cadre historique, tout cela n'a pas été pris suffisamment en considération par ceux qui se sont essayés à l'histoire de la structure du vers français dans toute son étendue. Nul n'a, jusqu'à ce jour, fait ressortir les aspérités, la complication, la multiplicité des domaines qui dépendent de celui de la versification, surtout de la versification française ; nul n'a davantage donné une analyse consécutive de la bibliographie, indiquant ce que chaque auteur a ajouté au sujet, ou l'importance et la tendance des différents ouvrages, les différentes divisions qui ont partagé les critiques, l'essence ou la portée des travaux des érudits des diverses nationalités, le rôle, vraiment considérable des traités et des essais du xviie et surtout du xviii° siècles, la signification des Arts Poétiques et les périodes de leur évolution jusqu'au récent traité de versification, la nature et les caractères de l'œuvre accomplie à la fin du xix° siècle, enfin l'influence réciproque et le lien entre tous ces objets et la civilisation française en général.

Jusqu'à présent tous les traités n'ont vu dans la versification qu'un sujet isolé, comme si elle n'était pas une partie intégrante du développement général de la culture française, un chapitre de l'histoire littéraire de la France, une manifestation esthétique du génie français aussi bien que l'art ou la musique.

Voilà seulement quelques-uns des sujets et des nombreuses questions qu'il faut envisager et étudier à fond pour écrire une véritable histoire de la versification française.

L'objet de cet ouvrage n'est pas de composer un manuel ou un recueil de règles, de s'attacher à des détails de métier, de prononcer des sentences d'excommunication ou de parti pris, de peser méticuleusement les règles ou les principes, ni d'examiner de trop près des questions individuelles de versification, mais plutôt de donner un aperçu de ce qui s'est passé, de ce qu'on a déjà fait, de ce que chacun a apporté d'original, de faire connaître les éléments dont on doit disposer pour l'étude d'un sujet si complexe, de montrer, depuis les premières origines jusqu'aux dernières évolutions, le point où l'on en veut venir, de suggérer des idées pour des travaux encore à faire et en général d'indiquer combien la versification française est intéressante, ardue, variée, d'éveiller et de stimuler l'intérêt pour un sujet qui, après avoir passionné le monde littéraire et savant, semble tombé dans une indifférence presque complète.

Incontestablement l'une des raisons pour lesquelles si peu d'auteurs qui ont traité ce sujet ont saisi la nature véritable, les principes fondamentaux, le rythme général du vers français, est qu'ils ne l'ont pas envisagé comme l'un des facteurs du développement général de la culture française, mais isolément. Les trois quarts peut-être du travail accompli concernent purement le mécanisme, le squelette et, en tant que tels doivent être considérés comme le labeur préliminaire de celui qui veut entreprendre la tâche plus étendue d'écrire véritablement l'histoire de la versification française. Cet ouvrage a pour but de préparer la voie à cette œuvre plus vaste et de la rendre possible.

Chaque étudiant doit pour chaque sujet compléter lui-même la bibliographie. Quiconque s'est occupé de cette question et n'a pas simplement recueilli ce que d'autres avaient préparé se rendra compte qu'il est impossible d'être complet. On espère cependant que toutes les indications importantes auront été à peu près données.

Peu de gens saisissent le vers français et peu de gens s'y intéressent tant soit peu, ce qui paraît tout naturel. Beaucoup d'étrangers particulièrement abandonnent tout espoir de jamais parvenir à le saisir et finalement se persuadent qu'on n'y peut trouver ni rythme, ni harmonie, tels du moins qu'ils en goûtent dans leur propre langue. La raison en est très apparente, quand on étudie l'évolution du vers français. Le développement de la structure, des règles, de la technique, de même que les changements du sujet dans la poésie française ont toujours suivi de près les diverses manifestations du génie national, artistiques aussi bien que politiques, et l'on peut dire qu'ils sont le reflet fidèle de toute son évolution.

Au XVIe siècle le vers était libre, imparfait, personnel et spontané ; au XVIIe siècle il suivit la tendance générale à la discipline et à tout ce qu'elle implique ; le XVIIIe siècle s'écarta des règles inflexibles pour plus d'indépendance et finalement le XIXe siècle lui rendit sa liberté totale, son individualité, sa spontanéité et même l'imperfection de sa forme. Cette évolution correspond exactement à ce qui s'est passé dans toute autre branche de l'activité artistique.

Si donc la versification française sous son aspect le plus étendu est un miroir fidèle du génie français, elle doit également refléter les qualités essentielles qui caractérisent chaque phase de production; c'est ce qui a lieu. La qualité essentielle et primordiale, celle qui est si aisément perçue dans l'art français et la prose française, la perfection technique, semble échapper à la plupart des amateurs de poésie des autres nations, quoique l'un et l'autre lui doivent leur réputation.

Ces qualités techniques se sont perfectionnées à un tel point dans la poésie moderne qu'il n'appartient de les saisir qu'à un nombre restreint de Français mêmes. Il en fut ainsi des innovations techniques de Victor Hugo. Ce haut développement ne caractérise pas seulement la poésie, mais encore se retrouve dans la musique et dans l'art. La compréhension du vers français à n'importe quelle époque suppose toujours la compréhension des harmonies complexes du son, de la couleur et de la ligne et aboutit infailliblement à un sens correct de la prononciation, à une connaissance exacte de la valeur des mots et du singulier pouvoir de leur agencement, à la distinction délicate des sons et au goût de la prose française. Les Français eux-mêmes sont naturellement les juges les plus sûrs et les plus sensibles de leur propre technique, et il semble absurde de les accuser de n'avoir pas de rythme dans leur vers. Cependant à chaque période de développement et de changements il se trouvera de nombreux Français pour accuser leurs poètes de détruire l'essence même du rythme et la nature propre du vers français, qui plus tard proclameront ces mêmes poètes de grands génies. Avant de pouvoir rénover et élargir suivant les idées et la vie modernes la technique ou le mécanisme du vers, il fallait que l'ancienne forme fût brisée, qu'il y eût une liberté complète et que chaque trait personnel, chaque tendance fussent rendus possibles. Cela a toujours impliqué la grande bataille avec la tradition, l'autorité, l'Académie. Il y a toujours eu les révolutionnaires contre les réactionnaires ou gardiens de la tradition.

On n'a obtenu des concessions que par la force, la violence, l'exagération. Durant ces périodes de révolte l'on a toujours soutenu que l'étranger était derrière, mais comme dans la dernière phase précisément du développement de la poésie française moderne, l'on découvrira que les innovations véritablement légitimes, celles qui étaient raisonnables et dans les limites de l'art et qui reflétaient le génie français émanaient des Français eux-mêmes. Aucun étranger ne possède une oreille aussi délicate, aussi sensible et sûre pour saisir l'harmonie de la musique et l'esprit de la poésie française que le Français lui-même. Il en est de même de toute autre nation. Toutefois la nature rythmique du vers français est si subtile, si fugace, si vague et indéfinissable, pourtant si entraînante, si réelle et satisfaisante une fois saisie, qu'il doit toujours appartenir aux Français eux-mêmes de décider avec leur sens infaillible de la précision et de la mesure, ce qu'est leur rythme, jusqu'à quel point il peut évoluer, et quels doivent être les principes de leur versification.

Les conditions ont varié pour chaque période de l'histoire de la versification française. Il faut les étudier, ce qui conduit à l'examen d'ouvrages qui en eux-mêmes n'ont rien à voir avec la versification proprement dite, mais qui peuvent servir à faire connaître les conditions dans lesquelles la versification française s'est développée. Si nous trouvons dans la poésie des traits tels que le style brisé, des lambeaux de phrases, des passages d'harmonie imitative, un rayon de lumière çà et là, des adjectifs séparés de leurs substantifs, des verbes retranchés de tout l'édifice, une confusion générale de la grammaire et le vague de l'expression et si nous comparons cela aux procédés analogues, en peinture dans la distribution des couleurs et l'alignement des traits et des lignes, en musique dans les harmonies voisines et l'introduction des dissonances imitant les propres modes et les propres manifestations de la nature, nous nous convaincrons qu'il existe une cause qui produit un état d'esprit, une condition physique et mentale qui sont non seulement capables de produire ces phénomènes, mais encore constitués de telle sorte que ces moyens d'expression soient naturels. Nous admettons aujourd'hui ce qu'il y a dix ou quinze ans l'on considérait comme monstrueux. Une transformation doit donc s'être opérée en nous. L'on ne peut considérer les tendances modernistes de chaque âge comme sans discipline et sans lois. Elles sont des manifestations d'hommes qui se trouvent liés par des traditions qu'ils ne peuvent rejeter complètement. Les poètes et les musiciens du jour font de l'oreille et les artistes des yeux les arbitres de leurs créations. En théorie il n'y a de règles, de traditions, de lois que celles de chaque individualité. Est-ce que le vers moderne est un vers sans art et la peinture un dessin sans lignes ? C'est ce qu'affirment ceux qui ne sentent pas, n'entendent pas et ne voient pas comme les poètes, les musiciens et les artistes d'aujourd'hui. L'équilibre, la mesure, l'harmonie, la précision, la logique, la perfection de la forme, la clarté ont toujours été les caractéristiques de l'activité française. L'on peut donc se demander s'il est possible qu'elles soient rejetées sans merci ? L'on peut aussi se demander si elles sont rejetées le moins du monde et si ceux qui ne saisissent pas les manifestations modernes et les condamnent par conséquent, ne sont pas incapables de comprendre une transformation qui implique des facultés poussées plus loin et plus haut que la moyenne du temps.

Est-ce que ces hommes ne sont pas des génies? L'avenir l'a prononcé en leur faveur et il en fera certainement de même pour ceux qui sont les derniers des derniers. Si l'on étudie et si l'on pèse convenablement ces considérations, l'on se rendra certainement compte de la difficulté et de la complexité que présente la réduction d'une véritable histoire de la versification française.

Les difficultés les plus concrètes ou évidentes sont aisément surmontées ; elles se rapportent à des sujets tels que l'étude approfondie de la grammaire française, de la prose, de la nature et des origines de la langue, des étapes de sa séparation du latin, l'essence et l'histoire de la poésie française, la prononciation, la rhétorique, la différence entre la prose et le vers, les raisons pour lesquelles la compréhension de la poésie française aide à celle de la prose, les controverses sur divers sujets, la nature de l'œuvre des lettrés des différentes nations et une comparaison entre eux, la phonétique, la physiologie des organes vocaux, la philologie, car l'esthétique poétique comprend un grand nombre de sujets ardus, l'histoire générale des règles ou le mécanisme aussi bien que les principes fondamentaux, comme la rime, le nombre des syllabes, qui impliquent l'accent et la quantité en tant qu'éléments du rythme, et un nombre presque illimité d'autres sujets sur chacun desquels l'on a déjà écrit quelque livre ou quelque article. Le plan de ces divers sujets avec leurs divisions et leurs subdivisions serait comme un filet aux mailles inextricables.

Au lieu de suivre la division habituelle en chapitres sur les origines, les différentes règles, l'accent, le rythme, etc..., l'on peut adopter un plan qui grouperait tous les sujets sous des dénominations comme celles-ci : histoire et culture, esthétique et psychologie, mécanisme et statistique, physiologie et phonétique. Dans l'un ou l'autre de ces groupes chaque sujet pourrait facilement trouver sa place propre : par exemple Barat, 1904, dans le groupe historique et Braunschvig, 1904, dans le groupe esthétique.

L'un des sujets les plus intéressants et peut-être le plus

épineux de tous est celui du rythme qui a déjà donné matière à tant de discussions. L'on a reconnu au rythme des caractères qui relèvent de l'accent, de la quantité, de la logique, de l'alternance, de la physiologie et de la psychologie. L'on peut distinguer deux écoles ; les Français étant en général opposés aux étrangers et surtout aux Allemands. Les lettrés français se sont querellés entre eux, de même que les lettrés allemands, mais leurs divergences ne sont pas aussi fondamentales que celles qui séparent les Français des Allemands. Dans l'ensemble les Français se refusent à prendre l'accent pour base de leur rythme, quoique récemment un certain nombre aient été conquis à cette théorie grâce aux expériences faites avec les instruments phonétiques.

Quoi qu'il en soit, le principe logique-mathématique est encore celui qui convient le mieux au génie français. Mais cette interprétation même est loin d'être claire, satisfaisante et décisive.

En effet la nature exacte du rythme dans la poésie française reste encore à définir. La conception allemande de la versification française est presque toujours contraire à l'esprit du vers français, au génie français et aux manifestations de la culture française ; elle repose simplement soit sur l'accent, soit sur la quantité.

Les Français qui ont adopté le principe de l'accent sont influencés par la culture étrangère, ou bien suivent la tendance actuelle de tant de Français à s'adapter aux habitudes et aux conceptions étrangères. L'on doit considérer les noms de Lubarsch, Foth, Stengel, Diez, Saran, Wulff, Aae, Rudmose-Brown, Guilliaume, etc., en regard de ceux de Becq de Fouquières, Guyau, Tisseur, Eichthal, Le Goffic, Lanson, Grammont, de Gourmont, de Souza, Dorchain, etc. D'ordinaire les lettrés étrangers accusent les lettrés français de confondre le rythme schématique avec le rythme phraséologique. Ce que cela veut dire est exprimé de différentes manières et plus ou moins clairement par les différents critiques. Quand on fera le bilan de tout ce travail, l'on découvrira que pour les recherches techniques, mécaniques, statistiques et historiques, la balance penche fortement du côté allemand; mais que pour l'œuvre esthétique, théorique, spéculative et originale, elle est toute du côté français. A un point de vue impartial, après un examen attentif de ces travaux, il devient évident que les Français eux-mêmes ont seuls le sens intime et subtil de leur propre vers et de son rythme, de même qu'ils ont été des guides infaillibles dans leurs innovations hardies dans l'art et la musique. Jusqu'à présent les étrangers n'ont pas saisi la nature indéfinissable et complexe du rythme des vers français. En dépit de l'œuvre admirable de savants comme Stengel et Saran, il reste encore à un Français d'écrire en toute connaissance de cause l'histoire de sa propre versification.

Dans la bibliographie le but a été autant que possible d'évaluer chaque ouvrage, de déterminer son importance, sa nature, son apport, sa valeur générale, naturellement en se basant pour chacun sur l'époque de son apparition. L'on n'a nullement cherché à donner une liste complète, même partielle, des références pour des sujets tels que la ballade, le sonnet, etc., ou pour les livres avec un aperçu général des conditions du temps, de l'état de la civilisation, etc. Pour ces sujets l'on a donné seulement les références qui d'une manière ou d'une autre intéressent particulièrement la versification et ont été plus ou moins souvent mentionnés dans la bibliographie de ce sujet. Dans la bibliographie des sujets spéciaux l'on verra que les références s'enchevêtrent fréquemment; par exemple, nécessité de réformes et réformes accomplies; accent, rythme et principes. Dans certains cas, en renvoyant à des dates et des noms, la référence peut signifier que dans l'ouvrage de telle date l'on traite le sujet en question; par exemple: 1900, Wulff, à la mention Rostand, veut dire qu'il a dans cet ouvrage un chapitre important pour l'étude de Rostand. Une bibliographie de la versification française, telle que le présent essai, aurait été pratiquement impossible sans l'aide de publications telles que *Romania, Zeitschrift für Romanische Philologie, Ztz. für Neufranzœsische Sprache und Literatur, Kritischer Jahresbericht der Romanischen Philologie* de Kœrting et les diverses bibliographies qui se trouvent dans les thèses, les traités, etc. Il n'y avait pas grand'peine à vérifier ces nombreuses références, excepté quand il s'agissait de publications périodiques, et il est bien certain que beaucoup d'excellents articles ont échappé. L'on peut pour ainsi dire tout trouver à la Bibliothèque Nationale et quiconque entreprendra de vérifier cette bibliographie sera forcé d'y travailler. Si cet ouvrage peut servir, son but aura été atteint.

Je désire témoigner ici à M. Abel Doysié toute ma gratitude pour la traduction qu'il a faite de cet ouvrage de l'anglais en français.

Hugo Paul Thieme.

Paris, 1914.

CHAPITRE PREMIER

Conditions favorables ou défavorables à la versification

Pour porter un jugement sur la versification française dans toutes ses ramifications il faut naturellement connaître et pouvoir juger la civilisation française. L'on a publié des livres de diverse nature qui contiennent des chapitres sur quelque branche de la versification, les uns sous forme d'études sur différents auteurs ou groupes d'auteurs, les autres sur une période définie de l'histoire de la versification ou tout un siècle. Ce peuvent être des Réflexions, des Critiques, des Essais, des Grammaires, etc., dont on peut tirer directement des renseignements soit sur les vers, soit sur le travail accompli en cette matière et les conditions dans lesquelles il s'est fait. Les livres de cette espèce sont innombrables. L'on n'a donc renvoyé qu'à ceux qui sont fréquemment mentionnés dans la littérature du vers. L'on ne doit donc pas s'étonner de remarquer l'absence de beaucoup d'ouvrages importants, puisque le choix a été basé sur ce que l'on a considéré comme un apport distinct au sujet de la versification. Des sujets comme l'orthographe primitive, la ponctuation, les diphtongues, les voyelles, la prononciation et la syntaxe devraient naturellement avoir place.

Comme presque toutes les discussions durant la période de

formation et au xvi⁰ siècle se rapportaient à la définition des termes, à la création de la technique ou du mécanisme du vers, l'on s'est tourné, à mesure que cette partie est devenue fixe ou définie, vers l'édiction de règles strictes et précises, la copie des modèles, la discipline et l'ordre.

Cela a été l'œuvre du xvii⁰ siècle. L'on a commencé à mettre en doute la valeur de cette réglementation sévère et exigeante dès le début du xviii⁰ siècle. Au lieu d'appliquer leur génie ou leur talent à fixer le mécanisme du vers, les critiques et les poètes de ce siècle ont porté leur attention sur la discussion plus étendue et plus profonde du rapport entre le sujet et la forme. Deux questions préoccupaient avant tout les écrivains qui traitaient du vers au xviii⁰ siècle : la rime, ce qui impliquait les principes mêmes du vers français, et la comparaison entre les anciens et les modernes. L'on avait discuté ces sujets bien avant le xviii⁰ siècle, mais non pas si complètement, comme ce n'étaient point alors les questions principales.

Ce n'est que peu après la Révolution que les lettrés se sont mis à scruter les principes du vers français et ce sujet a été agité sous une forme ou sous une autre jusqu'au temps présent. Il comprend la rime, le rythme, l'esthétique du vers et ses origines, principalement.

Le premier ouvrage qui résume les conditions et les questions du moment et devient par conséquent d'une valeur toute particulière pour l'étude de la poésie et de la versification en raison des lois et des conseils qui s'y trouvent, est celui de Du Bellay, 1549. Il a donné lieu à de nombreuses critiques et a été le point de départ des querelles littéraires. Un grand nombre des détails qui peuvent servir à la connaissance des conditions de l'époque et aussi de la langue française par rapport à ses qualités en comparaison de l'Italien se trouvent dans Pasquiers, 1560, et dans Vaugelas, 1647, pour ce qui est de la grammaire, tandis que Mervesin, 1706, résume la part de Marot dans le développement de la versification, ainsi que l'influence de Malherbe, en montrant avec netteté que la poésie de son temps avait dégénéré en négligences, trivialités, élégance superficielle et que le moment était venu d'un retour à la poésie plus naturelle et plus facile. Des renseignements de même nature se trouvent dans Mlle de Gournay, 1626, dans Massieu, 1739, et dans Rigoley de Juvigny, 1772, mais avec l'avantage d'embrasser des champs respectivement plus vastes.

Au XIXe siècle nombreux sont les ouvrages qui donnent un résumé des conditions soit pour un siècle soit pour plusieurs et chacun possède quelque trait particulièrement intéressant. L'on peut consulter avec profit Chasles, 1828, pour l'influence de l'Italie sur la France au XVIe siècle, tandis que Sainte-Beuve, 1828, est surtout précieux pour l'appréciation des tentatives des poètes et les raisons pour lesquelles tout aurait dû être comme il a été. Génin, 1845, laisse une notion précise de la relation étroite entre les transformations de la langue et les règles de la versification, alors que Wey, 1848, donne à peu près les mêmes renseignements et fournit une excellente base pour l'étude des conditions dans lesquelles les règles de versification ont pris naissance, ont fleuri et régné et du rôle qu'elles ont joué dans l'évolution de la langue, de la littérature et de la culture. Littré, 1863, est surtout utile pour ses aperçus d'autres œuvres, telles que celles de Scoppa, Quicherat, Meyer, Diez et aussi pour la connaissance de la nature du vieux vers français. Egger, 1869, résume l'influence grecque et latine, Darmesteter et Hatzfeld est d'un secours inappréciable pour l'étude du XVIe siècle. L'on n'a jamais exposé avec plus de clarté la portée, l'influence et le rôle de sa formation et des changements de la langue par rapport à la versification qu'Aubertin, 1882.

Un ouvrage d'une valeur particulière pour l'ensemble de ce

qui constitue la poésie, son art, sa signification, son action sur la civilisation, son importance et son influence dans la vie du temps est celui de Bourcier, 1886. L'on doit consulter Allais, 1891, pour Malherbe et son temps. D'autres travaux d'un intérêt particulier pour l'étude des conditions au xviie siècle sont ceux de Du Bos, 1719, Remond de S. Mard, 1734, et sa critique par Nicolas, tandis que celui de Souriau, 1893, s'attache exclusivement à la technique, à l'observance ou la non-observance des règles par les grands poètes du xviie siècle.

Une étude analogue à la précédente pour les poètes du xviiie siècle est celle de Mornet, 1907. L'on peut mentionner quelques-uns des ouvrages les plus importants qui traitent de l'ensemble des conditions au xixe siècle : Nebout, 1895, Boschot, Rosières, 1896, Vigié-Lecocq, 1897, Barat, 1904, Souza, 1906, Sauvebois, 1908.

L'étude des grammairiens des xvie et xviie siècles est particulièrement utile pour se rendre compte de la versification française, car ils montrent clairement le lien étroit qu'il y a entre les changements dans l'orthographe, les accents, la ponctuation et ceux dans le mécanisme du vers. Certains renferment des chapitres sur la versification, certains un traité à la suite de la grammaire, d'autres s'étendent sur les questions des accents, de la quantité, etc. Toutes ces grammaires pour ainsi dire ont été écrites sous l'influence classique et par conséquent jouent un rôle important dans la question capitale de ces deux siècles, la querelle des anciens et des modernes.

Celles qui sont le plus souvent citées sont celles de Dolet, 1540, Meigret, 1542, Ramus, 1562, Bèze, 1579, Estienne, 1584, Broutesauge, 1620, Vaugelas, 1647, Chifflet, 1659, Ménage, 1672, Régnier-Desmarais, Dangeau, 1717. L'on a déjà mentionné des études générales comme celles de Génin, Wey et Littré. Il y a un nombre presque illimité de livres et d'études qui intéressent indirectement la versification au point de vue du rythme, de la quantité, de l'accent, etc.

Citons Humbert, 1878, Gengnagel, 1882, Hossner, 1886, Schwan et Prinzheim, 1890, Wallenskœld, 1908, etc.

L'on verra que chacun est d'une valeur particulière suivant la nature du sujet.

CHAPITRE II

Bibliographie

Jusqu'à présent aucune tentative n'a été faite en vue de donner, même d'une manière partielle, une bibliographie de la versification française. Ce qui existe peut aisément être reparti entre ces groupes suivants : a) les Bibliothèques Françaises qui traitent des livres, des chapitres de livres, ou des articles sur des sujets tels que la rime, la poésie et la prose, les anciens et les modernes, les vers mesurés et les arts poétiques. Elles apparaissent avant le xixe siècle et c'est d'elles que la plus grande partie de nos renseignements bibliographiques ont été tirés tout d'abord ; b) un certain nombre de traités de versification qui ont accordé plus ou moins de place aux ouvrages précédents, mais ils n'ont relativement que peu d'importance ; c) des volumes de critique, de réflexions sur la poésie, d'essais, d'études ou de recherches sur certains sujets qui présentent un résumé de quantité de théories avancées par les auteurs ou les savants. Mais ces derniers donnent rarement des indications exactes et sont par conséquent plus souvent embarrassants qu'utiles ; d) au cours des dernières années il a été publié des études et des éditions des arts poétiques primitifs qui contiennent d'ordinaire des renseignements bibliographiques très précieux, mais sur les manuscrits, les diverses éditions, la comparaison des Arts Poétiques et l'importance de tel ou tel, plutôt que sur la bibliographie même en temps que guide ; e) les bibliographies sur des sujets particuliers tels que la prononciation, le sonnet, etc. ; f) les listes bibliographiques pures et simples.

Ces différents groupes permettent de concevoir aisément que la question de la bibliographie embrasse aujourd'hui un champ très étendu et qui compte de nombreuses ramifications ; qu'elle peut être soit uniquement énumérative, soit critique, soit analytique, soit bibliographique ; c'est-à-dire soit une compilation, soit une discussion et une appréciation de la matière ou des éléments d'un sujet déterminé. Cet ensemble est l'un des objets du présent ouvrage, et puisqu'on ne saurait prétendre être complet, tout au moins pourra-t-il servir de point de départ.

La Bibliothèque de La Croix du Maine, 1584, rééditée en 1772 par Rigoley de Juvigny, celles de Sorel, 1664, et de Goujet, 1740-1756, sont les ouvrages les plus importants de cette nature avant le xixe siècle. Goujet est d'un prix inestimable en raison de sa plénitude, de sa variété, de ses jugements et de ses comparaisons. On trouve une liste des auteurs des Arts Poétiques avec une courte appréciation de leur valeur dans Richelet, 1671, qui est loin d'être aussi complet, ni aussi important que les *Jugemens des Savans* de Baillet, 1685-1689. Il y a dans le second volume trois chapitres, pages 41-72, sur les jugements des principaux auteurs qui ont traité de l'art poétique, contenant environ soixante-cinq citations plus ou moins exactes, accompagnées de critiques assez curieuses. Sans aucun doute Goujet a beaucoup emprunté à Baillet, mais en le développant à un tel point que le premier a été presque totalement oublié. La Croix, 1694, renferme, en outre d'une liste de vingt auteurs qui ont écrit sur la poétique française, les noms de vingt poètes anciens, ceux de soixante des poètes modernes les plus illustres, de dix-neuf auteurs dramatiques et de leurs ouvrages, de neuf moindres noms et de neuf noms moindres encore parmi lesquels se trouve celui de Corneille. Gaullyer, 1728, donne à la fin de son avertissement une liste de peut-être douze auteurs qui ont écrit sur les Arts Poétiques. Il ressort de tous ces renseignements bibliographiques, qui ont paru avant 1740, que Goujet avait de nombreux éléments à sa disposition, mais il sut s'en servir et la Bibliographie démontre qu'il a touché tous les sujets dont le xviii° siècle s'est occupé.

Un ouvrage en deux volumes, très peu connu, qu'on ne trouve mentionné nulle part, *Querelles littéraires*, 1761, de l'abbé A. S. Irailh (attribué à l'abbé Raynal) présente d'admirables résumés de différentes questions telles que la querelle des anciens et des modernes, la versification et la rime ; il résume en présentant les arguments des deux parties la question du vers sans rime et de la poésie sans vers ; les querelles entre l'Université de Paris et les religieux mendiants, Port-Royal et les Jésuites, l'Encyclopédie et l'anti-encyclopédie, Marot et la Sorbonne, Furetière et l'Académie française, etc. L'ouvrage de Lacombe, 1766, traite exclusivement des querelles de Voltaire. Les divers ouvrages de Scoppa, 1811-1815, contiennent des indications çà et là, tandis que Daru, 1813, donne l'analyse des treize ouvrages présentés au Concours de 1813. Le sujet des vers blancs et de la rime, adversaires et partisans, est véritablement épuisé par Bonaparte (Saint-Leu) 1825, de même que les treize traités du concours de 1813. Le *Catalogue* de Viollet-le-Duc, 1843, contient beaucoup de précieux renseignements sur les Arts Poétiques et les Dictionnaires de rimes, ainsi que sur les collections poétiques jusqu'au xviii° siècle. Cet ouvrage mériterait d'être plus connu en raison des indications qu'il fournit au sujet des livres obscurs.

Les métriciens, les critiques et les grammairiens primitifs forment le sujet d'un chapitre spécial dans Wey, 1848, et Egger, 1869. On trouve dans Thurot, 1881-1883, une précieuse bibliographie sur la prononciation, les grammaires, etc. Pellissier, 1882, est le premier qui ait étudié les Arts Poétiques

primitifs. Il fut suivi par Zschalig, deux ans plus tard par
Rücktæschel, 1889, et Langlois, 1890. L'édition de Vauquelin
par Pellissier, 1885, renferme une précieuse étude des Arts
Poétiques dans leur ensemble et leur dépendance réciproque.
On trouve la même chose dans Delaporte, 1888, et Chamard,
1904. Il y a une bibliographie très complète de l'ancienne littérature française, la littérature épique en particulier, dans
Nyrop, 1886. L'on verra une analyse et une description des
principaux ouvrages qui ont trait à la quantité et au vers
mesuré dans un livre peu connu, mais très neuf et très original, Ricard, 1887 ; et les principales théories de l'accent dans
Holborn, 1905. Hecq et Paris ont publié en 1896 une Poétique
française qui contient le titre et la substance des principaux
traités de poésie française, avec des exemples des diverses sortes de poèmes. Van Bever et Léautaud, 1900, 1909, fournissent
beaucoup de renseignements sur les Symbolistes et le vers libre
modernes. L'étude la plus remarquable des tout premiers Arts
de Seconde Rhétorique est celle de Langlois, 1902, qui restera
très probablement comme le modèle de tous les travaux de
cette nature à l'avenir. Une bibliographie fort complète est
fournie sur le sonnet par Vaganay, 1902 ; sur la strophe par
Martinon, 1912. *Der Rythmus*, etc., de Saran, 1904, est un
ouvrage unique en son genre. L'auteur discute, analyse et
apprécie toutes les théories qui ont été avancées sur les principes de la versification française dans leur ordre chronologique. La question de l'origine du décasyllabe en France et en
Europe est abondamment traitée par Thomas, 1904. L'on doit
consulter les ouvrages de Wulff, 1900, Saran, 1904, Rudmose-
Brown, 1905, Aae, 1909, pour la discussion des principes de la
versification française, et Brunot, 1892, *Revue Universitaire*,
Mornet, 1907, Thieme, 1907, Lanson, 1909-1912, pour une
bibliographie générale. L'on doit mentionner particulièrement
les comptes rendus réguliers de Métrique Romane de Sten-

gel dans le *Kritischer Jahresbericht der Romanischen Philologie*, 1890 et dans *Verslehre*, 1893.

On peut citer beaucoup d'autres livres et d'articles contenant des bibliographies, des ouvrages allemands principalement, et des publications périodiques telles que la *Romania*, *Zeitschrift für Romanische Philologie* et *Zeitschrift für Franz. Sprache und Literatur*. La plus grande difficulté dans l'étude de la bibliographie est le contrôle des indications, surtout en ce qui concerne la versification à laquelle les bibliothèques accordent généralement peu de place. La plupart des livres contenus dans cette bibliographie ont été consultés à la Bibliothèque Nationale. Il n'en a pas été de même des périodiques qui présentent des difficultés plus grandes encore, les périodiques modernes particulièrement.

Pour les vérifier l'on a dû recourir à de nombreuses bibliothèques et à diverses méthodes.

CHAPITRE III [1]

Les Arts Poétiques

Les Arts Poétiques sont les avants-coureurs ou la base de toute question de versification. Ils reflètent également avec fidélité l'état de la littérature et de l'esprit littéraire, même les changements de civilisation au cours de chaque siècle, et c'est d'eux que l'on apprend les sujets qui étaient en discussion et ce qui occupait le plus les hommes de lettres aux diverses époques de l'histoire littéraire de la France. Leur étude permet de se rendre compte aisément : 1° du lien étroit, jusqu'à la Révolution, entre l'antiquité classique et l'ensemble du système d'éducation adopté en France ; 2° du point jusqu'auquel le grec et le latin étaient connus et estimés ; 3° de l'étroitesse de la discipline à laquelle les Français étaient astreints, du rôle que jouaient les Arts Poétiques, et plus tard de la part considérable qu'ils prirent au renversement de cette discipline. Les Arts Poétiques ont été les premiers ouvrages de critique et les premiers guides littéraires. Après la grande période épique durant laquelle le contenu ou le récit a plus d'importance que la forme, la poésie légère, telle que la poésie lyrique, fait son apparition et avec elle c'est la forme qui prend le plus d'importance. Voilà ce qui constitue le fond des Arts Poétiques ; ils analysent les divers éléments de la forme et peu à peu deviennent les canons et le guide des poètes. En réalité leur tâche paraît avoir été de décourager le côté artificiel, purement technique, vide, fastidieux, sans caractère, le côté

1. (p) = périodique.

exclusivement artistique ou orné, pour encourager l'élévation, la noblesse et le bon sens.

L'on doit toujours les considérer comme des guides, des conseillers et des obstacles contre les innovateurs trop enthousiastes. Cela est vrai jusqu'au temps présent, quoique avec le règne des périodiques et des journaux leur influence se fasse moins sentir. Cependant il faut reconnaître que des ouvrages comme ceux de Quicherat, de Banville, Tisseur, Sully Prudhomme et Grammont ont exercé et exercent encore une influence salutaire.

En parcourant presque tous ces Arts Poétiques et ces livres dont les titres variés n'indiquent pas toujours un traité sur les règles des vers, il se manifeste un grand nombre de traits importants et de qualités. Ces livres ou ces études semblent aller par périodes. Les questions les plus diverses se présentent. Chacun ajoute un point nouveau. Ces derniers à leur tour sont repris, répétés et transformés de manière à paraître neufs. En général les ouvrages antérieurs à celui de Vauquelin, 1605, contiennent surtout des formules et des recettes, des descriptions et des analyses des différents genres de poèmes ; ils ont pour objet la base, les fondements, les principes, les règles à adopter dans la composition. Vauquelin nous fait envisager un trait nouveau, le souci de l'esthétique. Dans les traités plus anciens l'on fait appel à l'oreille et non point aux yeux ; c'est pourquoi telle était la loi : la rime pour l'oreille et par conséquent l'on doit juger des voyelles d'après la prononciation et non l'orthographe, ce qui est un point de la plus grande importance pour la connaissance des controverses subséquentes au sujet de la rime, du compte ou de la valeur des syllabes et de l'*e* muet. Effectivement la base et l'explication de presque toutes les questions qu'on discute aujourd'hui se trouvent dans les Arts Poétiques.

Il est intéressant de remarquer également que les tout pre-

miers sont exclusivement français, de même que la grande
école des portraitistes, Du Moustier, les Clouet ; mais avec
Sibilet l'italianisme et l'esprit de la Renaissance se manifestent
ouvertement dans des questions telles que celles du vers
mesuré, de la rime et de l'esthétique en général. En considérant les traités après 1605 l'on découvre rapidement qu'ils
peuvent se diviser en plusieurs groupes : *a*) ceux qui traitent
de technique et ne sont qu'un exposé de règles ; *b*) ceux qui
tout en exposant des règles s'étendent sur des considérations
esthétiques, la discussion des principes et le but du vers ;
c) ceux qui donnent des règles et une analyse des différents
genres de poèmes, de leur structure, de leur nature, de leur rôle.
Evidemment les sujets favoris des premiers auteurs sont : la
rime, ses diversités, sa définition, ses origines, la quantité et
les différentes sortes de syllabes, les vers des différents pieds
ou syllabes ; la définition des termes tels que rythme, hiatus,
rimes masculines et féminines ; la définition de toutes les
espèces de poèmes tels que ballade, lays, rondeau, sonnet,
chant royal, etc... et de toutes les rimes : équivoque, mêlée,
bergerette, serrée, rétrograde, etc...; l'emploi de mots dans la
rime ; les vers mesurés ; la nécessité de suivre des modèles,
toujours des modèles français, quoique pour leurs théories les
ouvrages latins fussent considérés comme la seule autorité ; les
définitions de rhétorique, la division des figures de langage,
des avis pour écrire, composer et traduire, de nombreux sujets
dont le champ appartient à la grammaire, ce qui explique le
lien étroit entre les grammaires et les Arts Poétiques primitifs ; de longues dissertations sur les origines de la poésie et
son ancienneté ainsi que sur l'excellence de l'antiquité. Tels
étaient les principaux sujets en discussion vers l'année 1605,
qui est l'une des dates les plus importantes dans l'histoire
des arts poétiques. Plus tard ce furent des questions comme
la supériorité du latin et du grec sur le français, les principes

d'Aristote, les discussions de style, le rapport entre les poètes modernes et les anciens, des critiques réciproques, la décadence du goût français, les vers sans rimes ou la tyrannie de la rime ; en général une révolte contre les règles et la discipline qui atteint son paroxysme au xviii° siècle. Il y avait ceux qui avançaient que le seul but de la poésie était de plaire et que la seule règle du poète était de procurer du plaisir au lecteur et de se conformer à son goût particulier ou individuel ; il y en avait d'autres qui soutenaient que la poésie était un art et que les règles en étaient si certainement celles qu'Aristote nous donne qu'il est impossible d'y réussir par un autre chemin. Par conséquent ces règles rigides et celle qui est de plaire ne sont jamais en contradiction, d'où il suit que le succès par une méthode n'est pas possible sans l'autre. Les chefs de ces différents groupes sont La Motte, Fontenelle, Rapin et Rollin. La versification passe à peu près par la même histoire que l'art, la peinture surtout. Il y a des lois déterminées qui ont été inventées et perfectionnées par les anciens.

Aujourd'hui un poète de médiocre talent peut donc en se conformant scrupuleusement aux règles de la versification, devenir un poète de grand talent. Telle est l'enseignement de l'Ecole, de l'Académie ou de la Tradition et dans tous les siècles il a eu ses défenseurs et ses adversaires. Ceux-ci ont livré les batailles et combattent encore. A la fin du xviii° siècle la question de la versification passionnait presque tous les grands écrivains, et les principes fondamentaux du vers, de la rime, de la césure et du compte des syllabes couraient le même danger d'être rejetés que dans la dernière partie du xix° siècle même et de nos jours. Presque tous les sujets de controverse des critiques et des poètes d'aujourd'hui, aussi bien que de ceux d'il y a vingt-cinq ans, furent vidés à peu près à fond et à tous les points de vue dès la fin du xviii° siècle. La phonétique toutefois n'avait pas encore fait son apparition, mais ces gens-là avaient sur les modernes le grand avantage de connaître parfaitement leurs classiques et de les prendre pour base. Cela peut s'expliquer en partie par le fait que la plupart des critiques et des auteurs d'Arts Poétiques appartenaient au clergé. Comme tout son siècle, la critique avait alors un caractère spéculatif, entreprenant, raisonneur, qui reflétait l'esprit du temps.

Pour en venir au XIX° siècle, il a apporté deux ou trois éléments essentiels au sujet de la versification : la question de l'accent et de ses relations avec le rythme et la phonétique expérimentale. Les controverses si chaudes au sujet de la rime et de l'assonance, des vers sans rimes, des vers libres, ou en un mot du vers symboliste ou décadent n'ont ajouté que fort peu de choses aux mêmes discussions des périodes précédentes.

Pour juger le développement logique et historique, mécanique et esthétique de la versification française, il suffit d'exposer sommairement ce que chaque Art Poétique, chaque traité de versification ou tout autre livre ou article ont apporté au sujet. Les Arts Poétiques primitifs furent les précurseurs de l'Académie, ou de l'esprit académique — discipline et ordre. C'étaient les guides officiels et, quoiqu'ils n'aient été au début que de simples interprètes, investigateurs ou expérimentateurs, ils acquirent de bonne heure un esprit de critique officielle, de censure qui finalement amena les poètes à la stricte observance des règles, ce qui dans des intelligences moins originales que celles de Corneille et de Racine devait fatalement produire une artificialité, un manque de spontanéité et en définitive paralyser l'initiative individuelle.

Cet esprit atteignit son point culminant au XVII° siècle et aboutit à la révolte plus tard au cours du XVIII°, en même temps qu'il se produisait dans l'art, la musique et la politique une révolution analogue, la révolte de l'esprit humain contre la contrainte intellectuelle, contre la monarchie absolue dans le domaine de la pensée telle qu'elle s'exerça sous le règne de Louis XIV.

Les principaux éléments nouveaux dans leur succession chronologique peuvent se résumer comme il suit : à la substance ordinaire, Croy, 1493-1498, ajoute une liste de rimes en gozet à éviter ; Blaise d'Auriol, 1508, donne une table de rythmes (rimes) de 15.000 mots ; Fabri, 1521, est le premier à définir le *rithme* et à donner des définitions justes et précises du compte des syllabes et de leur mesure, de la césure, de la rime, et à poser les règles de celle-ci ; il encouragea et justifia une strophe d'une structure trop technique et trop artificielle ; mais, en général, son but fut de purifier et d'ennoblir le langage poétique. L'on attribue souvent à Du Pont, 1539, le mérite de définitions plus complètes, mais j'ai reconnu qu'il n'avait rien ajouté du tout à Fabri. Fontaine, 1548, fut le premier à discuter l'origine des diphtongues, celles que le Français a emprunté au grec et au latin et celles qui lui étaient propres. Son livre est aussi le premier ouvrage de critique ou de polémique. C'est dans Sibilet que l'on trouve la première preuve de l'influence italienne ; précédemment l'on avait traité la poétique française à un point de vue exclusivement français. Dès lors le grec et le latin sont pris pour base. Il s'étend longuement sur la rime et fait entrer dans la seconde partie une énumération fort complète des types de vers. Avec Sibilet l'Art Poétique du genre ancien atteignit son plein développement. Il se composait de deux parties : *a*) le mécanisme ; *b*) les différents genres de poèmes, ce qui est resté le modèle de la majorité des traités de versification.

L'on ne peut guère ranger Du Bellay, 1549, parmi les auteurs d'Arts Poétiques, mais son rôle est considérable en raison de la quantité des discussions et des controverses qu'il soulève. Peletier, 1555, est le premier à discuter la question des vers métrifiés en faisant remarquer la difficulté capitale qui consiste dans la nature de la longueur des syllabes françaises. Ronsard, 1565, en dépit de son influence, n'a rien apporté de nouveau. On peut en dire autant de Malherbe et de Boileau. De la Taille, 1573, s'occupe exclusivement des vers mesurés et croit fermement qu'ils s'imposeront avec le temps, grâce aux modifications de la langue et de la syntaxe.

C'est à ce traité qu'on doit attribuer dans une large mesure la tendance du xvie siècle à l'imitation de la prosodie classique. Vauquelin, 1605, a donné l'un des Arts Poétiques les plus marquants. Il traite le sujet au point de vue esthétique et général, en résumant ce qui a été fait avant lui, en montrant que sa génération était préparée à une conception nouvelle du vers et qu'il fallait plutôt adapter et conformer la question des principes classiques aux exigences du français. Il faut travailler, polir et repolir, rendre la rime parfaite, etc. Le résultat se fait sentir cinq ans plus tard dans l'Art Poétique de Deimier, 1610, qui a tiré parti de son prédécesseur et écrit ce qui est sans doute le premier traité moderne de versification qui soit complet. Ce mérite ne lui a pas été reconnu jusqu'ici. Aucun Art Poétique avant 1610 ne discute avec autant d'intelligence presque toutes les règles techniques avec les arguments pour et contre chaque méthode et de nombreux exemples. Ses vues sont des plus avancées et tout à fait modernes. Les chapitres XIII-XV sur l'élégance, douceur et fluidité des paroles dont les vers doivent être formés pourraient aussi bien avoir été écrits au xixe siècle par n'importe quel philosophe de l'esthétique. L'Art Poétique de Du Gardins, 1620, a peut-être été trop vanté par Rucktæschel, 1889, et Saran, 1904, page 20, car à cette époque la question des vers mesurés avait été déjà complètement traitée et discutée. Les protestations de Mlle de Gournay, 1626, contre les poètelets artificiels et superficiels, en faveur de la tradition française, sont les premières de cette nature et peuvent être considérées comme les précurseurs des controverses du xix° siècle. *L'Art* de La Mesnardières, 1640, est le premier qui insiste sur la nature, la division et la structure des divers genres de poèmes, en négligeant les règles ou le mécanisme du vers.

C'est au milieu du xvii° siècle que l'on commença à discuter la question de la préférence entre la prose et la poésie, qui aboutit un peu plus tard à la question de la distinction entre la prose et les vers. Bresche, 1663, s'étend longuement sur la première. L'on trouve beaucoup de détails intéressant la versification dans les grammaires, les arts de rhétorique et des livres comme ceux de Pasquiers, Vaugelas, Corneille, Ménage et surtout Perron, 1669, qui sous le titre *Poésie* expose les objections contre les vers mesurés et les raisons de leur insuccès. Rapin, 1670, discute à fond la question des anciens et des modernes, suscitant de nombreuses critiques avec sa thèse qu'il n'y a rien de grand dans les modernes et que les anciens doivent servir de modèles en tout.

Avec Richelet, 1671, l'on avance d'un pas. Dans les soixante ans d'intervalle entre *L'Art* de Deimier et celui de Richelet, bien des éléments nouveaux ont été introduits, bien des discussions nouvelles se sont élevées et Richelet s'est approprié tout cela. Son traité est complet à tous égards, il touche tous les points de versification et ajoute des chapitres comme : Manière de tourner les vers, transpositions, mots qui n'entrent pas dans les vers et qui ne terminent pas agréablement les vers, les bons vers, les mauvais vers. Quoique Richelet lui-même puisse bien n'avoir rien apporté de véritablement nouveau, il a résumé les statuts de la versification avec plénitude et clarté. Plusieurs des traités postérieurs mentionnent Vossius, 1673, comme le premier qui ait traité du rythme.

Vers 1700 les deux sujets les plus discutés sont la valeur des anciens et des modernes, les vers sans rime ou la valeur de la rime. Un brillant dialogue entre la rime et la raison dans le *Mercure Galant* de 1678 est l'un des premiers symptômes de la grande affaire de la rime. Baillet, 1685, doit être cité pour avoir donné la première bibliographie des Arts Poétiques. *L'Art Poétique* de Mourgues, 1684, ressemble au traité de Quicherat avec son déploiement de règles logique et complet, tandis que celui de La Croix, 1694, contient des remarques suggestives sur la nature et la raison de la rime et de la césure. Ces deux Arts Poétiques ont reçu peu de faveur bien qu'ils méritent une place à côté de Richelet auquel ils sont tous deux supérieurs à certains égards.

Avec Fénelon, 1714, commence la grande querelle du xviiie siècle entre les adversaires de la rime et des règles rigides de la versification et leurs défenseurs. Deux nouvelles espèces d'Arts Poétiques apparaissent également à cette époque : *a*) un traité qui emprunte directement aux autres ou qui répète avec des mots différents ce qu'ils ont dit ; Prépetit de Grammont, 1711, en fournit le meilleur spécimen ; *b*) une critique de quelque autre Art Poétique dans laquelle l'auteur présente ses vues personnelles, par exemple : Chalons, 1716. Ces deux espèces se perpétuent encore aujourd'hui. Gaullyer, 1716, contient de curieuses tables statistiques de toutes les combinaisons possibles des types de vers suivant la rime aa bb, etc. et des diverses manières de combiner des stances, régulières ou irrégulières, selon le nombre des syllabes et l'ordre des rimes. Du Bos, 1719, présente l'une des comparaisons les plus complètes entre le latin et le français et les raisons qui ont déterminé la rime.

Du Cerceau, 1730, marque une autre époque dans l'histoire des Arts Poétiques, bien qu'on n'y ait guère fait attention et qu'on ne lui en ait su aucun gré. On ne peut trouver de meilleur traité pour la présentation et la discussion de la nature complexe, des difficultés, des innombrables ressources, de la finesse et de l'esprit esthétique en général des vers français et de la versification française. L'on soutient d'ordinaire que la question du rythme n'a pas été discutée avant le xix° siècle. Un certain nombre d'Arts Poétiques en traitent, mais sous le nom de cadence, accent, mesure qui désignent en réalité la même chose. Sa conception de la prose et des vers est très originale, quoique nous ne soyons pas obligés d'admettre ses conclusions. Nombre de questions touffues que suscite l'esthétique du vers français et qu'on groupe d'habitude sous la dénomination de rythme sont discutées par Du Cerceau, avec intelligence.

La Motte, 1708, 1730, etc. conseille la prose pour le drame et condamne la sévérité des règles et l'esclavage de la rime (cf. Rime).

En 1736 Olivet est le premier à traiter de l'accent dans les mots français et du rapport entre les différentes sortes d'accents et le vers, ce qui revient à dire de la question du rythme. A certains égards Olivet et plusieurs autres ont préparé la voie à Scoppa.

Prévost, 1736, et Longue, 1737, sont les premiers à proposer un style ni prose, ni vers, une prose nombreuse, un vers sans rime ou avec rime, au nombre indéfini de syllabes, un vers comme pratiquent les Symbolistes. Goujet, 1740, donne une bibliographie très complète avec l'analyse et la critique des ouvrages relatifs à la versification. L'une des meilleures discussions de la valeur de l'*e* muet et de ses ressources infinies pour la production des effets, etc., se trouve dans Batteux, 1746 ; l'on n'a pas été beaucoup plus loin depuis. Une phrase résume toute la question : « Il se montre quand il peut être utile et disparaît quand il est de trop. » Boindin, 1753, a traité avec clarté et succès à peu près les mêmes questions auxquelles la critique s'intéressait vers 1875-1910. En réalité, quand on parcourt ces traités du xviii° siècle, l'on est surpris de découvrir combien savamment et complètement les questions que l'on considérait comme nouvelles entre 1880 et 1910 avaient déjà été discutées et combien peu l'on a ajouté depuis, excepté dans le domaine de la phonétique. Il n'y a pas jusqu'au vers rythmique qui ne soit traité dès 1763 par Bouchaud. L'on peut trouver l'origine des métriques comparées dans Sacchi, 1770, où l'on prétend que Scoppa a puisé sa théorie des accents. La nécessité de mettre un rythme dans les vers destinés au chant et la difficulté de mettre de la musique dans les vers français selon les règles de la versification, sujets fort discutés au milieu du xix° siècle, sont déjà traités par Framery, 1796.

Le xix° siècle a surtout développé les sujets du rythme (accent, mesure, quantité, qualité), des principes de la versification française et a ajouté celui de la phonétique et des recherches sur divers sujets. Mais il n'a pas ajouté grand'chose à l'esthétique.

Escherny, 1811, reprend les idées de Prévost, 1736, et de Longue, 1737. Scoppa, 1811, propose l'accent pour fondement de la versification, tandis que Fabre d'Olivet, 1813, présente ses vers eumolpiques, sans rimes avec des terminaisons alternativement masculines et féminines. Bonaparte, 1819 (Baïni) suggère une versification harmonico-rythmique dans laquelle les vers blancs ou sans rime deviendront des vers véritables et au moyen de laquelle il n'y aura plus de conflit entre les poètes et les musiciens, sujet que poursuit Castil-Blaze, 1819. Dubroca, 1824, est le premier à montrer la valeur pour la versification de la connaissance approfondie de la prononciation et il expose les ressources du français en matière de prosodie. Le traité d'Ackermann, 1840, est l'un des premiers traités scientifiques sur l'accent. Vaultter, 1840, fait ressortir le premier la complexité du rythme du vers français, et donne toutes les divisions possibles de l'alexandrin, ce qui est repris par Tenint et Becq de Fouquières.

Tenint, 1844, fut le premier à expliquer et à défendre les

innovations romantiques, qui sont des beautés et non pas des défauts ou des inharmonies. Diez, 1846, entreprit le premier l'étude scientifique des origines et de la structure de la poésie épique principalement. L'apport de Benloew, 1847, à l'étude du rythme, des différents systèmes de versification, de leurs origines et des causes de leur développement fait également époque. En 1850, Quicherat publia son traité complet qui de nos jours reste seul et unique dans son genre. Castil-Blaze, 1852, montre comment la musique s'est libérée des entraves de Lulli et de Rameau et comment la poésie est restée l'esclave des règles rigides du xviie siècle. Quelques années plus tard Ducondut, 1856, révèle le fait que dans le système du mètre l'accent est musical, alors que dans le système rythmique il est grammatical. Il est aussi le premier à démontrer que le vers français est logique dans ses divisions, et par conséquent rend son union avec la musique sinon impossible, du moins très difficile. En suivant une voie quelque peu différente, Ducondut, 1863, montre que 99 sur 100 des vers prétendus romantiques sont classiques. Il se prononce en faveur de toute rime qui satisfait l'oreille, telle que Parnasse-placent. Au point de vue de la langue la plupart des règles de la versification française sont un chaos de contradictions et d'absurdités.

Les épopées de Gautier 1866, font apparaître la question des origines de la versification française. D'après Tivier 1873, elles ont leur source dans le drame liturgique. En 1879, le traité vraiment original de Becq de Fouquières déplaça de nouveau le courant de la versification, surtout en posant la question du rythme, alors que la même année celui de Lubarsch *Verslehre* engendra celle de l'accent.

Ces deux ouvrages font époque, sont originaux, ont exercé une grande influence et suscité de nombreuses discussions. Un an plus tard le savant traité de Tobler découvrit un champ nouveau, l'investigation minutieuse des différents points pris séparément ; il a exigé plus de recherches que n'importe quel autre, mais il décèle moins d'originalité.

En 1884, Guyau manifesta une tendance nouvelle avec des problèmes d'esthétique qui se sont poursuivis jusqu'à présent et s'attachent au côté esthétique exclusivement. L'ouvrage de Pierson 1884, fait aussi époque, mais est trop profond et trop obscur pour avoir connu la popularité. En 1887, Passy commença l'étude de la phonétique pratique. Ricard, 1887, attribua une valeur définie à chaque son et édifia un nouveau système de quantité syllabique que la phonétique expérimentale peut compléter. En 1892, Sully Prudhomme se mit à prendre la défense du vers classique et de Souza donna son analyse très originale du rythme. Stengel *Verslehre* est surtout intéressant en raison de ses vues opposées à celles de Tobler et montre les deux tendances principales de l'école allemande. En dépit de sa popularité, Tisseur, 1893, n'a rien apporté de nouveau à part ses remarques très judicieuses sur les règles démodées de la versification française. Marelle, 1894, parle des deux classes de phonéticiens et de la différence entre les Français et les Allemands et les étrangers en général. Les principes de Rousselot, 1897, sont nettement neufs. L'apport de Saran, 1900, est solide et original. Il faut examiner ensemble des études comme celles de Wulff, 1900, Saran, 1904, Rudmose-Brown, 1905, qui ajoutent des éléments nouveaux au sujet des principes ou des fondements du vers français. Le *Recueil* de Langlois, 1902, est un travail d'une espèce nouvelle et inappréciable. On trouve de l'originalité dans Grammont qui s'attache au côté esthétique du vers exclusivement. L'ouvrage capital de Beck, 1910, a enrichi de nouveaux domaines la science du vers et de la musique. Quant à l'étude monumentale de Rochette sur Victor Hugo, elle restera le modèle du genre.

La littérature périodique n'a pas fourni grand'chose avant

le xixᵉ siècle. L'étude de Vaultter(p), 1840, est le point de départ de l'étude de la nature du rythme. Cet article mérite plus d'attention qu'il n'en a reçu, car il a incontestablement servi de base aux théories de Tenint et de Becq de Fouquières. La querelle entre Quicherat et Jullien, 1855, est la première sur les origines. Une longue série d'articles et de discussions commence avec l'étude de la Sainte Eulalie de Meyer, 1861, et les Epopées de Gautier. L'on n'essaiera pas ici d'apprécier les recherches qui ont été faites en différentes branches, comme les thèses, les controverses, les revues et les critiques ni les séries d'études sur des Arts Poétiques séparés ou des groupes d'Arts Poétiques, telles que celles de Pellissier, 1882, Thomas, 1883, Zschalig, 1884, etc. L'on doit attirer l'attention sur un article peu connu, mais très original et qu'on peut considérer comme le précurseur de la phonétique physiologique et des recherches psycho-physiologiques modernes, celui d'Espinas, 1883. Les études de Lote, 1911, 1912, Verrier, 1912, montrent l'importance de la phonétique. Il y a un grand nombre d'articles et de recherches de beaucoup de valeur et d'originalité sur certains sujets, certaines controverses, dont la plupart seront analysés avec les questions auxquelles ils se rapportent.

Ce rapide aperçu permettra de se rendre compte de ce qui a été accompli et montrera quand et par qui le domaine de la versification a été étendu. Il est aujourd'hui si vaste et si large qu'il déborde sur les champs de la philosophie, de la physiologie, de la phonétique, de l'esthétique et de l'étude des métriques comparées. Il n'y a pour ainsi dire aucun sujet dans la littérature française que l'Art Poétique laisse de côté.

CHAPITRE IV

Comparaison entre la langue française et d'autres langues

a) AVEC LE GREC ET LE LATIN

L'on a commencé à comparer la langue française avec les autres langues, particulièrement le latin et le grec, dès que les lettrés français se sont aperçus de l'étroitesse de leur vers, ce qui s'est produit au fur et à mesure qu'ils se sont familiarisés avec le système de versification des Grecs. L'étude de la langue les a naturellement amenés à comparer les deux langues, leurs systèmes de versification et plus tard, à l'époque de la Renaissance, leur civilisation même. Plus l'étude de la culture étrangère se répandit, plus la littérature et l'art étrangers se généralisèrent en France et plus aussi l'on s'imagina que tout ce qui était français était inférieur et que par conséquent la littérature française devait adopter et imiter les modèles grecs et latins. La simplicité, la clarté, la logique et la correction qui caractérisent la culture grecque devinrent le but unique des Français. Toutefois la question de savoir jusqu'à quel point ils devaient aller dans l'adoption d'un modèle étranger devint le sujet de nombreuses et violentes discussions. Le monde littéraire se divisa immédiatement en deux camps. Le XVIᵉ siècle fut la période préparatoire, le XVIIᵉ résolut définitivement la question du vers en même temps qu'il fixa toutes les branches de l'activité intellectuelle, et le xviii᷊ se mit à défaire l'œuvre du siècle précédent.

Les arguments pour ou contre l'introduction du système classique ont une importance essentielle pour les questions de la rime et du rythme, bref pour les principes mêmes de la structure du vers français et sont particulièrement intéressantes en ce qu'ils révèlent l'attitude de chaque génération successive vis-à-vis de la culture classique de même que la tendance actuelle qui n'est guère qu'un retour aux révoltes passées contre la discipline et la rigidité des règles. L'on verra que la question de la culture classique qui a pénétré tout le système de l'éducation avait la versification pour point de départ. Ses origines remontent aux efforts de quelques poètes pour écrire des vers sans rimes. En 1555 Peletier s'oppose déjà à ces tentatives et en 1573 Jacques de la Taille publie une étude assez complète sur les quantités des voyelles françaises en comparaison des latines dans laquelle il prouve que le français peut allonger ou raccourcir des voyelles de la même manière que le grec et le latin et de plus emprunter des mots à la vieille langue en les rénovant de même qu'introduire un grand nombre de mots grecs et latins en leur donnant une forme française. Il pensait que, s'il n'était pas facile de mesurer le vers français, ce n'était pas impossible et qu'en dépit des critiques le temps pourrait démontrer qu'avec quelques changements la langue et la syntaxe s'y prêteraient. L'on peut voir par ce témoignage et par d'autres du temps que la langue française qui était encore plus ou moins en voie de formation était plus susceptible de s'adapter à ces efforts en faveur de la quantité qu'elle ne le fut aux siècles suivants. Il est absolument indispensable de ne pas perdre cet objet de vue, quand on considère la question du rythme et les essais modernes de vers libres. C'est ce qui constitue l'origine de la querelle, capitale par la suite, des Anciens et des Modernes. En 1584

Bèze pose neuf règles déterminant les syllabes longues et brèves en français. Il les emprunte au latin et il compare continuellement le français avec le grec et le latin, surtout en ce qui concerne les accents, les voyelles et les consonnes. En 1694, La Croix ouvre une nouvelle phase par son chapitre sur la prononciation dans lequel il expose les raisons d'être de la rime et de la réserve en montrant les différences qu'il y a dans leur nature entre le français et le latin. Fénelon, 1714, dans ses attaques contre la rime soutient que les règles sont plus difficiles et plus complexes que toutes les règles grecques et latines ; celles-ci n'étaient pas sans de nombreuses tolérances et les Grecs allaient même jusqu'à se réclamer des dialectes, alors que les poètes français ont autant de mal avec une seule syllabe qu'avec la pensée elle-même. Le latin jouit d'une grande quantité d'inversions qu'il propose pour le français. Ce sujet a été traité plus complètement encore par Du Bos, 1719, qui mentionne les avantages suivants du latin : plus de facilités, plus de sonorités, plus de transpositions dans la syntaxe, plus de commodité dans le maniement des règles de versification, plus de clarté dans la structure du vers. Les Français n'ont étudié ni les combinaisons des syllabes, ni l'agencement de mots susceptibles de produire certains effets, ni le rythme résultant de la composition des phrases.

Les beautés qui découlent de la simple observation des règles de la poésie latine sont plus grandes que celles qui résultent de l'observation des règles de la poésie française. La raison en est que le latin a des règles définies au sujet des longues et des brèves, de leur position dans le vers et qu'il présente une succession déterminée qui est toujours musicale. En français au contraire il n'y a aucune espèce de lois, il peut se présenter une série de longues ou de brèves, ce qui est la destruction du rythme. L'on rencontre souvent deux alexandrins de longueur inégale, quoique soumis aux mêmes règles.

Dans le chapitre 37 il essaie même de démontrer que les sons latins font une impression moindre sur une oreille française que les sons français, encore que ceux qui savent le latin soient plus frappés par le vers latin que par le vers français, ce qui prouve la supériorité du vers latin. Les étrangers qui savent le français aussi bien que les Français eux-mêmes et les Français qui connaissent bien le latin déclarent que le vers latin est supérieur et procure plus de plaisir que le vers français. Comme cet argument pourrait être aujourd'hui renversé en faveur du français ! Depuis que la France a acquis son ascendant en Europe, la langue française semble d'une sonorité plus parfaite, plus rythmique que les autres. Ce point est essentiel pour l'étude des analyses qu'ont données les étrangers du rythme français ou des principes du vers français. Sont-ils compétents pour en juger ? Incontestablement ils savent le français aussi bien que les Français du xviie et du xviiie siècle savaient le latin ; cependant leurs analyses du rythme semblent marquer la même partialité en faveur des principes de leur propre langue que l'on trouve en faveur du latin et du grec dans les arguments des critiques qui étaient pour la plupart des prêtres nourris et saturés de latin. A quelque point de vue qu'on se range, ces premiers arguments sont intéressants et essentiels pour l'étude des questions modernes.

Rollin, 1726, est le premier à admettre que ce qui est un délice pour l'oreille dans une langue, comme la rime en français, peut discorder en grec et en latin et que la quantité qui est le principe du vers grec choque les Français. Pour compenser le manque total de la délicatesse et de l'harmonieuse variété des pieds métriques du grec et du latin avec leur douceur et leur agrément la langue française peut offrir « l'assortiment uniforme d'un certain nombre de syllabes d'une mesure égale pour composer ses vers. Il a donc fallu, pour arriver à son but qui est de flatter l'oreille, chercher d'autres grâces et d'autres charmes et suppléer à ce qui lui manquait d'ailleurs par la justesse, la cadence et la richesse des rimes, ce qui fait la principale beauté de la versification française », p. 267. Beaucoup considèrent comme un grand défaut que le français soit privé de la liberté presque absolue dans l'agencement des mots qui caractérise le latin et le grec, mais Du Cerceau, 1730, démontre que c'est le contraire qui est vrai. La clarté, dit-il, est une qualité, car l'on parle pour se faire comprendre et le français a sur le latin l'avantage de la clarté. Dans la « liaison des phrases, dans le tissu du discours et dans l'ordre naturel et aisé avec lequel elle développe un raisonnement ou un narré, et en assortit toutes les parties, la langue latine est supérieure, mais pour la régularité et la netteté de la construction elle cède à la nôtre ». Le chapitre XII sur l'autorité de l'usage dans la langue est particulièrement suggestif. Il montre que chaque langue a divers points de supériorité qu'une autre n'a pas et ne peut pas avoir et qu'on ne peut arguer que si une langue a une propriété ou un avantage, une autre peut l'avoir ou l'adopter, idée très suggestive pour les théoriciens étrangers modernes. La question de savoir s'il y a en français des accents comme en grec et en latin est posée pour la première fois par Olivet, 1736, et tranchée dans le sens de la négative, quoiqu'il y ait des syllabes longues et brèves dont cependant on ne peut se servir comme en grec et en latin. Les Français ne doivent pas imiter la prosodie classique car leur langue ne s'y prête pas et l'ordre des mots et la structure des phrases y sont contraires. En français les longues et les brèves ont un autre but qui est d'exprimer certains états, etc. Les traits et les avantages du vers classique sur le vers français sont fort bien résumés par Longue, 1737, qui y joint, à propos de la rime, le jugement que la rime est à peu près le même obstacle et le même inconvénient dans le vers français que le système des longues et des brèves dans le vers classique. Il montre que les poètes français peuvent construire des vers d'après des modèles latins et supprimer peu à peu la rime. Il va même jusqu'à prédire que les générations à venir écriront des vers sans rime ou avec une quantité indéfinie de syllabes et la rime, et il fournit un splendide déploiement d'exemples qui diffèrent peu du vers symboliste moderne.

La relation entre le système de la quantité et le système moderne de l'accent par rapport au style est développée par Marmontel, 1763. L'harmonie du style chez les anciens, dit-il, est basée sur le mélange des sons aigus et des sons graves, celle des modernes sur le mélange des sons plus lents ou plus rapides. Tous nos tems syllabiques sont réduits à la valeur de la longue et de la brève qui donnent une mesure exacte et des nombres réguliers ». Dans ses exemples et son argumentation il fait voir que les langues modernes diffèrent des langues anciennes en ce qui pour celles-ci l'harmonie appartenait à la langue même, tandis que les langues modernes ont eu à la développer au moyen de règles et d'une sensibilité délicate Le système ancien est le seul qui permette la variation des syllabes sans changer ou détruire le rythme.

L'incapacité du français à reproduire le vers latin est habilement démontrée par Clément, 1771. Il s'efforce de faire ressortir par des exemples l'immense infériorité du vers français par rapport au vers latin dont la construction est si variée, « dont les enjambements lui donnent toutes les tournures, toutes les attitudes dont il a besoin. Enfin un vers latin se peut placer à côté de tout autre, sans aucun embarras ; il fera bien partout si le sens l'y permet. Le vers français a une construction bien bornée, point d'enjambement, il ne peut marcher seul, le joug de la rime l'enchaîne nécessairement avec un autre, et pour surcroît il faut quelquefois faire quatre vers pour en amener un ». On trouve à peu près la même chose dans La Harpe, 1799, qui, après avoir énuméré les avantages

du latin et les désavantages du français, s'exprime ainsi :
« Notre harmonie n'est pas un don de la langue, elle est l'ouvrage du talent : elle ne peut naître que d'une grande habileté de choix et l'arrangement d'un certain nombre de mots, et dans l'exclusion judicieuse donnée au plus grand nombre. Nous avons beaucoup moins de matériaux pour élever l'édifice et ils sont bien moins heureux ; l'honneur en est plus grand pour l'architecte. » Avec des désavantages comme l'absence de déclinaisons, des conjugaisons incomplètes ou défectives, des constructions pleines de verbes auxiliaires, de particules, d'articles et de pronoms, peu de prosodie et peu de rythme, un usage très borné de l'inversion, point de mots combinés, la versification n'est essentiellement caractérisée que par la rime. Il conclut que la victoire avec de pareilles armes est une grande victoire pour les génies de la France.

Cet ouvrage est du petit nombre de ceux qui, tout en faisant remarquer la grande supériorité du système classique, ne discréditent pas le français. La raison pour laquelle la langue française n'a ni quantité, ni accent tels qu'on en trouve dans les langues anciennes et dans quelques langues modernes est bien exposée par Daru, 1813. C'est une langue dérivée d'où il suit que « la syllabe forte est ordinairement la dernière syllabe masculine du mot. Dans les langues originales la syllabe radicale est plus importante à faire entendre que dans les langues dérivées ». Dans les langues à inflexions l'accent et la longueur affectent généralement la première syllabe qui n'est pas la radicale, tandis que dans les langues sans inflexions comme le français l'on appuie généralement sur la dernière. La langue française s'est édifié un système de versification qui est en harmonie avec sa nature. Une autre raison pour laquelle les anciens ont adopté la quantité est le climat et les facilités qu'apportait leur genre de vie à la conversation en plein air. Les langues modernes ne présentaient pas cet avantage et par conséquent elles ont négligé la quantité. En français l'accent n'est déterminé que par la passion et par conséquent ne pouvait pas servir de base à un système. En français les dernières syllabes sont longues, chez les anciens elles sont brèves pour la plupart, tandis que les premières sont longues, ce qui a naturellement fait adopter les deux systèmes de pieds différents. En essayant d'imiter le vers antique, les Français ne pouvaient pas compter les syllabes, mais seulement les pieds. Dans l'hexamètre il y avait six pieds dont chacun valait deux temps, d'où ils ont conclu que dans ce vers il y avait douze temps et ils croyaient les imiter en composant des vers de douze pieds, mais comme en français les syllabes n'avaient pas de valeur déterminée, ils les ont toutes supposées d'une égale longueur et n'ont compté que les syllabes. Pour accentuer la cadence ils les ont coupées en deux; d'où la césure. Ils ont aussi remarqué que tous les vers se terminaient avec la même cadence, mais, incapables d'imiter cela, ils ont jugé préférable de répéter le même son; d'où la rime. Comme les poètes ont toutes les libertés du monde dans l'emploi des longues et des brèves en vue de l'effet, que gagneraient-ils à supprimer la rime et à la remplacer soit par des règles fixes de quantité, une place déterminée pour un spondée, etc., soit par une répartition définie et régulière d'accents ou de repos? Ils ne s'en trouveraient pas mieux et iraient seulement contre le génie de la langue. Il n'est pas plus puéril de terminer des vers par le même son, lequel varie toutes les deux lignes, que de terminer 10.000 vers par deux pieds semblables. « Est-ce qu'il y a quelque chose de beaucoup plus grave à combiner des syllabes longues et brèves que des voyelles ? Et de quel droit vient-on nous dire qu'il est plus noble de considérer dans les syllabes la durée que le son ? » Si d'autres nations ont écarté la rime, c'est parce qu'elle avait cessé d'être un agrément, mais en français « grâce à son heureuse variété, elle plaît, elle flatte l'oreille, elle aide la mémoire et elle oblige l'écrivain à des efforts qui sont souvent couronnés par d'heureux succès. »

L'on n'a jamais présenté d'arguments meilleurs ni plus convaincants en faveur du vers français classique et les théoriciens modernes, de Sully-Prudhomme à Wulff et Saran, ont ajouté peu de choses à ces raisons logiques. Dans son splendide ouvrage Mablin, 1815, discute cette question tout au long à propos de la rime. Chaque langue a son système et doit s'en contenter, parce qu'il s'est développé en conformité avec sa nature. Dans la seconde partie il trace une comparaison entre les deux systèmes dans laquelle un point est à remarquer particulièrement. Dans le vers grec il y a deux sortes d'harmonies, une de quantité et une d'accent, harmonies qui peuvent varier à l'infini, comme elles n'ont rien à faire avec les lois de la versification. Nous pouvons prendre un vers grec, en changer les accents et les rendre agréables à notre oreille, mais nous ne sentons pas ce que les Grecs sentaient, parce que leur harmonie dépendait totalement des effets de la quantité. La grande faute des modernes a été de croire que toute syllabe accentuée était longue et que toute syllabe non accentuée était brève.

L'ouvrage de Dubroca, 1824, est un apport distinct à la discussion des deux systèmes au point de vue de la prononciation et de la prosodie en général. La question de la possibilité des accents prosodiques sur les syllabes est traitée à fond. Il donne un aperçu des moyens par lesquels les mots latins étaient raccourcis ainsi que de l'effet qui en résultait pour la versification ; de ce que la quantité désigne exactement dans la prosodie française et enfin il poursuit la preuve de la possibilité d'établir un rythme régulier.

Lurin, 1850, tente de donner à la poésie française un rythme musical comparable à celui des Grecs et des Romains. Si un musicien dispose de deux valeurs ou de deux tons, il formera un grand nombre de combinaisons d'un rythme clair et régulier, comme dans la versification classique. S'il n'a que deux notes égales avec le privilège d'y mêler des pauses et de modifier sa composition du temps sans en altérer la durée, il composera des mesures correctes et naturelles comme dans la versification française. Au point de vue musical le vers français a un pied de quatre syllabes plutôt que de deux comme dans le mètre classique. En raison de la nature du développement de la langue qui place l'accent sur la dernière syllabe le rythme produit doit être plus vague, plus délicat et moins uniforme que dans le vers strictement classique. L'on emploie à volonté les pieds égaux et inégaux et dans un ordre quelconque, ce qui rend la rime nécessaire. La versification classique a un rythme régulier, « moins retentissant parce qu'elle repousse la rime, mais elle ne trouble et ne déconcerte jamais l'oreille. Le français d'une allure plus libre et plus facile, emploie indifféremment les pieds égaux et inégaux, ne mesurant rien avec précision, fixant notre attention par des consonnances dont l'attrait est certain, etc. La versification mesurée est plus pure, plus difficile et exige quelques études spéciales des premiers principes du rythme ; la versification rimée n'a presque pas de règles et s'apprend surtout par la lecture. Elle manque de variété. » L'on peut aussi consulter avec profit la dispute entre Jullien, 1854, et Quicherat, 1855. Benloew, 1862, discute tout au long les éléments ou les principes des vers français et latin, de même que l'origine et les causes du rythme ascendant et descendant qui implique l'accent. « Le vers des anciens est composé d'éléments matériellement appréciables qui portent leur harmonie en eux-mêmes. Cette harmonie est partout, dans chaque détail du vers. Les Français se sont rendu compte que la seule chose qu'ils pouvaient imiter des Latins avec fruit était l'élégance du ton, la rondeur de la forme, la propriété du style, ce qu'ils ont fait mieux que n'importe quelle autre nation. Qu'ont-ils en commun : 1° Le temps fort, le frappé ; dans l'ancien il tombe sur la longue, dans le moderne il tombe sur la syllabe accentuée ; 2° La césure qui n'est qu'un arrêt de la voix après le mot qui réunit dans la même syllabe la longue et le temps fort ; 3° L'horreur de l'hiatus. En quoi diffèrent-ils : 1° Dans l'emploi et la nature de la quantité prosodique qui dans l'ancien vers est mathématiquement appréciable ; 2° Dans l'emploi et la nature de l'accent qui dans l'ancien vers était musical et indépendant de la valeur prosodique des syllabes et qui n'est à peu près pour rien dans la marche du rythme ; 3° Dans la numération des syllabes ; 4° Dans la rime. » En montrant la différence entre les systèmes grec et français, Jullien, 1876, réplique que les césures françaises ne sont pas des pieds comme en grec, mais servent à marquer des sections analogues aux mesures musicales. « Le vers français forme donc un système si nettement arrêté qu'il domine en quelque façon tout le discours, tandis que les vers anciens n'étaient que des divisions particulières dans un discours rythmé. » En 1884 Guyau insiste particulièrement sur les différences rythmiques entre les deux systèmes et démontre comment, bien que la langue grecque fût plus rythmique et chantante, l'on a dû attribuer aux syllabes des valeurs artificielles, ce qui a produit un conflit continuel entre l'accent tonique et la quantité, et comment tout ce système de versification a été dans un équilibre continuellement instable. Le système syllabique français est l'opposé. Il établit une sorte de moyenne dans la quantité des douze syllabes longues et brèves de l'alexandrin. A la longue elles se compensent et se corrigent l'une l'autre et, comme on les récite, les unes rapidement, les autres lentement, elles laissent l'impression de douze individualités distinctes.

Cette assimilation des syllabes est analogue au tempérament en musique. Le système syllabique possède autant de qualités rythmiques que le système quantitatif. Les différences entre ces qualités sont très justement décrites par Boisjoslin, 1884. Le système classique, dit-il, est un art de peintres, une sonorité toute extérieure, semblable à une gamme de couleurs, tandis que le moderne est un art de musiciens, l'harmonie en est plus sourde et l'effet général plus terne, les vers y sont poussés par l'élan intérieur ; c'est un art plus intellectuel, né d'une civilisation plus réfléchie. Il donne de plus des comparaisons très suggestives entre les césures classique et moderne, les langues, etc. D'autres ouvrages comme ceux de Dumur, 1890, Vernier, 1894. Savarit (p), 1910, contiennent des comparaisons, mais n'apportent pas d'éléments nouveaux.

b) Avec l'italien

Dans les discussions au sujet des vers sans rime et des règles rigides de la rime aussi bien que des vers mesurés les critiques s'en rapportent souvent aux vers italien et espagnol qui peuvent avoir ou ne pas avoir de rime. Dès 1560 Pasquiers soutient que le français est aussi susceptible de vers mesurés et de langage poétique que l'italien. Estienne, 1579, soutient également que le français est égal à l'italien à bien des égards. A propos du genre épique Marolles dit en 1662 que les strictes exigences de la versification française ennoblissent ce vers et le facilitent davantage que l'italien. Perron, 1669, affirme que le français convient mieux au genre épique avec ses terminaisons masculines et féminines, tandis que l'italien où il ne s'en trouve que de féminines s'est tourné vers un genre de poésie plus léger et s'est perfectionné en grâce plutôt qu'en énergie. Cependant c'est Scoppa, 1803 et 1811, qui est le premier à tracer une comparaison complète des qualités des deux langues dans son chapitre sur les éléments qui composent les langues italienne et française. Une comparaison très intéressante entre les systèmes allemand et roman se trouve dans Schuchart, 1886, dans ses chapitres sur la rime, l'accent et la numération des syllabes. Il avance que le système allemand dénombre aussi exactement que le français non pas les syllabes mais les *Hebungen*. En général il avoue que la forme dans l'espagnol et dans l'italien, particulièrement dans le latin, est de beaucoup plus belle et d'une qualité supérieure qu'en allemand. Les vers allemands sont comme « gut gedrillte Soldaten die stramm einhermarschieren, einer wie der andere ; daneben erscheinen die Italienischen Verse wie gewandte Tænzerinnen von denen jede nach eigenem Gutdenken dahinzugaukeln scheint, in der That aber nur Variationen einer und derselben Grundfigur ausführt », page 231.

En 1847 et en 1662 Benloew a traité splendidement le système classique de la quantité et les systèmes modernes de l'accent et des syllabes.

c) Avec l'allemand

Les Allemands ayant été particulièrement actifs dans le domaine de la versification romane, il est tout naturel qu'il y ait dans leur langue un plus grand nombre d'ouvrages contenant une comparaison entre les deux systèmes. L'un des premiers est celui de Viehoff, 1859. Dans le traité de Weigand, 1863, il y a un chapitre intéressant sur l'accent où il expose comment il s'est développé dans les deux langues d'une manière différente et quel a été son effet sous la forme du vers. Le chapitre sur le Rythme où il traite de la différence entre le vers grec et le vers latin, le vers allemand et le vers français est d'un intérêt particulier. Une habile discussion du rapport qu'il y a entre les versifications allemande et française se trouve dans Zarnke, 1865 et l'examen qu'en fait G. Paris dans la *Revue Critique,* I, page 205-211.

L'on trouve également dans Müller, 1882, une comparaison entre le vers français et le vers allemand dans laquelle il montre qu'en allemand l'accent sur les mots est assez fort pour permettre des combinaisons métriques, tandis qu'en français il est si faible que l'inflexion logique la laisse tout à fait dans l'ombre et le rend secondaire dans le vers, mais qu'en répétant l'accent dans le vers à une place déterminée on le met en évidence. Toutefois cette pratique est contraire au goût français en raison de son caractère trop voulu et trop mécanique. Les Français sont rebelles au rythme métrique. L'unité de la syntaxe et du rythme est intacte dans la poésie populaire primitive et dans le drame du xviie siècle, mais elle est rompue au xvie siècle à cause de l'influence de la Renaissance et de l'imitation de l'art classique et au xixe en raison du mouvement réaliste. L'horizon élargi de la culture moderne ne tolère plus la monotonie du vers classique, comme l'impulsion et l'association complexes de la pensée, du sentiment, du désir et de la passion exigent une forme poétique plus compliquée. Le vers allemand et le vers anglais ayant leur plan tout tracé, aucun changement n'est nécessaire, ni possible. Ils n'ont donc rien ajouté à la forme qui est restée stationnaire depuis l'adoption du système. Les Français et en général les Latins chez lesquels l'inflexion dans les mots est si faible font au contraire des innovations constantes ; la qualité des voyelles, l'harmonie des tons et des rythmes logiques sont réglés chez eux par l'oreille et par conséquent sont liés à l'harmonie musicale. Les Français surtout ont recherché les moyens de renforcer la qualité musicale par la rime et d'autres restrictions dans la technique des vers et de la strophe particulièrement dans l'hiatus dont les règles ont une délicatesse que les Allemands et les Anglais ne peuvent apprécier. Le vers français demande de la douceur, de la légèreté, de la limpidité et de l'harmonie dans les sons et l'oreille des Français est beaucoup plus sensible à la dureté des consonnes et des voyelles que celle des Allemands dans le système desquels l'accent si prononcé sur les mots emporte toute la dureté des consonnes ou des voyelles. En français l'harmonie phonétique est égale à une mesure musicale, ce qui lui donne un caractère plutôt déclamatoire et rhétorique que rythmique et rapsodique.

En Allemagne la coutume générale a été de scander et de lire la poésie française comme la poésie allemande. C'est ce que discute Træger, 1889, qui déclare que cette méthode est absolument contraire au principe français d'accentuation et montre la différence entre l'*Ungebundenheit* (liberté) française et la *Straffheit* (raideur) allemande. Ebert, 1856, avait déjà dit que « Keine Sprache kann den franzœsischen Alexandriner widergeben ; ein deutscher vollends verhælt sich zum franzœsischen wie ein Holzschnitt zu einem Kupferstich ». Minor, 1893, est utile pour la comparaison entre le français et l'allemand et l'étude des métriques comparées. En 1895 Simon a publié un article sur les métriques anglaise et allemande dans lequel il a tâché de prouver que la langue française contenait des iambes, des anapestes, des dactyles, etc., mais il a été plus loin que les Allemands et les Anglais en mettant quatre et même cinq syllabes par pied. Il a joint à titre d'exemples des traductions de l'allemand et de Macbeth. Les articles de Valentin 1897, 1898, font voir l'influence de la versification française sur la versification allemande et démontrent que le Knittelvers tel que l'a pratiqué Hans Sachs est français par la forme. Les divers articles écrits par Saran sont résumés dans son grand ouvrage de 1904 dans lequel il développe son principe d'alternance et trace de nombreuses comparaisons avec les autres systèmes.

d) Avec l'anglais

Voltaire est incontestablement le premier à comparer le vers anglais et le vers français dans ses discussions sur le drame et la rime. En 1731, après avoir passé deux ans en Angleterre et commencé à penser en anglais, après avoir été jusqu'à écrire le premier acte de *Brutus* en anglais, il déclare que, lorsqu'il se remet à écrire en français, il remarque le manque de cette spontanéité de paroles et d'idées qu'il avait précédemment et par-dessus tout il constate « la sévérité de notre poésie et l'esclavage de la rime. Je regrettais cette heureuse liberté que vous avez d'écrire vos tragédies en vers non rimés, d'allonger et surtout d'accourcir presque tous vos mots, de faire enjamber les vers les uns sur les autres, et de créer dans le besoin des termes nouveaux, qui sont toujours adoptés chez vous lorsqu'ils sont sonores, intelligibles et nécessaires. Un poète anglais est un homme libre qui asservit sa langue à son génie ; le Français est un esclave de la rime, obligé quelquefois de faire quatre vers pour exprimer une pensée qu'un Anglais peut rendre en une seule ligne. L'Anglais dit tout ce qu'il veut ; le Français ne dit que ce qu'il peut ».

Cela donna naissance à un grand nombre d'articles dont aucun, cependant, ne touche au sujet de la comparaison entre les deux langues. En 1886 Mothéré essaie de prouver que le vers héroïque anglais vient du vers décasyllabique français. Dans son étude il montre l'analogie entre le vers français et le vers anglais et il résume en six points la comparaison entre les deux systèmes : 1° Le procédé de numération ; 2° l'élimination de syllabes surnuméraires de même nature et en des places comparables ; 3° un système d'élisions facultatives qui élimine des voyelles placées semblablement ; 4° l'emploi de la césure ou son assimilation à une pause ; 5° la disposition générale des accents ; 6° la rime. C'est l'ouvrage le plus complet qui existe sur cette matière, quoiqu'au point de vue des métriques comparées celui de Verrier, 1909-1911 ait plus de valeur. On peut aussi consulter avec profit l'ouvrage de Lewis, 1898, et l'examen qu'en donne Legouis. Pour l'analyse et la discussion des principales théories avancées sur les systèmes de versification français et anglais, la nature de la quantité, de l'accent, etc., dans les deux langues c'est à l'ouvrage de Rudmose-Brown, 1905, qu'il faut recourir. Il tire de ses recherches la conclusion qu'il y a en français et en anglais des longues et des brèves tout aussi marquées qu'en grec et en latin, mais que ces derniers leur accordaient une valeur absolue, ce qui n'est pas le cas chez les modernes. La quantité de la syllabe dépend de sa position dans la phrase au point de vue de l'accent, « et le temps d'une phrase est la somme de la quantité des syllabes qui la composent plus la somme des pauses entre les syllabes. Il y a autant de gradation de quantité qu'il y en a de relief accentuel, et les rapports entre les longues et les brèves ne sont pas plus exacts et plus fixes que ceux entre les divers degrés de relief. Il s'agit de déterminer les règles de l'accentuation et de la position et durée des pauses. » Il procède ensuite à l'établissement de ces lois et compare l'accentuation en anglais et en français. En français les pauses sont toujours entre des groupes grammaticaux, en anglais elles sont à peu près n'importe où ; en français elles sont toujours précédées d'un accent principal, ce qui n'a pas lieu en anglais ; en français enfin « un mot n'est jamais partagé entre deux groupes accentuels ». Il y a encore une comparaison intéressante entre l'alexandrin et le vers blanc en tant que types des deux systèmes.

Les résumés précédents montreront aisément sous combien de points de vue différents et dans quelles circonstances l'on a envisagé la question de la versification française, et quelle a été l'attitude des critiques dans ses différentes périodes de l'histoire. L'un des objets les plus intéressants et les plus suggestifs de cette étude consiste à remarquer combien chaque sujet étend ses limites à mesure qu'on approche de la Révolution, et comment au début du xix⁰ siècle l'on a abordé les mêmes sujets à des points de vue différents et avec une attitude entièrement nouvelle. Cela est dû sans aucun doute à l'atmosphère : alors la critique pouvait aborder n'importe quel sujet avec beaucoup plus de liberté et d'indépendance. Les discussions sont beaucoup moins personnelles et beaucoup moins amères qu'au xviii⁰ siècle. L'on espère que cet aperçu de comparaisons pourra servir d'assises à une étude plus étendue de l'esprit de la versification française, qui est si rarement goûtée des étrangers qui ne s'en soucient guère parce qu'ils ne sont certainement pas familiarisés avec la technique de la structure du vers.

e) QUERELLE DES ANCIENS ET DES MODERNES

La querelle des Anciens et des Modernes qui de tous les sujets a le plus passionné les écrivains du xvii⁰ siècle et du xviii⁰ siècle tient étroitement à la comparaison entre la langue et le vers français et ceux des autres nations, surtout des Grecs et des Romains. Elle était déjà soulevée au xvi⁰ siècle, mais n'avait pas encore revêtu les caractères de malice, d'amertume, de sarcasme et d'attaques personnelles qu'elle présenta plus tard. L'on peut considérer Rapin, 1670, comme celui qui ouvrit véritablement le feu, en prenant parti pour les anciens et en les présentant comme les seuls guides et les seuls modèles à suivre pour la diction et la versification, en particulier Aristote, Horace et Homère. Il faut consulter les arguments employés par Ménage, 1672-1674, et Bouhours, 1674, dans leur dispute personnelle, les *Remarques* de Vavasseur, 1675, qui sont la critique de Rapin, la *Défense* de Desmarets, 1675, la *Fureur Poétique* de Petit, 1683, Perrault, 1688-1697, Fontenelle, 1688, Boileau, 1694.

Presque tous les travaux de critique : réflexions, dissertations, discours, essais touchent au sujet et il y en a un grand nombre. Le monde littéraire tout entier était divisé en deux camps. Chaque génération apportait de nouveaux objets de discussion. L'on débattit ainsi les sujets qui concernaient directement la versification, comme la plupart des points de comparaison entre les deux systèmes de vers, ou bien ceux qui empiétaient sur le domaine de la philosophie, comme la nature du genre épique, etc. Plus tard on discuta la rime et la nature et la structure du drame. Les plus intéressants de ces ouvrages sont ceux de Fénelon, 1714, Du Bos, 1719, Du Cerceau, 1730, La Motte, 1730, Saint-Mard, 1734, Nicolas, 1734, Racine, 1747, etc. L'on trouvera une analyse commode de toute la question dans les deux volumes de *Querelles Littéraires*, 1761, et dans Rigault, 1856, qui montre le rôle que l'art poétique ou les règles de la versification ont joué dans la lutte générale entre le classicisme et le modernisme. L'on devra consulter également le livre de Lanson sur Boileau, 1892, et, si l'on veut pousser plus loin cette étude, l'on s'apercevra que le problème qui se pose aujourd'hui dans notre système d'éducation, au sujet de l'utilité du grec et du latin et de leur valeur pour la formation en tant que discipline n'est guère qu'une autre phase de la question qui a pris naissance de très bonne heure dans l'histoire de la littérature française.

f) Métriques comparées

La question des métriques comparées a déjà été abondamment traitée dans le chapitre : Comparaison entre la langue française et d'autres langues. Elle est relativement moderne cependant, puisqu'elle ne commence qu'avec l'ouvrage marquant de Du Méril, 1841. Il y a tracé d'une manière admirable le développement de l'accent, de la quantité, de la numération des syllabes avec ses raisons et celles de la différence entre l'allemand, l'anglais et le français ; la nécessité de la rime, de la césure et de la numération des syllabes en français et non en espagnol ou en italien. En ce qui concerne les principes, il fait ressortir pourquoi tout système de versification doit avoir quelque principe pour l'union des syllabes et alors il analyse les différentes manières dont ce principe a été développé par diverses nations. L'on a déjà fait allusion aux ouvrages de Mothéré et de Schuchart, 1886. Un livre très important, mais assez peu connu, est l'*Essai comparatif* de Kawczynski dans lequel il place l'origine de tout rythme, celui de la sculpture, de l'architecture, de la peinture aussi bien que celui de la danse, de la musique et du mouvement en général dans l'égalisation de leurs parties respectives. Il développe non seulement le côté mécanique de ce principe, mais encore ses côtés psychologique et physiologique. L'on peut examiner dans ce travail une comparaison suggestive entre la rythmique et la métrique des types de vers latins sur lesquels la poésie française s'est basée, ainsi qu'un grand nombre d'autres points utiles. Il y a dans Westphal, 1892, d'intéressants chapitres sur la versification des peuples primitifs, son Die sylbenzæhlenden Verse der Indogermanen, Die accentuierenden Verse der Germanen, der Franzosen, der Italiener und Spanier et son Die Rhythmische Prosodie der franzœsischen Verse. L'on pourra aussi trouver toutes sortes de points intéressants dans le livre de Minor, 1893, sur la nature du rythme et de différents systèmes de versification, en particulier les systèmes classique, allemand et roman. L'étude de Lewis, 1898, insiste sur le fait qu'en latin le vers accentuel et le vers syllabique existaient tous deux et que le vers syllabique a été fixé dès le vi[e] siècle, que le vers français, dérivé du latin, a été d'abord accentuel, mais est devenu syllabique en raison des exigences de la langue. Le vers octosyllabique primitif était sous l'influence de l'octosyllabique latin et, quand les Français ont abandonné l'accent à la quatrième syllabe, il est devenu purement syllabique. Il faut aussi consulter l'article de Legouis, 1898, sur cet ouvrage. Samson-Himmelstjerna, 1904, s'efforce de prouver que ce sont les mêmes principes d'accentuation qui régissent à la fois le vers espagnol et le vers français et que dans le principe rythmique ou accentuation poétique il y a une correspondance absolue entre l'espagnol, le français et l'allemand. L'on a déjà mentionné Saran, Thomas, Rudmose-Brown, 1905, Verrier, 1909-1911.

Polti (p), 1906, a ouvert un nouveau domaine à la question des métriques comparées. « Il y a, dit-il, trois grands systèmes de vers : 1° le parallélisme ; 2° la métrique des longues et des brèves ; 3° notre versification. Ils se combinent : c'est ainsi que la poésie liturgique a synthétisé tous les systèmes. Le parallélisme demeure tout proche de la rhétorique et de la logique. » Il démontre comment ils se combinent et comment ils se rattachent à l'élément logique ou rhétorique de tout le poème, comme dans l'*Iliade*. Ceci ne paraît être que le début d'une étude nouvelle qui embrasserait non seulement la structure du vers en elle-même, mais ses rapports avec les éléments logiques du poème et les concordances existant entre différentes langues. Le côté le plus mécanique de l'étude des métriques comparées qui a rapport à l'origine de tel type de vers ou de tel système de vers tout entier est exposé dans des ouvrages comme ceux de Thomas, 1904, Strong, 1907, etc.

L'on peut voir par ces quelques références que la ligne de démarcation entre une simple comparaison entre différents systèmes de vers et l'étude des métriques séparées ne saurait être exactement définie. Ces deux sujets empiètent l'un sur l'autre et par conséquent doivent être étudiés ensemble.

CHAPITRE V

Les origines

L'étude des origines de la versification française conduit naturellement à celle de la versification classique, grecque et latine, dont il est indispensable de connaître les principes pour pouvoir comprendre les nombreuses discussions et théories sur les origines soit de l'ensemble du système français, soit d'un type quelconque de vers français. L'on trouvera des références sur quelques articles et quelques livres traitant de sujets tels que le cursus, le vers saturnien, etc. Toutefois le sujet le plus mportant pour les formes primitives du vers français est le sujet général de l'hymnologie latine au début de l'ère chrétienne, ce qui implique naturellement l'étude du vers rythmique.

Les diverses théories émises par les lettrés sur les origines en général, sur l'octosyllabique, le décasyllabique, l'alexandrin, etc., en découlent. Dans ces dernières l'on trouvera quantité de controverses personnelles, plutôt vives, qui offrent en elles-mêmes d'amples sujets d'étude particulière. La question de la poésie populaire et celle du vieux vers français sont de même ordre.

Ces divers sujets peuvent se grouper ensemble et constituer un champ de recherches spécial. L'on peut juger d'après l'étendue de la question des origines telle qu'elle est esquissée qu'il serait impossible d'exposer en détail les diverses théories qui ont été avancées, ni même d'offrir un aperçu des différentes discussions. L'on essaiera seulement de donner une idée de ce qui a été fait.

a) Hymnologie

Du Méril, 1843, décrit dans son introduction la transition entre les systèmes classique et moderne. Il établit que la numération des syllabes et l'accent ont probablement été la première forme de la poésie latine et que la quantité n'existait pas tout d'abord. Il fait voir très clairement la méthode de développement des divers principes de la versification moderne, la manière dont la rime, l'élément musical, est devenue prédominante et le développement progressif de la notation musicale. Dans son ouvrage de 1847 il montre de quelle manière le vers latin a peu à peu éliminé la quantité et l'accent pour les remplacer par la rime, etc. Il faut consulter les différents ouvrages de Gautier, 1858, 1866, 1879, ainsi que ceux de Huemer, 1876, Ebert et Dümmler, 1879, 1880, et surtout Meyer, 1905, etc.

Un examen de tout ce qui a été fourni sur ce sujet donnerait des résultats excessivement intéressants et la liste qui est donnée dans la bibliographie pourrait naturellement être beaucoup augmentée.

b) Versification rythmique

Dès 1763 Bouchaud écrivit un livre sur la poésie rythmique, où il donne un aperçu historique des vers métrique et rythmique. Il fait voir que le vers hébreu était rythmique avec rime de temps en temps et que les Egyptiens, les Chaldéens, les Syriens et même les Arabes ont sans aucun doute suivi le même principe. Il fait une analyse très intéressante et très détaillée de la métrique grecque, de son origine, de sa nature et de son développement, et une comparaison entre le système rythmique et la métrique qui existent tous deux dans les poésies grecque et latine, la métrique n'étant qu'une rythmique perfectionnée. Après avoir esquissé et discuté l'origine et le développement de la poésie rythmique, il examine les différents auteurs qui en ont fait usage, comme Commodien, Saint-Ambroise, Saint-Augustin. Au viiie siècle elle s'était tout à fait généralisée et au ixe la rime était courante. Il retrace leur histoire jusqu'à la Renaissance et montre que les versi sciolti et le vers blanc anglais sont les mêmes que le vers rythmique des Hébreux et le vers primitif des Grecs et des Romains, alors qu'en France ce sont les chants populaires et les chansons à danser sans rime, mais cadencés ou rythmés. C'est la première forme de poésie et la plus naturelle qu'emploie le peuple. Vu son apparition précoce, cet ouvrage n'a pas rencontré la faveur qu'il mérite. En 1853 Barbieux discute le développement du principe rythmique et montre que la quantité ne pouvait pas subsister dans les langues romanes et en général dans les langues modernes et comment l'accent l'a remplacé. Il croit qu'un principe dans le genre de celui suggéré par Ackermann en 1840 sera adopté par les poètes futurs avec quelques modifications.

Le nom de Gautier sera toujours associé au sujet des origines de la versification française et de la poésie rythmique. La première discussion de cette dernière se trouve dans son Introduction aux œuvres d'Adam de Saint-Victor, 1858. Les discussions de Sepet, 1865, Paris, 1866, Bartsch, 1866 roulent surtout sur les origines et les principes et l'on en trouvera l'analyse sous ces rubriques. L'étude de Zarnke, 1871, est précieuse pour ce qui concerne la nature et l'origine du système rythmique et les différents sens attribués au mot rythme; celles de Misset, Meyer, 1882, sont intéressantes en ce qu'elles montrent que la poésie populaire latine primitive est la base du français. L'ouvrage de Becker, 1890, qui est l'un des meilleurs sur les origines du vers roman contient des chapitres remarquables sur l'hymnologie et la rythmique. L'on peut se rendre compte par les titres des différentes références qui sont données de l'étendue et de la variété du sujet et des aspects multiples sous lesquels on peut l'étudier. L'on n'essaiera pas ici d'analyser ces différents ouvrages, parce que tout d'abord les deux sujets de l'hymnologie et de la rythmique doivent être considérés comme des préliminaires à l'étude du vers roman et en tant que tels l'on n'a pas cherché à les approfondir ; en second lieu parce qu'on peut les grouper dans le chapitre sur les origines où l'on en examinera certains. L'article de Tavan, 1897, est quelque peu décevant. C'est lui qui discute les avantages de la versification rythmique et de l'accent. Un groupe de mots constituant une unité sont, à son avis, égaux à un seul mot, par exemple: qu'as-tu fait? et ces mots peuvent être répartis entre différentes espèces de pieds comme en latin. En français il est possible d'imiter les mètres des autres langues (cf. Simon, 1895) et l'on peut se dispenser de la rime pour former un vers adaptable à la diction musicale et aux formes modernes de la poésie. Il en résulte un vers rythmique analogue à celui de Van Hasselt et Dumur.

c) Les origines en général

Il serait impossible de tracer une ligne de démarcation définie entre les différents sujets de ce chapitre ; ils empiètent tous les uns sur les autres, ce qui prouve l'étroitesse de leurs rapports. L'étude des origines conduit à celle des principes mêmes du vers ; l'on a cependant réservé ce sujet pour un chapitre séparé. L'on ne tentera ici qu'une simple esquisse des principales théories sur les origines de la versification française. Jusqu'au XIXe siècle l'on n'avait rien fait de complet ni de scientifique. C'est Uhland en 1812 qui a le premier abordé le sujet de l'alexandrin. Les études d'Ackermann et de Du Méril concernent les principes plutôt que l'origine des formes de versification. Diez, 1846, s'attache particulièrement à l'origine de la poésie épique et lyrique, à leurs premières formes, leur structure, surtout à la rime, à la césure, etc., et expose plusieurs théories sur l'origine des vers de dix et de douze syllabes. La poésie épique française a été si belle et si caractéristique que ses auteurs ont dû être doués d'assez d'originalité pour créer sa forme en même temps que sa substance. Il éloigne donc toute idée d'imitation ou de source définie. On doit considérer cette étude de Diez comme la première étude sérieuse et scientifique sur l'origine des vers français, et elle sert de base à toutes recherches ultérieures. L'étude suivante de même caractère est celle de Wolf-*Uber die Lais*, 1859 ; mais elle traite plutôt du vieux vers français que des origines. En 1858 Littré commença l'étude de l'Eulalie. Il fut suivi pour la métrique par Meyer, 1861, et Suchier, 1873. *Le Rôle de l'Accent* de Paris, 1862, est un précieux apport à la question de la forme et des principes en ce qui concerne leurs origines. L'Appendice contient une étude du mètre de Saint-Eulalie. Dans son second volume, 1863, Littré discute ces diverses études et théories. Cependant c'est l'année 1864 qui est celle où le sujet des origines de la versification française a été pour la première fois présenté dans son ensemble. Le *Cours d'Histoire de la Poésie Latine au Moyen Age*, de Gautier, a été commenté par Sepet qui nous a déjà fait connaître les deux écoles ou théories distinctes auxquelles se rattachent les lettrés à propos de l'influence et du rôle de la versification latine. Gautier fait de l'assonance et de l'isochronie des syllabes et Paris de l'accent les causes principales du changement. L'ouvrage capital de Gautier parut en 1866 et les discussions de Paris et de Bartsch eurent lieu la même année. Celle d'avant

Zarnke avait déjà parlé de l'origine du pentamètre iambique et de son emploi en France, en Angleterre, en Allemagne et en Italie, ce dont Paris donna le compte rendu dans la *Revue Critique I*. La même année Ten Brink avait exposé des théories sur l'origine de la versification franco-gallique. L'ouvrage de Gautier fut le premier à entrer dans les détails. L'on trouvera ses théories dans ses *Epopées*. On peut en résumer les points essentiels avec les objections de Paris et de Bartsch comme il suit : la versification latine du moyen âge est basée sur le rythme dont la syllabification est le premier principe et l'accent à des endroits déterminés le second. L'assonance apparaît également. Les poètes ont aussi appliqué ces principes au système du mètre ou vers métrique et ces formes telles que l'iambe, l'asclépiade, le trimètre dactyllique ont servi de types au système populaire. On les chantait et l'on ne les récitait point. Le dimètre iambique conduit au vers octosyllabique rythmique et le septénaire trochaïque au vers rythmique de quinze syllabes. Les bardes n'ont fait qu'emprunter ces types dans lesquels la musique populaire avait accordé la même valeur à toutes les syllabes. Ils ont imposé à chaque vers les mêmes proportions syllabiques ; ils ont donné à l'assonance une place déterminée après la tonique ; ils ont donné la valeur de syllabes longues aux syllabes accentuées Le système du mètre forma donc ainsi la transition entre le latin populaire primitif et le latin liturgique du moyen âge. Les deux types étaient chantés. Quelques-uns des types métriques devinrent populaires et furent choisis comme types par les Français qui les entendirent non pas réciter mais seulement chanter sur certains airs qui donnaient à toutes les syllabes des valeurs égales. Ils les imitèrent et c'est ainsi que l'asclépiade donna naissance à l'alexandrin et le trimètre dactyllique au décasyllabique. Le tétramètre trochaïque catalectique a plus influé sur la versification rythmique qu'aucun autre, presque toute la poésie rythmique latine en étant sortie. Il avait quinze syllabes qui plus tard furent divisées en une strophe de 8 + 7 qui varia à l'infini et d'où l'on tira presque tout le système de la versification divisée. Gaston Paris réfuta cette théorie dans sa fameuse lettre de 1866 où il soutenait que la versification rythmique latine était d'origine populaire et n'avait pas d'autre source ; qu'elle ne devait rien à la métrique et présentait le même rapport avec le système du mètre que la langue populaire avec la langue littéraire de Rome. Les vers rythmiques populaires ont été tirés d'autres vers rythmiques populaires. Cela serait exact, ce l'avis de Gautier, si entre les chansons populaires des soldats de César et les dernières chansons de Saint-Victor au XIIe siècle il ne s'était pas développé un grand nombre d'hymnes liturgiques de plus en plus rythmiques. Ceux-ci pourraient-ils provenir de vers populaires sans types métriques? A l'objection faite à cette théorie que les accents ne tombent pas aux mêmes endroits dans les types métriques et rythmiques, Gautier répond que les vers latins rythmiques se chantaient toujours et ne se récitaient pas et qu'on les a imités et construits par analogie, de sorte que l'accent a perdu la plupart de sa force. Les Français les entendirent simplement et reconnurent l'existence d'un certain nombre de syllabes et l'assonance. Bartsch discute divers points sur lesquels il se sépare de Gautier, mais reconnaît avec lui, comme il est naturel, que le vers épique est d'origine allemande, s'écartant en cela de G. Paris qui fait de nombreuses réserves à ce sujet. Bartsch admet encore que le décasyllabique est dérivé du septénaire trochaïque, mais n'admet pas que l'alexandrin vienne de l'asclépiade, parce qu'il n'est pas assez populaire pour cela et que sa césure n'est pas la même. Meyer, 1867, réfute également la théorie de Gautier sur l'origine de l'alexandrin et du décasyllabique, refusant d'accepter aucun type de vers comme la source de l'autre.

Il y a dans l'ouvrage de Tiviers de 1873 un chapitre intéressant sur les rapports entre les origines de la versification française et celles du drame liturgique. Aubertin, 1882, donne un résumé splendide de l'ensemble de la question. Après avoir indiqué clairement l'influence de la formation et des modifications de la langue sur la versification, il trace une esquisse très succincte et très lucide des origines et du développement de la versification française qui jette une lumière précieuse sur la transition entre le latin populaire et la poésie liturgique et le système de la numération des syllabes et de la rime. Son excellent ouvrage de 1898 reprend presque tout cela. Les ouvrages de Rajna et de Nyrop, 1884-1886, apportent tous deux des éléments très précieux, mais traitent surtout de la poésie épique, Rajna considérant le vers de dix syllabes comme la base de tous les autres types en raison de sa fréquence et de son emploi général en même temps que de sa précoce apparition. Meyer, 1884, attribue au système rythmique une origine sémitique et voit sa source dans les Carmina Nisebena d'Ephrem, théologien syriaque du IVe siècle. On y trouve la numération des syllabes, la mesure marquée par l'accent, les acrostiches et la rime. Ce système est passé des Syriens aux Byzantins et aux Romains. L'objection à cette théorie est qu'Ephrem imitait les œuvres d'un prédécesseur qui imitait les vers grecs. Pour les origines de la poésie lyrique il faut consulter le travail inestimable de Jeanroy, 1889. Kawczynski, 1889, fait une comparaison détaillée entre la métrique et la rythmique, discutant l'origine de chacune, de même que la nature du rythme. Il a recherché un type métrique correspondant au type romain pour la quantité des syllabes et la césure et il le présente comme l'origine du vers roman. La liste complète des types de vers latins qu'il dresse de cette manière en indiquant les formules métriques qui ont servi de types au vers français est d'un intérêt tout particulier. L'ouvrage de Becker,

1890, qui confirme bien des points, établis déjà par Gautier est un apport distinct à la question de l'origine de la versification romane. Mais il va beaucoup plus loin. Après avoir montré un changement dans la poésie au commencement de l'ère chrétienne et fait remarquer l'influence d'hommes comme Saint-Hilaire de Poitiers, Saint-Ambroise, Saint-Augustin et le caractère général des hymnes religieuses, il discute la perte du sentiment de la longueur des syllabes et de la prosodie en général par les Romains. Il résume avec clarté les caractéristiques du vers latin, expose ce que la poésie rythmique a ajouté à la poésie métrique et quelle a été l'influence des chants plus longs en prose ou séquences, quand l'orgue a commencé à dominer aux xe et xie siècles. Par la suite, ces séquences adoptèrent la forme de strophes rimées. C'était surtout le tétramètre trochaïque qu'on employait. Ayant des rimes à l'hémistiche, ces vers de quinze syllabes se subdivisaient en vers plus petits qui donnèrent naissance à quantité de nouvelles formes de vers et de strophes.

Celles-ci à leur tour stimulèrent l'esprit lyrique des xiie et xiiie siècles. On discute encore beaucoup d'autres points essentiels ; en voici la substance : le système roman de versification est un développement spontané et logique du système romain. La cause qui a déterminé son évolution est le changement progressif de la langue, surtout la disparition de la quantité et la prépondérance de l'accent dans le latin vulgaire et plus tard la loi des finales dans les langues romanes. Par des changements successifs les formes de vers se sont groupées d'après des principes nouveaux et suivant ces relations nouvelles certaines formes ont été conservées, d'autres abolies. L'analogie a joué un rôle considérable. Ainsi la forme distincte du vers français n'est pas simplement la répétition d'un type latin particulier, mais le résultat de différents facteurs convergents et c'est une partie d'un système développé d'une manière organique. Stengel discute cette théorie à fond dans la *Zeitschrift f. Spr. Litt.*, 1890. Ses vues personnelles se trouvent tout au long dans son grand ouvrage de 1893. Après avoir résumé les théories des lettrés les plus éminents, il développe les siennes propres, qui constituent aussi un apport distinct. Il existait une ancienne poésie latine accentuée d'où est sortie la poésie romane. Le vers décasyllabique est la forme romane la plus authentique et il repose sur une base accentuelle. Du vers de dix syllabes le plus ancien il passe au plus ancien ensuite et il rattache à cette forme préhistorique d'autres formes métriques plus anciennes. Il considère comme la forme la plus ancienne une forme dans laquelle il y a une *Plussilbe* (syllabe de plus) à l'hémistiche et une rime qui pourrait tomber aisément sans changer le rythme du vers, vu le développement de la langue. Le vers de dix syllabes le plus ancien était un vers de douze syllabes dans lequel la sixième ou la quatrième et la onzième étaient accentuées. Il provenait d'un vers préhistorique de quatorze syllabes avec les sixième et douzième syllabes accentuées. Il considère ce vers de quatorze syllabes comme certain et en donne deux formes —8—6 ; dans les huit premières syllabes il y a un accent sur la sixième, dans les six dernières il y a un accent sur la quatrième : $- - - - - \overset{,}{-} - -, - - - \overset{,}{-} - -$; ainsi le vers français de dix syllabes (6-4) est le plus ancien et celui de (4-6) le plus récent. Le vers de douze syllabes est une modification du vers de dix syllabes formé en rendant le premier hémistiche égal au second, et non pas tiré de l'asclépiade, comme le prétendent Gautier, Tobler, etc. Le vers de six syllabes ne peut provenir de l'alexandrin (Bartsch), parce qu'il est plus ancien que lui. L'origine des autres types est également discutée. Dans l'ouvrage étendu de La Grasserie, 1900, la question des origines est aussi discutée, sans qu'il y entre rien de nouveau. L'ouvrage de Thomas, 1904, sur le décasyllabique contient plusieurs points intéressants sur les origines, de même que celui de Verrier, 1909-1911. Naturellement beaucoup d'autres livres et d'articles contiennent plus ou moins de renseignements à ce sujet sans qu'on puisse pour cela les appeler des œuvres originales. A ce propos il serait bon de consulter les ouvrages qui traitent de la nature et des origines du vers en général, comme Spencer, Combarieu, Becq de Fouquières, représentants respectifs des théories physiologique ou évolutionniste, psychologique et respiratoire.

d) L'OCTOSYLLABE

Les articles dans lesquels Littré soutient que le vers de l'Eulalie est un vers de dix syllabes, 1858-1859, ont causé celui de Meyer, 1861, qui prouve d'après les principes mêmes de Littré que le vers de l'Eulalie est un vers de huit syllabes en prenant chaque couplet et en montrant que les arguments sur lesquels Littré appuie ses corrections du texte sont fondés sur la nécessité de porter le vers à dix syllabes. La plupart des premiers articles sur l'Eulalie traitent de la nature et de la métrique et non de l'origine de l'octosyllabique. Plusieurs des travaux sur les origines de la versification française comprennent l'octosyllabique naturellement, comme ceux de Gautier, Kawczynski, etc. En 1898 Lewis soutint que les premiers vers de huit syllabes étaient sous l'influence de l'octosyllabique latin et grec, lorsque l'octosyllabique français abandonna l'accent sur la quatrième syllabe, il devint purement syllabique. Cette assertion fut combattue par Legouis. Melchior, 1909, dans son premier chapitre donne le dimètre iambique latin pour base au vers français alterné de huit syllabes. L'on trouvera la question de l'origine de ce vers traitée dans un grand nombre de thèses et dans les traités généraux de versification.

e) Le décasyllabe. l'endécasyllabe. l'alexandrin

La question des origines du vers décasyllabique a soulevé plus de discussions et a été le sujet de plus de livres et d'articles que celle des origines de tout autre type de vers. Elle a été le centre de l'orage et elle a préoccupé tous les auteurs qui se sont intéressés aux origines de la versification française. Elle a aussi donné lieu à la fameuse dispute entre Bartsch, Arbois de Jubainville et Thurneisen qui ont soulevé la question d'une origine celtique. Un résumé de tout ce que l'on a écrit sur ce sujet tiendrait trop de place ; nous ne pourrons donc examiner que les travaux les plus importants.

Jullien consacre un chapitre à l'origine du vers décasyllabe dans son ouvrage de 1854 dans lequel il soutient que l'accent grec et latin était plus fort que la quantité qui n'était qu'une affaire de convention et il donne l'accent pour base à l'harmonie, ce à quoi Quicherat répondit, 1854. L'hexamètre a cinq accents et ceux-ci coïncident souvent avec le sens logique ce qui est analogue à l'alexandrin. De cette théorie accentuelle il est facile de faire sortir le vers de dix syllabes. Quicherat consacre plusieurs articles à l'origine de ce vers, 1855, dans lesquels il attaque la théorie de Jullien. Il montre d'abord que les anciens avaient des vers d'un nombre défini de syllabes parmi lesquels un vers de dix syllabes avec des accents réguliers.

Le vers latin de onze syllabes comptait l'*e* muet à la fin, comme le pratiquèrent les Italiens, mais les Français ne firent pas de même et leur vers de dix syllabes est exactement semblable. Le vers de onze syllabes avait un accent sur les quatrième et dixième syllabes, ce qui est la base de cette théorie. Il discute ensuite chaque mètre avec ses accents, plusieurs ayant des accents variables, tout comme l'alexandrin, par exemple le mètre saphique. Le vers français de dix syllabes n'est pas une imitation exacte, mais la meilleure approximation possible. Plus tard l'alexandrin a été une modification et une extension du décasyllabe. Il conclut après avoir examiné les transformations progressives des mètres que le système primitif et le système moderne reposent sur la même règle fondamentale, à savoir un nombre fixe de syllabes et d'accents. Ainsi Jullien présente l'hexamètre et Quicherat le saphique comme les modèles qui ont servi de base au décasyllabe. Ces deux théories constituent le nœud de toutes les discussions ultérieures.

Le livre de Zarnke, 1865, dans lequel il place dans le pentamètre l'origine du décasyllabe est attaqué par Paris dans la *Revue Critique I*. Bartsch et Gautier le font tous deux venir du septénaire trochaïque latin, contrairement à l'avis de Paris et Meyer. L'étude de Rochat, 1870, renseigne sur son emploi primitif et sa structure. Il déclare que, puisqu'il n'a pas été populaire de bonne heure, il doit avoir eu une autre origine que les vers de 8 ou de 12 syllabes. Il considère sa première apparition dans le fragment sur Boèce comme une innovation dont la date coïncide avec la première apparition de poèmes en langue vulgaire. L'influence de la poésie vulgaire est donc évidente depuis cette époque. En Allemagne chaque auteur était l'inventeur de sa forme ; de même le décasyllabe fut introduit par un poète qui l'emprunta à quelque vers latin, incontestablement au sénaire dont il fait ressortir les ressemblances et les différences avec ce vers. La césure est d'une importance toute spéciale ; par le fait la discussion roule presque exclusivement sur ce point.

En 1878 Bartsch publia un article dans lequel il proposait une forme de vers celtique comme la source du vers de onze syllabes du vieux français et du vieux provençal. La poésie romaine n'offre aucune forme de vers d'où ce vers de onze syllabes pourrait provenir. Il cite en entier un poème religieux latin de onze syllabes du VIIIe ou du IXe siècle qui se termine ainsi : *Explicit hymnus quem Lathacam scotigena fecit*, ce qui prouve une origine celtique. Après avoir décrit sa structure et montré qu'il ne pouvait provenir du tétramètre latin, il conclut que, puisque le vers irlandais de quatorze syllabes se rencontre de bonne heure et est souvent suivi du vers de sept syllabes que l'on considérait comme un vers indépendant, il n'y a pas de doute que les vers de onze et de quatorze syllabes datent du celtique et que celui de onze syllabes, comme des exemples latins le font voir, était employé par les poètes irlandais et qu'on pourra en trouver des traces dans la poésie populaire irlandaise. Gaston Paris désapprouva cette façon de penser dans un article paru dans la *Rom. VII*, où il conclut que les Irlandais ont reproduit un rythme qu'on employait déjà dans le latin vulgaire et que le vers de onze syllabes n'est pas venu en France d'Irlande. Arbois de Jubainville a publié dans la *Rom. VII* un article où il attaquait la théorie de Bartsch et montrait qu'il n'y avait aucune espèce de relation entre le celtique et le roman en faisant remarquer que les vers irlandais en question ne pouvaient pas dater de plus tard que du VIIe siècle et que la versification irlandaise ne manifestait aucun rapport entre le roman et l'irlandais ; le vers irlandais préhistorique peut avoir obéi aux mêmes lois que celui des Gaulois, mais on ne peut pas prouver que les lois de l'irlandais préhistorique et de l'ancien irlandais sont identiques. Les révolutions qui transformaient la langue peuvent avoir créé un nouveau système de versification, etc. A cela Bartsch répondit dans la *Ztz. III* où il réfute d'abord les arguments de Jubainville, puis s'arrête aux cinq points suivants :

1° La strophe est composée de vers de huit et de quatre syllabes, ce qui est la forme favorite des plus anciens *Kunstdichter* en provençal qui sont encore en contact avec les formes populaires anciennes et ce qu'on trouve aussi dans Macabrun et des poètes postérieurs. Cette forme est fréquente dans la poésie française et se rencontre chez un poète écossais qui tira ses formes de son pays celtique d'origine ; 2° le vers de quatorze syllabes, 7 (8) + 7 (8), se trouve dans les plus anciens troubadours ; c'est une forme favorite en irlandais ; 3° le vers de onze syllabes, 7 (8) + 4 (3), se trouve dans les plus anciens troubadours, dans les poètes français, dans les pastourelles et les refrains populaires ; en celtique il se rencontre chez les poètes écrivant en latin parmi les moines irlandais du VIII° siècle ; 4° le vers de dix syllabes, (5 + 5), se rencontre chez les troubadours, particulièrement dans les ballades ; en français dans les romances, pastourelles et refrains ; chez les Bretons c'est une forme courante ; 5° le vers de neuf syllabes se trouve dans les refrains français de caractère populaire ; il est également fréquent dans la poésie bretonne. Tout cela tend à prouver que les vers de onze et de quatorze syllabes sont d'origine celtique et passèrent comme tels aux Romans. A cet article, Paris et de Jubainville répondirent tout au long dans la *Romania IX*. De Jubainville résume d'abord ses propres propositions, puis réfute les cinq arguments de Bartsch : 1° celui-ci n'a pas prouvé que le vers irlandais de quatorze syllabes n'avait que quatorze syllabes dans le système français, parce que les Irlandais ne comptent pas les syllabes muettes ; 2° à l'époque où la loi de la numération des syllabes s'est développée en France et en Irlande il était naturel que les deux peuples construisissent un mètre ou plus avec le même nombre de syllabes, mais, si les Français avaient copié les types de onze, quatorze et neuf syllabes sur les Irlandais, ils les auraient imités encore en d'autres points ; 3° la valeur de l'argument que tire Bartsch de la découverte du vers de onze syllabes dans les écrits latins de moines irlandais est douteuse ; 4° le premier exemple fourni par Bartsch est tiré du *Livre Noir* de Caermarthen, manuscrit du XIII° siècle qui n'a rien de celtique dans son esprit ; le second qui est du xiv° siècle est écrit en vers de neuf syllabes divisés en laisses monorimes imités des Chansons de geste ; 5° le décasyllabe (5 + 5) se rencontre dans la poésie gaëlique ; 6° les vers gaëliques de neuf syllabes (5 + 5) sont imités du français.

Dans son article Paris démontre que les thèses de Bartsch sont contradictoires et insoutenables et expose ses vues et ses explications personnelles. Il conclut qu'en général l'influence de la poésie et de la musique de l'irlandais sur le français a été considérable, mais que les vers romans que Bartsch soutient avoir été empruntés aux Celtes sont plus anciens que l'époque où les relations entre la poésie et la musique du peuple paraissent être devenues intimes et fructueuses. Cet article clôtura la discussion de l'influence irlandaise.

L'ouvrage important qui vint ensuite, en dehors de ceux de Rajna, 1884, et Nyrop, 1886, fut celui de Henry, 1886, dont on peut résumer ainsi les arguments : la versification indo-européenne a d'abord été basée sur la quantité syllabique ; le sanscrit reconnaissait la distinction et la succession des syllabes longues et brèves, de même que le grec dont la musique prouve la prépondérance exclusive de la quantité prosodique et où l'accent n'influe en rien sur la mélodie. Les vers latins reposaient sur les mêmes principes, comme le vers saturnien le prouve. Toutefois l'accent a pris son ascendant plus tôt en latin qu'en grec et s'unissant presque toujours à la longueur prosodique, il s'est peu à peu confondu avec elle et finalement l'a dominé. Par conséquent tout rythme a été tiré d'un mètre ; mais l'on ne sait pas quand l'élément rythmique est devenu dominant. Si l'on découvre une ressemblance entre un décasyllabe roman et un vers latin quelconque, on peut les associer et les faire dériver d'un type métrique primitif. Après avoir désapprouvé les théories de Ten Brink, Bartsch et Gautier, il montre que le décasyllabe est tiré du tétramètre dactyllique hypercatalectique latin : tous deux ont dix syllabes, mais le latin peut en avoir neuf ou huit. Tous deux ont eu un type commun d'origine, car ils ont entre eux trop de parenté pour être des étrangers et sont trop différents pour être sortis l'un de l'autre. On a besoin d'un type de vers de douze syllabes avec une inflexion sur la onzième de telle sorte que les cinquième et onzième syllabes disparaissent, laissant deux accents sur la quatrième et la dixième respectivement.

Il trouve que ce vers est un vers grec dont le trimètre scazon, un vers latin hypothétique, est le type :

Baiana nostri, Basse, villa Faustini
Baienne nostre, Basse, ville Faustin — 46

Il prétend que : 1° le scazon iambique est très primitif parce qu'il repose sur les mêmes principes que toute la versification indo-européenne ; 2° le scazon métrique et rythmique existaient certainement côte à côte, comme tout mètre a dû se transformer en rythme à la même époque ; 3° l'on peut reconstituer le scazon rythmique en observant comment l'accent prend la place de la quantité dans les autres mètres et en appliquant le principe au scazon métrique, comme on le fait voir ci-dessus, l'on obtient un décasyllabe parfait ; 4° le vers roman de douze syllabes ne vient pas du tétramètre iambique catalectique, ce qui paraît possible d'après sa construction, mais d'un type rythmique antérieur dont le type latin est le modèle. Ce type primitif n'existe pas, mais nous savons que l'on chantait le tétramètre trochaïque rythmique et nous pouvons supposer que le tétramètre iambique rythmique se chantait aussi. G. Paris et Havet dans leur examen de la théorie de Henry s'y montrent défavorables tous les deux.

Dans un article paru dans la *Ztz. XI*, 1887, Thurneisen a exposé sa théorie sur l'origine du vers épique de dix syllabes. Il fait voir qu'il a pu venir aisément de l'hexamètre dactyllique, attendu que, dans la période de transition, le vers de Commodien a balancé entre le système métrique et le système rythmique, et que plus tard, de 700 à 750, l'on rencontre l'hexamètre rythmique pur. Après avoir montré par de nombreux exemples les changements progressifs, il conclut que, lorsque les Romains du royaume franc se mirent au viie siècle à chanter les hauts faits de leurs seigneurs à l'imitation des Allemands, ils empruntèrent, puisqu'ils n'avaient ni vers populaire épique ni vers épique, le mètre de la poésie narrative savante, l'hexamètre de forme rythmique accompagné souvent de la rime ou de l'assonance. A mesure que le langage épique a pris la forme de la langue populaire, le type de vers s'est transformé avec la langue. Comme le roman n'avait pas deux syllabes accentuées stables à un endroit déterminé du vers, la double thèse — vv a été naturellement abandonnée ou négligée et la cadence de l'hexamètre typique a été changée. Par conséquent le second accent à la fin est devenu libre comme celui du début du vers et petit à petit l'hémistiche s'est achevé sur une syllabe appuyée. De même que l'hexamètre latin avait ses règles régulières pour les syllabes et les types, de même l'hexamètre roman rendit bientôt fixe le nombre de syllabes avant le dernier accent. Cette sorte de vers devint populaire et passa dans les romances mi-épiques. De cet hexamètre original l'on tira de nouveaux types ou de nouveaux rythmes, tels que 6-4 en renversant les hémistiches et 6-6 en doublant le second hémistiche, etc. C'est ce qui explique pourquoi il ne se trouve pas de type exact du vers de dix syllabes dans les poèmes latins du commencement du moyen âge. Les poètes qui reproduisirent les chansons épiques du dialecte populaire adoptèrent l'hexamètre classique. La même année, Stengel publia son article très convaincant sur l'emploi, la structure et l'origine du décasyllabe roman. Il soutient que le type $5 + 5$ est un rythme trochaïque et diffère totalement du type $4 + 6$ qui a un rythme iambique. Il ne croit pas que le repos soit la même chose que la césure du vers latin quantitatif, il croit qu'elle est le lien entre deux vers plus courts qui n'en forment plus qu'un.

Le type 6 + 4 est la forme la plus ancienne et la césure épique est antérieure à la césure lyrique. Il conclut de la présence de diverses formes de césure dans la structure syntactique que le vers de dix syllabes a été primitivement formé de deux vers. Dans le vers français préhistorique il y avait des finales proparoxytoniques comme dans l'italien et l'espagnol ; il en fait découler l'existence d'un prototype de douze à quatorze syllabes avec la sixième syllabe accentuée et la septième ou huitième syllabe non accentuée, plus la onzième syllabe (ou la douzième) accentuée avec une ou deux syllabes non accentuées à la fin.

C'est dans cette forme qu'il faut chercher l'origine du vers de dix syllabes. Ce serait donc une erreur que de prendre les types latins, quels qu'ils soient, pour les types originaux du décasyllabe. Le type original doit probablement avoir été un vers de quatorze syllabes et ce pourrait être le saturnien, mais le nombre indéterminé des syllabes et le rythme trochaïque ou dactyllique présentent des difficultés qu'on pourrait surmonter si la première syllabe avait perdu son accent lors du changement d'accent sur les mots en latin et si le système quantitatif latin s'était transformé en système accentué, quand un nombre fixe de syllabes est devenu nécessaire.

On peut encore consulter d'autres articles et d'autres titres sur les origines de ce vers ; Kawczynski, 1889, Eickhoff, 1895, Zarnke, 1897, Ovidio, 1899, Becker, Landry, 1904, Strong, 1907.

L'ouvrage de Thomas, 1904, est inestimable pour l'analyse et la critique de toutes les théories avancées. Son but semble avoir été de découvrir les origines possibles ou probables du vers décasyllabique, son caractère primitif, les modifications du type traditionnel à travers les âges dans diverses langues, les causes et les lois de ces modifications et l'unité qui préside au fond à la versification des langues les plus littéraires de l'Europe. Ce travail est utile pour l'étude des métriques comparées et contient beaucoup de choses sur les origines de la versification française en général.

Les ouvrages précédemment discutés peuvent être considérés comme contenant pour ainsi dire toutes les théories proposées sur la question des origines du décasyllabe, quoique presque chaque traité de versification renferme plus ou moins de détails sur ce sujet.

L'ouvrage de Traeger, 1889, contient une étude très complète sur l'alexandrin, son histoire, son nom, son emploi, sa structure et ses origines. Il discute à peu près toutes les théories, son origine dans la Langzeile allemande, son origine classique dans le trimètre grec, le sénaire, le tétramètre iambique catalectique ou acatalectique, etc. Davidson (p), 1901, discute également son origine.

f) Le vieux vers français

L'on pourrait consacrer un chapitre entier à l'examen des ouvrages utiles à l'étude du vieux vers français ; mais ils sont si nombreux, divergent dans tant de voies différentes que chaque livre ou chaque article, pour ainsi dire, qui traite des formes ou des poètes primitifs, comme c'est le cas des nombreuses thèses, intéresse en quelque manière la structure, la nature, etc., de la vieille versification française. Le plus précieux et le plus complet de tous ces ouvrages est le *Versbau* de Tobler, 1880, et en dehors des thèses qui ont été publiées sur divers sujets, l'on trouvera très utile le livre de Chatelain, 1908.

CHAPITRE VI

L'évolution ou les écoles littéraires

L'étude de l'évolution du vers français, des changements qui se sont produits de distance en distance et de leurs causes, ou en général l'étude des écoles littéraires françaises comprend la plus grande partie des ouvrages plus étendus sur la versification. On ne trouve probablement dans aucun autre pays que la France des écoles littéraires qui soient dues à un mouvement conscient ou voulu de la part d'un groupe d'hommes. Aux différentes époques de l'histoire littéraire de la France on peut constater une lutte continue entre deux tendances opposées, celle des gens en faveur et celle des gens désireux d'imposer leurs théories. L'on peut distinguer ces groupes en celui de l'Académie, représentant la tradition, l'autorité, l'ordre et la discipline d'après les principes établis et celui des progressistes ou révolutionnaires, représentant l'individualisme, l'indépendance, une vie nouvelle et des changements dus à la transformation des conditio ns extérieures. Ces deux groupes se retrouvent dans toutes les manifestations de l'activité française et deviennent plus apparents et plus forts à mesure que l'autorité politique, l'absolutisme, s'affaiblit. C'est pourquoi au XVII° siècle durant la période d'ordre, de discipline et d'absolutisme politique, peu de changements ont eu lieu, peu de révolte s'est fait sentir, l'autorité commandant souverainement. Au XVIII° siècle la révolte contre la discipline rigide est générale, mais elle s'attaque surtout à la rime. Ce n'est qu'après que la Révolution eut achevé son œuvre que l'on en vient à la révolte contre les principes essentiels. Presque chaque traité de versification, quelle que soit son étendue, renferme une discussion des changements déjà révolus ou en cours. L'on mentionnera simplement les livres ou les articles qui contiennent un trait particulier. La liste en pourrait donc être considérablement accrue.

a) Le vers classique

L'on discute le vers classique dans presque tous les ouvrages qui traitent des principes de la versification ; le premier qui en fasse un examen complet, quoique seulement par rapport au vers romantique est Tenint, 1844. Ducondut, 1863, va beaucoup plus loin dans les causes qu'il assigne aux changements. « La versification d'une langue, dit-il, doit être réglée d'après la langue telle qu'elle est ; une langue peut, d'une époque à une autre, éprouver des changements. Quand une langue se modifie, sa versification doit se modifier dans le même sens, et la suivre, comme une esclave, dans toutes ses variations. Le vers est une forme, et une forme musicale, et il doit être fait pour l'oreille. » Le vers est soumis à certaines règles, négatives et positives, qu'il doit suivre. Il les examine et les critique en considérant les divers principes ou caractères des vers français, en montrant la différence entre le vers classique et le vers romantique, en justifiant les uns et condamnant les autres. Voici sa conclusion générale : « La plus grande liberté possible pour le poète, tant que cette liberté ne nuira pas à l'harmonie qui constitue le vers. Notre système de versification actuel me paraît un chaos de contradictions et d'absurdités par rapport à l'état de notre langue. » Stapher, 1886, donne une comparaison générale entre le vers classique et le vers

romantique et il montre à quel point de vue Victor Hugo a
introduit des innovations. La première étude technique sur le
vers français classique est celle de Souriau, 1893, dans son
ouvrage étendu sur l'observance ou la non-observance des
règles par les grands poètes. Il y a quantité d'études sur des
poètes en particulier, mais il n'en existe aucune sur tout un
groupe, comprenant à peu près l'ensemble de la versification
classique au point de vue purement mécanique. L'on trouvera
une étude de l'espèce contraire, c'est-à-dire s'attachant au
côté esthétique exclusivement, dans le splendide ouvrage de
Grammont, 1904, et son édition augmentée de 1912. C'est un
livre d'interprétations individuelles qu'on peut employer contre
ce qu'il désire prouver, ce qui n'enlève rien à son originalité
ni à sa valeur. L'on pourrait citer un grand nombre d'autres
livres naturellement : Becq de Fouquières, Lubarsch, Tobler,
Stengel, etc.

b) Le vers romantique

L'on a déjà mentionné Tenint, 1844, Ducondut, 1863, Grammont, 1904. L'on peut encore citer les travaux de Rosières,
1896, Guilliaume, 1898. Müller, 1901, a essayé d'étudier le
mécanisme du vers romantique français, comme Souriau avait
étudié le vers classique, mais sans trop de succès ; son travail
est trop incomplet pour être décisif. L'étude de Grammont,
1900, 1903, est un chapitre de son livre de 1904 ; son *Ragotin
et le vers romantique*, 1903, est un apport distinct à la question des origines ou des prototypes du vers romantique. Il
montre qu'elle consiste dans la transformation progressive du
vers populaire syllabique du xvie siècle en vers rythmique sans
changement du principe syllabique. Le vers romantique est
simplement la fusion du vers comique et du vers tragique du

xvıı^e siècle. Dans l'unique comédie de La Fontaine, *Ragotin*, l'on trouve tous les différents types de vers à césure faible de Victor Hugo.

c) Le vers parnassien

L'on trouvera des études sur le vers parnassien à propos surtout de l'étude des Symbolistes et des Décadents. Mendès, 1884, traite de l'origine et du but des Parnassiens. Waetzhold (p), 1892, s'attache surtout au *Traité* de Banville, en dépit de son titre, tandis que Beaunier, 1901, discute dans le *Mercure de France* la décadence du Parnasse et l'avènement du symbolisme, leur nature et leurs différences; dans son article sur le vers libre il pousse plus à fond la critique des principes ridicules des Parnassiens sur l'hiatus et la rime et expose les raisons de la réaction symboliste. L'étude des Symbolistes et des Parnassiens est presque inséparable au début comme celle du vers classique et du vers romantique. C'est pourquoi presque chaque ouvrage qui s'occupe d'une école traite plus ou moins des tendances des autres.

d) Le vers symboliste et décadent

La question du rythme est si intimement liée à l'étude générale du vers symboliste et décadent qu'il faut la discuter de nouveau en grande partie sous cette rubrique. La rime, l'assonnance, l'*e* muet et la numération des syllabes n'étant plus observés par les poètes symbolistes comme ils le sont par ceux qui adhèrent encore à la forme classique et cela impliquant les principes mêmes sur lesquels est basé le vers classique français, une forme sinon tout à fait nouvelle, du moins modifiée de fond en comble a été créée. La différence essentielle entre le vers symboliste et le vers classique, ce dernier comprenant également le vers romantique et le vers parnassien, consiste dans l'emploi d'un rythme purement logique et émotif par opposition au rythme mathématique dans lequel l'élément logique joue toujours un rôle considérable également. L'on trouvera naturellement une discussion plus complète de ce point à propos du rythme, mais l'on examinera ici les principes généraux et leurs causes dans leur développement progressif. Comme on l'a déjà fait remarquer, il y avait eu dès le début du xviii° siècle et même auparavant beaucoup de mécontentement, voire de révolte, contre les règles rigides et sévères de la versification. L'on avait tenté de supprimer la rime, d'écrire des vers sans rime et avec un nombre indéfini de syllabes, de substituer à la rime une alternance de terminaisons masculines et féminines. La lutte continua jusqu'au xix° siècle. Lorsqu'on eut reconnu les innovations de Victor Hugo, il parut y avoir un retour à la forme strictement classique à l'instigation d'hommes comme Leconte de Lisle, Hérédia, Sully Prudhomme etc., qui, grâce à leur prestige d'académiciens paraissaient décider à leur guise de la forme de la versification, jusqu'à la venue d'une nouvelle génération imprégnée de l'esprit complexe de la culture française moderne. C'étaient des artistes, des musiciens, des poètes et tous s'efforçaient de garder le même pas dans l'expression de l'idéal et des aspirations croissantes de leurs arts respectifs. Le vers moderne et sa forme doivent être considérés comme une partie et un miroir fidèle de l'esprit moderne dans toutes les phases de son expression créatrice. Sans une étude impartiale de ces expressions multiples il est impossible de goûter et de comprendre un Vielé-Griffin, un Debussy, un Rodin, un Renoir, un Seurat ou un Monet. On ne peut les considérer comme de simples expressions individuelles, mais comme des reflets et des émanations de l'évolution d'un peuple entier qui se trouve à l'une des périodes de création les plus avancées de son existence. Ils ne sont que les précurseurs, l'avant-garde de l'avenir et il faut les juger en toute impartialité pour comprendre leur signification, le but de leurs efforts ainsi que les ressources et les principes probables de leurs successeurs. Leurs théories, exprimées à divers moments, ont paru extravagantes et impossibles, ce qui n'est que naturel, et l'on peut expliquer les explosions de rage et les dénonciations qu'ils ont suscitées par le fait que l'application de leurs théories n'a été pour commencer que rarement au niveau de leurs desseins. Cependant la condition où se trouve leur poésie aujourd'hui justifie pleinement la bataille.

En 1886, Ghil exposait dans son manifeste sa théorie de la correspondance des valeurs entre les voyelles et les tons musicaux. Baju publia en 1887 une brochure sur l'école décadente, mais c'est dans la préface de Kahn, 1887, que l'on trouve l'exposé le plus complet, le plus raisonnable et le plus autorisé. Il montre que la nouvelle génération est aussi différente de l'ancienne, celle des Romantiques, que ceux-ci l'étaient des Classiques. Eux, les Symbolistes, sont tout imprégnés de la musique de Wagner, de Schumann et de Beethoven, ils sont grisés de musique, alors qu'incontestablement les Romantiques étaient surtout sensibles à la couleur et les Classiques à la ligne. Sa définition du vers en tant qu'unité a toujours cours : un fragment le plus court possible figurant un arrêt de voix et un arrêt de sens. D'autant que l'unité du vers consiste dans la cohésion ou la construction logique, tout poète a un rythme propre et ne suit pas une forme ou un moule laissé par ses prédécesseurs. D'après Kahn, le rythme consiste exclusivement dans l'accent oratoire qui forme les diverses assonances et les éléments d'allitération du vers. Psichari, 1891 (p), analyse les aspirations et les rêves de la nouvelle école, leurs tentatives pour voir, sentir et comprendre d'une manière nouvelle et il paraît penser que toute la révolution roule sur l'usage de l'*e* muet. Rosières, 1891 (p), étudie le Symbolisme en général et compare les poètes modernes à ceux du temps de Louis XI pour faire ressortir que le principe de ne rien faire comme les devanciers a été le cri des écoles anciennes, comme des nouvelles. Une seconde brochure de Baju parut en 1892 ajoutant le nom des nombreuses écoles nouvelles qui, comme des champignons, avaient poussé pendant la nuit. Une discussion très suggestive des lois de la régularité du vers qu'on peut considérer comme hostile aux tendances nouvelles se trouve dans l'ouvrage de Bourdon de 1892. Il y étudie l'expression des émotions et des tendances de la langue et leur influence sur le vers. Lemaître, 1893 (p), critique les rimes de Mazade parce qu'il n'a fait attention qu'au sens ou à la construction grammaticale et n'a pas accordé à la rime le rôle qui lui appartient. Pellissier, 1893, après avoir analysé les différentes écoles poétiques françaises et les causes des changements, changements qui sont les mêmes que ceux de la langue et de l'art, prétend que les Symbolistes ne transforment pas l'alexandrin, mais détruisent simplement le vers pour écrire de la prose. Il discute les mérites du Symbolisme, pages 374-381.

Mockel, 1894, apporte une défense très solide et très plausible du vers moderne. L'article de Doumic, 1895, qui traite des idées plutôt que de la technique de la nouvelle école est habilement réfuté par Vielé-Griffin, 1895 (p.) qui soutient qu'en étudiant seulement quelques symbolistes, M. Doumic n'a pas vu ni apprécié le mouvement dans son ensemble qui est « la passion du mouvement au geste infini, de la vie même, joyeuse ou triste », etc. Le livre de Boschot, 1896, présente plusieurs caractères remarquables, quoiqu'il soit gâté çà et là par une volubilité de journaliste. Sa conclusion et son avis sont qu'il faut fuir les Parnassiens et éviter les Symbolistes, comme dangereux. En 1897 Doumic discute de nouveau le vers moderne et montre que les changements dans la versification sont dus à des changements d'habitudes. Le poète d'aujourd'hui est l'héritier naturel des productions de trente générations de poètes et ne peut se transformer de fond en comble à sa guise. Après avoir fait remarquer l'absurdité et le manque de logique de certaines règles de versification, il s'attaque au vers libre de Kahn et des autres qui vont trop loin dans leurs innovations. Des changements sont possibles et nécessaires, mais encore doivent-ils refléter le génie et la nature de la langue et du peuple. Les Français doivent rester français et ne pas essayer de faire ce que font les Anglais et les Allemands. Le livre très curieux de Laurent, 1897, a plus de valeur pour le contenu que pour la forme de la poésie moderne. Il montre que dans certains cas la poésie d'un poète est une manifestation de son infériorité mentale. Les articles et les livres de Prudhomme, 1892-1901, s'attachent surtout à la défense de la forme classique. L'exposé et la défense les plus raisonnables en même temps que les plus scientifiques du vers moderne se trouvent dans l'ouvrage unique de Gourmont, 1899, qui a fait plus que n'importe quel autre pour expliquer le sens esthétique du vers symboliste, ses fondements sur les principes esthétiques du son et de la logique et pour susciter un retour très étendu en sa faveur. Il a aussi exposé son œuvre. D'autant que M. de Gourmont s'est montré le champion sympathique de l'expression moderne sous toutes ses formes et qu'il est aujourd'hui la plus grande autorité pour l'esthétique du style, ses écrits ont une valeur considérable et il convient de leur accorder un examen sérieux pour pouvoir apprécier la valeur de la forme actuelle.

Pour l'observance ou la non-observance des règles par Verlaine et pour ses innovations en tant que représentant de ceux sur lesquels les symbolistes fondent leurs théories, l'on peut consulter l'ouvrage de Thieme, 1899. Une défense et une explication très ingénieuses de l'expression de l'art moderne se trouvent dans l'article de Retté de 1899. Après une sortie virulente contre tous les traités de versification, contre la Sorbonne officielle, etc., il explique ce qu'il entend par rythme. L'homme doit d'abord passer par le moulin du travail et moudre, puis quand il se possède, il doit laisser la nature agir sur lui. Il voit alors le monde qui l'environne avec des yeux grand ouverts et une âme sensible à toute la beauté extérieure. Il est impressionné de diverses manières et selon l'inspiration présente il exprime ses sentiments en des accès rythmiques et émotifs qui sont des rythmes et peuvent suivre les formes traditionnelles à certains moments et à d'autres peuvent s'en écarter, car ils doivent être libres et d'accord avec la nature. Tel est l'art symboliste.

Klingsor, 1900 (p), explique comment la musique moderne tente d'insinuer par des tons l'esprit de la poésie nouvelle, tandis que Régnier dans son article de 1900, résume l'œuvre des poètes et en fait comprendre la technique. Le rythme est le vœu général, chaque individu doit suivre son rythme propre, d'où le nom du nouveau vers, « vers libre ou polymorphe qui a toutes les formes selon que la pensée les nécessite ». Un résumé des différentes assertions de Sully Prudhomme sur la versification, de ses controverses avec Boschot, Vannoz, etc., se trouve dans son *Testament Poétique*, 1901. Les idées plutôt conservatrices de Boschot, encore qu'ouvertes aux innovations, sont exposées dans son article de 1901 et ceux de Vannoz, 1903. Des discussions très suggestives et progressives des formes modernes sont présentées par Souza (p.), 1899, Le Goffic (p.), Beaunier (p.), 1901, et par Beaunier dans son livre de 1902 dans lequel il analyse scrupuleusement et compare les écoles parnassienne et symboliste. « Peindre la réalité telle qu'elle se présente immédiatement aux regards de l'observateur, tel est l'art du Parnassien ; représenter dans la réalité tout le définitif mystère qu'elle recouvre, tel est l'art du Symbolisme. Toutes les divergences qui séparent ces deux écoles viennent de là » (pour la technique aussi bien que l'expression). Il faut consulter en même temps que ce livre l'article de Kahn et son volume de 1902. Vildrac, 1902, essaie de prouver que le vers libre n'a rien de commun avec le vers régulier, qu'il n'est pas composé selon certaines règles, mais ce sont ces règles qui ont été conçues selon le vers libre. « La plupart des adeptes sont des étrangers et les poètes français les ont imités par snobisme. » D'autres études telles que celles de Lacuzon, 1903, Gladow, 1905 (p.), 1906, Pellissier (p.), Retté (p.), 1905, Le Goffic (p.), 1909, 1911, Ghéon (p.), 1910, et Cottinet (p.), 1910, ne contiennent rien de particulièrement nouveau, mais sont dignes de considération. Le livre de Souza est au fond une défense et une explication du symbolisme. Dans son chapitre sur La Technique il soutient que l'appellation de vers libres est une fausse dénomination, qu'il n'y en a jamais eu et qu'il n'y en aura jamais. Il n'y a pas plus de hasard en eux que dans le plus rigide alexandrin. Les Symbolistes ne font que substituer une loi organique intérieure à une loi mécanique extérieure. Il développe cela en dix clichés dont l'un est que l'accent de la passion groupe les mots d'après une valeur phonique et tonale aussi bien que rythmique et il montre que le Symbolisme a effectué les modifications suivantes : 1° l'alternance n'est pas nécessaire ; 2° le singulier et le pluriel peuvent rimer ensemble ; 3° l'assonnance peut en certains cas remplacer la rime en vue d'un effet ; 4° l'hiatus est permis là où il n'y a pas de cacophonie ; 5° toute césure est possible ; 6° dans une strophe l'on peut employer des vers de n'importe quel nombre de syllabes, du moment que la cadence de la strophe n'en souffre pas.

En réponse à un article dans lequel Arnauld, 1909, affirmait que le vers français est basé essentiellement sur la rime, la numération des syllabes et la césure, il parut plusieurs articles de protestation parmi lesquels celui de Ghéon, 1909, mérite d'être signalé. Après avoir établi que la rime n'est qu'un ornement gratuit, que les césures sont variables, dépendant du sens logique et de la diction, que le vers français est un vers accentué et en outre un vers numérique, ce qui a été prouvé par de Souza ; après avoir expliqué ce qu'est le vers français régulier, il déclare que le vers libre, au fur et à mesure de l'apparition des œuvres, est en voie d'établir des règles dont certaines sont déjà fixées et dont la principale est celle de la strophe analytique, système certes très extensible mais qui devient de plus en plus clair. Il est en pleine évolution. Dans son article dans *La Grande Revue* il explique d'une manière différente ce qu'est le nouveau vers. Avec le phonographe et les instruments phonétiques, dit-il, nous arriverons à déterminer d'une manière absolue les qualités quantitatives et surtout accentuelles de la langue française, qualités qui sont si délicates, si compliquées, si souples et si vagues que personne n'avait jamais soupçonné notre langue d'être douée d'accent et de quantité à un tel degré. Dans le vers nouveau c'est ce que les poètes sentent, un accent et une quantité qu'ils emploient au lieu du nombre et de la rime. Les premiers efforts étaient anarchiques et s'appelaient vers libres, nom malheureux, mais petit à petit les poètes ont compris et appris que ce n'était pas simplement la liberté qu'il leur fallait, mais la connaissance de ce qu'ils faisaient. Le poète n'est pas libre, il est l'expression d'une émotion qui le détermine. Il n'a pas de principe défini : tout est permis. Il rime quand il y pense et se sert de douze syllabes inconsciemment. Les poètes modernes sont comme des enfants enthousiastes et nerveux qui se dépensent d'une manière inattendue en fugues, en rythmes ignorés, en prose lyrique. Leurs seules lois et leurs seuls modèles pour eux et les poètes futurs sont les quelques poèmes des grands poètes que l'avenir choisira et gardera comme les chefs-d'œuvre d'après lesquels échafauder l'ouvrage de la poésie et du mouvement.

Arnauld, 1910, a apporté une réponse admirable aux articles de protestation contre ses affirmations touchant les principes du vers français. Il montre qu'on l'a mal interprété et il explique ce qui manque à son avis à la nouvelle école poétique. Depuis ses débuts la poésie française a suivi ces principes et, quelque changement qu'on puisse introduire, elle doit suivre un système ou une loi susceptible d'aider le poète, mais non de le dominer. Aucune technique ne doit être intangible ; elle doit être utile et, quand elle a cessé de l'être, une autre doit la remplacer. Les poètes du vers libre ont écarté l'ancien système, mais n'en ont pas encore construit un nouveau. Tant qu'il n'y a pas de système, l'on n'a que du caprice. Comme il le fait toujours, l'instinct doit précéder le système, mais finalement le système ou les formules doivent revenir à l'instinct. La nouvelle école manque de formules définies, ce n'est donc que du caprice.

Cet argument, quelque convainquant qu'il puisse paraître, a été réfuté plusieurs fois par les partisans de la poésie nouvelle. Savarit, 1910, a écrit un article intéressant dans lequel il fait connaître les limites du vers moderne et la nature du rythme. La prose, dit-il, ne peut pas avoir de rythme, elle a un accent oratoire, mais n'est pas un générateur de rythme. Mallarmé, Kahn, Vielé-Griffin, etc., confondent la prose et la poésie. M. de Gourmont donne une véritable définition dans son *Livre des Masques :* « Le rythme du vers est indépendant de la phrase grammaticale ; il place ses temps forts sur des sons et non sur des sens. » Savarit base tous ses arguments sur la métrique grecque et latine, il donne de nombreux exemples et établit les règles que les Symbolistes ont créées et essayé de suivre.

La bataille dure encore dans toutes les branches d'activité. En regardant les peintures des derniers salons ou en écoutant ces dernières productions musicales, telles que les *Jeux* de

Debussy, nous trouvons les mêmes caractéristiques : un art fugace, vague, illusoire, parfois enchanteur, parfois troublant, souvent bouleversant, mais qui n'est jamais consécutif, consistent ni soutenu. Il semble manquer de cohérence, quoique en définitive, après avoir résumé ses impressions, l'on se sente à peu près comme un étranger après un long séjour à Paris. Il a vu les diverses expressions de la vie créatrice de la France moderne, il a fait la connaissance de nombreux Français, il a été avec eux en rapports suivis, encore lui semble-t-il que cela lui échappe, qu'il n'est pas bien sûr de lui-même, que quand il croit avoir saisi une expression de vie, elle revêt une forme nouvelle dans l'espace d'une nuit. Mais de toutes ces choses il recueille une impression durable et définie qui est absolument réelle et ne peut changer, à savoir que les Français manifestent une activité fébrile, bouillante et infatigable qui crée sans relâche, de telle sorte que tout devient comme une immense illusion, un rêve ininterrompu. Aucune autre nation ne peut ni n'ose les suivre dans leurs créations merveilleuses, qui étonnent souvent, mais ne choquent jamais un esprit capable d'en comprendre toute la portée et tout le sens et ouvert à la plus haute forme de l'activité humaine. Il n'est que naturel que dans cet état de production fiévreuse il y ait beaucoup d'outrances, et l'on doit les considérer comme des esquisses, des essais, des ébauches, des préliminaires de l'œuvre définitive qui sera invariablement une création ou une forme égale et soutenue. C'est dans cet esprit qu'il faut envisager toutes les exagérations modernes, comme des spécimens de ce que l'avenir acceptera sous une apparence modifiée. Il en a toujours été ainsi. En France ça a toujours été dans le domaine des efforts ou des productions artistiques. D'autres pays ont développé la Réforme, la religion, la morale. Il serait tellement plus facile d'apprécier l'ensemble des créations françaises, si nous autres étrangers consentions à les juger toutes au point de vue purement esthétique en laissant complètement de côté la morale qui ne pourra jamais s'accorder avec l'esthétique pure. Elles se sont toujours combattues dans l'histoire. Nous ne pouvons conserver notre propre critérium et l'accommoder à un modèle construit sur un principe tout différent. Le peu de popularité dont jouit la poésie française à l'étranger et le peu de cas qu'on en fait en général peuvent s'expliquer en grande partie par son caractère hautement esthétique, extérieur et technique, par son rythme vague et d'une délicatesse infinie, qui dans la poésie moderne dépasse même la compréhension moyenne des Français, mais qui n'est pas moins légitime que le nouveau rythme inventé par Victor Hugo et l'harmonie musicale de Berlioz qui dépassaient également la compréhension moyenne de leur génération. Il découle de tout cela que cette activité prodigieuse et continue des Français développe et crée une expression et des formes, des tons et des harmonies que ne peuvent apprécier du premier coup leurs propres concitoyens. Il n'y en a pas d'exemple plus frappant que les harmonies presque irréelles, intangibles, féeriques créées par Debussy. La poésie moderne est essentiellement musicale, et en outre de quelques innovations techniques, l'un de ses dons les plus précieux à l'art moderne est incontestablement ce merveilleux pouvoir d'agencer les mots en vue d'effets musicaux tels qu'on n'en avait jamais rêvé auparavant dans la poésie française. Si les poètes de l'avenir réussissent à combiner avec cet art une expression logique ou des idées dignes de lui, il y aura certainement une nouvelle école poétique qui égalera dans son genre les plus grands efforts du génie classique.

e) Le vers symboliste avant le Symbolisme

Rosières faisait remarquer dans son article en 1891 que le Symbolisme existait déjà sous Louis XI, non pas dans les principes techniques toutefois, mais dans les idées. Dès 1581, Fauchet affirmait que le rythme est un chant libre et non sujet à aucune loi et qu'on ne doit employer la rime que pour renforcer le rythme, ce qui est en réalité l'essence des doctrines symbolistes modernes sur la technique du vers. Dans la première partie du XVIIIe siècle il y avait dans l'air une révolte générale contre la rime qui donna lieu à quantité de discussions. En 1735, Prévost publia les raisons d'un correspondant contre l'usage de la rime, suggérant un vers d'un nombre défini de syllabes entremêlant à la fin des vers les syllabes masculines et féminines, mais apportant le plus grand soin au choix des termes. Dans les divers articles et les divers livres qui traitent de la rime (cf. rime) l'on peut remarquer deux tendances distinctes assez peu différentes des modernes : 1° la tendance à écrire des vers sans rime mais soumis aux mêmes règles que le vers à rime ; 2° la tendance à écrire les vers sans rime et d'un nombre quelconque de syllabes mais en choisissant soigneusement les expressions et l'ordre des mots dont Longue, 1737, s'est fait l'avocat. Ce dernier déclare que dans les meilleurs prosateurs les passages qu'on choisit généralement comme les meilleurs sont ceux qui sont écrits en vers libres et que les vers libres sont l'unique caractère du style sublime. Les poètes français peuvent construire des vers d'après les modèles latins et peu à peu éliminer la rime ou tout au moins sortir de son esclavage. Il donne une liste complète des différents types des vers latins que l'on peut transporter en français avec leurs ressources et prédit que la génération à venir pratiquera la poésie sur ces principes. Cela se fit cent cinquante ans plus tard avec succès. Prévost lui-même était d'avis que la prose et la poésie sont par nature ou en elles-mêmes si distinctes l'une de l'autre et peuvent se distinguer si facilement que les règles et les barrières artificielles sont inutiles. Il faut aussi consulter les œuvres de Du Cerceau, La Motte, 1730, et Saint Mard, 1734.

En 1811 Escherny préconise un vers purement symboliste

dans ce qu'il appelle prose nombreuse et mesurée : « c'est une prose dont les éléments variés sont ou doivent être une suite de petits et de grands vers d'inégale mesure, sans rime, entremêlés de quelques vers durs et dissonants, qui fassent d'autant mieux ressortir la cadence et l'harmonie des vers qui leur succèdent. Lorsque cette prose, susceptible d'une grande perfection, y serait parvenue, on établirait des règles générales auxquelles elle serait obligée de se soumettre. Cette prose n'est point ce qu'on nomme des vers blancs ; il ne faut pas la confondre non plus avec celle qu'on a jusqu'à présent appelé prose poétique, « ce qui ressemble étrangement à la doctrine du vers libre ». Il est intéressant de savoir qu'Escherny était Suisse et qu'il fut longtemps exilé en Allemagne, ce qui peut expliquer sa théorie du vers et pourquoi la poésie française, comme il le déclare, le dégoûte, le fatigue et le choque après avoir lu d'autres sortes de poésies.

En 1813 Fabre d'Olivet suggère ses vers eumolpiques, alternance de vers masculins et féminins sans rime, et Bonaparte en 1819 commence sa fameuse campagne contre la rime en soutenant que le vers français est tout aussi rythmique que le vers classique et que par une répartition harmonieuse des accents ou repos l'on peut se dispenser de la rime. Il donne dans son ouvrage un grand nombre de spécimens de vers de ce genre. D'ailleurs tous les ouvrages mentionnés contiennent de nombreux exemples de la sorte de vers qu'ils préconisent. En 1880 Della Rocca recommande un vers d'un rythme quelconque, n'importe quelle combinaison de rimes, l'enjambement libre et la césure libre, etc.

L'on peut voir par tout ce qui précède que l'art ou la technique des poètes du vers libre n'étaient pas tout à fait un art nouveau, ni une forme nouvelle quand on le pratiqua sérieusement vers 1880. Des éléments essentiels avaient été préconisés et même pratiqués à différentes époques de l'histoire littéraire de la France. Toutefois les conditions n'étaient pas alors favorables à une révolution aussi complète de l'art poétique. Le vers libre partagea à peu près le sort des principes républicains eux-mêmes. Le succès vint finalement, et, quoiqu'il ne soit pas encore parfait, il évolue lentement, mais sûrement.

f) L'École française

Dans la dernière décade un sentiment national de révolte et de protestation aussi bien que de défense paraît s'être élevé contre les dangers de perte ou de destruction de l'art français traditionnel par les étrangers.

En poésie, ce mouvement s'est manifesté par le Congrès des Poètes dont on peut lire les résultats dans les comptes rendus de Féret, Pagnat, Poinsot et Normandy, Guerre, etc. Ils déclarent le symbolisme mort, le verslibrisme non pas français, mais étranger ; l'objet de l'École française est d'élargir et d'affranchir la poésie, de rompre avec les notions individuelles et de « chanter les forces sociales et être les poètes du désir libertaire de fraternité et de solidarité. La poésie revient au peuple et se rapproche davantage de la vie. C'est une poésie vivante, humaine et française. Elle proclame comme une nécessité l'évolution fatale et lente de la prosodie traditionnelle, mais en laissant à chacun la liberté d'interpréter ce principe ». La division s'établit entre les Symbolistes et l'École française à propos de la prosodie. Quelles règles garder et quelles supprimer ? Jusqu'où est-il permis d'assouplir le vers français pour donner au poète un maximum d'individualité avec un maximum de liberté sans que l'essentiel du vers en souffre ? Cela demande une étude attentive, mais par-dessus tout, il faut maintenir la tradition nationale et c'est en quoi les Symbolistes ont échoué, et ce sur quoi la nouvelle école insiste tout en admettant les réformes légitimes.

Tel est l'état de la poésie moderne. Les Symbolistes sont parvenus à mettre en déroute les Parnassiens, à ce qu'ils prétendent. L'on peut cependant se demander si les Parnassiens ne se sont pas défaits eux-mêmes en passant du côté des morts. Les chefs du Symbolisme ont atteint aujourd'hui leur maturité, quelques-uns même ont disparu et le moment d'une autre révolte est venu qui avec d'autres symptômes dans le pays a pris la forme du nationalisme, de l'unité nationale, de la solidarité. C'est de ce sentiment qui se manifeste à travers la France entière que procèdent le réveil conscient de l'orgueil national, de la force nationale, de la foi dans les traditions nationales, du sens du devoir et en un mot de la solidarité nationale. C'est autant un signe de force, de vitalité et d'intégrité dans l'art poétique que dans le gouvernement politique. Si nous considérons qu'il pénètre tous les domaines de l'activité intellectuelle créatrice aussi bien qu'industrielle et matérielle, il nous faudra reconnaître qu'il est d'une importance capitale et peut avoir des suites considérables.

CHAPITRE VII

Technique et pédagogie. Les règles.

Comme l'objet de cet ouvrage est tout différent de celui d'un traité de versification française, l'on n'essaiera point de rendre compte des origines, du développement et de l'histoire générale des nombreuses questions dont un traité doit s'occuper. L'on a choisi et traité au point de vue bibliographique quelques-unes d'entre elles ; on trouvera les références concernant celles qui ne sont pas traitées ici dans les tableaux analytiques. La manière d'étudier la versification, ce qu'il faut étudier, l'ordre qu'il faut suivre, les sujets à approfondir, les exercices, etc., sont des questions d'ordre pédagogique. Cependant il y a un lien étroit entre elles et les différentes règles du vers qui ont été suffisamment exposées dans presque tous les traités. L'on trouvera ici l'analyse d'études séparées sur certaines de ces questions. Toutes sont compliquées, comme elles impliquent chacune presque toutes les autres : par exemple l'étude de l'*e* muet n'implique pas seulement son emploi, la manière de le compter, son rôle, mais aussi la phonétique, la césure, les principes mêmes du vers français, y compris la vaste question de l'esthétique, qui à son tour comprend la question ardue de la lecture et de la récitation des vers ; celle-ci appelle la longue querelle des Allemands entre eux et plus tard l'opposition des Français aux étrangers en général. Après s'être rendu compte de la vigueur et de l'artificialité de certaines règles, l'on en vient tout naturellement à la question de leur application, à la nécessité des réformes et finalement aux réformes accomplies. Cela laisse de côté deux sujets généraux et très étendus : l'étude individuelle des auteurs, des œuvres ou des poèmes et les différents types de poèmes, comme le sonnet, l'ode, etc. L'on devra consulter des tableaux analytiques à cet égard. Beaucoup d'autres sujets de versification n'ont pas même été mentionnés, mais les autres montreront l'étendue presque sans limites, la complication et la diversité de la matière.

a) Conseils et traités avec exercices

L'on n'a pas écrit beaucoup de livres ou d'articles dans le seul but d'apprendre comment il faut étudier la versification, mais il y en a un grand nombre, particulièrement des XVIe et XVIIIe siècles qui contiennent des conseils et font ressortir les avantages que présente la connaissance des règles de la versification. On les a examinés ailleurs sous diverses rubriques. En 1865, Billet composa un petit livre destiné aux étudiants dans lequel il s'efforçait de leur montrer comment apprendre l'art de la versification selon Boileau, comment juger d'un bon vers et les encourageait à écrire en vers. Il cite pour cela des passages de Boileau en les commentant et en en faisant ressortir les beautés tout en en soulignant les préceptes.

Le premier, cependant, qui ait traité de la versification d'une manière vraiment pédagogique est Brunot, 1892. Dans son article il s'attache aux principaux sujets de la poésie en faisant ressortir comment il convient d'étudier chacun, en donnant des conseils et en posant des questions telles que celles-ci : A quelle époque remontent les vers qui ont des césures $5 + 5$, $4 + 6$ ou $6 + 4$? Analysez un poème en un certain nombre de vers en en signalant les caractères, etc. Il fait lui-même l'analyse de vers, montre le rapport entre la pensée et le rythme, considère l'effet des sons séparément et dans l'ensemble et fait ressortir la nécessité d'une grande délicatesse d'oreille pour saisir le rythme et la fonction des divers éléments, tels que l'*e* muet, la rime, l'enjambement. Il étudie non seulement l'effet de ces différents objets par eux-mêmes, mais encore leurs relations avec la stance et l'ensemble du poème. Il s'étend sur la structure de la strophe, le rapport entre la versification et le style ainsi que le choix du sujet, l'effet des mots, etc. Enfin il donne un plan ou une formule indiquant la manière d'examiner un poème, qui, bien que ce soit une étude purement mécanique, permet incontestablement d'apprécier les points les plus difficiles. Cet article est le premier et le seul qui existe sur ce sujet. Il mériterait d'être plus connu et pourrait servir de base pour un plan d'étude ou n'importe quelles recherches. Quoiqu'il puisse sembler trop général, il est spécifique, précis et assez vaste pour se distinguer de ces ouvrages arides et purement statistiques que sont le plus souvent les thèses.

On a publié plusieurs traités de versification contenant des exercices de différentes espèces, principalement des vers à l'appui ou à l'encontre de certaines règles qu'il faut imiter ou dont il faut se garder.

C'est Carion, 1858, qui a débuté dans ce genre, suivi par Larousse en 1862, 1905, qui lui est de beaucoup supérieur. Ce dernier expose les règles les plus générales de la versification et après chacune propose des exercices aux élèves. Le livre de Le Goffic et Thieulin, 1895 (diverses éditions), est plus prétentieux. Cependant les exercices qu'on y trouve sont très pratiques et peuvent être très profitables, comme ils ne sont ni trop élémentaires, ni trop étendus. Le volume de Boissière et Ernault, 1893, renferme un nombre d'exemples tout à fait inaccoutumé.

Ces divers ouvrages seront particulièrement utiles à ceux qui commencent l'étude de la versification française, comme à ceux qui l'auront déjà étudiée dans des traités plus considérables ou sur la poésie même sans avoir pu comprendre pleinement la valeur et le sens des règles de la versification, et plus encore à ceux qui n'auront pu saisir le rythme du vers français, ce qui paraît une tâche presque sans espoir pour les étrangers. La plus grande difficulté consiste incontestablement dans le fait que chacun désire et croit devoir trouver en français les mêmes principes poétiques que dans sa propre langue. A bien des égards les principes fondamentaux de la versification française sont essentiellement différents de ceux de n'importe quelle autre poétique. Les Anglais et les Allemands ont des principes qui leur sont communs, non seulement entre eux, mais encore avec les Grecs et les Latins. Les Français n'ont rien de semblable. Il faut considérer leur rythme comme étant d'une nature toute différente. Cette question qui a été discutée tout au long à propos du rythme doit nécessairement avoir une grande importance au point de vue pédagogique. La mésintelligence des Allemands entre eux et leur malentendu avec les Français sont dus en grande partie au désir de juger les principes français selon les leurs. Ce sujet divise encore les lettrés et suscite des ouvrages de grand mérite. Il faut chercher l'unique solution, à supposer qu'il puisse y en avoir une, dans le futur développement de la phonétique.

b) Allitération. Assonances

L'on a traité la question de l'allitération et de l'assonance dans de nombreux ouvrages sur tel ou tel auteur, dans tous les traités étendus et dans plusieurs des ouvrages généraux des premiers siècles. Wölfflin s'est occupé dans ses divers travaux de l'allitération en latin. Riese, 1888, conclut de son étude que l'allitération n'a jamais été employée d'une manière systématique comme un élément de versification par aucune langue. Kœhler, 1890, tire une conclusion assez différente. Après avoir montré sa fréquence dans toutes les littératures, l'influence du latin, il examine sa nature dans la vieille poésie française et divise ses différentes espèces d'après leur origine en celles d'origine populaire, celles qu'emploient les poètes avec intention et celles qui se présentent par hasard. Il groupe également les exemples d'après la nature de la poésie et l'époque : 1° les monuments les plus anciens ; 2° les chansons de geste ; 3° le roman de Rou ; 4° l'épopée artificielle de cour ; 5° les récits antiques ; 6° les récits byzantins, etc. Il remarque que l'allitération va en s'accroissant jusqu'au moyen âge ; qu'elle reste stationnaire aux xv° et xvi° siècles ; qu'elle disparaît complètement au xvii°, qu'on la considère même comme mauvaise ; que les Romantiques n'hésitent pas à s'en servir et que les Décadents et les Symbolistes en font un ornement. Il a poursuivi cette étude dans son ouvrage de 1901. En 1891 Valin fit clairement remarquer l'effet considérable de l'allitération employée systématiquement et comment dans une versification pour le son elle pourrait rendre les vers plus sonores et faciliter au poète la création des rythmes allitérés et assonants. En d'autres termes tout le secret et le charme du vers consiste dans les sons phonétiques, en quoi l'allitération est l'un des éléments principaux. On trouvera des études détaillées des effets de l'allitération dans Becq de Fouquières, Rochette, Grammont, etc.

En dehors des traités, l'assonance n'a pas fait l'objet de beaucoup d'ouvrages. L'étude d'Andresen 1874, roule sur l'influence de l'assonance et de la rime dans l'évolution de la langue. Müller, 1882 (p), examine l'assonance dans Girart de Rossillon. Le sujet présente un intérêt particulier dans la poésie moderne où elle remplace quelquefois la rime en vue de certains effets.

c) La césure. L'enjambement

L'on peut étudier la césure au point de vue mécanique dans son origine, sa nature, son emploi, ou bien au point de vue esthétique dans ses relations avec le rythme, son influence sur la structure du vers, etc. L'on trouvera ce qui a trait à ce dernier point à propos du rythme. En général la question de la césure implique celle des principes et des origines de la structure du vers français. L'une des différences essentielles entre la poésie classique et la poésie romantique consiste dans l'emploi qu'on en fait. On en a traité sous diverses rubriques telles que repos, coupe, hémistiche. C'est Fabri, 1521, qui a le premier défini la règle dite césure, surtout pour le chant royal. Tous les Arts Poétiques primitifs déclarent qu'elle se rencontre seulement dans les vers de dix et douze syllabes et en traitent en même temps que de la coupe féminine et de l'e muet à l'hémistiche. Ils s'accordent à dire qu'elle vient du latin. Peletier, 1555, prétend qu'elle ne peut tomber sur un monosyllabe, s'il est inséparable pour le sens du mot suivant, tandis que Mourgues, 1684, tente de l'expliquer et soutient qu'il est trop pénible de prononcer dix ou douze syllabes sans repos, surtout dans le langage solennel. De La Croix, 1694, apporte une explication plus satisfaisante, quoique sur la même base. En exposant la différence entre le latin et le français et la raison d'être de la rime et de la césure il dit : nous n'élevons la voix qu'au commencement du sens : si bien que si une mesure commençait au milieu d'un mot et finissait au milieu d'un autre, il serait impossible à la voix de la distinguer par aucune inflexion, comme elle le fait en latin. Pour bien distinguer donc toutes ces mesures et en faire apercevoir aux oreilles la distinction par un élèvement de voix au commencement et un rabaissement à la fin, il faut que chaque mesure contienne un sens parfait, et qu'elle soit grande ; ce qui fait que chacun de nos vers n'est composé que de deux mesures, qui le divisent en deux parties égales, dont la première s'appelle hémistiche, etc. « La plupart des ouvrages du XIX° siècle qui concernent la césure l'étudient soit pour une périe par exemple dans le vieux français, soit pour son emploi par un certain auteur. Cependant Boisjoslin, 1884, poursuit sa discussion sur le plan laissé par Mourgues : « La césure est l'arrêt de la voix à son apogée ; la voix est montée jusque-là et retombe ; elle reprend d'une marche plus lente et s'arrête. On rencontre dans toutes les langues des césures à diverses périodes du vers ; presque partout la césure au milieu juste est moderne. La césure n'est donc pas une segmentation du vers décidée par la symétrie. Elle ne coupe pas le vers, elle a créé l'hémistiche. Du principe que la césure est le terme de l'élan et la retombée de la voix, il s'ensuit que le premier hémistiche est ordinairement plus court que le second. » Il en est ainsi dans tous les vers primitifs, excepté dans le vers héroïque anglais. La césure y joue un tel rôle et l'accent qui tombe sur cette syllabe est si marqué qu'il rend indifférente toute syllabe muette qui le suit et qu'il en permet l'élision comme si elle était à la fin du vers. En général il est manifeste que la césure a été dès le début un simple repos pour la respiration au milieu du vers, c'est pourquoi il appartenait au sens logique d'en décider ou en d'autres termes le sens logique et l'accent tonique se sont rencontrés. C'est aussi l'opinion d'érudits comme Tobler. Il y a une autre opinion qui est celle de Stengel, 1893, qui soutient que la césure indique seulement l'endroit où les deux demi-vers qui composent les vers les plus longs se rejoignent. Cette pause n'est pas l'œuvre artificielle des artisans du vers. Mais elle se rencontre aux époques les plus reculées et est particulièrement marquée dans la poésie populaire. Ces demi-lignes sont dues au besoin d'un repos et d'un accent sur une syllabe précise du vers. On peut employer à l'hémistiche des mots paroxytoniques ou proparoxytoniques, mais les *Plussilben* (syllabes de plus) ne sont pas comptées comme syllabes ; elles sont importantes cependant parce qu'elles servent à déterminer la forme la plus ancienne des vers et leur origine. C'est dans ces *Plussilben* facultatives que consiste la principale différence entre la césure des anciens et les demi-vers romans.

Otten, 1884, a fait une étude statistique de la fréquence de la césure masculine et féminine dans le vieux français, de son emploi dans la poésie lyrique et épique et il a discuté ses rapports avec le sens logique. Heune, 1886, a choisi une période plus rapprochée et a dressé également des statistiques établissant la fréquence des diverses sortes de césures dans différents genres de poèmes.

Pour finir il a étudié la place du sens logique par rapport à la césure. La même année Spenz publia son étude de la césure sur deux poèmes d'où il conclut que le vers de huit syllabes est nettement divisé par le milieu, $4 + 4$. Melchior, 1909, qui couvre un champ beaucoup plus vaste, fournit des statistiques précieuses sur la césure dans l'octosyllabique. Martinon étudie l'origine et l'emploi de l'hémistiche, ainsi que le rôle de l'e muet dans celui-ci jusqu'à Malherbe. D'après lui J. Lemaire se servait de *je* et *ce* comme de formes accentuées qu'il faisait rimer avec *é*, ce qui explique plus de la moitié des cas de césure lyrique, et c'est Lemaire qui s'est servi le premier de la césure classique d'une manière rigoureuse. Cependant il n'eut pas assez d'influence pour décider de son adoption générale. C'est ce que fit Malherbe.

Kastner, 1903, prouve que la césure épique était si rare chez les trouvères et les troubadours qu'on doit la regarder comme involontaire.

La discussion des tendances poétiques modernes implique la question de la césure. Des hommes comme Sully Prudhomme ont refusé d'admettre l'existence des trimètres, ce qui a suscité de nombreux débats. Dans deux longs articles, 1909, Martinon s'efforce de prouver que l'alexandrin français est un tétramètre, c'est-à-dire un vers de quatre accents et ne peut jamais contenir des anapestes et des dactyles. Toute interprétation d'un vers comme trimètre est fausse. Victor Hugo n'a jamais retranché complètement la césure. L'on trouve de nombreux vers dans la tragédie classique où l'accent logique et l'accent tonique ne se rencontrent pas. Il y a 20 °/₀ des vers de Britannicus qui ont un accent mobile plus fort que la césure, mais il n'y avait pas alors de tendance à la supprimer. La césure ne peut être remplacée, ce n'est pas un repos, mais un élément. Elle n'a pas besoin de coïncider avec une pause ou un élément syntaxique. Sa définition de la césure est que c'est positivement un élément formel et une partie de la structure du vers; qu'elle est indépendante de tout élément logique, ce qui est le principe sur lequel des hommes comme Wulff, Saran, etc., ont établi leur théorie du vers en opposition avec Renouvier, Guyau, etc. « La césure est une division qui détermine le rythme, et dont la place est marquée par l'accent qui est sur la sixième syllabe; et comme cet accent est fixe, la césure est aussi fixe. » Si la césure coïncide avec la syntaxe, ce qui est le plus souvent le cas chez les classiques et beaucoup moins souvent chez les modernes, l'accent est très fort et la césure aussi. S'il n'y a pas coïncidence, l'accent et la césure sont faibles. Si l'accent est nul, la césure disparaît et le vers également, car il n'y a pas de vers dans un rythme déterminé. Cette question implique naturellement celle de la récitation des vers, à savoir si sa manière de les lire change la nature du rythme, etc.

L'on trouvera l'exposé de cette discussion sous la rubrique de l'e muet.

Martinon consacre beaucoup de place à prouver que le trimètre n'existait pas dans le vers classique et que presque tous les prétendus trimètres de Victor Hugo sont des tétramètres. Quand il avance que Victor Hugo n'a jamais écrit de vers avec un *e* muet ou une préposition monosyllabique à l'hémistiche, l'on peut se demander qui alors a écrit ceux qu'on trouve ; et quand il prétend que Victor Hugo vous fait mettre un accent sur des mots qui n'en ont pas et l'enlève à ceux qui en ont, en citant des vers qui semblent au moins prouver le contraire, l'on se demande de nouveau si l'on peut rien prouver en déclarant simplement que les choses sont comme on veut qu'elles soient. Après avoir exposé l'histoire du trimètre véritable comme il existe dans Laprade, Banville, Villiers de l'Isle-Adam, Mme Blanchecotte et chez des poètes modernes comme Rostand, H. de Régnier, Richepin, il discute la césure du trimètre qu'il place sur la huitième syllabe en donnant ses raisons. Il conclut ainsi : « Tout vers à qui l'accent de la sixième syllabe est indispensable pour que le rythme en soit saisi est un tétramètre et par suite un vers ne peut être qualifié de trimètre que quand la sixième est ou peut être absolument atone, sans que le rythme en souffre. » Mais cette conclusion laisse la question tout aussi incertaine et laisse la responsabilité de l'interprétation à chaque individu. Ces articles sont intéressants cependant, comme Martinon représente un groupe de critiques qu'on peut taxer de classiques, traditionnalistes ou académiques. La question avait été discutée bien avant la publication des *Réflexions* de Sully Prudhomme, 1892, auxquelles Le Goffic répondit en insistant sur l'existence de trimètres à la fois logiques et phonétiques. Non seulement Victor Hugo n'a pas respecté le sens logique, mais encore il n'a pas tenu compte de la tonique médiane ou césure. Ce sont Leconte de Lisle et Coppée en personne qui, en plaçant à l'hémistiche des mots sans accent, comme *sous*, *de*, *que*, ont préparé la voie au vers décadent.

Faguet, 1906, en contradiction avec Dorchain au sujet de la césure dans les vers de 6, 7 et 8 syllabes, prononce le jugement suivant : il faut diviser les vers courts en deux groupes : 1º les vers où il peut y avoir ou ne peut y avoir de césure, ceux de 2, 3, 4, 5, 6, 7, 8 syllabes. Quand il y en a une, le poète la place où bon lui semble ; 2º les vers où il doit y avoir une césure, sans qu'elle soit nécessairement fixe. Tous les vers au delà de huit syllabes sont des vers composés. L'alexandrin a été coupé à l'hémistiche si nettement, parce que les poètes ne pouvaient saisir des vers aussi longs ; ils étaient accoutumés à des vers plus courts ; mais nous qui sommes habitués à ces longs vers, nous pouvons nous dispenser de l'hémistiche. Si cela est vrai, les derniers poètes peuvent s'autoriser à bon droit de ce principe dans leurs vers. A mesure que l'oreille moderne se fait à des formes rythmiques plus subtiles et plus compliquées, elle se met à goûter ces dernières productions. Quoi qu'il en soit, cette question relève du rythme.

L'on peut employer contre l'enjambement à peu près les mêmes arguments que contre l'abandon de la césure à la sixième syllabe. Mourgues, 1684, donne une explication raisonnable contre son emploi : « dans la lecture on est obligé de s'arrêter sensiblement à la fin de chaque période et de chaque membre de période ; et comme d'ailleurs on est obligé de faire un arrêt sensible à la fin du vers pour faire mieux sentir là rime, si ces deux pauses ne concourent point ensemble, celle qui se fera à la fin du vers semblera peu naturelle, parce que le sens ne sera pas fini ; et celle qui se fera avant la fin du vers sera peu harmonieuse, à cause que ce ne sera point là le lieu de la rime. Pour éviter cela on a soin de terminer le sens sur un mot qui serve de rime, et par ce moyen l'esprit et l'oreille sont également satisfaits. » C'est en réalité le seul argument contre son usage, quoique le sujet ait été beaucoup discuté dans les traités. Stramwitz, 1886, a fait une étude particulière de sa présence dans le vieux français. Il déclare qu'il ne se trouve point d'enjambement dans la poésie lyrique et la poésie épique les plus anciennes en strophe ou tirades. Il faut remarquer que dans la vieille langue les diverses parties du langage n'étaient pas si étroitement unies au point de vue logique qu'elles le sont aujourd'hui : le verbe et le complément, le verbe et l'adverbe n'étaient pas considérés comme des unités, d'où leur fréquente séparation en poésie.

d) L'E MUET. LA RÉCITATION DES VERS.

Faut-il compter l'e muet pour une syllable? Dans quelles conditions doit-on le compter ? Quelle est sa valeur dans la récitation des vers ? Comment et quand faut-il le prononcer ? Le prononce-t-on réellement ? Quel a été son rôle dans les différentes périodes de l'histoire de France ? Voilà des questions qu'on discute encore aujourd'hui. L'on peut compter quatre époques dans cette discussion : 1° les origines de la poésie rythmique, quand la musique dominait le vers, quand l'*e* muet se chantait encore et avait la valeur d'une syllabe, à la fois pour le son et pour la numération des syllabes ; 2° le moyen-âge où l'on écrivait la poésie comme l'on parlait, où l'on prononçait encore l'*e* muet, en raison, incontestablement, de sa grande importance durant la première période. La syntaxe et les formes évoluaient pour satisfaire aux exigences de la versification (cf., Andresen, 1871); 3° la période du xvi° au milieu du xix° siècle ; 4° la période de la fin du xix° siècle au temps présent où, en raison des grands changements opérés dans tous les domaines de l'art et, la poésie paraissant se rapprocher de plus en plus de la prose, l'on réclame la suppression presque complète de l'*e* muet.

Pour la première époque il faut connaître les Arts Poétiques primitifs et les grammaires.

En 1542 Meigret dans son traité Des lettres et de leurs puissances répand une vive lumière sur la prononciation des voyelles et diphtongues et leur élision. En général les ouvrages concernant la césure étudient la valeur de l'*e* muet à cet égard. Batteux, 1746-1763, est le premier qui s'attache à sa valeur auditive, à son influence sur la versification, à sa position par rapport aux consonnes et aux voyelles. Il montre, vu la grande variété des effets obtenus par ces combinaisons, quelles immenses ressources il est à même de procurer à la langue, en prose aussi bien qu'en vers. Aucun parmi les érudits subséquents n'a formulé un avis plus juste ni prouvé véritablement davantage, excepté peut-être les phonéticiens, que Batteux lorsqu'il a dit : « En un mot, il se montre quand il peut être utile et disparaît quand il est de trop.

Les lettrés classiques ont soutenu dès les débuts que la langue française n'était pas mélodieuse et quelle ne s'adaptait pas bien à la versification en raison de son défaut de quantité et d'accents marqués. Il s'était également répandu le sentiment que cela provenait principalement de la nature de l'*e* muet et de l'importance qui lui était assignée dans la structure du vers.

Un bon nombre des ouvrages du xviie et du xviiie siècle font allusion à ces particularités.

En 1862, Dessirier admet que la langue française n'est pas mélodieuse et se prête peu à la versification en raison de l'*e* muet. Il en reconnaît deux espèces : l'*e* muet moyen et l'*e* muet bref et propose diverses règles pour résoudre quand il est long et quand il est bref, ce qui permet d'introduire une grande variété dans le vers. Lesaint, 1871, consacre un chapitre à sa prononciation dans la poésie et le chant et déclare qu'il se prononce de même en vers et en prose, c'est-à-dire point du tout. Mende, 1880, 1889, est le premier qui ait traité à fond de ce sujet. En général il prend pour modèle le français de Paris et conclut que la prononciation de l'*e* muet révèle l'étranger ou le provincial, particulièrement celui de Marseille, Nîmes, Bordeaux ou Toulouse. Ses conclusions qu'il a tirées de l'examen de soixante textes environ sont très utiles pour l'étude du vieux vers français : 1° aux ɪx° et x° siècles et dans la première moitié du xɪ°, l'enclisis (attachement dans la prononciation d'un mot au mot précédent auquel il confère son accent) était obligatoire pour les pronoms *me, le, te, se, les* ; 2° dans la seconde moitié du xɪ° siècle *te* cesse d'être enclitique et il y a de nombreux cas où *me, se* ne le sont pas ; l'enclisis de *le, les* après *je, ne, que, si* est obligatoire (jel, nel) ; 3° au xɪɪ° siècle Marie de France contracte encore *le, les* avec *io, ue ki, si* ; Chrétien de Troyes écrit souvent *ne le, je le, si le, que le ; se* et *te* ne sont plus enclitiques ; *le* se contracte avec *ja* (jal), *les* avec *ou* (ous), *le* avec *que* (quel) ; 4° au xɪɪɪ° siècle l'on trouve les mêmes contractions, mais moins nombreuses, et elles disparaissent au milieu du xɪv° siècle.

Le chapitre sur la prononciation après le xvɪ° siècle est très intéressant en raison des exemples et très approfondi. Il témoigne d'un examen complet de toutes les positions possibles de l'*e* muet et des règles de sa prononciation, ainsi que de la comparaison entre le Moyen Age et les temps modernes à son sujet. A partir du xvɪ° siècle il y a de grandes divergences d'opinion par rapport à la valeur de l'*e* muet dans les monosyllabes, comme *de, ne,* etc., et dans les polysyllabes, comme *venir, contigüe*, ainsi que dans la prose et la poésie en général. Au xvɪ° siècle il régnait encore une grande confusion au sujet de l'emploi de l'*e* muet. Ronsard a posé en principe qu'il ne faut pas employer *ee, oue, ue, ees, oues, ues* devant des voyelles, encore trouve-t-on 202 cas de ce genre dans ses propres vers. Pour avoir plus de renseignements sur tous ces points il faudra consulter les traités de Quicherat, Tobler, Stengel, etc.

En 1882 Bleton cite des exemples qui montrent que la valeur de l'*e* muet est surtout affaire d'appréciation personnelle, car il a parcouru toute la gamme des sons de *e* à *o* : Voltaire fait rimer *que* avec *feu*, Sainte Beuve *de* avec *Dieu*, etc.

En 1885 Sonnenburg écrivit un court pamphlet sur la manière de lire la poésie française qui souleva de nombreuses discussions parmi les érudits allemands. Il les accusait en effet de ne pas savoir grand'chose en général sur la nature du vers français, s'attaquant en particulier à l'idée de scander les vers français sur un mode iambique ou autre (cf. Träger, 1889). C'était incontestablement une attaque directe contre Lubarsch et sa théorie des inflexions et des accents. Celui-ci y répondit vigoureusement en 1886. Toute cette controverse permet aisément de voir que l'inflexion accentuelle appliquée au vers est illimitée en français, et limitée en allemand et en anglais. En français c'est le sens logique qui constitue en réalité les pauses métriques qu'exige le vers et les accents sont aussi illusoires que le rythme en prose ; tandis qu'en allemand et en anglais les accents sont placés d'une manière déterminée et doivent concorder ou s'harmoniser avec le sens, mais le limitent, le déterminent et le restreignent ; en français c'est tout le contraire. Telle est cette question qui a soulevé tant de discussions, de malentendus, voire de mauvaise humeur et l'on voit que celle de l'*e* muet y tient une place prépondérante. Sonnenburg prétend que tous les théoriciens allemands du vers sont dans l'erreur en s'imaginant qu'on le prononçait. Il avait séjourné à Paris et ses observations le confirmèrent dans l'idée que l'*e* muet ne se prononce pas du tout. Pour le réfuter Lubarsch entreprend un voyage à Paris. Il va interviewer Legouvé, Banville, Leconte de Lisle qui sont d'accord avec lui. Ses visites aux théâtres confirment aussi ses théories, car les acteurs le prononcent tous fort clairement. La même année Humbert écrivit sur le même sujet un livre dont le titre est mal choisi, tout au moins trop prétentieux. Il présente aussi un caractère de polémique, s'opposant à l'ouvrage de Gropp qui contient une Introduction par Diekmann qui prétend que l'*e* muet ne se prononce jamais, à moins que les consonnes soient de nature à rendre sa prononciation nécessaire. Cela donna naissance à nombre de critiques (cf. Bibliographie) auxquelles il répondit en 1890. Les ouvrages de Plattner et Ricken, 1889, concernent le même sujet. La difficulté qu'ils semblent confronter est de savoir si les Allemands doivent enseigner un principe ou l'autre. Comme les arguments de Lubarsch et de ses adeptes sont basés sur ce qu'ils ont entendu à Paris, particulièrement au théâtre, toute la question de la récitation des vers français se trouve impliquée.

On devra consulter les ouvrages de Legouvé, 1877, 1878, 1881, Coquelin, 1884, H. de Régnier, 1887, etc. En général ils s'accordent à reconnaître qu'ils ne peut y avoir de règle définie ; le goût individuel diffère et la prononciation varie naturellement avec les personnes et chez la même personne suivant les conditions. Brémont, 1894, fait deux parts du vers : 1° le côté musical, le rôle et la fonction de l'*e* muet ; 2° l'interprétation du vers. Il y en a qui disent que l'orateur doit mettre autant de soin à cacher toute trace de rime et de mesure que le poète à les obtenir, car il n'est pas naturel de s'exprimer en paroles cadencées ; il y en a d'autres qui sont d'avis contraire. Cette divergence de vues a certainement été l'un des principaux facteurs de la transformation du vers. « Chez les grands poètes l'accentuation est si étroitement liée au sens même de la phrase que la seule inflexion suffit en général pour donner à leurs vers la puissance ou le charme, la grâce et la netteté, toute leur valeur en un mot. »

Celui qui récite des vers doit savoir comment rendre cette inflexion. Des phrases musicales en elles-mêmes sont souvent des vers, mais non de la poésie. La répartition exacte et cor-

recte des accents est absolument nécessaire et en cela l'*e* muet
présente la plus grande importance. Il y a des cas où il se prononce indistinctement, où l'on ne l'entend que vaguement, où
il est silencieux même, cependant on le sent. Marelle, 1894,
a résumé la situation mieux que n'importe qui en causant de
la prononciation, de la diction, de la prosodie et de la tendance des philologues allemands modernes en particulier à
insister sur le changement de l'orthographe et de la prononciation pour les soumettre aux lois et aux expériences de la phonétique ; toutes choses qui peuvent s'appliquer à la poésie et à
l'*e* muet.

L'orthoépiste, dit-il, s'attache à la tradition, au bon goût,
aux convenances, à l'usage, comme il en est des vêtements ;
quand dans la société vous vous habillez avec plus de recherche,
votre langage doit avoir aussi de la correction, de la tenue,
de l'élégance. « Un parler négligé, chiffonné est de mise en
famille ; il l'est déjà moins en société. Ce qu'on dit en causant
avec des amis qui vous entendent à demi-mot, on ne pourra
pas le dire de la même manière du haut de la tribune ou de la
chaire, au milieu d'une vaste salle ou d'une église. Quand on
veut donner du poids à ses paroles et se faire entendre des
auditeurs les plus éloignés, alors on articule nettement les mots
et les syllabes et si l'on a des vers à citer, on les lit avec le
rythme, l'accent musical et l'ample sonorité que le poète leur a
donnés. Je crois avec Sarcey : L'*e* muet, mais c'est la base de
la diction française. » Cela révèle l'instinct inné et héréditaire
d'un goût infaillible, du sentiment des plus fines nuances, de la
correction, de la tenue, de l'élégance, qualités dont la plupart
doivent se perdre dans la poésie nouvelle qui est dans une si
large mesure sous l'influence des idées et du goût étrangers
et soumise aux tendances modernes à tout ce qui est pratique
et matériel. La poésie a besoin de quelque chose qui crée le
style, d'un art supérieur ; il lui faut une articulation nette,

une accentuation variée et expressive, une modulation prolongée et harmonieuse et un ton toujours noble, ce dont le facteur principal est l'emploi correct de l'*e* muet qui sert souvent de soutien à la voix pour une prolongation plus lente et plus grave des mots et des phrases.

On pourra approfondir ce sujet dans les ouvrages de Darthèze, 1898, La Grasserie, 1900, Brémont, 1903, et surtout Landry, 1911. En 1895 de Souza discute les théories de Passy, Psichari, Brémont et Marelle et déclare que la phonétique fait fausse route, quand elle essaie de formuler les règles de l'*e* muet, car c'est un son très délicat et qui peut être employé de mille manières différentes par les différents poètes en vue d'effets différents. Il n'y a d'autre loi que celle du bon goût.

En 1896 on a publié deux études spéciales sur l'*e* muet qui sont d'une certaine importance. La Grasserie étudie son rôle dans la versification française : *a*) sa valeur linguistique, son origine et son développement ; *b*) sa valeur rythmique à la fin, au milieu et à l'intérieur du vers ; *c*) sa fonction poétique dans le vieux français et les temps modernes. L'immense ouvrage de Rydberg a été publié en trois fois, 1896, 1898, 1904. Il présente une valeur particulière pour la connaissance du développement historique et linguistique de l'*e* muet (élision, hiatus). L'un des articles les plus solides et les plus suggestifs sur cette question a été écrit par de Gourmont en 1902. Il discute d'abord l'article de Beaunier de 1901, puis s'étend au point de vue philologique et scientifique sur la présence, la valeur, etc., de l'*e* muet. En 1904 Rosset trace son histoire au XVIIe siècle et fait remarquer à quel point la prononciation a subi l'influence des grammairiens, comme Vaugelas, ce qui a contribué au maintien du son *e* qui, plus tard, au cours du XVIIIe siècle, a disparu peu à peu pour revivre au XIXe siècle. Il étudie également son influence sur la prononciation de certains mots. Lote a traité dans un article en 1912 de sa valeur d'après les instruments phonétiques. Il soutient que l'*e* à la fin du vers est tout autant une syllabe qu'au milieu et selon les instruments est même plus fort que certaines autres syllabes. Si la versification française a permis cela ainsi que l'*e* à l'hémistiche, c'est qu'il y avait une raison que les critiques n'ont pas jusqu'à présent été capables de découvrir. Après avoir discuté les théories de Guyau, Braunschvig, Sully Prudhomme, il donne le résultat de ses recherches. Il a fait réciter un certain nombre d'acteurs et tous ont manifesté une grande irrégularité sans qu'aucun ait répondu aux intentions du poète. Qu'advient-il du nombre sacré de de douze cher au théoriciens de la régularité métrique ? Le nombre varie de neuf à quinze. L'oreille ne saisit certainement pas douze syllabes là où il n'y en a que neuf ou onze et là où il y en a jusqu'à quatorze. Les critiques répondent que, lorsque les syllabes brèves sont retranchées totalement, les autres compensent cette perte. Il réfute cette assertion dans un livre qu'il doit publier plus tard.

Il règne encore beaucoup de confusion et d'incertitude au sujet de la valeur et de la nature même de l'*e* muet, ce que l'on doit attribuer aujourd'hui à l'accroissement des tentatives contre les règles de la versification française qui sont essentielles à son existence, de même qu'à l'immiscion d'un élément étranger qui paraît influer de plus en plus sur les Français, tant dans l'art que dans la littérature. Il paraît y avoir deux groupes distincts qui dans l'ensemble mettent sur les rangs les Français et les étrangers ou les Français qui ont été affectés par l'étude des langues et par la culture étrangères au point de perdre leur instinct national, traditionnel et héréditaire des nuances. Les Français suivent leur propre tradition et l'infaillibilité de leur goût et de leur instinct propres, tandis que les étrangers veulent trouver ou introduire dans le français ce qu'ils ont dans leurs langues respectives.

En général on peut dire qu'il doit y avoir un modèle défini pour le vers français, en compensation du peu d'importance de l'accent et du manque de formes métriques. Si l'on ne compte pas l'*e* muet, alors il n'y aura plus dans le rythme de stabilité ni d'exactitude, puisque dans certains cas on le prononce comme une voyelle d'appui et qu'il est impossible de dire où l'on cesse de le prononcer. Aujourd'hui l'oreille habituée depuis si longtemps à la récitation des vers peut saisir l'*e* muet qui donne au vers une douceur et une délicatesse qu'il ne pourrait avoir sans lui et il faut également une grande délicatesse d'oreille pour remarquer son absence. Un vers sans *e* muet est lourd et l'on en perçoit bientôt la cause. Les auteurs les plus avancés ne sont pas opposés à l'abandonner ou à ne pas le compter à l'occasion, comme ils ne voient là pas d'autre changement que dans la construction des rythmes romantiques qui négligent les lois de l'hémistiche de temps en temps. Il faut un poète très habile à cet effet. Le résultat a été donné par *Cyrano de Bergerac* et l'*Aiglon*. En général les critiques s'accordent à dire que la versification est basée sur une prononciation démodée et que les tendances modernes ne font qu'aller de pair avec d'autres tendances progressistes. Mais la difficulté a été tout d'abord que ces apôtres de l'abandon de l'*e* muet ont manifesté le moins de talent à s'en passer. Toutefois des poètes comme Rostand ont démontré qu'il n'était nullement besoin de lois définies et artificielles pour l'*e* muet, et que tout ce qui était nécessaire, c'était l'instinct sensible et délicat d'une oreille poétique. Il faut conserver un modèle et une mesure déterminée pour le vers, ce qui est une loi générale dans tous les systèmes de versification. Si dans l'emploi de l'*e* muet le poète observe instinctivement la loi du rythme, de l'euphonie, de la syntaxe et celle de l'accent rhétorique dans l'insistance correcte sur les mots, il conservera le vers français **véritablement national**.

e) Hiatus. Elision

On a traité de l'élision et de l'hiatus dans presque tous les Arts Poétiques et les Traités de versification. Voltaire et d'Alembert s'en sont occupés. Braam, 1884, résume les vues de différents auteurs sur l'hiatus, critique les conclusions de Johannesson, 1881, et déclare avec insistance que la définition généralement admise est fausse de fond en comble. La sienne s'appuie sur la physiologie, mais est si compliquée qu'elle laisse le lecteur tout aussi ignorant de ce qui constitue l'hiatus qu'il l'était auparavant. Sa conclusion est que Malherbe a défendu toute rencontre de voyelles, que les meilleurs poètes de son temps évitaient tout hiatus désagréable et que son mérite ne fut pas grand. Les douze règles de l'hiatus proposées par Braam sont fort complètes, mais trop vagues et trop techniques pour la pratique.

Ricken, 1885, présente un avis tout opposé au sujet de l'influence de Malherbe sur l'hiatus. C'est une attaque directe contre Braam. Il prétend que ses propres théories sont d'accord avec les lois de la physiologie, tandis que celles de Braam ne sont pas scientifiques.

D'après Marcou, 1896, l'origine de l'hiatus ou des règles qui l'interdisent réside dans une évolution très lente, sortie d'une tendance primitive à l'écarter. Quand la consonne placée entre deux voyelles commença à disparaître dans la vieille langue, il se forma de nombreux hiatus qui furent peu à peu éliminés : 1° en supprimant la première voyelle protonique comme *eu*, Saône, août ; 2° en supprimant la seconde voyelle, comme dans Laon, taon ; 3° en combinant ces deux voyelles dans un « Mischlaut », comme dans chaîne, chaire. Ce principe se perpétua et Malherbe en fit simplement table rase en interdisant l'hiatus d'une manière absolue. Les articles de

Martinon sur l'hiatus, 1907, sont d'un intérêt particulier en raison de ses expériences phonétiques. Après avoir fait l'histoire de l'hiatus, exposé sa loi et sa critique, il tente d'établir une échelle d'hiatus dans les voyelles qui sont d'après ses expériences phonétiques, choquantes ou cacophones à un degré plus ou moins élevé. La règle de l'hiatus est bonne en elle-même en raison des exigences et de la nature du français, mais sa définition est fausse. Voici la sienne : « On appelle hiatus en poésie française le phénomène qui se produit quand la bouche émet en succession immédiate deux voyelles appartenant à des mots différents. » Le grand avantage de cette règle est qu'elle laisse à l'oreille le soin d'éviter tout hiatus qui ne la satisfait pas, ce qui est au fond la loi de la rime. L'on doit beaucoup compter sur la phonétique pour éclaircir ce sujet.

f) La strophe

Il existe deux études complètes et approfondies sur l'histoire et la structure de la strophe. Stengel a consacré un article spécial à ce sujet en 1896, en dehors de son excellent travail dans son *Verslehre*, 1893. A l'origine la fin de la strophe est pour la forme la même chose que le refrain, mais dans la plupart des cas elle est faite pour s'harmoniser avec le *Strophengrundstock*, qui se divise en deux parties, qui primitivement constituaient un seul vers. La forme la plus ancienne de la balette peut être considérée comme la suivante : a' a' a' A' et a' a' /b' b'/ B' B'. Des poèmes plus longs ont amené la rupture, par conséquent les vers monosyllabiques du *Strophengrundstock* se sont transformés en vers dissyllabiques et le nombre de vers du refrain et de la fin de la strophe s'est accru également. Finalement le refrain se réduisit à un seul vers, et la relation entre le refrain et la fin de la strophe disparut complètement.

Alors la fin de la strophe sous l'influence de la chanson-strophe se développa peu à peu en même temps que le Strophengrundstock. C'est ce qui explique comment plus tard les seuls caractères de la ballade furent les trois strophes et le refrain d'un seul vers et comment les critiques ont identifié la ballade par le calcul strict des vers de la strophe. La ballade était écrite en vers de 8-10 syllabes, d'où les critiques induisirent qu'elle devait contenir 8-10 vers et ils ajoutèrent aux trois strophes un envoi, de 4-5 vers, emprunté à la chanson.

Là-dessus Stengel est en désaccord avec Jeanroy qui laisse la question du développement sans explication. L'immense ouvrage de Martinon contient l'histoire et l'origine des formes strophiques d'avant Marot jusqu'au xix° siècle, avec une bibliographie chronologique des principaux recueils de vers contenant des strophes de 1543 à 1663, et un répertoire général de la strophe française depuis la Renaissance. Sa bibliographie générale est défectueuse. Il n'y mentionne pas des noms comme Stengel, Grœbedinkel, Weigand.

Il a paru de temps en temps un certain nombre d'études spéciales sur la structure de la strophe chez différents poètes : Nagel, 1879, sur Baïf, où il compare l'emploi qu'il en fait avec celui de Ronsard, Du Bellay et Boileau. Il faut y ajouter les thèses allemandes de Maus, 1884, Rack, Viereck, 1902, Brandenburg, 1907. Il existe encore un nombre considérable d'études sur la strophe dans le vieux français en général, telles que celles de Orth, 1882, qui envisage le rapport entre la rime et la strophe ; Naetebus, 1891, qui étudie le nombre de vers des strophes, l'indépendance syntaxique de la strophe, l'union des strophes au moyen du refrain et le mélange des différentes strophes. L'article de Becker, 1894, infirme les preuves apportées par Nordfeld, 1891, pour établir que les vers féminins de six syllabes terminant une tirade de vers de dix syllabes ne sont pas populaires, par l'étude d'un certain nombre de poèmes dans divers manuscrits grâce à laquelle il démontre que les plus anciens sont très probablement ceux qui ont les six syllabes à la fin de la strophe épique de dix syllabes et que l'apparition de ces finales de six syllabes remonte au commencement du xii° siècle.

Les études de Noack, 1898 et de Schlæger, 1900, sont toutes deux intéressantes. La strophe par rapport à la rime a fait l'objet du travail de Chatelain, 1908 ; et La Grasserie, 1893, a traité de la formation, de la nature et de l'origine du vers, de la stance et du poème, de même que des rapports entre la rime et la strophe, de ses liens avec le latin et de sa dérivation possible de cette langue. L'étude de Strong, 1907, est intéressante pour sa comparaison entre la strophe à rime finale en latin, en français et en anglais.

g) Phonétique

Ce serait sortir du cadre de cet ouvrage que d'essayer de donner un résumé de ce que l'on a fait en matière de phonétique. Dès les débuts ce sont les Allemands qui ont pris l'initiative dans cette science et ce n'est qu'au cours des dernières années que les Français se sont mis à s'en occuper sérieusement, surtout au point de vue pratique ou expérimental. Son influence sur la versification a fait l'objet de quelques études récentes. L'œuvre d'hommes comme Storm, Koschwitz, Sweet, Passy intéresse la versification en tant qu'elle traite de l'accent, de l'inflexion, etc.

Dès 1852 Hupfeld a tenté de découvrir la loi « aus welchem das phonetisch-musicalische oder physiche Element in der menschlichen Rede hervorgeht und das Verhæltniss desselben zu dem logischen Princip derselben, und das Zusammenwirken beider Elemente in dem Rhythmus und Accent der Sprachmelodie zu begreifen », c'est-à-dire la nature de l'accent et son résultat ou son effet sur le sens logique. Il s'explique comment il se forme un rythme de mots séparés à des groupes de mots. Cet ouvrage est similaire à beaucoup d'ouvrages modernes qui relèvent de la théorie ou de la méthode psycho-phonétique. L'article d'Espinas, 1883, quoiqu'il s'attache surtout au rythme, est riche en suggestions. Il fait ressortir quelles peuvent être les ressources de l'étude de la phonétique physiologique appliquée au vers. L'ouvrage de Pierson, 1884, contient un chapitre sur l'intensité, la tonalité, la quantité de la langue française et l'influence du rythme sur des transformations phonétiques. Les travaux des phonéticiens pratiques comme Passy et Koschwitz sont intéressants pour la prononciation, l'accentuation et la récitation des vers français. Ricard en 1887 fut le premier à entreprendre la mesure définie des sons, en prenant pour base 200 ; 150 ou 3/4 pour des longues, 100 ou 1/2 pour les moyennes, 50 ou 1/4 pour les brèves et 25 ou 1/8 pour les sons très courts. Il a appliqué ces valeurs aux voyelles, aux nasales, etc., et il a posé des règles pour fixer la longueur des sons.

Ce système est d'une conception très simple, mais son application est trop compliquée pour être pratique. Il est intéressant cependant en tant qu'il est la première tentative pour évaluer la longueur des syllabes ou des sons qui soit applicable à la versification. Les deux livres de Blondel, 1895, 1897, contiennent de nombreux renseignements sur la phonologie mécanique de la langue française et la phonologie esthétique. De même que certaines combinaisons de couleurs sont harmonieuses, de même certaines combinaisons de sons sont agréables. Il expose un certain nombre de règles qui les déterminent et qui peuvent rendre de grands services à la versification.

L'on peut également appliquer aux problèmes de la versification française l'ouvrage original et marquant de Rousselot, 1897, comme on le verra dans les études de Lote, Verrier, de

Souza, etc. Après avoir passé en revue les innovations des jeunes poètes et discuté la fonction de la rime et de la numération des syllabes au point de vue phonétique, Crestoy, 1906, déclare que les jeunes poètes sont sur la bonne voie, pourvu qu'ils suivent les lois de la phonétique. De Souza, 1906-1907, insiste sur le besoin d'une science expérimentale pour les questions de langue et de versification. Il décrit le développement et le succès de la méthode de Rousselot et attaque le système de Passy, puis rend compte des expériences qu'on a effectuées, des conditions et des instruments nécessaires. Le chapitre VII expose l'application de la phonétique à la versification ou l'influence de l'une sur l'autre. En phonétique chaque syllabe est une unité de temps, en poésie chaque syllabe écrite compte. Les phonéticiens et les syllabistes reconnaissent également des groupes de rythmes, tels que 42, 24, 33, etc., mais les premiers les considèrent uniquement comme des groupes indépendamment du nombre des syllabes, car le vers est composé seulement d'un nombre déterminé de rythmes, et non pas simplement des syllabes écrites. Le verlibriste n'exige même pas un nombre déterminé d'éléments rythmiques. Ainsi il y a trois différents systèmes : 1° le système régulier qui demande un nombre déterminé de syllabes écrites ; 2° le système phonétique qui demande un nombre déterminé de groupes rythmiques sans se soucier du nombre fixe des syllabes ; 3° le système verlibriste qui emploie un nombre indéfini de groupes rythmiques.

En vers il y a deux mouvements fondamentaux de montée et de descente, qu'on appelle le rythme iambique et le rythme trochaïque ; ces deux mouvements doivent se combiner avec les groupes rythmiques plus étendus et c'est cet élément numérique combiné avec le mouvement accentué, ou de montée et de descente, qui donne aux vers français sa variété et son originalité. Ce qu'on appelle le numérisme a toujours été employé inconsciemment par les meilleurs poètes et c'est ce qu'ont pratiqué les plus récentes écoles poétiques. De Souza le définit ainsi : la distribution d'éléments rythmiques égaux aux éléments logiques plus les éléments numériques combinés indéfiniment en vue de la plus grande diversité avec le mouvement de montée et de chute. L'on voit par cela quel important facteur vont être les résultats de la phonétique expérimentale pour la solution d'un grand nombre des problèmes épineux de la versification, pourvu, naturellement, que les phonéticiens n'aillent pas trop loin. Il faut également consulter les travaux considérables de Chatelain, 1908, sur le vieux vers français, et de Verrier, 1909-1911, sur le vers anglais. Ghéon, 1909, démontre comment le phonographe et les instruments phonétiques ont servi à l'interprétation du vers moderne et ont révélé d'une manière absolue et définitive ce que les poètes modernes ont senti vaguement et essayé d'exprimer dans leurs vers, sans pouvoir l'expliquer, c'est-à-dire les qualités quantitatives et accentuelles du français, si délicates et si compliquées, si souples et si fuyantes, que leur existence n'avait jamais été soupçonnée ni établie, avant d'être manifestée par les instruments. Les poètes eux-mêmes commencent à comprendre et à apprendre ce qu'ils désiraient, non pas simplement la liberté, mais la connaissance de ce qu'ils font. Le vers des poètes modernes est l'expression d'une émotion qui le pousse ; le rythme est un mouvement et quand l'émotion cesse, le rythme cesse aussi. Ce qui peut sembler un chaos à présent dégagera plus tard un principe que les grands poètes ont suivi inconsciemment.

Landry, 1911, s'est aussi servi d'instruments pour mesurer la durée d'un vers ou d'un passage et l'énergie dépensée. Il est ainsi loisible d'étudier le rythme qui peut être esthétique, physique, physiologique, logique ou psychologique. Il démontre la portée de ces procédés sur le vers, la déclamation, etc. L'on a analysé l'article de Lote, 1912, à propos de l'*e* muet. De plus amples recherches sur le rythme dans le vers moderne ont été faites par Souza, 1912. Il a récité un vers de la poésie nouvelle à M. Rousselot et les résultats obtenus par l'intermédiaire des instruments ont établi qu'il était rythmique.

Il appartient à chacun de décider quel degré de confiance l'on peut accorder à ces recherches. L'étude de la phonétique a sa place, mais il faut considérer qu'on ne peut trop attendre de ces instruments mécaniques en ce qui relève de la mobilité infinie de l'élément humain. Toutefois cette science a ouvert un champ absolument ignoré, surtout en ce qui concerne le nouveau groupement ou la nouvelle classification adoptée par la poésie nouvelle suivant l'état général du mouvement qui résulte des conditions physiologiques et phonétiques.

h) Réformes

1. *Adhérence stricte aux règles*

La question d'une réforme dans la versification française s'est élevée de très bonne heure dans les Arts Poétiques. Lorsque les règles eurent été définitivement établies et que leur stricte observance eut été rendue obligatoire pour les poètes du xviie siècle, la question d'une réforme prit l'apparence d'une révolte. On en trouve les premiers symptômes dans les discussions sur l'objet et le but de la poésie. Lamy, 1668, déclare que le but de la poésie est de plaire et résume cet art en quatre principes : la poésie est agréable, elle imite la vérité, elle flatte nos inclinations et soulève nos passions.

Rapin, 1670, soutient que son but est de plaire et d'être utile. Elle plaît par les nombres, l'harmonie, les images, les figures, les expressions, etc. ; « elle profite en corrigeant les mœurs qu'elle purifie et ce n'est que pour profiter qu'elle plaît et elle ne peut plaire que par les règles. » Il justifie ainsi les règles strictes et rigides. Voltaire, 1731, comme on l'a déjà vu, déplore que le poète français soit l'esclave de la rime, etc., mais reconnaît que « nous ne pourrons jamais secouer le joug de la rime, elle est essentielle à la poésie française... C'est à cette contrainte de la rime et à cette sévérité extrême de notre versification que nous devons ces excellents ouvrages que nous avons dans notre langue ». Saint-Mard, 1734, a à peu près les mêmes vues sur la rime. Les Français, dit-il, sont habitués au retour de la rime, ils sont fâchés, quand on y manque. Tout est sacrifié pour la rime, mais il y a une compensation : « Une idée qui est belle, au milieu des chaînes qu'on lui a mises, nous en paraît encore plus belle : nous l'aimons mieux de ce que la contrainte où on l'a réduite, ne lui a rien fait perdre de ses grâces. » Une idée qui n'est pas admirable en elle-même ou qui est difficile à exprimer devient satisfaisante en vers. Olivet, 1736, donne l'une des raisons de la sévérité des règles : Si l'on considère comme une petitesse le compte ou l'examen des syllabes, souvenons-nous que chaque science et chaque art ont leurs minuties pour justifier leur existence. Racine, 1747, a apporté la défense la plus solide du xviiie siècle aux règles strictes de la versification. Elles ne sont pas pour le simple amour de la difficulté, mais pour celui de l'art, non pour le caprice, mais parce que « l'art ne fait que suivre les intentions de la nature ». Les règles sont venues du plaisir qu'elles causent aux poètes en conformant leur pensée à une certaine forme, qui les prive de la liberté de la prose, mais qui ajoute un élément d'art et de beauté qui compense le travail. « L'harmonie du discours consiste donc en deux choses : dans l'arrangement des mots, ce que j'appellerai l'harmonie mécanique ; et dans le rapport de cet arrangement avec les pensée, ce que j'appellerai l'harmonie imitative. L'unique but des règles de la versification dans toutes les langues a été la réunion de ces deux harmonies pour contenter à la fois l'oreille et l'âme. » Louis Racine démontre très clairement pourquoi la langue française a établi la structure mécanique de son vers telle qu'elle est. Marmontel, 1763, fait ressortir le besoin des différentes règles et les effets qu'elles produisent. Pour ainsi dire chaque livre ou chaque article au xviii° siècle, qu'il soit pour ou contre la rime, insiste plus ou moins sur la nécessité des règles strictes et rigides ou le besoin de les abolir. L'on trouvera toujours deux groupes : celui qui préconise l'adhérence aux règles et celui qui réclame des réformes ; les classiques et les novateurs. Toute la controverse littéraire soulevée par les *Réflexions* de Sully Prudhomme qui ont été attaquées par Vannoz, Boschot, Beaunier, etc., est également fructueuse à consulter.

2. *Nécessité de réformes*

Vers la fin du xvii° siècle et au cours du xviii° le désir de réformes dans la versification est devenu de plus en plus urgent. L'on peut en trouver les causes dans la révolte générale contre l'absolutisme dans toutes les branches de l'activité. En 1662 Marolles déclarait que les règles de la versification rendaient la rédaction d'un poème épique très difficile et qu'on devait apporter quelque adoucissement à la rigueur des règles. Dans sa lettre fameuse de 1714 Fénelon considère que la perfection est à peu près impossible dans la versification française. Il déclare qu'elle perd plus qu'elle ne gagne par la rime qui lui ôte sa variété, la facilité et l'harmonie. Il propose plus de liberté dans la rime et plus d'inversions de sorte que les poètes puissent accorder plus d'attention au sens et à l'harmonie mais tout doit se faire avec un soin extrême. Cette lettre souleva de grandes discussions. Voltaire en 1719-1731 se prononce également en faveur d'une plus grande liberté pour la rime, mais pour le maintien de la mesure et de l'harmonie.

Les arguments à l'appui de réformes ont été pleinement discutés au xviii° siècle à propos de la rime, qui faisait alors le centre de tous les débats — La Motte, Voltaire, Saint-Mard, de Longue, Prévost, etc. Au xix° siècle la question des réformes prend un aspect plus général. En 1812, Cubières de Palmezeaux attaque vigoureusement l'Art Poétique de Boileau et déclare que la littérature française a besoin d'un nouvel art poétique. En matière d'art, de musique et de peinture la France ne pense plus comme elle pensait cinquante ans auparavant. Que pense-t-elle en fait de poésie ? Les maximes de Boileau ont fait beaucoup de mal par leur étroitesse ; ces règles ne sont pas dans l'art, mais hors de l'art. En 1819 Bonaparte commença sa campagne contre la rime et en faveur d'un nouveau système sans rime. En 1852 Castil-Blaze réclama des réformes au point de vue musical. La Musique s'est affranchie complètement des entraves de Lulli et de Rameau ; la poésie placée dans un cadre étroit et serré par Corneille, Molière et Racine est entraînée avec lui. Les poètes du moyen âge chantaient à pleine embouchure, vocalisaient à beau plaisir de gorge. Nos poètes contemporains sont revenus au plainchant. La musique et la poésie doivent se développer côte à côte et pour pouvoir le faire la poésie doit être aussi libre que la musique. Ducondut, 1856, se place au même point de vue. Le vers est essentiellement musical et devrait suivre les lois de la musique. Les règles de la versification sont arbitraires, artificielles et injustes. Il discute et attaque chaque règle ou chaque point du vers et démontre clairement qu'elles s'opposent à l'alliance de la poésie à la musique. Pour rendre cette alliance possible il ne doit pas y avoir de règles excepté celles qui sont absolument requises par l'oreille et par la raison. En 1880 Della Rocca suggéra un certain nombre d'innovations telles que la rime riche sans tenir compte de la consonne finale, n'importe quelle combinaison de rimes, toutes sortes de rythmes, la liberté absolue de l'enjambement, la non succession de dix césures classiques, l'emploi d'un mot quelconque à la césure — réformes qui ont toutes été adoptées par les poètes modernes.

Les articles de Valvor 1885, Darzens 1888, Boschot 1897, etc., préconisent un vers libre et combattent les règles rigides de la rime, etc. Tisseur, 1892, tourne en ridicule la règle absurde de la rime pour les yeux et conseille aux poètes de l'abandonner, mais de n'en apporter que plus de soin à celle de la rime pour l'oreille. Il prend le parti opposé à l'égard de l'innovation du trimètre par Victor Hugo. Le meilleur vers et le plus harmonieux, dit-il, est le vers classique ; le vers romantique peut convenir par moments et produire d'heureux effets, mais il doit rester une exception. On ne peut faire un vers entièrement sans césure que pour les oreilles différentes de celles de génération actuelle. C'est l'avenir qui répondra.

Tisseur, dont personne n'a jamais contesté le goût exquis ni la délicatesse d'oreille, n'était pas encore préparé à ces innovations modernes qui ont été généralement acceptées. Deux ans plus tard, cependant, Bouchaud prouva que Tisseur lui-même dans ses *Pauca Paucis* avait employé un certain nombre des nouveaux rythmes qu'il ne pouvait pas sanctionner. Firmery s'attache à la règle de réforme de Tisseur, — l'arbitre souverain dans les vers, c'est l'oreille. Il croit en un vers sans rime, car la rime n'est pas la partie essentielle du vers. Boschot, 1897, présente les arguments les plus convaincants en faveur de la liberté du poète. « On ne peut pas donner une rigueur géométrique à ce qui est mobile, nuancé. Il ne faut pas dire au poète : Tu fera cela, tu ne feras pas cela. » Cette phrase se trouve dans une lettre à Sully Prudhomme sur son *Testament poétique* à laquelle celui-ci répondit. Les articles de Retté, Vielé-Griffin, 1899, Le Goffic, 1901, Bouchaud, 1903, prennent la défense des innovations modérées des poètes modernes. Boschot, 1901, décrit l'évolution musicale de la langue qui fait que le rythme exige une certaine régularité dans la poésie, mais non dans la prose. Aujourd'hui un vers nous plaît comme un moyen musical d'expression, d'émotion et de rêve. Il faut éliminer de la versification tout ce qui n'est pas pour l'oreille seule. L'orthographe n'a rien à faire avec le vers. On doit alors changer trois règles typographiques en trois règles musicales : la césure, la rime, l'hiatus.

En général les partisans des réformes se distinguent en ultra-progressistes qui refusent d'accepter quelques règles que ce soient et en ceux qui se prononcent pour toute réforme légitime. Ils déclarent que dans toute expression d'art il doit y avoir du goût, du tact, de la mesure et par-dessus tout un sens artistique personnel. Les conditions de vie se modifient et avec elles les anciennes conditions de langue, le mécanisme même de nos oreilles, de nos yeux et de nos sens en général. Ils s'adaptent aux nouvelles conditions de vie, chez certains beaucoup plus facilement et beaucoup plus vite que chez les autres — ces autres resteront toujours réactionnaires et cela a été l'histoire de toutes les réformes à leur début.

3. *Réformes accomplies*

Les réformes qui ont été accomplies depuis le commencement du XIXe siècle ont incontestablement été nombreuses et étendues. Chacune a été combattue avec acharnement par les classiques et l'une des principales raisons qui s'opposent aux réformes a été mentionnée par Renouvier dès 1874. Les innovations de Victor Hugo ne sont pas acceptées par ceux dont les oreilles ne sont pas prêtes à saisir les procédés nouveaux, particulièrement en matière d'enjambement et de césure. Jusqu'aux dernières années toute question de réformes a roulé sur Victor

Hugo, mais dans tous ces débats passionnés et souvent violents l'on n'a jamais eu en vue de détruire la nature même du vers français pour écrire simplement de la prose. Tel est le but aujourd'hui. Les articles de Renouvier, 1885, Stapher, 1886, Pellissier, 1893, s'attachent surtout à Victor Hugo, quoique le dernier en consacre un spécial aux tendances nouvelles. Mais en fait tous les critiques s'accordent à reconnaître que les règles du vers classique sont pour les temps modernes un tissu d'absurdités, de contradictions et d'illogismes. Doumic, 1897, présente l'un des meilleurs arguments en faveur des réformes et contre le vers libre en montrant clairement jusqu'où les poètes peuvent aller, comment les règles de la versification sont une habitude et, profondément attachées à l'évolution de la langue et de la littérature, comment elles peuvent se transformer, mais seulement autant qu'elles refléteront encore le génie et la nature de la langue et du peuple. Les Français doivent rester Français et ne pas essayer de faire ce que les Anglais et les Allemands peuvent faire. L'un des meilleurs articles en faveur des innovations modernes est celui de Le Goffic, 1901. La plus grande de toutes c'est l'absolue liberté dans l'espace des douze syllabes. Le point capital n'est pas la suppression de l'alternance de la rime, de l'hiatus ou de la rime, mais l'évolution organique de l'alexandrin: c'est-à-dire l'expression individuelle, sans tenir compte des syllabes, de la rime, etc. Dans le vers classique l'on considérait la rime comme essentielle sans indiquer la fin du rythme ou de la période. En rompant la césure les Romantiques ont établi la rime riche comme compensation. Par la suite l'oreille s'est faite à ce vers et la rime n'a pas plus été nécessaire au vers moderne que la césure au vers romantique. Si les poètes modernes demandent une liberté sans limites, on peut se demander alors quelle est la différence entre leur poésie et la prose. Ils répondent que chaque poète est une loi pour lui-même. « Le poète fixe la vie encore inachevée, frémissante, rythmique. Il la fixe en un rythme vivant, parce que la vie est un rythme vivant, etc. » (Vannoz, 1903.) Cela est trop vague et trop indéfini pour des hommes comme Sully Prudhomme, mais depuis que les poètes modernes ont été capables d'exprimer ce qu'ils recherchaient et ont fait comprendre leurs desseins aux autres, ils ont trouvé de nombreux adhérents. Les réformes qu'ils ont accomplies jusqu'à ce jour et qui sont généralement admises ont été bien résumées par différents critiques; Retté, 1905, les groupe sous six dénominations : 1° l'alternance des rimes masculines et féminines n'est plus obligatoire; 2° le singulier peut rimer avec le pluriel; 3° l'assonnance peut remplacer la rime de temps en temps en vue d'un certain effet ; 4° l'hiatus est permis, s'il n'engendre pas la cacophonie ; 5° il y a une entière liberté dans la position des césures ; 6° on peut employer n'importe quel vers dans la strophe pourvu que sa cadence générale n'en souffre pas. Les mêmes points sont résumés par de Souza, 1906, Le Goffic, 1909. Ces réformes sont considérées comme légitimes, même par la plupart des critiques conservateurs et elles font voir que le vers français a subi des transformations profondes depuis le commencement du XIXe siècle. Des espérances immenses et presque illimitées sont permises mais elles doivent être dans le sens, l'esprit et la nature de la langue française et du peuple français.

CHAPITRE VIII

La Rime

La question de la rime a depuis les origines jusqu'à nos jours soulevé plus de discussions que n'importe quel autre point de versification. Elle embrasse l'étude de sa nature, de ses variétés, de sa distribution, de son emploi, de son rôle, de son histoire, de ses rapports avec la strophe, jusqu'à l'examen de sa nécessité dans le vers français, de ses liens avec le rythme, etc. Dans les premiers Arts Poétiques l'on s'attache à la définition de la rime et de ses différentes espèces ; au xviiie siècle la rime était devenue un élément de telle impuissance dans le vers que beaucoup la considéraient comme un obstacle à la composition, ce qui précipita la bataille entre ceux qui voulaient l'abandonner totalement et ceux qui désiraient son maintien. C'est presque le même débat que l'on reprit vers la fin du xixe siècle, lorsque les Symbolistes ouvrirent leur campagne victorieuse contre les Parnassiens et la rime riche. On voit donc que dans l'histoire de la versification française c'est la rime qui est le sujet épineux et que c'est à cause d'elle que se sont livrés les grands combats.

De très bonne heure dans l'histoire de la poésie française il régnait une grande confusion sur le sens exact de la rime léonine ou sonnante. C'est Deschamps, 1392, qui en donna la première définition. Magnus, 1405, consacre un chapitre entier aux rimes, à la façon de les faire ; sa définition de la différence qui existe entre rime en prose et rime en vers montre que pour lui la rime revenait au mètre : en prose il n'est pas question de quantité de syllabes ou de terminaisons semblables ; en vers les rimes doivent avoir un nombre défini de syllabes. On peut choisir la quantité de syllabes du vers, mais l'on doit s'en tenir à celle adoptée. Le *Doctrinal* de Herenc, 1432, contient une liste de mots qu'on peut employer comme rimes, sujet très discuté au xviie siècle. Les Traités ou Arts de 1490 et 1500 définissent la rime masculine et féminine, des rimes riche et léonine, équivoque, enchaînée, etc., chaque espèce étant représentée par des vers donnés comme exemples. Croy, 1493, soumet une liste de rimes en gozet à éviter. On trouve des listes complètes de rythmes ou rimes dans Fabri, 1521, Du Pont, 1539, Fontaine, 1548, et surtout Sibilet qui est le premier à définir la rime comme la consonnance du dernier son ou de la dernière syllabe et à traiter en détail de ses variétés et de son usage. Du Bellay, 1549, s'oppose le premier à la rime non naturelle, telle que *imminent-éminent*, rime riche, mais qui n'est pas naturelle. C'est aussi la première indication du fait que la rime devenait alors indisciplinée, trop prédominante et gênante pour la pensée. Six ans plus tard Peletier en engageant les poètes à écrire dans leur langue maternelle, à choisir les mots avec soin, déclare qu'on ne doit pas dire plus ou moins qu'il n'est nécessaire, ce qui est difficile en français, parce que la rime nous tient en grande sujétion, c'est pourquoi le poète doit penser longuement à bien faire. Pasquiers, 1560, donne la première histoire générale de la rime, tandis que Ronsard, 1565, introduit un certain nombre de licences avec elle, telles que la suppression du *t* dans les mots comme *fort, part*. L'on avait discuté quelque temps la question d'imiter les mètres latins et de supprimer ainsi la rime, certains ayant prétendu que le français était naturellement constitué pour les vers mesurés et que la rime était un signe de décadence. Estienne, 1579, soutenait que cette langue pouvait imiter les mètres latins, mais était beaucoup mieux adaptée à la rime. Cette discussion aboutit naturellement à la question du rôle de la rime. Fauchet, 1581, définit le mètre et le rythme : le mètre est un chant contraint par certaine raison; le rythme est un chant libre et non sujet à aucune loi. Il déclare ensuite que la fonction de la rime est de renforcer le rythme et que ce sont les Français qui ont montré son rôle au restant de l'Europe.

Vauquelin, 1605, est d'avis qu'il faut polir, repolir la rime et la rendre parfaite, ce qui est l'œuvre du xviie siècle, tandis que Deimier, 1610, consacre un chapitre à la beauté et à la richesse de la rime en citant un grand nombre de mots qui ne doivent pas rimer, ainsi qu'à « l'élégance, douceur et fluidité des paroles dont les vers doivent estre fermez ».

Comme Paris était alors le centre de vie et le séjour de la cour, les poètes y affluaient naturellement et c'était là qu'ils recherchaient des protections. Il en résulta une grande confusion dans la prononciation, ce qui affecta surtout la rime et donna lieu à l'importante question de savoir si la rime devait être pour l'oreille ou pour l'œil. Mlle de Gournay, 1626, est d'un avis bien arrêté : « La bonne rime ne fait pas le bon poème. » La rime est pour l'oreille, par conséquent tout son qui la satisfait est une bonne rime. Si l'on prononce les mots de différentes manières dans les différentes provinces, ce n'est pas du français. Elle préconise la prononciation normale de Paris, de la cour, de Tours, d'Orléans et soutient que les gens des diverses provinces n'ont pas le droit de critiquer les rimes qui sont courantes à Paris, comme Paris est l'école du langage et des accents. Si Ronsard, Du Bellay et Desportes ont des rimes particulières, cela tient à la prononciation qu'ils ont acquise dans leur jeunesse et dont ils n'ont pu se débarrasser. Si Ronsard ne fait pas rimer main avec chemin, etc., ce n'est pas une raison pour que ce ne soient pas de bonnes rimes, car il rime à bride avalée : océan-ancien,

Europe-croupe, compagne-dédaigne, fantine-digne, etc. Cela tient à son dialecte vendômois, mais ce ne sont pas des licences poétiques dont les grands poètes puissent faire usage. Elle se prononce nettement en faveur de la liberté de la rime, mais selon la prononciation de Paris et de la cour ; elle est fortement opposée aux poétiseurs du temps qui « au lieu d'appliquer la ryme et les mots au poème, appliquent le poëme à la ryme et aux mots : cherchans de tout leur soin quelle chose se peut ranger sur telle versification, non pas quelle versification se peut ranger sur telle chose ». Elle se fait donc le champion de l'ancienne poésie, de la poésie légitime contre les si fâcheuses aggressions de la nouvelle, sa parricide fille, témoignant combien elle exècre la rime riche et l'école des rimailleurs et combien elle estime le vieux français traditionnel. Elle fournit un excellent exemple de la vivacité de la querelle entre ceux qui voulaient une rime simple et naturelle et ceux qui ne faisaient des vers que pour la rime.

Il y a dans le traité de Richelet, 1671, une histoire détaillée de la rime dans laquelle il résume clairement toutes les questions antérieures. C'est un ouvrage très précieux pour l'état de la rime à cette époque.

Le Dialogue, 1678, présente également une peinture véridique de cet état. La Raison conjure la rime de suivre ses préceptes, mais sans succès et finalement lui conseille de s'associer avec ceux qui veulent la rime sans raison. Mourgues, 1684 et La Croix, 1694, énumèrent en détail les différentes règles de la rime qu'ils soulignent d'une grande abondance d'exemples. Avec Fénelon, 1714, c'est la véritable question de l'utilité, de la nécessité et du maintien de la rime qui prend naissance. D'après lui, le vers français perd plus par la rime qu'il ne gagne en variété, facilité et harmonie. Souvent l'on ajoute deux ou trois vers pour les besoins de la rime et pour le choix de la rime riche les poètes font plus d'efforts que pour la pensée ou les sentiments, la clarté des termes et des tours naturels ou la noblesse des expressions. C'est la rime seule qui nous donne cette uniformité des finales qui est ennuyeuse. Il propose plus de liberté pour la rime, afin que les poètes puissent apporter plus de soin au sens et à l'harmonie. Les règles de la rime sont plus difficiles que toutes celles du latin et du grec mises ensemble ; les anciens avaient de grandes facilités, les Grecs pouvaient même recourir aux dialectes ; quant aux poètes français, ils ont autant de mal avec une seule syllabe qu'avec la pensée même. On a appauvri, desséché et gêné notre langue. Elle n'ose jamais procéder que suivant la méthode la plus scrupuleuse et la plus uniforme de la grammaire, etc.

Ce passage fameux suscita contre lui la fureur de ses contemporains, fureur qui s'est attaquée jusqu'à certains de ses éditeurs au xixe siècle (cf. Delzons, 1850, *Opuscules académiques*). Cela montre que tout le monde littéraire était en émoi au sujet de la versification française. Tout le monde accordait qu'il y avait quelque chose qui n'allait pas et les critiques et les poètes se répartirent bientôt en deux groupes : les défenseurs, avec Voltaire, La Faye, Fontenelle, Bouhier ; les adversaires avec Fénelon, La Motte, Saint-Mard, de Longue, Prévost, etc. La plupart des traités déclaraient que la rime était pour l'oreille et non pour l'œil, mais suivant l'usage, Chalons, 1716, démontra nettement que la rime n'était pas seulement pour l'oreille et que l'on considérait aussi l'écriture pour des rimes comme *fermé-danger*, *aimeraient-forêt* qui sont parfaites pour l'oreille, mais ne sont pas admises en raison de l'orthographe. Pour beaucoup de rimes telles que *puissant-chancelant*, leur rareté était surtout la raison de leur tolérance. Il prouva clairement que les règles de la rime étaient un amas de contradictions. Du Bos, 1719, déclare que la rime coûte le plus et procure le moins de plaisir en retour, souvent elle estropie le sens du discours, et elle l'énerve presque toujours. Il ne nie pas le plaisir qu'apporte la rime, mais il dit qu'il est bien inférieur à celui qu'engendrent le rythme et l'harmonie du vers. Les peuples polis et civilisés se passaient de la rime; les Français l'adoptèrent parce qu'ils descendaient des barbares qui la pratiquaient; ils n'étaient pas assez cultivés pour échafauder un système à l'exemple du latin ; en vrais barbares ils acceptèrent la rime, parce qu'ils en éprouvaient du plaisir.

Quoique Voltaire fût l'un des chauds partisans de la rime, il se prononçait en faveur de plus de libertés. Dans sa lettre sur Œdipe, 1719, en discutant les rimes *frein-rien*, *héros-tombeaux*, *contagion-poison* qu'il ne peut défendre, mais qu'il considère comme bonnes, il dit que le poète ne doit pas sacrifier toutes les autres beautés de la poésie à la richesse de la rime, mais essayer de charmer l'oreille même aux dépens de l'esprit et du cœur. La tyrannie de la rime va jusqu'au point d'exiger la rime pour l'œil plutôt que pour l'oreille et interdit *attraits-fuirais* que Racine changea en *jamais*, et qu'il regarde comme pire. Nous critiques, permettons *abhorre-encore*, mais non pas *tonnerre-père-mère* qui sont tout aussi bons. Personne ne s'élève contre cette règle arbitraire. En donnant aux auteurs des rimes nouvelles on leur donnera de nouvelles pensées ; cette sujétion à la rime ne laisse souvent qu'un mot pour finir le vers et ne permet pas de dire ce que l'on a à dire, on est obligé de chercher une pensée pour la rime, parce qu'on ne peut trouver de rime pour exprimer ce qu'on pense. Pour lui, il a recherché un peu plus de liberté et dorénavant il préférera les choses aux paroles et la pensée à la rime, mais il insiste sur la contrainte des règles — et la règle qui semble austère n'est qu'un art plus certain de plaire. Cependant le plus grand champion de la liberté et des réformes est La Motte qui le premier conseilla la prose pour le drame et donna les raisons de cette préférence. Les arguments qui se trouvent dans son Discours à l'occasion de l'Œdipe, 1730, soulevèrent beaucoup de discussions et furent souvent mal interprétés. La phrase suivante devint célèbre : « Rompez la mesure des vers de Racine, faites disparaître les rimes, vous ne retrouverez plus dans le discours qu'une élégance naturelle et proportionnée aux rangs, aux intérêts, aux passions. Vous n'y perdrez en un mot que cet agencement étudié qui vous distrait de l'acteur pour admirer le poète et qui ne paraîtrait qu'un abus de la parole à tout homme de bon sens qui n'aurait jamais entendu de vers. » Avec le libre choix des mots, etc., l'on obtiendrait plus de naturel et la rime ne pourrait plus marcher sur des échasses et appauvrir les expressions. Les auteurs pourraient exprimer ce qu'ils veulent dire au lieu de dire souvent ce qu'ils sont obligés de dire ou de changer leur pensée, en raison de la rime. La Motte mit en prose le poème de La Faille en faveur de la rime dont les partisans de celle-ci se servaient en guise d'argument pour prouver que la rime et la mesure ne constituaient pas la poésie, car la poésie « n'est autre chose que la hardiesse de la pensée, la vivacité des images et l'énergie de l'expression ». L'on trouve sa réponse à Voltaire dans sa *Suite de Réflexions* où il montre plutôt que celui-ci l'a accusé de choses qu'il n'a jamais dites. On peut résumer son argumentation comme il suit : il faut encourager la versification, car elle procure du plaisir à beaucoup de monde, mais il faut accorder aux auteurs la liberté de tous les genres de poésie, afin de multiplier les bons ouvrages et de contenter tous les goûts. Il y a des auteurs qui peuvent écrire en vers en dépit des difficultés ; encouragez-les ; il y en a d'autres qui ne peuvent tourner de vers, mais qui ont un grand talent, qu'ils écrivent en prose, même la tragédie.

Voltaire, 1731, après avoir comparé les difficultés que rencontrent les poètes français avec celles qui attendent les poètes anglais et leurs conséquences, explique pourquoi la rime est nécessaire : « malgré toutes ces réflexions et toutes ces plaintes nous ne pourrons jamais secouer le joug de la rime, elle est essentielle à la poésie française. Notre langue ne comporte point d'inversions, nos vers ne souffrent point d'enjambement, nos syllabes ne peuvent produire une harmonie sensible par leurs mesures longues ou brèves, nos césures et un certain nombre de pieds ne suffiraient pas pour distinguer la prose d'avec la versification ; la rime est donc nécessaire aux vers français. C'est à cette contrainte de la rime et à cette sévérité extrême de notre versification que nous devons ces excellents ouvrages que nous avons dans notre langue. Nous voulons que la rime ne coûte jamais rien aux pensées, qu'elle ne soit ni triviale ni trop recherchée, nous exigeons rigoureusement dans un vers la même pureté, la même exactitude que dans la prose. Nous ne permettons pas la moindre licence, nous demandons qu'un auteur porte sans discontinuer toutes ces chaînes, et cependant qu'il paraisse toujours libre, et nous ne reconnaissons pour poètes que ceux qui ont rempli toutes ces conditions. Voilà pourquoi il est plus aisé de faire cent vers en toute autre langue que quatre vers en français. » Quoiqu'il n'y eût qu'un cri contre l'esclavage de la rime, l'injustice des règles rigides, Voltaire sentait la nécessité de s'y soumettre, car les Français y étaient accoutumés et c'était une tradition profondément ancrée.

L'on trouvera cités dans Bonaparte, 1825, II, pages 49-50 le poème entier de La Faye — *Pour la rime* — avec la réponse de La Motte. *L'Epitre de Clio*, de Nivelle de la Chaussée, 1732, est un long poème en défense de la rime et des règles de la versification. Les *Réflexions* de Remond de Saint-Mard, 1734, qui provoquèrent force discussions, témoignent plutôt de la crainte de se commettre. Il regrette que le public exige une soumission aussi stricte au mécanisme du vers, ce qui pousse trop souvent les poètes à oublier l'essence réelle de la poésie. Le résultat en est que nous avons deux mauvais vers pour un bon, « et qu'une belle idée n'entre dans un morceau de poésie qu'autant que la mesure du vers la veut bien admettre. C'est pour cela que la raison est si souvent la victime d'un mot qui, indocile et opiniâtre refuse de s'unir à elle : car outre la contrainte de la cadence on en a donné une autre — la rime ». La convention a fait à la fois de la rime un plaisir et un tyran. Les Français accordent que la rencontre de deux sons identiques à la fin des vers est un charme, mais cela devient aussi monotone qu'un refrain. « Quant à moi, je crois que si l'habitude et la convention ne forment pas tout l'agrément de la rime, elles servent du moins beaucoup à l'augmenter. » Les Français sont tellement habitués au retour de la rime qu'ils sont désappointés quand on y manque. Que de soins, que de fatigues pour amener une rime riche et singulière. Clarté, beau feu, naïveté, tout est sacrifié à ce plaisir de convention, et l'on fait tous les jours cent insultes à notre raison par les sots égards qu'on a pour notre oreille. Mais il y a une compensation : une idée qui est belle, au milieu des chaînes qu'on lui a mises, nous en paraît encore plus belle : nous l'en aimons mieux de ce que la contrainte où on l'a réduite ne lui a rien fait perdre de ses grâces. » Une idée qui n'est en elle-même ni belle, ni difficile à exprimer devient satisfaisante en vers et, quoique la versification soit un obstacle et un esclavage pour la pensée, le génie en vient à bout et la poésie n'en est que plus belle et plus grande pour le travail et l'effort. Les entraves dont se plaint La Motte et qui, à ce qu'il prétend, suppriment la liberté de dire les choses de la meilleure façon possible, ne sont des barrières que pour les esprits médiocres. Les grands hommes se plaisent dans les périls et demandent des obstacles à surmonter. Les arguments de ce genre pour ou contre la rime sont très nombreux et se retrouvent dans presque tous les ouvrages de critique littéraire du XVIIIe siècle. Les symbolistes auraient pu effectivement s'en servir, car, si leurs arguments sont essentiellement différents et ne s'attaquent pas exclusivement à la rime, mais aussi aux deux autres principes essentiels du vers français — la numération des syllabes et la césure — ils n'ont rien avancé de plus efficace ni de plus convaincant que les écrivains du xviii° siècle.

Le Président Bouhier suscita nombre de controverses par sa préface en faveur de la rime, 1737, dans laquelle il fait ressortir comment chaque nation a inventé certaines règles en rapport avec les besoins et la nature de la langue. On ne peut davantage priver les Français de la rime que les Grecs des spondées et des dactyles. Il combat les ennemis de la rime de différentes manières. L'on peut considérer l'abbé Prévost comme le plus éminent des critiques qui s'opposèrent à Bouhier. Dans le dixième volume de son *Pour et contre*, 1735, il expose les raisons d'un correspondant contre la rime. L'italien, dit-il, possède cent rimes, alors que le français n'en a qu'une; l'espagnol jouit du même avantage et cependant ces deux langues se passent de la rime, de même que l'anglais. Il suggère un nouveau système de numération des syllabes qui est d'entremêler à la fin des vers des syllabes masculines et féminines et conseille d'apporter le plus grand soin au choix des expressions. Il donne ensuite de nombreux exemples. De leur lecture Prévost conclut que le français peut aller sans rime : « que de toutes les nations où la poésie s'est vue en honneur, il n'y en a point qui aient produit d'aussi beaux vers que celles que j'ai nommées. Que ces trois nations ont connu ce que c'est que la rime et qu'elles l'ont ou négligée ou rejettée. La rime n'est pas une perfection dans la poésie et elle doit même être regardée comme un défaut (le grec, le latin, l'anglais). La rime est du moins inutile ; s'il se trouve une langue dans laquelle on ne puisse composer de bons vers sans rime, il faut non seulement qu'elle soit fort inférieure à celles qui la rejettent, mais qu'elle soit même incapable de toutes les beautés qui forment la poésie dans les langues qui n'admettent pas la rime. »

Dans toutes celles qui ont employé la rime il dit que ça n'a été que dans la période de leur première rudesse ou celle de leur corruption. Lorsqu'elles ont eu atteint un développement plus élevé, elles ont secoué le joug de la rime. Pourquoi les Français persévéreraient-ils dans cette puérile habitude de rimer. Il montre que la rime marche sur des échasses, corrompt les plus saines idées de la poésie et qu'elle transforme les pensées pour son avantage exclusif. L'on fait en prose de belles traductions d'œuvres poétiques étrangères qui sont de véritables poèmes et font les délices des lecteurs. Dans le volume X il discute la préface de Bouhier, point par point. En général les adversaires de la rime veulent simplement écrire en vers comme précédemment, mais sans rime. Si ses partisans prétendent en guise d'argument que toutes les langues ont apporté des restrictions à la poésie, c'est incontestable, mais les Français en ont ajouté d'autres tels que la quantité déterminée des syllabes, l'hémistiche et l'ordre défini de ces syllabes et surtout l'observation constante des mêmes lois pour chaque vers. Mais la rime ne mérite pas d'être admise parmi ces contraintes. Elle n'ajoute rien à l'harmonie variée qui constitue la quantité, ce n'est que le bruit de deux cordes montées sur le même ton dont on tirerait successivement la même note. La suppression de la rime ne priverait pas le vers français de son harmonie, mais le délivrerait d'une contrainte qui sert mal à l'harmonie poétique et qui nuit presque toujours à la force et à la beauté de la poésie. La prose et la poésie sont par nature si distinctes l'une de l'autre et peuvent se discerner si facilement que ces barrières artificielles sont inutiles.

Les Grecs avaient la quantité, disent les partisans de la rime, qui était une barrière beaucoup plus grande. Mais la rime est une contrainte inutile et souvent pernicieuse aux véritables beautés de la poésie. « C'est notre mesure, le nombre prescrit de syllabes, l'hémistiche, le retour constant des mêmes lois qu'il faut opposer à la contrainte de la quantité, et la rime n'est qu'un monstre qui s'est introduit aussi malheureusement dans nos vers à la naissance de notre langue que dans les vers latins à la décadence de la langue romaine. » Il cite et réfute un grand nombre d'autres arguments en faveur de la rime dont l'ensemble constitue un chapitre intéressant sur la nature, les avantages de la rime et le mécanisme de la versification françaises.

Les *Raisonnements* de M. de Longue, parus sans nom d'auteur, sont un ouvrage assez semblable. On y réclame des réformes, mais non l'abolition de la rime dans toutes espèces de poésie. Dans le chapitre 21 on suggère un vers sans rime ou un vers d'un nombre indéterminé de syllabes avec rime dont on présente d'excellents échantillons. On déclare que dans les meilleurs prosateurs les passages qu'on choisit généralement sont ceux écrits en vers libres, ce qui est l'unique caractère du style sublime. Les poètes français pourraient aisément imiter les modèles latins et petit à petit éliminer à peu près la rime. On donne des concordances et une liste de vers latins qu'on pourrait employer en français, en prédisant que les générations futures composeront leur poésie d'après ces principes. C'est un ouvrage dans lequel tous les arguments employés précédemment sont discutés et qui contient de nombreuses et d'intéressantes suggestions.

L'on a jusqu'alors fait l'essai de trois différentes espèces de vers, soit pour remplacer totalement la rime soit pour y opérer des réformes : un vers sans rime mais soumis aux mêmes règles que le vers à rime ; un vers sans rime et d'un nombre quelconque de syllabes, mais avec des expressions soigneusement choisies et un ordre défini dans les mots ; un vers à rime d'un nombre de syllabes indéterminé. Tous les vers modernes, à ce que l'on verra, sont écrits d'après l'un ou l'autre de ces principes, et par conséquent leurs auteurs n'ont rien introduit de nouveau ; la seule différence est qu'ils ont donné une nouvelle définition et une nouvelle explication de leur poésie et dans une certaine mesure ont obtenu du succès et des résultats. Il reste encore à faire ressortir s'il y a quelque rapport entre les innovations de poètes comme André Chénier, Victor Hugo, etc., et les tentatives de réforme du xviiie siècle.

Les discussions, les réformes et l'application de principes nouveaux commencèrent dès le début du siècle et l'intérêt qu'elles suscitèrent n'ont de cesse que lorsque la Révolution arrêta temporairement tout progrès dans l'art ou la littérature et que les questions politiques absorbèrent naturellement tous les écrivains. De l'ensemble de ces plaintes et de ces critiques un point restait établi comme faux par les adversaires de la rime, à savoir que sans rime il n'est point de vers et que tout ce qui ne rime pas est prose. Il semble étrange que dans toutes ces controverses l'on ait fait si peu attention à la monotonie de l'alexandrin en raison du retour constant de la césure à l'hémistiche, bien que Marmontel ait mentionné ce fait. Il était tout indiqué que, lorsque la défaite de la rime serait devenue impossible, l'on fît le centre de l'attaque de quelque autre point faible. Personne ne paraissait considérer la quantité fixe des syllabes comme une contrainte. Il ne restait donc qu'un seul principe qui prêtât le flanc à l'attaque.

A ce point de vue les changements introduits par Victor Hugo dans le corps du vers peuvent être regardés comme la suite directe de la bataille contre la rime arrêtée par la Révolution. Toutefois il ne faut pas envisager cette question de la rime comme séparée des autres réformes en cours à cette époque, mais comme faisant partie de la dissolution totale de l'ancien régime, de l'effondrement du système académique, traditionnel et officiel qui avait gouverné avec le même absolutisme que le roi lui-même. L'art, la musique et la littérature manifestaient ce même mécontentement, et si c'est l'art qui réussit le premier à s'affranchir complètement de l'académie, c'est que les conditions étaient favorables à son libre essor. Quoi qu'il en soit, la littérature suivit de près et bien que les trois arts se soient développés d'après les mêmes principes et presque simultanément, encore ont-ils évolué séparément et indépendamment les uns des autres, sans que les grands chefs comme Hugo, Delacroix, Berlioz aient manifesté le moindre intérêt, la moindre sympathie pour leurs efforts réciproques. Rosenthal a déjà jeté beaucoup de lumière sur ces relations : *La peinture romantique*, 1900. La querelle de la rime, comme on l'a dit plus haut, se poursuivit sans interruption à travers le siècle. L'un des plus chauds partisans de la rime fut l'abbé d'Olivet qui prit la défense de Bouhier en 1738. L'un de ses principaux arguments est le fait que chaque langue développe les principes dont elle a besoin ; les Français ont éprouvé le besoin de la rime, ils connaissent le génie de leur langue ; si les Anglais s'en sont dispensés ils n'ont pas atteint un haut degré de goût et de perfection dans cet art. L'abbé Desfontaines, 1743, se plaint des difficultés que présente la traduction en raison de la sévérité des règles. Le vers héroïque français est monotone, il ennuie, dégoûte ; la rime est un ornement d'origine barbare et qui, en lassant l'oreille par une insipide répétition de sons, n'a d'autre avantage que de soulager la mémoire et de lui aider à retenir les vers. L'égalité des hémistiches dans les vers alexandrins est encore une autre source de fatigue et d'ennui.

C'est incontestablement Racine, 1747, qui a mis sur les rangs les meilleures raisons en faveur des règles du vers. On les a déjà mentionnées. Fontenelle, 1754, les a confirmées et en a ajouté d'autres. « Ne sont-ce pas les difficultés vaincues qui font la gloire des poètes ? N'est-ce pas sur cet unique fondement, par cette seule considération qu'on leur a permis une espèce de langage particulier, des tours plus hardis, plus imprévus... enfin ce qu'ils appellent un beau, un noble, un heureux délire, c'est-à-dire... ce que la droite raison n'adopterait pas. » En latin, dit-il, « il y avait quantité de facilités, de licences et de privilèges, mais sous Virgile tout fut réduit à la stricte application des règles, condition qui a duré quatre siècles avec une sévérité et une rigueur croissantes, puis alors une affreuse barbarie a tout abîmé. Les novateurs nous demandent d'abolir les règles au moment où la poésie vient d'atteindre à sa perfection. Evidemment plusieurs d'entre eux veulent simplement devenir les chefs d'un mouvement ou d'un parti nouveau. Le latin en vertu de certaines règles écartait de nombreux mots de la poésie, tandis qu'en français aucun mot n'est fatalement exclu. Dans quelques vers latins il n'y a pas de pied libre ; il n'y a rien de semblable en français mais le latin a l'inversion des mots ; cinq mots seulement peuvent être arrangés en 120 façons différentes ; dix mots iraient à plus de 3 millions. Il n'y a aucune syllabe libre, mais une entière liberté de placer les mots ; nous n'avons aucune gêne sur les syllabes, mais un extrême assujettissement à un certain ordre des mots. » Qu'est-ce qui vaut le mieux ? Certainement la transposition des mots aboutit à l'obscurité, alors que la rime sauvegarde la clarté et c'est la plus essentielle des trois règles qui différencient la poésie de la prose. La rime la plus achevée est celle où les deux mots qui la forment sont le plus étonnés de se trouver ensemble. Si les rimes sont atroces en prose, c'est parce qu'elles constituent une négligence, tandis qu'en vers c'est une difficulté qu'il a fallu surmonter avec art.

Ces arguments de Fontenelle sont parmi les plus forts qu'on ait avancés en faveur de la rime et paraissent les plus raisonnables. Il est étonnant que Sully Prudhomme n'en ait pas fait usage dans ses nombreuses discussions et sa défense du vers classique. Une si grande partie des adversaires modernes de la rime, de la césure, de l'e muet, etc., sont des étrangers et leurs raisons n'ont rien d'aussi frappant. De tous les arguments avancés, celui qui fait ressortir que les Français doivent mieux connaître le génie de leur langue que les étrangers est le plus convaincant. Au xviii° siècle c'était une question du Français à Français, mais elle ne concernait que la rime et non les autres principes. Un étranger ne peut s'empêcher de sympathiser avec les adversaires de la rime, parce qu'il la trouve de si peu d'importance dans sa propre langue. Cependant la preuve que le vers français peut se passer de la rime et des autres règles manque encore au xx° siècle, quoique beaucoup reconnaissent que l'on a décrit de l'excellente poésie sans appliquer les principes essentiels. Depuis Fontenelle l'on n'a pas apporté de nouveaux arguments pour ou contre la rime, quoique Bouchaud, 1763, ait fort soigneusement étudié l'emploi de la rime chez différentes nations et dans les chansons populaires et les airs de danses français qui sont cadencés ou rythmiques et existent encore, comme ce sont les plus naturels et les premiers en usage. La discussion paraît avoir été interrompue jusqu'à ce que le concours ouvert par le décret du 14 avril 1813, dû à Lucien Bonaparte, lui ait redonné une nouvelle chaleur. Daru qui est l'auteur du rapport sur les treize ouvrages présentés en profite pour discuter la nécessité de la rime, comme l'une des questions du concours était celle-ci : Pourquoi ne peut-on faire des vers français sans rime ? Il dit qu'en général les vers français n'admettent pas l'enjambement ; il y a une pause au bout de chacun, de même qu'au milieu ; pour éviter la monotonie de ces repos et dérober à l'attention du lecteur leur répétition constante il y a la rime. Au lieu d'éprouver du désagrément de ces pauses, le lecteur doit ressentir du plaisir à répéter, même à s'y arrêter, ce qui est l'œuvre de la rime. Les poètes ont toute liberté de se servir de longues ou de brèves en vue de l'effet ; ils l'ont pratiqué et le pratiquent encore ; mais que gagneraient-ils à supprimer la rime et à mettre à sa place soit des règles précises de quantité, un endroit fixe pour un spondée, etc., soit des accents répartis d'une manière régulière ? Il ne s'en trouveraient pas mieux et ne feraient qu'aller contre le génie de la langue.

La rime est nécessaire. Il n'est pas plus puéril de terminer les vers par le même son, son qui change toutes les deux lignes, que d'achever 10.000 vers sur deux pieds semblables. Est-ce qu'il y a quelque chose de beaucoup plus grave à combiner des longues et des brèves que des voyelles? Et de quel droit vient-on nous dire qu'il est plus noble de considérer dans les syllabes la durée que le son? Si les autres nations ont abandonné la rime, c'est parce qu'elle avait cesser d'être pour elles un agrément, mais en français, grâce à son heureuse variété, elle plaît, elle flatte l'oreille, elle aide la mémoire et elle oblige l'écrivain à des efforts qui sont souvent couronnés par d'heureux succès. L'on peut comparer ces arguments à ceux de Fontenelle.

Mablin, dont l'envoi au concours de 1813 n'a été publié qu'en 1815, apporte en faveur de la rime une raison qui n'avait pas encore été avancée. Il explique quel était le principe de la quantité dans les langues anciennes, comment les langues modernes, incapables de discerner les longues et les brèves, ont dû recourir à l'accent, et comment le français où l'accent est si faible a dû recourir à la rime. Le besoin de la rime toutefois n'est pas dû au seul manque d'accents, car un Français reconnaît immédiatement tout vers classique pour un vers. Il en est de même dans les autres langues. Chaque peuple a un accent qui lui est propre et qui est inhérent à sa langue. Si c'est le principe du vers, on le trouve également dans la prose ; ainsi la différence qu'il y a entre le vers et la prose dans les autres langues est la même qui existe entre la prose et les vers en français. Il faut étudier cette différence et si elle est aussi considérable et aussi marquée en italien, en espagnol, en allemand et en anglais qu'en français, le vers est dans ces langues aussi beau pour ces peuples respectifs. Par conséquent un Français éprouve autant de plaisir en entendant réciter Racine qu'un Romain en entendant réciter Virgile, quoique le latin fût plus mélodieux. Les Français se satisfont de leurs vers comme les autres peuples des leurs ; c'est une beauté ou une harmonie relative, mais cela prouve qu'il ne faut pas chercher dans l'harmonie ou la mélodie la raison de la rime dans le vers français.

Si l'on récite un certain nombre de vers sans rime, ils sont désagréables à l'oreille aussitôt, tandis qu'un ou deux vers ne le sont pas. C'est pourquoi, dit-il, la raison d'être de la rime ne peut se trouver dans la structure intérieure du vers, mais dans une suite de vers. Quand vous lisez une série de vers, vous remarquez un arrêt monotone du sens logique et un rythme à la fin de chaque vers, ce qui devient fatiguant ; — pour éviter cela ou pour triompher de la monotonie, on se sert de la rime afin de charmer l'oreille par un nouveau son, qui réapparaît à la ligne suivante mais d'une manière différente. On ne peut avoir de vers sans enjambement, si l'on n'a la rime ; tous les systèmes de versification qui comportent le vers blanc ont l'enjambement. N'importe quelle suite de vers sans rime en italien où il ne se trouve pas d'enjambements est composée de mauvais vers. Dans aucune langue l'enjambement n'est admis dans les verts courts, ou il est rare, mais la rime est nécessaire. C'est pourquoi dans toutes les langues les poèmes sans enjambements ont la rime et là où il y a l'enjambement la rime n'est pas nécessaire. Le vers français qui ne permet pas l'enjambement a besoin de la rime. L'on peut avancer que, si les vers français ont l'enjambement, cela ne les empêche pas d'être harmonieux ; en réalité ils ne le sont pas.

Si l'enjambement était trop fréquent, il en résulterait de la confusion et de la monotonie sans la rime. La rime aide à saisir le rythme à la fin du vers. Le rythme complexe résultant de l'enjambement a paru au Français trop difficile à suivre ; il a donc réclamé la rime pour lui permettre d'immobiliser et d'égaliser le rythme. Incapable de le sentir avec l'enjambement, il a adopté la rime et proscrit l'enjambement.

C'est le principal argument qui fut invoqué plus tard par les adversaires des innovations de Victor Hugo. L'on peut voir par tous les arguments avancés pour ou contre la rime au XVIIe et au XVIIIe siècle et jusqu'à nos jours pourquoi les innovations ont rencontré tant d'opposition. La tradition est un pouvoir redoutable et elle suspend à travers toute l'histoire de France les changements trop radicaux et trop rapides préconisés par ceux qui sont inévitablement d'une ou deux générations en avance sur leurs contemporains. D'après ce qui précède il est évident que la rime doit être un principe essentiel, insensible à la panique et aux idées ou aux théories précipitées des innovateurs nationaux ou étrangers. Elle s'est maintenue jusqu'au temps présent où la conception du rythme s'est tellement élargie et répandue qu'elle menace son existence. Mais même les changements qui ont été acceptés par le public en général et qui paraissent satisfaire la grande majorité des poètes ne comprennent pas son abolition complète.

L'argument le plus substanciel et le plus convaincant en faveur de la rime consiste encore dans sa faible accentuation des mots et le manque de valeur des syllabes, ce qui au point de vue de la structure complète du vers français et en comparaison des autres langues demande une compensation dans la rime. Quoique la science phonétique s'efforce de démontrer au moyen d'instruments nouveaux que les mots français ont des valeurs quantitatives et accentuelles qu'on n'avait pas soupçonnées jusqu'ici, l'avenir seul pourra dire si ces qualités ont une valeur pratique. Quoi qu'il en soit, la discussion continue.

Fabre d'Olivet, 1813, approfondit l'histoire et la fonction de la rime. Il établit ses grands inconvénients et déclare que partout où la rime existera dans la forme poétique, elle la rendra inflexible, elle attirera sur elle seule tout l'effort du talent et rendra vain celui de l'inspiration intellectuelle. Cette discussion paraît être jusqu'à un certain point la justification de ses vers eumolpiques qui sont une alternance de rimes masculines et féminines.

Louis Bonaparte est incontestablement l'ennemi le plus acharné de la rime. C'est lui qui proposa le concours de 1813 et il poursuivit une campagne vigoureuse dans ses deux ouvrages de 1819 et 1825. La langue française ne peut imiter la langue grecque dans son système de quantité, mais elle permet aisément des vers sans rime par une distribution harmonieuse des accents en quinte ou en tierce. Les exemples sont tout à fait convaincants. Ils observent les lois régulières de l'alexandrin, sauf la rime. Dans des *Essais* il cite presque toutes les autorités qui ont écrit ou même exprimé une opinion contre la rime. Ses arguments toutefois sont moins convaincants que certains de ceux que l'on rencontre dans les ouvrages du XVIIIe siècle.

Dubroca, 1824, fait une excellente analyse des qualités de la langue française et en se basant sur elle essaie de prouver que la poésie française devrait être soumise à un mètre régulier, mais tant que les Français ne reconnaissent ni la quantité, ni l'accent pour éléments essentiels de leur versification, ils ne peuvent abandonner la rime, car la rime, la césure et la numération des syllabes sont des principes inséparables. Cette étude a été incontestablement inspirée par les ouvrages de Bonaparte auxquels on peut la considérer comme une réponse directe.

La discussion sur ce sujet semble avoir été interrompue pendant longtemps et, quand on a repris la question de la rime, il ne s'est plus agi de l'abolir, mais d'en réformer les règles ou d'en étudier l'usage et le développement. Gossart, 1859, fait ressortir l'artificialité, l'inexactitude et l'arbitraire des règles de la rime et préconise la rime pour l'oreille, mais avec plus de libertés que jamais. L'exécution de ses principes ferait tolérer des rimes comme *Achab-arabe*, *club-cube* qu'on n'a acceptées que tout dernièrement et ce qui est l'un des points sur lesquels les Symbolistes ont triomphé. Ducondut, 1863, avance le même principe. Bartsch, 1859, commence ses études ou recherches historiques sur la rime. Billet, 1864, a été le premier à étudier les violations des règles de la rime, ce dont on a fait dans les universités allemandes le sujet de nombreuses thèses. Andresen, 1874, ouvre une nouvelle phase dans l'étude de la rime en recherchant les changements qu'elle a imposés aux mots, son influence sur les déclinaisons et les conjugaisons et en expliquant comment les poètes ont été forcés pour des raisons de métrique de violer les règles les plus élémentaires de la syntaxe ; toutefois la valeur des preuves de cette affirmation a été mise en doute par G. Paris. Les *Etudes* de Bellanger, 1876, sont un ouvrage utile dans lequel il examine et discute les différentes phases de l'histoire de la rime en expliquant les diverses théories et tentatives de ceux qui ont voulu introduire des mètres classiques, le vers blanc, le vers sans rime, les difficultés et les contradictions provenant des changements de prononciations ; bref, un résumé général des diverses questions relatives à la rime. Freymond, 1882, expose l'histoire de la rime riche, la confusion répandue au sujet de son sens, les causes de son développement, de son extension et de son usage. Elle a d'abord été employée par des poètes qui avaient bénéficié d'une éducation savante, *Gelehrte Bildung,* c'est pourquoi les poètes didactiques s'en servent avec conscience et intention quoique dans leur poésie elle dégénère tout d'abord en jeu de rime (Reimspielereien). La même année Orth étudia la rime riche, sa fréquence et ses rapports avec la strophe, l'origine des différentes espèces de rimes dans les différentes strophes. Banner, 1883, a étudié le premier l'origine et l'expansion de l'alternance des rimes masculines et féminines. Il a prouvé qu'il y a une tendance manifeste au changement dans les rimes (*Reimlaute*). Souvent il se trouve une série de rimes masculines ou féminines à un endroit déterminé et le fait se répète par la suite. Dans les poèmes lyriques et en strophes le changement s'est en général opéré progressivement. On attribuait cette règle à Clotilde de Surville, 1405-1495, mais l'on a découvert qu'en 1500 Octavien de Saint-Gelais traduisit les épîtres d'Ovide en observant l'alternance. Jean Bouchet proposa la règle en 1524, mais c'est Ronsard qui en fit une loi. On doit en chercher l'origine dans la récitation musicale. L'*e* muet se prononçait très nettement, surtout après une consonne ; pour faciliter la récitation musicale ou le chant l'on mit en pratique cette innovation.

Guyau discute l'influence de la rime sur le rythme dans son très intéressant ouvrage. Le but de la rime est d'indiquer la fin du vers ; si l'oreille peut saisir facilement le rythme, la rime devient inutile et reste un simple ornement. Les Romantiques en élargissant et en libérant le rythme ont resserré la rime ; dès qu'on saisira leur rythme avec aisance, la rime deviendra encore plus libre. Ce sont les Symbolistes qui ont fait le pas suivant. Ce ne pouvait être que le résultat de l'extension de la structure du vers opérée par les Romantiques. En suivant ces changements, l'on se rend compte que les désirs actuels sont parfaitement logiques. Pendant un certain temps la riche rime constitue le noyau de la discussion, en raison de l'importance qu'y accordaient les écoles romantiques et parnassiennes. Les journaux et les revues entre 1850-1895 contiennent de nombreux articles contre la tyrannie de la rime riche. Valvor fait remarquer que quatre grands

poètes n'auraient pu passer pour poètes si on les avait jugés
d'après la rime — La Fontaine, Chénier, Lamartine et Musset ; —
que les poètes du jour pour avoir des rimes riches recourent
aux dictionnaires de rimes, à d'étranges néologismes, à l'importation de noms bizarres et sonores et ne sont que de bons
ouvriers et la poésie qu'un chevillage de génie. L'on trouvera
dans la plupart de ces articles un bon nombre des arguments
avancés au xviiie siècle contre la rime, mais fort peu d'arguments nouveaux ; exemple : Scherer, 1888. L'on pourra trouver ces articles dont le titre indique suffisamment la nature
dans notre bibliographie. Castaigne, 1888, étudie la violation
des règles de la rime par La Fontaine ; Tisseur 1892, Bouchaud, Firmery, 1894, la rime pour les yeux et ses absurdités. Lemaître, 1893, insiste sur la nécessité de faire entendre
la rime, car si elle n'avait pas d'importance, le poète ne l'aurait pas introduite ; c'est pourquoi il faut accentuer la rime et
lui accorder un petit repos, même si le mot où elle tombe est
une préposition, un article, ou quelque autre mot faible, car
l'auteur les a placés là avec intention et a voulu qu'un mot sans
inflexion fût accentué pour l'effet. Ce jugement provenant
d'une autorité aussi reconnue a incontestablement beaucoup
fait pour encourager l'emploi très libre de l'enjambement et
libérer la rime chez les jeunes poètes.

Kawczynski, 1889, La Grasserie, 1893, ont recherché les
origines de la rime et Johannesson en a tracé l'histoire complète avec toutes les questions et les controverses qu'elle
implique. Delaporte, 1898, s'est livré au même travail, mais
avec plus de détails encore. Boschot, 1896, expose avec beaucoup de clarté et très à fond l'état de la question de la rime.
Il dénigre la rime riche et favorise l'assonance. La Grasserie,
1900, donne un chapitre intéressant sur la rime, son rôle, ses
effets, ses espèces, etc...

Schenk, 1900, a introduit une nouvelle méthode pour l'étude

de la rime. Elle consiste dans l'analyse la plus minutieuse qu'on puisse imaginer des rimes dans *Cyrano de Bergerac*. Il présente des centaines de groupes, de classifications, de statistiques, dont la valeur est contestable. Il exprime le désir qu'on fasse d'autres études comme la sienne et qu'on en tire une conclusion générale. Il serait difficile de prévoir quelle serait une telle conclusion. On pourrait en livrer des résultats aux phonéticiens qui en feraient l'épreuve, puis aux psychologues qui pourraient expérimenter sur les phénomènes. En 1903 Grein publia une autre étude du même genre dans laquelle il établit 219 types de rimes et 74 groupes différents. Sa statistique extrêmement minutieuse de la rime riche, de la consonne d'appui, de la qualité et de la fréquence, des diphtongues, des dissyllabes, etc., constitue le tableau le plus extraordinaire qu'on puisse voir. Il étudie même le rôle que jouent l'allitération et l'assonance dans le renforcement de la rime. Les ressources qu'elles présentent à cet égard sont étonnantes. Ces études ont clairement démontré qu'il existe un art ou une science d'agencer les mots pour l'effet de la rime, mais il reste encore à découvrir ce que sont ces effets et les principes définis qui doivent les régir. Au premier abord ces travaux peuvent paraître inutiles; ils sont ingrats et demandent une patience extrême; cependant l'avenir peut établir leur valeur. Wenzel dans son étude, 1908, emploie la même méthode. Halary, 1908, essaie de prouver que Victor Hugo en recherchant la rime riche n'a pas rimé suivant les règles, etc. Son erreur en prosodie a été l'emploi d'une voyelle suivie de *ent* dans les verbes. Le poète n'est pas conséquent avec lui-même.

Ces études montrent que la rime a tenu les critiques en haleine des débuts au temps présent ; les questions ont varié suivant les époques, mais certains ont toujours nié la valeur de la rime en tant que principe essentiel et nécessaire. Dans l'ensemble c'est au XVIIIe siècle qu'on a avancé les meilleurs arguments pour et contre la rime. Le xix⁰ siècle n'a pour ainsi dire rien apporté de nouveau. Les arguments font juger du développement et de l'extension des idées, de l'évolution inévitable des principes en même temps que de celle de l'esprit qui s'attache à saisir ces lois toujours mouvantes.

CHAPITRE IX

Le Rythme

La question du rythme implique aujourd'hui tous les points de la versification, car au xixe siècle elle est devenue à peu près équivalente à celle des principes fondamentaux du vers. Les poètes modernes, qui ont rejeté ce qu'ils appellent les règles artificielles, arbitraires et inutiles du vers, ont adopté un principe unique qu'ils dénomment rythme. L'on va tenter ici d'expliquer l'évolution de la versification vers ce seul principe avec ses causes, ses raisons et sa justification. Jusqu'au xixe siècle l'on n'a pas fait grande attention au rythme, car dans la période primitive les critiques se sont surtout occupés de la formation et de la définition des règles, tandis que le xviie siècle les a fixées définitivement et a fait du vers une chose absolument définie et arbitraire, et que le xviiie a entrepris de défaire ce qui avait été accompli jusque-là et concentré toute son énergie sur la question du maintien ou de l'abandon de la rime.

Quoique le xixe siècle ait étudié soigneusement la rime et d'autres sujets, il l'a fait uniquement par rapport à la question du rythme qui impliquait la rime, la césure, la numération des syllabes et toutes les moindres lois de la versification. L'on a reparti tout cela dans les dix groupes suivants : 1° principes ; 2° accents ; 3° césure ; 4° transposition ; 5° vers métrifiés, vers libres ; 6° prose et vers ; 7° musique et versification ; 8° quantité, qualité ; 9° récitation des vers ; 10° esthétique. On espère que l'on concevra facilement la nécessité de cette classification.

a) Principes. Accents

L'on peut aisément faire des subdivisions, mais l'on a cru bon de traiter du développement de la question du rythme dans l'ordre chronologique, pour montrer avec clarté comment la nature du sujet a constamment changé et s'est finalement élargie au point d'embrasser toute la théorie de la construction du vers.

Fabri, 1521, apporte la première définition : le rythme, dit-il, n'est autre chose qu'un langage mesuré par longueur de syllabes ; tandis que Fauchet, 1581, le définit comme la proportion qu'il y a entre deux temps de diverse longueur et ajoute que le mètre est un chant contraint par certaine raison, mais que le rythme est un chant libre et non sujet à aucune loi. Dans la discussion du rythme classique l'ouvrage de Vossius, 1673, est souvent cité par des hommes comme Dubroca, 1824, Bonaparte, 1819. Au xvii° et au xviii° siècles la querelle des Anciens et des Modernes en comparant le système antique ou classique à celui des Français suscita la question de la nature et des avantages de la métrique et de la rythmique. Bouchaud, 1763, donne une analyse détaillée et un aperçu historique de toutes deux où il prouve qu'elles se rencontrent l'une et l'autre dans la poésie grecque et latine et que la métrique n'est qu'une rythmique perfectionnée. C'est le premier traité historique de rythmique et il a donné lieu à l'étude importante du bas-latin et de l'hymnologie qui plus tard est devenue indispensable à la recherche des origines de la versification française. L'on trouvera des comparaisons entre les deux systèmes dans beaucoup des ouvrages sur le vers français de cette époque. C'est ainsi que presque toute œuvre d'importance accorde plus ou moins de place à quelque point du rythme, mais toujours sous forme de comparaison, soit pour défendre, soit pour combattre le principe français. La *Poétique* de Marmontel contient une définition ou plutôt une explication du rythme. En discutant de l'harmonie du style il fait remarquer que dans les langues anciennes l'harmonie avait ses racines au cœur même de la langue, alors que dans les modernes on a dû la développer au moyen de règles d'une délicate sensibilité, etc. Son chapitre sur la valeur des sons, page 270-290, aurait pu servir aux poètes modernes pour justifier leur soin à agencer des mots harmonieux et sonores qui constituent le rythme par eux-mêmes. Selon lui le rythme dépend exclusivement de la délicatesse d'oreille du poète dans le choix de mots qui le fassent naître par leur harmonie propre et leur combinaison. L'on voit clairement d'après cela, ses analyses et sa critique de vers que, si le xviiie siècle n'a pas manié la question du rythme avec la même liberté et sur une base aussi vaste que les modernes, il avait probablement un sentiment plus fin et plus profond de l'harmonie délicate du vers français et des difficultés infinies de la langue et de la versification françaises. Leur connaissance précise et leur constant usage des langues classiques leur donnait incontestablement un grand avantage.

En 1770, Sacchi soutint que c'était dans la versification rythmique qu'il fallait chercher le lien et le principe de tout système de versification, ce sur quoi l'on dit que Scoppa a fondé toute sa théorie qu'il a développée en 1811 (cf. Choron, *Rapport*, 1812, p. 9), et qui présente l'accent comme le principe fondamental de la versification, théorie qu'il a développée considérablement dans son ouvrage de 1813 qui a gagné le prix au concours de l'Académie. Presque tous les ouvrages qui traitent de la versification française prennent Scoppa pour point de départ, qu'ils approuvent ou qu'ils désapprouvent la théorie de l'accent. Tout théoricien du vers est engagé soit pour, soit contre Scoppa et l'accent. Scoppa tente de baser sur un seul système toute espèce de versification ; il donne des règles pour la combinaison de la musique et de la poésie ; il compare les langues italienne et française par rapport à la musique et à l'aptitude de chacune pour cet art. Ses deux principes sont les suivants : 1° tous les pieds tant rythmiques que métriques peuvent se ramener à un certain nombre de pieds rythmiques; 2° tout vers, quel qu'il soit, résulte de la répercussion limitée d'un même pied. Ses idées sur la distribution des accents la plus propre à donner chaque espèce de vers, c'est-à-dire toutes les qualités qui dépendent de la distribution des accents et qui naissent de la variété du rythme, sont nouvelles et originales. Dans chaque mot la syllabe inaltérable est celle qui porte l'accent rythmique, les syllabes les moins importantes sont celles qui viennent à la suite de celle-ci ; l'oreille les remarque à peine, et ce sont elles qui déterminent l'altération des langues, étant susceptibles d'être négligées sans inconvénient ; elles disparaissent et s'anéantissent les premières. L'influence de ce principe accentuel sur le développement et la structure de la langue française est clairement démontrée. En général les langues modernes ont beaucoup simplifié la structure de leurs phrases au cours de leur évolution ; le français étant la plus simple de toute, celle qui s'approche le plus de l'ordre rationnel et analogique, sans jamais perdre sa clarté ni la régularité de sa syntaxe. Dans son rapport sur les treize ouvrages présentés au concours, Daru expose en se résumant les raisons pour lesquelles le français n'a pu adopter la quantité ou l'accent. C'est une langue dérivée, par conséquent la syllabe forte est ordinairement la dernière syllabe masculine du mot. Dans les langues originales la syllabe radicale est plus importante à faire entendre que dans les langues dérivées. Dans les secondes l'accent passe généralement sur la dernière syllabe, tandis que dans les premières l'accent et la quantité affectent généralement la première syllabe, et comme la passion est le seul régulateur de l'accent, un système différent et un différent rythme sont devenus nécessaires.

L'idée que seul le rythme existait dans les systèmes quantitatif et accentuel, surtout dans le premier, a pris naissance dans l'étude plus approfondie du grec et du latin lors de la Renaissance et est encore soutenue par quelques critiques d'aujourd'hui. Elle a donné lieu naturellement à de nombreuses discussions et a transformé la controverse de la rime en celle du rythme. L'on croyait en général qu'il n'y avait point ou fort peu de rythme dans le vers français, parce qu'il n'existait pas de système quantitatif pour le rendre musical et rythmique. Des hommes comme La Harpe même partageaient cette opinion, mais, en dépit de la grande supériorité des langues classiques, il n'a pas rabaissé le vers français qui a su vaincre avec de si pauvres armes. La différence entre les systèmes classique et moderne et les raisons pour lesquelles le français n'a pu adopter le rythme grec et latin ont été mieux exposées par Mablin que par tout autre concurrent, quoiqu'il n'ait pas introduit sur le rythme d'éléments nouveaux.

Bonaparte, 1819, donne une traduction de la théorie du rythme de Baïni à laquelle on n'a pas fait grande attention et qui en mérite davantage : « Les principes fondamentaux de toute versification sont : un nombre déterminé de pieds, ou de syllabes accentuées et la succession harmonique de ces pieds ou syllabes accentuées en raison multiple ou double ou triple ou quadruple. Si les retours outrepassent ce nombre, le vers est manqué ; il perd son harmonie et se réduit à de la prose, quand même la pensée, la phrase et les mots sont poétiques. » La versification basée sur la métrique ou les accents a suivi les véritables principes, mais la simple numération des syllabes et la rime ne les suivent pas. Le vers français avec sa succession irrégulière et indéfinie d'accents est dépourvu d'ordre, de symétrie, de proportion et de rythme, par conséquent ce n'est pas un rythme parfait ; à moins d'y être habitué dès l'enfance, l'oreille ne saurait s'en contenter. En raison de ce manque d'une distribution régulière et harmonieuse des accents, le vers français n'est pas rythmique, il est très difficile d'y adapter de la musique, et fatiguant de l'entendre. Avant Malherbe le vers français ne satisfaisait pas l'Europe ni les Français eux-mêmes, mais avec plus d'ordre et de précision il s'est élevé à ce qu'il a été au XVIIe siècle. C'est aux Français eux-mêmes qu'il reste maintenant à déclarer quel est l'arrangement des accents le plus agréable. Pour résumer ses arguments : les systèmes quantitatifs classique et accentuel moderne sont rythmiques et harmonieux et sont basés sur les véritables principes de la versification. Le français manque de rythme, « les syllabes que nous appelons accentuées sont disposées à caprice sans symétrie, sans aucune raison, de sorte que celles d'un hémistiche ou d'un vers s'opposent quelquefois diamétralement à celles du vers suivant, et ainsi les accents sont variés sans ordre. Si les poètes adoptent le parti de construire toujours leurs vers de la manière dont les grands devanciers les ont construits assez souvent, s'ils disposent symétriquement les pénultièmes des mots féminins, les dernières syllabes masculines, et les césures ou repos, de manière que ces syllabes ou accents soient toujours en raison double, triple ou quadruple ; ils obtiendront une versification harmonico-rythmique ; les vers blancs ou sans rimes deviendront des vers véritables et il n'y aura plus de contradiction ni de combats entre les poètes et les musiciens, puisque leurs rythmes s'accorderont parfaitement ». Cette analyse, quoique fort peu connue, est l'une des meilleures et des plus logiques qui soient sur la question du rythme dans le vers français.

Le traité le plus complet des accents prosodiques des syllabes françaises et des qualités musicales de la langue nécessaires à la quantité est celui de Dubroca, 1824. A la question : où sont les règles qui déterminent les syllabes sur lesquelles doit porter l'accent prosodique ? il répond : les lois du goût et du sentiment sont presque les seules qu'on puisse consulter. Après avoir discuté la nature de la quantité et de l'accent et leurs rapports, il donne un aperçu des modifications de la langue où il prouve que la majorité des syllabes longues date de son origine. Il décrit cela en détail, de même que le sens de la quantité dans la prosodie française. Il déplore la négligence absolue des lois de la prosodie qui sont de la plus grande importance pour la prononciation et la récitation des vers et qui peuvent donner à la langue française toute l'harmonie dont elle est susceptible. Elles sont absolument essentielles au rythme, à la prose française, aux lois de la versification, etc. Il applique ces principes dans son chapitre. La poésie française peut-elle être soumise à un rythme régulier, et ses formes actuelles suffisent-elles à sa perfection ? Quand les Français seront disposés à reconnaître la quantité, c'est-à-dire la prosodie comme l'élément essentiel, ils pourront rejeter la rime et la numération des syllabes. Le nombre, dit-il, dépend de l'arrangement et de la qualité des syllabes, tandis que le rythme ne considère que le seul espace du vers et la manière dont il est rempli de sons longs et brefs. Son analyse de la langue française dans laquelle il expose sa grande force, sa souplesse, la variété des effets qu'elle peut produire est très convaincante. Il n'est besoin que d'un grand poète pour mettre cela en pratique. Il donne une analyse complète de la qualité des sons en français. En général l'on trouve dans cet ouvrage l'étude la plus approfondie des sons et les meilleurs arguments en faveur de l'adoption d'un système quantitatif ou accentuel qui aient encore été donnés. Ce livre a été écrit dans tout le feu de la querelle au sujet de la quantité et de l'accent et rien de mieux n'a paru à ce point de vue ; de plus il a introduit plusieurs éléments importants, tels que le lien étroit entre la prononciation et la versification, la valeur des sons séparément ou combinés entre eux en vue de produire l'harmonie ou le rythme. La question du rythme se concentre entièrement soit sur l'accent, la nature de la quantité comme elle est appliquée dans les langues classiques ne faisant plus désormais un objet de discussion, soit sur ce qu'on peut appeler les groupes logiques de pensées qui constituent le rythme.

En 1840 Vaultier a fait paraître un article fort peu connu, mais qui a véritablement devancé les théories de Becq de Fouquières et les débats des derniers critiques. « Tout mot entier ou tout assemblage de mots, présentant une idée complète et après lequel on peut faire une courte pause de voix et de sens, peut être considéré comme un rythme ou une portion de rythmique du vers et il n'y en existe d'aucune autre espèce », définition qui convient parfaitement au vers symboliste moderne. Le vers est fait suivant ces groupes. Il y a des divergences d'opinion sur la quantité de syllabes qui se trouvent dans chaque groupe. « Il y a rythme, dit-il, dans toute combinaison de syllabes que l'oreille peut apprécier ; il n'y aurait aucune raison de borner le rythme à un nombre plutôt qu'à un autre, tant que son effet demeure saisissable. Seulement on conçoit que les plus simples et les plus symétriques sont ceux qui se feront toujours le mieux sentir. » Les rythmes de deux syllabes sont les plus simples ; on devrait appeler ces rythmes diphônes, triphônes, tétraphônes et hexaphônes. Aucun repos ne devrait tomber sur un monosyllabe ou au milieu d'un mot, comme dés*int*éressé. Ces différents rythmes combinés offriraient quelque 800 variétés dont 100 sont du meilleur effet. D'après cela il explique combien le rythme du vers français est complexe, combien l'oreille doit être exercée pour saisir ce qui est un bon ou un mauvais vers, et comment ces divers rythmes seuls ou combinés peuvent exprimer certains sentiments, certains mouvements et s'harmoniser avec le sens logique, et comment le vers parfait résulte de l'harmonie parfaite entre le sens logique et les rythmes. Au lieu de tirer parti de ce principe et de l'appliquer au vers contemporain de Victor Hugo, il le limite en essayant de prouver que le vers classique est le seul vers rythmique, car en rejetant le repos au sixième pied, ce n'est plus un alexandrin qu'écrit Victor Hugo. Si la nature double de l'alexandrin est rompue, l'on ne peut plus apprécier le vers et le rythme, il n'y a plus de mesure saisissable, par conséquent plus de vers. Les idées de Vaultier semblent être passées inaperçues, jusqu'à ce que Becq de Fouquières ait publié son traité en 1879. Toute la question du rythme roule sur ce seul point. Il paraît tout naturel qu'après de pareilles discussions les poètes aient été amenés à écrire des vers sur l'unique base du rythme ; cela veut dire qu'un groupe de syllabes ou de mots constituent un rythme ; que le rythme est le vers ; et que par conséquent le vers est tout groupe de syllabes ou de mots exprimant une pensée, si cette pensée est bien exprimée. Les règles artificielles telles que celles de la rime et de la numération des syllabes ne sont plus nécessaires, de même que toutes les moindres règles qu'elles impliquent. C'est le retour du vers à ses formes primitives comme l'incantation qui n'étaient que des pensées bien exprimées.

La question du rythme s'attachait surtout à l'accent et elle a été discutée tout au long par Ackermann, Du Méril et Benloew. D'après Du Méril, le rythme dans un vers exige que chaque partie soit aisément saisie et déterminée. Il faut à la versification quelque principe pour unir les syllabes et en faire des pieds métriques. Il analyse avec clarté les divers systèmes dans lesquels il y a des rythmes basés sur la pensée, l'accent, le nombre de syllabes, la quantité, l'allitération. A mesure que les rythmes accentuels sont devenus plus compliqués, l'on s'est mis à les confondre avec les accents naturels de respiration, d'abaissement ou d'élévation de la voix. Alors la versification a recherché d'autres moyens et a recouru à la numération des syllabes. Cela peut expliquer la transformation du système accentuel en système rythmique, lorsque les accents ont été confondus avec la quantité et la qualité et par suite avec le système rythmique basé sur les accents logiques, lorsque les accents ont dû coïncider avec le sens logique, auquel il a bientôt fallu un nombre défini de syllabes pour le déterminer ou l'exprimer. L'on a d'abord établi des restrictions basées sur des formes métriques antérieures, mais elles ont disparu au XIXe siècle. Le passage d'un système à l'autre et ses raisons sont très clairement exposés. Dans les langues où les voyelles sont très sonores le rythme permet un plus grand nombre de syllabes, parce que l'oreille en peut supporter un plus grand nombre et dans ces langues le rythme ne doit pas être marqué aussi souvent que dans les langues moins sonores. C'est pourquoi en allemand et en anglais les rythmes doivent être marqués plus souvent qu'en français, mais ces deux langues peuvent se passer de la rime, parce que l'oreille y est constamment avertie du rythme. Le français n'a pas besoin de nombreuses inflexions mais exige la rime et conserve le rythme en limitant le nombre des syllabes. Ce système n'est pas aussi mécanique que celui des anciens ; il faut une oreille délicate et une connaissance approfondie de l'esprit de la langue pour apprécier le rythme. En général plus le rythme est vague et indéfini, moins les syllabes sont sonores, plus la division des syllabes est nécessaire. C'est de là que découle la rigueur primitive de la césure qui devient nécessaire en raison du besoin logique de clarté. A mesure que la poésie et la langue se développent la personnalité et le sujet affectent davantage la forme de la versification. L'on peut voir par cette argumentation que le développement final devra s'accomplir de nouveau sous la forme du vers moderne.

Benloew en 1847 et surtout en 1862 a traité du rythme en latin et en français de la manière la plus complète possible. Différentes syllabes ont des longueurs différentes en français, mais n'ont pas de valeur dactylique ou iambique comme dans les langues classiques. Elles causent un mouvement d'ascension ou de descente ; tous les vers d'un nombre égal de syllabes sont ascendants ou iambiques, tous ceux d'un nombre inégal sont descendants ou trochaïques. « Une syllabe forte a une valeur logique ; le temps fort n'a qu'une valeur musicale et poétique. Lorsqu'en récitant des vers on veut surtout frapper l'intelligence, on appuiera sur les syllabes fortes, en négligeant un peu les temps forts ; lorsque, au contraire, on veut flatter l'oreille, et surtout lorsqu'on veut chanter, on scandera inévitablement. La syllabe forte est inhérente au mot, au sens ; elle est toujours la même. Le temps fort est inhérent au rythme et se pose indifféremment sur des syllabes fortes ou faibles, sur des mots à sens plein ou à sens vide. Donc la rime, le nombre de syllabes, l'accent ou la syllabe forte, le frappé ou le temps fort, voilà tous les éléments du vers moderne. » Après avoir analysé tous les éléments du vers il continue : l'on ne sentait pas l'accent à des intervalles réguliers comme en latin, mais seulement à l'hémistiche et à la fin, d'où la nécessité de compter les syllabes et de renforcer le rythme par la rime. Les Français sont forcés de se servir de moyens matériels, extérieurs et en partie étrangers au rythme. La seule chose qu'ils puissent emprunter au latin avec profit, c'est l'élégance du tour, la rondeur de la forme, la propriété du style et cela ils l'ont fait mieux que toute autre nation.

Lurin, 1850, donne une comparaison très juste entre les versifications classique et française. Il s'attache particulièrement au côté musical du vers. Si un musicien, dit-il, à deux valeurs ou tons, il formera un grand nombre de combinaisons d'un rythme clair et régulier; c'est le système classique; s'il n'a que deux notes égales avec le privilège de mélanger les autres et de modifier la composition du temps sans en altérer la durée, il composera des mesures correctes, ce qui est le système français. Il se rend compte que le vers français est trop soumis à des règles artificielles et qu'il perd entièrement de vue le sentiment musical. Pour lui donner un rythme plus harmonieux il propose un pied de quatre syllabes au lieu des deux syllabes du mètre classique, qui a un rythme régulier, moins retentissant parce qu'il repousse la rime, mais qui ne trouble et ne déconcerte jamais l'oreille. Le rythme français est d'une allure plus libre et plus facile, employant indifféremment les pieds égaux et inégaux, ne mesurant rien avec précision, fixant notre attention par des consonances dont l'attrait est certain, etc.

Ducondut, 1856, fait aussi ressortir que le vers moderne dans ses divisions rend toute adaptation musicale impossible ou trop difficile. Les vers chantés sont en discordance flagrante avec la musique; mais la langue elle-même se prête à n'importe quel pied métrique. Par conséquent il n'y a aucune espèce de rythme qui ne puisse être rendue en français et le français a la quantité, l'accent grammatical et des pauses. Il n'y a dans aucune langue un accord aussi parfait entre la musique et la poésie, quand les vers sont régulièrement cadencés. Pour rendre cela possible il invente un système de onze pieds différents qu'il met en application dans ses poèmes.

La discussion des origines a aussi une influence sur les principes, c'est pourquoi l'on ne doit pas négliger les théories de Gautier, Bartsch, Paris, etc., qui traitent de l'accent comme du principe sur lequel le vers français repose ou ne repose pas.

Dans la phase suivante l'on s'est attaché à la nature du rythme lui-même et à ses origines.

On peut envisager trois théories : 1° la théorie physiologique ou évolutionniste ; 2° la théorie respiratoire ; 3° la théorie psychologique. D'après la première, dont Spencer est l'apôtre, le rythme a son origine dans le côté émotif de la nature humaine ou dans le surplus d'énergie. A mesure que nos émotions se soulèvent, nous devenons plus éloquents, plus musicaux ou rythmiques. Dans un état d'excitation les battements du cœur et la tension des nerfs s'expriment par des formes rythmiques et comportent toujours un sentiment de nombre. Nous comptons instinctivement ou inconsciemment le nombre des rythmes ; le nombre semblable étant le plus naturel, la plupart des mètres sont ceux d'un nombre égal de syllabes. D'après la théorie respiratoire de Becq de Fouquières, ce rythme est basé sur l'aspiration et l'expiration, comme la durée complète de l'acte respiratoire est égale au total du temps nécessaire pour prononcer douze syllabes, le vers de douze syllabes est le seul vers naturel dans toute poésie.

La théorie psychologique de Combarieu fait du rythme poétique une création de la raison, une loi et un besoin de l'intelligence exigeant de l'harmonie et de la clarté dans les phénomènes intellectuels. Le rythme réalise pour la sensation ce que la syntaxe accomplit pour la pensée. Une idée innée et supérieure d'ordre dans notre système a créé le rythme et parcourt tous les domaines de la vie. Selon Spencer, quand on souffre, on en exprime la pensée par un rythme ; selon Combarieu, nous souffrons d'abord, puis la raison intervient et l'expression de cette forme de raison est le rythme. La cause de tout phénomène est son but ; ainsi le but des premiers vers a été leur cause ; c'étaient des prières et des formules magiques, des paroles d'incantation pour détourner le mal, par conséquent, ils étaient d'ordre psychologique. D'après cette forme de raisonnement le développement poétique présente cinq phases :

1º Celle du choix attentif des mots par la pensée ;
2º Celle d'une certaine égalité dans la longueur des sentences ;
3º Celle de la répartition de chaque pensée dans un nombre déterminé de mots, ce qu'on appelle le système accentuel-rythmique qui a été employé dans la poésie saturnienne, la poésie aryenne préhistorique en général et la poésie sémitique ;
4º Celle du nombre fixe des syllables ;
5º Celle du rythme pur : c'est-à-dire l'emploi d'un nombre fixe de syllabes longues et brèves sans ordre défini.

Chacune de ces théories a été soutenue et attaquée par les critiques qui ont prouvé, sans aucun doute, qu'elles sont insuffisantes prises séparément, mais que, si on les combine, elles expliquent aisément n'importe quel type de versification. Ce procédé combiné peut s'appeler la théorie psycho-physiologique. D'après elle, le mouvement de chaque organe du corps humain est rythmique, involontaire et presque inconscient, des battements du cœur au frémissement d'un muscle. Ces mouvements rythmiques sont tous transmis au cerveau d'où ils reçoivent leur interprétation consciente. La base fondamentale de toute forme de rythme est physiologique et émotive, et il n'en peut sortir de forme régulière sans une opération psychologique. D'après ce principe nous souffrons et cette souffrance détermine d'abord des mouvements rythmiques inconscients, puis actionne plus fortement l'intelligence, stimule les centres nerveux et en conséquence de cette souffrance nous avons un système anormal et excité à un haut degré dont toute action est anormale et dont les produits doivent également être anormaux. Ils sont tempérés par l'usage de la raison. Nous pouvons ainsi atteindre et expliquer les différents systèmes de versification qui dépendent des tendances émotives, des susceptibilités et du tempérament d'un peuple. Ce sont ces conditions qui fixent, forment, moulent et façonnent la langue et avec elle les diverses formes qui leur conviennent le mieux. C'est ce qui explique pourquoi un peuple isolé a toujours un rythme et une poésie qui lui sont propres ; lorsqu'il prend contact avec une race d'une mentalité plus forte, comme la race grecque et latine, un mélange se produit.

La raison pour laquelle tant d'érudits, même au temps présent, sont d'avis que le vers français n'a pas de rythme ou n'en a qu'à un très faible degré, tient au fait que d'après la théorie traditionnelle le rythme est une quantité définie, mathématique, une proportion mesurée et ne peut être rendu nettement sensible dans le vers que par la quantité ou l'accent. Il n'existe pas d'autre sorte de rythme. Les rythmiques et les métriques où le rythme est basé sur un mouvement mesuré par l'accent ou par des valeurs de temps, sont les seuls systèmes où il y ait le rythme véritable. Cependant, en appliquant ces théories, l'on arrive à un rythme qui n'a ni la quantité ni l'accent exclusivement, mais qui les possède tous les deux dans des combinaisons infinies que gouverne le sens logique, ou la force psychologique et que retiennent dans des proportions définies des barrières artificielles, telles que le nombre des syllabes et la rime. Comme on l'a vu précédemment, quand ces barrières sont éliminées, le rythme retourne à son point de départ psycho-physiologique, comme dans les formules magiques.

Le tableau comparatif ci-dessous peut aider à comprendre la nature individuelle de ces systèmes :

	Grec	Latin	Allemand	Français
1.	Note, battement.	Battement.	Accent, battement.	Syllabe.
2.	Mesure, unité de mètre.	Unité de mètre seulement.	Mot + accent.	Mot.
3.	Phrase rythmique + métrique = série de — VV.	Ensemble métrique = ordre défini dans séries de — VV.	Phrase grammaticale + place définie des accents.	Phrase grammaticale + pauses logiques.
4.	Période rythmique indéfinie.	Période métrique.	Période accentuelle grammaticale.	Période grammaticale.
5.	Métrique quantitative, rythmique.	Métrique quantitative.	Rythmique accentuelle.	Rythmique logique.
6.	Accord des accents en quantité.		Accord des accents en qualité.	Pas d'accord.
7.	La plus petite unité rythmique est le takt, le battement, le pied.			Hémistiche.
8.	Le pied peut avoir jusqu'à six syllabes.		Pied de trois syllabes au plus.	Pas de pied.
9.	Métrique quantitative.		Métrique accentuelle.	Rythmique.

Il y a eu entre les érudits allemands beaucoup de discussions au sujet du rythme du vers français, qui ont pris naissance dans les différentes manières d'interpréter ou de lire la poésie française. Foth, 1879, Lubarsch et d'autres ont fourni de nombreux éléments à ce sujet. D'après Lubarsch, 1879, tous les vers sont composés d'autant de pieds qu'il y a de mots forts. Si un vers a des mots longs il a peu de pieds, et vice-versa. En scandant nous commençons par la première syllabe et comptons jusqu'à la première syllabe accentuée, ce qui constitue un rythme ou un battement. Aucun monosyllabe ne peut constituer un battement, ce que Stengel nie. Les accents syntaxiques peuvent être assez forts pour déterminer le rythme du vers, écrasant ainsi les accents des mots. C'est un défaut que la rencontre de deux mots accentués. Quand cela se produit (grand ciel, vieux prêtre) le premier ne forme plus un pied mais est si affaibli par l'inflexion sur le second qu'il devient une partie de ce pied. Un pied, suivant Lubarsch, est l'union de 2, 3 ou 4 syllabes dont la dernière porte l'accent. Comme les mots français comptent surtout 1, 2, 3 syllabes, moins fréquemment 4 et exceptionnellement 5 ou 6, le vers français consiste toujours dans un pied de 2, 3 ou 4 syllabes. Nous avons ainsi trois sortes de pieds — l'iambe, l'anapeste et le paon v —, vv —, vvv —. S'il y a deux syllabes fortes en succession, la première ne fait que retarder le mouvement rythmique du vers. Il base sur cette théorie son interprétation du vers français et elle a une influence considérable en Allemagne, quoiqu'on l'ait généralement mal comprise et faussement interprétée, ce qui a donné lieu à beaucoup de critiques et de discussions. Sa prétention qu'un pied ou un battement ne peut être formé d'une syllabe seulement est tout à fait contraire à l'interprétation moderne et implique également la question de l'*e* muet. Le premier à le combattre a été Harczyk, 1880, qui croit que le sens logique détermine le rythme et qui cite de nombreux exemples de battements monosyllabiques.

D'après Tobler, 1880, l'unique raison pour laquelle le vers quantitatif n'a pas eu de succès au xvie siècle est que les poètes n'ont pas eu assez de soin et que le public, ne remarquant point de différence dans la quantité, puisque les poètes n'en remarquaient point eux-mêmes, ne pouvait pas et ne voulait pas le comprendre et l'encourager. Müller, 1882, après avoir résumé la question de la quantité et de l'accent dans le vers français, fait remarquer que l'horizon élargi de la culture moderne ne tolère plus la monotonie du vers classique et exige une forme poétique plus compliquée. Le vers allemand et le vers anglais avec leur cadre définitivement établi ne permettent pas de changements, ils sont restés stationnaires depuis l'adoption du système. Le français où l'accent dans les mots est si faible innove constamment ; la qualité des voyelles, l'harmonie des tons et des rythmes logiques y sont réglées par l'acoustique et sont ainsi plus voisines de l'harmonie musicale. Son rythme est ainsi très vague et toujours changeant. Espinas, 1883, déclare que le rythme est déterminé par l'accent résultant de l'intensité relative et de la durée du son. Différentes influences comme celles de la symétrie, de la succession des syllabes, de la respiration, etc., contribuent à produire et à renforcer le rythme. Le rythme pénètre tout l'être, il affecte toutes nos fonctions vitales, celles des muscles, des poumons, du cœur, et il est affecté par lui. Guyau, 1884, discute également ce point dans son examen de la théorie de Spencer. Il analyse le rythme et l'harmonie du vers de douze syllabes et les innovations de Victor Hugo. Si un rythme régulier, dit-il, est l'expression physiologique d'une certaine tension nerveuse, une rupture momentanée du rythme doit indiquer une brusque rupture d'équilibre dans l'organisme. Ces syncopes ne suppriment pas le rythme, car l'oreille supplée à l'intervalle. Des hommes comme Victor Hugo pouvaient introduire ces contre-mesures ou ces vers irréguliers sans détruire le rythme. Dans le vers il faut conserver la mesure, le battement ou la césure (métronome), mais à des intervalles on peut l'interrompre sans que l'oreille perde le rythme. Victor Hugo n'a jamais rompu le rythme régulier pour quelque durée que ce fût. Ces contre-mesures ou vers sans césure sont seulement des effets et ne deviennent jamais des règles ; si elles le devenaient, le rythme serait entièrement détruit.

Dans aucune branche de l'art il ne peut y avoir de révolution dans la forme sans révolution dans la pensée. Les formes de vers des xviie et xixe siècles correspondent exactement aux formes de pensée de ces époques, — l'élégance, la pondération, la précision, la philosophie enveloppées d'une forme correspondante en opposition avec l'énergie, l'enthousiasme, la révolution, la nervosité et l'instabilité qui demandent une forme légère, facile, flexible et mobile. Toutes deux sont rythmiques, car elles sont toutes deux l'expression d'une certaine tension du système nerveux, qui varie selon les périodes de l'histoire comme selon les étapes de la vie humaine. Mais Guyau reste toujours fidèle à l'alexandrin classique et ne peut accepter un vers sans césure, ce que soutient Renouvier, 1885, qui prétend que l'alexandrin est fondé sur une loi de temps, sur la durée qui n'est pas définie. Le sentiment de cette durée n'est pas nécessairement un des éléments essentiels du sentiment du vers. L'oreille n'exige pas cette durée égale. Cette durée du vers s'accroît avec la quantité des accents rythmiques et des césures et avec les idées et les phrases qui la composent.

Ces dernières ne sont limitées par aucune règle. Ce sont les nombres, non les temps correspondant à ces nombres qui donnent à l'alexandrin son caractère distinctif. Les règles de l'accent et de la césure ont retardé le développement des rythmes et conduit à la monotonie. Il n'y a d'ailleurs aucune raison pour la division de l'alexandrin en deux parties égales et l'enjambement ne peut jamais constituer une dérogation au principe du rythme. Comme il s'écarte totalement de Guyau dans son interprétation du rythme et de la structure du vers français, l'on peut considérer Renouvier comme le chef d'un second groupe de critiques qui ne croient pas du tout à la nature accentuelle-rythmique du rythme du vers français, mais à sa nature rythmique-logique. Le vers est indéfini et irrégulier et ne peut avoir de correspondance ou d'harmonie absolue avec la musique. L'élément logique est le facteur décisif dans le rythme. Dans ses conclusions ce groupe accepterait éventuellement le rythme du vers moderne, tandis que le groupe de Guyau resterait fidèle à la structure classique avec des réformes très limitées.

Kawczynski dans son *Essai Comparatif sur l'origine et l'histoire des rythmes*, prétend que l'élément essentiel du système métrique est aussi l'élément essentiel du système rythmique. Il trouve à chaque vers français un prototype ou un cadre latin. Les arguments d'Eichtal, 1892, sont dans l'ensemble en désaccord avec ceux de Guyau et appuient ceux de Renouvier.

En général il désapprouve l'emploi de termes musicaux pour la versification, car cette terminologie a causé bien de la confusion. Dans le langage les syllabes ou les mots qui sont eux-mêmes les éléments sonores sur lesquels repose le système doivent être groupés conformément à une double loi : le sens de la phrase ou des mots doit rester perceptible ou être mis en relief par le rythme même et l'impression produite par le groupement des syllabes ou des mots doit être agréable à l'oreille. C'est particulièrement vrai de la versification française. En musique comme dans le langage, l'oreille tolère des désaccords bien distribués et bien proportionnés à l'ensemble. Les Grecs et les Latins subordonnaient la langue à la musique, groupaient les syllabes en véritables mesures musicales dans lesquelles celles-ci déterminaient la nature et la position des voyelles. Les lois permettaient de surprendre le rythme aisément. Dans la poésie récente l'élément intellectuel domine, car le but principal est de convaincre et de clarifier tout en charmant l'oreille, mais c'est plutôt la partie intellectuelle de l'esprit que l'oreille qui doit être satisfaite. On a dû abandonner la quantité et se servir d'autres éléments pour établir le rythme. Dans toute prose française l'oreille distingue des divisions ou des périodes qui sont coupées par des arrêts de la voix sur certaines syllabes. Ces arrêts se produisent toujours à la fin du mot qui a reçu l'accent, ce qui provient de l'habitude de laisser à l'esprit le temps de saisir le sens des mots, mais ce mot n'est pas toujours le plus sonore. Ces arrêts forment la cadence de la prose ; ils ont le pouvoir de varier les effets de manière à produire une impression musicale qui a permis aux prosateurs de côtoyer la poésie. Ces arrêts ou repos sont certainement le caractère essentiel du vers français et ils sont entièrement déterminés par le sens logique. La Grasserie qui a beaucoup écrit sur le vers français et le rythme, établit différentes sortes de rythmes, tels que le psychique, le phonique et montre leur influence sur la poésie. Il a développé l'idée d'un mode mineur dans le rythme qui se réalise dans la rupture de l'alternance entre la terminaison masculine et féminine, dans le nombre impair des syllabes des vers, dans la formation impaire de la rime, etc.

Deux autres ouvrages ont été publiés en 1892, l'un pour soutenir le vers français classique régulier et son rythme, l'autre qui justifie, analyse et explique les fins du vers moderne : ceux de Sully Prudhomme et de R. de Souza. L'on peut résumer les arguments du premier dans le besoin de règles définies et de discipline. Le second se livre à un examen minutieux du rythme et de son histoire, du besoin de réformes ou d'expansion et du moyen d'y satisfaire, qui n'est autre qu'un développement plus complet du rythme logico-rythmique que Victor Hugo a créé et que les poètes modernes ont transformé en un principe plus libre, plus personnel et moins défini qu'on peut appeler le rythme logico-musical. D'après cela toute pensée bien exprimée constitue un rythme.

Juste opposée dans sa nature est la théorie quantitative de Wulf, exposée dans ses différentes publications, 1892, 1896, 1900, etc. Il insiste en premier lieu sur un verschéma mécanique défini, que le poète doit adopter, dans lequel peu de changements sont possibles, et qu'on doit toujours être capable de discerner ou de sentir complètement ou à peu près. La perfection du rythme dépend de la nature de la distribution des longues et des brèves et celles-ci se groupent suivant un certain nombre de schémas ou de types. « Quand toutes les syllabes d'un vers sont en parfait accord dynamique ou accentuel avec l'ensemble des temps ou endroits du schéma, ce vers est en congruence ; il a alors une rythmicité parfaite ou de première classe. Il y a rythmicité de seconde classe à tous les endroits d'un vers où l'on trouve une syllabe isolée, faible ou forte, qui soit placée contrairement à la valeur accentuelle qu'elle a dans la phrase. » La classe du rythme dépend du nombre de syllabes incongruentes. Il peut y en avoir jusqu'à six avec de nombreuses subdivisions. Quoique l'ouvrage de Wulff soit très important et très considérable ; quoiqu'il ait apporté l'une des études les plus détaillées et les plus complètes de la métrique, il est douteux qu'il ait vraiment compris le vers français.

Minor, 1893, l'a bien compris. Quoiqu'il n'ait exposé aucune idée nouvelle sur le vers français, il l'a parfaitement jugé et a fait une comparaison fort utile entre l'allemand et le français.

Stengel a publié son important ouvrage la même année. C'est l'un des lettrés allemands qui reconnaissent l'importance du rythme logique. Le rythme du vers roman, dit-il, est marqué par un ou plusieurs accents ou inflexions ; le vers est rendu frappant par la rime et dans les vers plus longs par l'hémistiche. A ce qu'il pense, cela prouve que toutes les formes de vers les plus longues sont constituées de deux vers plus courts. Selon qu'un nombre égal ou inégal de syllabes précède l'accent stable, dans la plupart des cas un rythme ascendant ou descendant se produira de lui-même et avec un nombre déterminé d'accents dans le vers. La syllabe féminine à l'hémistiche et la rime n'influent en rien sur le rythme du vers, comme elles ne sont pas accentuées, mais l'accent sur les mots à l'intérieur du vers change constamment le rythme et cet accent logique sur les mots qui modifie le rythme du vers est l'une des choses les plus difficiles à percevoir et constitue la beauté du vers roman. Les lettrés le reconnaissent à présent. Tout dépend des accents stables, c'est-à-dire que l'hémistiche, la rime et le rythme dépendent du nombre égal ou inégal de syllabes qui les précèdent, ce qui donne lieu à un rythme descendant ou ascendant et à un nombre défini d'accents dans le vers.

D'après Tavan, 1897, et Simon 1895, la langue française est susceptible d'imiter les mètres des autres langues en combinant les accents rhétoriques ou logiques avec les accents toniques. Un groupe de mots constituant une unité est égal à un seul mot, par exemple : *qu'as-tu fait*? Ces mots peuvent être groupés en différentes espèces de pieds comme en latin. On peut se dispenser de la rime dans ce vers qui est particulièrement adaptable à la diction musicale et aux nouvelles formes de vers. Ces unités constituent le rythme. Les ouvrages de Barneville, 1898, Legouis, 1898, Rochette, 1899, 1911, Hannsen, 1901, contiennent des discussions intéressantes sur le rythme avec de nombreux exemples. Retté, 1899, explique d'une manière définitive ce qu'est le rythme moderne. Le poète, après avoir subi toutes sortes d'expériences dans la vie, voit le monde avec des yeux grands ouverts et une âme accessible à toute la beauté qui l'entoure. Cela l'émeut et il donne cours à ses sentiments en des transports rythmiques et émotifs qui sont des rythmes. Ils peuvent suivre les formes traditionnelles à de certains moments, mais ils sont toujours libres et d'accord avec la nature. Ainsi, d'après les poètes modernes, le rythme est tout simplement l'expression des sentiments d'un individu par le langage.

Suivant La Grasserie, 1900, les unités de rythme sont : le pied, le mètre, l'hémistiche, le vers, le distique, la strophe, le poème, qui par leurs diverses combinaisons produisent un rythme organique ou amorphe ; ce qui veut dire que dans les différentes espèces de poésie il y a différentes manières de s'en servir. Le rythme du vers est constitué d'un rythme psychologique, lexicologique et phonétique. Dans le vers classique ces rythmes coïncident, dans le vers romantique ils sont indépendants les uns des autres. Il analyse ces rythmes en détail, de même que les facteurs qui les modifient, comme la rapidité, la lenteur, le nombre, etc. Il étudie à fond la nature du rythme dans ses différents rapports avec le vers. Bref son étude est l'une des plus profondes, des plus suggestives et des plus complètes qu'il y ait sur le rythme et la versification française en général.

Grammont, 1904, 1913, a probablement décrit et analysé plus en détail et avec originalité la nature excessivement délicate, fugace et subtile du rythme dans le vers français. Quoiqu'on ait mis en doute et fortement critiqué ses diverses interprétations et ses exemples, il a fait voir combien il était difficile et complexe de porter un jugement sur le vers français. Le secret de l'harmonie dépend en grande partie de l'ordre de succession des voyelles. Ce que c'est que cet ordre doit toujours rester une affaire individuelle. Ce que Grammont a fait pour le vers français en général, Rochette l'a fait pour le vers de Victor Hugo. Il faut étudier consciencieusement de pareils ouvrages pour en apprécier la valeur ; une analyse en serait insuffisante. Quoique l'étude de Braunschvig, 1904, ne développe aucune idée nouvelle sur le rythme, elle est très suggestive et très précieuse. Dans le vers le rythme est défini, mathématique et doit satisfaire l'oreille. « Le rythme de la poésie devra donc consister dans une succession régulière de sens qui donne à notre oreille le sentiment d'une attente satisfaite. »

Il faudrait beaucoup de place pour donner une idée juste du travail appliqué de Saran. Toutefois son principe de l'alternance accentuelle des syllabes est très simple, quoiqu'il paraisse en contradiction avec lui-même de temps en temps et laisse l'impression qu'il n'a pas vu très clairement en quoi consiste la différence entre le système purement accentuel et son principe d'alternance. Il est en désaccord avec Wulff au sujet du cadre du vers, comme il prétend que « le principe alternant doit s'accorder avec la nature essentielle de la langue. Il ne peut être une règle mécanique, imposée à l'extérieur. Il se base certainement sur une particularité inhérente de l'accentuation française. » Il déclare même que le principe de l'alternance accentuelle des syllabes se trouve appliqué dans la prose française. « La poésie ne fait qu'ériger en règle une tendance prépondérante de la prose. » Comme les principes quantitatif et accentuel, ce système est basé sur la nature essentielle de la langue. Toutefois tant de points de discussion jaillissent de l'étude de son livre, à propos de la structure du vers français, de l'*e* muet, de l'hémistiche, etc., que ceux-ci pourraient former une étude particulière.

Samson-Himmelsternje, 1904, dans un ouvrage étendu en vient à la conclusion que le même principe d'accentuation régit les vers français, espagnol et allemand; tandis que Holborn, 1905, après avoir discuté les diverses théories de Scoppa, Quicherat, etc., et étudié le vers décasyllabique, conclut qu'il a un rythme iambique.

La thèse de Rudmose-Brown, 1905, apporte aussi à bien des égards des éléments distincts à la question du rythme. En dehors d'une analyse des principales théories, comme celles de Wulff et Saran, qu'il compare entre elles, et d'un examen de la quantité dans les langues anciennes et modernes, il compare constamment les systèmes anglais et français et explique clairement ce qu'est le rythme et quels sont ses rapports avec le vers. Voici ses règles d'accentuation. Chaque poète emploie ses accents de manière que chaque groupe accentuel avec la pause qui le précède ou qui le suit ait la même durée ; ainsi la division accentuelle correspond à la division temporelle, comme dans l'alexandrin ; il y a une correspondance absolue du mètre avec le rythme. Deux systèmes peuvent se présenter : 1° Le mètre est distinct du rythme ; 2° Le système métrique est basé sur la mesure de périodes égales du temps, l'accent servant à marquer cette division. De là deux groupes d'opinions : 1° celles qui distinguent le rythme d'avec le mètre, mais qui semblent admettre que le mètre peut être imposé de dehors au rythme et ainsi le dénaturer ; 2° celles qui n'admettent pas que le rythme puisse être dénaturé par le mètre, mais qui ne font pas la distinction nécessaire entre les éléments rythmiques et métriques. Son principe est le suivant : « Le rythme et le mètre sont deux entités distinctes. Le mètre ne doit pas dénaturer le rythme. Toutes les pauses rythmiques compteront comme éléments métriques ; il n'y aura dans une période temporelle de syllabe sans ictus plus accentuée que celle sur laquelle l'ictus bat. » Cela veut dire qu'aucune syllabe ne peut être plus forte que celles de l'hémistiche et de la rime. Ses conclusions sont quelque peu ambitieuses et peuvent être mises en doute : *a*) l'élément psychique et l'élément métrique dans le vers sont tous les deux inviolables ; *b*) la mesure du temps est la seule base possible du mètre. La théorie de l'accent et de ses rapports avec la quantité que j'ai acceptée, à savoir celle de Wulff, m'a obligé à écarter toute scansion par syllabes et, en éclaircissant la fonction de la pause, à substituer à cette scansion une méthode de scansion par groupes métriques de syllabes (périodes temporelles), y compris les pauses plus ou moins importantes qui font partie constitutive de ces groupes. En outre, j'ai pu : *a*) expliquer la différence entre l'alexandrin et le vers libre ; *b*) définir la nature véritable de la césure et de la pause finale, et ainsi, à l'aide d'une distinction tout à fait nouvelle entre les rejets et les enjambements réels et faux; *c*) établir la valeur des réformes dues aux diverses écoles poétiques du xix° siècle.

L'ouvrage très original de Beck a ouvert un champ nouveau dans l'étude du vers et est de la plus grande importance pour l'histoire primitive du vers dans ses rapports avec la musique. L'on trouve une bonne démonstration des théories de Wulff mises en pratique sur un texte dans la thèse d'un de ses élèves, Aae, 1909. La valeur réelle de son livre consiste dans l'analyse des théories avancées jusque-là. Dans son étude du trimètre de Victor Hugo il essaie de découvrir si le poète a employé un nouveau système consciemment ou inconsciemment. Il divise les vers d'après le rapport que les mots placés à l'hémistiche ont avec la construction syntaxique. La conclusion n'est pas du tout satisfaisante; l'usage de plus en plus fréquent du rejet a rendu plus commune la division en 4-4-4. Dans les ouvrages de Rudmose-Brown et d'Aae, l'analyse des théories ne laisse qu'une idée confuse.

Il existe un nombre considérable d'études ou d'essais sur le rythme dans le vers moderne, comme celles de Retté, Régnier, Ghéon, etc., où l'on déclare que la pensée bien exprimée est un rythme. Celles d'Arnauld et de Savarit réclament un principe défini. Celle de Spire enseigne que l'essentiel dans le vers français est le rythme et que le rythme c'est l'accent. D'après lui le moment où le rythme de la prose devient vers est une question personnelle qui dépend de l'inspiration, de l'exercice et du soin. C'est R. de Souza qui a dit le dernier mot sur la question du rythme, et l'on doit le considérer comme une autorité, particulièrement au point de vue moderne. Dans son ouvrage il se sert des moyens que la phonétique a fourni pour parvenir à la solution de la question du rythme. Il expose comment l'élément rythmique a remplacé l'élément quantitatif et comment le succès grandit à mesure que le poète résout victorieusement le problème du choix et de la distribution des syllabes longues et brèves. Il récite à Rousselot un vers emprunté à la poésie nouvelle et les résultats prouvent qu'il est rythmique. Ce n'est qu'une affaire d'accents et de rythmes dont la valeur phonétique a été enregistrée par les instruments. « Tout mouvement organisé est rythme », et la base est le principe de l'accent. La poésie nouvelle ne se classe plus en alexandrins, en rondeaux, etc., mais d'après les états généraux de mouvements suscités par les conditions physiologiques et phonétiques. Très certainement les études de l'avenir sur le rythme reposeront sur cette base d'investigation. La phonétique mise en pratique en tant qu'auxiliaire à l'usage du procédé rationnel et non pas employée d'une manière purement mécanique et expérimentale deviendra un grand facteur pour résoudre les problèmes du rythme et de la métrique comparée.

b) Vers mesurés. Vers sans rime. Vers libres

Il semble tout naturel qu'à la Renaissance, alors que la culture grecque particulièrement se trouvait revivre, l'on ait tenté d'appliquer les principes du vers grec au vers français. Cela n'a été d'ailleurs qu'une des manifestations de la tendance générale à adopter et à naturaliser la culture classique. Vers le milieu du xvie siècle l'on essaya presque toutes les espèces de vers, ce qui prouve l'état instable et indéterminé de la langue et de la structure du vers. Peletier, 1550, déconseille l'emploi du vers sans rime sous prétexte que si l'on a seulement la césure d'un nombre fixe de syllabes, il y a trop peu de différence entre les vers et la prose.

Les vers métrifiés sont difficiles parce qu'il faudrait connaître la nature de la longueur des syllabes françaises. Du fait que les grammairiens du temps, comme Dolet, Maigret, etc., ont discuté avec grande minutie de la valeur et de la qualité des syllabes françaises, les poètes naturellement ont subi cette influence et se sont mis à appliquer ces valeurs au vers français d'après les principes du vers classique qui ont été si étudiés et si commentés à l'époque. Quelques années plus tard, en 1560, Pasquiers se fit l'apôtre des vers mesurés, car, dit-il, le Français est tout aussi susceptible que l'Italien de s'en servir, mais il préfère la rime et la numération des syllabes, car elles exigent de meilleurs poètes que ceux qu'on a eus jusqu'alors pour écrire en vers mesurés. Ramus, 1562, se prononce pour eux dans sa grammaire, regrettant qu'en France il n'y ait pas un mouvement en leur faveur, et que la quantité et la métrique n'y soient pas admises et appliquées. Jacques de la Taille, 1573, a été le premier a donner un traité complet de la quantité et de la mesure des syllabes, avec les lois qui régissent leur longueur et de nombreux conseils pour distinguer les longues et les brèves. Il décrit tout au long chaque espèce de vers et les différentes figures employées en grec et en latin. Les Français peuvent emprunter des mots à la vieille langue, en créer de nouveaux, comme faisaient les Grecs et les Latins, et en tirer de nombreux de ces langues en les francisant. Il n'est pas facile de mesurer le vers français, mais c'est possible, et en dépit de ce que disent les critiques, l'avenir peut montrer que la langue et la syntaxe s'y prêtent avec quelques changements. L'année suivante Baïf publia ses échantillons de vers mesurés. La fierté nationale entra pour beaucoup dans les encouragements qui leur furent prodigués, car Pasquiers et Estienne déclarent tous deux la langue française aussi susceptible de vers mesurés que l'italien, ils reconnaissent seulement qu'elle est mieux faite pour la rime, tout en montrant avec un esprit patriotique que la langue française doit être capable de faire ce qu'ont fait les langues anciennes. Il semble que ce fût pour eux une question d'amour-propre et les grammairiens jugèrent de leur devoir d'expliquer la valeur des syllabes. En 1669, Du Perron prend une position très nette en exposant les raisons pour lesquelles le français ne peut pas et ne doit pas adopter les vers mesurés. Ce n'est plus une question de patriotisme, mais une question de devoir : « Notre langue n'est pas capable de vers mesurés, premièrement parce qu'elle n'a quasi point de longues, et puisqu'elle n'a nuls accens et se prononce quasi toute d'une teneur, sans changement de voix... Les articles aussi sont cause que nos vers ne font pas si bien avec les mesures ; la transposition aussi qu'on est contraint de faire aux vers mesurés l'empêche encore. » Ces raisons et ces objections ont été largement reproduites par les adversaires du système classique. A la fin du XVIIe et au cours du XVIIIe siècle la discussion prit une tournure nouvelle ; la question de la rime devint le point principal et ceux qui préconisaient des réformes se mirent à préconiser des vers sans rimes (cf. chapitre sur la rime).

Dans les traités de Richelet, 1671, Olivet, 1736, etc., les vers mesurés sont encore mentionnés, mais surtout au point de vue historique. Ce n'est qu'au commencement du XIXe siècle que la question fut reprise avec le Concours de 1813. Les difficultés du système quantitatif et la différence entre les systèmes de vers classique et français ont déjà été exposées (cf. chapitre Comparaison)... On trouve un résumé historique de la question dans Sainte-Beuve, 1828, Littré, 1863, Egger 1869, Jullien, 1876, Müller, 1882, Saran, 1904. Ducondut, 1863, fait voir les ressources du système.

Dans la seconde moitié du XIXe siècle la question prit une autre tournure avec le développement du vers décadent. Il ne s'agissait plus de vers mesurés, mais de vers libres et des idées modernes sur ce qui constitue le vers. Les études peuvent se grouper sous trois rubriques : 1° histoire, nature et emploi du vers libre : Becker, 1888, Comte, 1893, Retté, 1893, Doumic, 1891, Gourmont, 1899, Beaunier, 1901, Chatelain, 1904,

Ghéon, 1910 ; 2° emploi du vers libre par les poètes modernes :
Kahn, 1887, etc. (cf. chapitre sur l'Evolution) ; 3° études sur
Baïf : Groth, 1888, qui soutient que c'est une erreur de considérer les vers baïfins comme de la poésie sans rime et des
vers mesurés et qui essaie de prouver qu'ils n'étaient qu'un
effort pour rapprocher le vers français de la musique ; et Augé-Chiquet, 1909, qui donne un excellent résumé de la question
des vers baïfins, des vers rimés et des vers mesurés.

c) Distinction entre la prose et la poésie

La controverse au sujet du rythme, de l'accent, des vers
mesurés, etc., impliqua bientôt la question de ce qui constitue
le caractère essentiel du vers français et le rend différent de
la prose. Certains entreprirent de l'éclaircir par une comparaison avec le grec et le latin ; d'autres découvrirent que la transposition ou inversion était la différence fondamentale ; d'autres
préconisèrent l'adhérence stricte à la rime, à la césure et à la
numération des syllabes, tandis que le poète moderne semble
bien embarrassé d'expliquer la différence. On avait déjà fait
remarquer dans les premiers Arts poétiques que le vers classique permettait un emploi très libre de l'inversion ; mais avant
Richelet, 1671, l'on n'y avait pas fait grande attention. Il dit
que l'inversion donne de la force aux vers et explique où et
comment il faut s'en servir. Fénelon, 1714, conseille son usage,
tout en mettant en garde contre l'excès choquant de Ronsard
qui aboutit à l'extrême contraire. « On a appauvri, desséché et
gêné notre langue. Elle n'ose jamais procéder que suivant la
méthode la plus scrupuleuse et la plus uniforme de la grammaire. On voit toujours venir d'abord un nominatif substantif
qui mène son adjectif comme par la main ; son verbe ne manque
pas de marcher derrière », etc.

Ce fameux passage souleva de nombreuses critiques surtout

de la part de Du Cerceau. Huet, 1722, consacre un chapitre à la différence essentielle entre les vers et la prose. « Les vers sont assujettis à des règles fort étroites, pour la mesure, pour le nombre, pour la quantité ou pour la rime, mais ils sont fort libres pour les pensées, pour les expressions et pour les figures. On leur permet une infinité de licences qu'on appelle poétiques et de tours hardis et même on les ordonne comme un ornement nécessaire. La prose a une entière liberté pour l'arrangement des mots, pour la rencontre des lettres et des syllabes et pour la mesure des paroles et elle n'est point servilement assujettie au jugement de l'oreille; mais les pensées, les figures sont soumises à la règle : et si son style n'est pas mesuré il doit être modéré et châtié et porter des marques de l'ordre et de l'arrangement de l'esprit d'où elle part. » C'est peut-être la première comparaison définie qui ait été donnée entre la prose et la poésie, quoique beaucoup d'Arts poétiques y fassent allusion en termes plutôt vagues.

Cependant c'est Du Cerceau, 1730, qui a le mieux approfondi la question. Dans son chapitre Ier il se demande « en quoi consiste ce qui fait le caractère propre du vers français et ce qui le distingue essentiellement de la prose ». Il l'explique ainsi : « le reproche le plus spécieux qu'on ait fait à la poésie française roule sur le langage contraint et forcé auquel semble la réduire la nécessité de la mesure et de la rime ». Le cri général est que les vers sont simplement de la prose rimée et non pas de la vraie poésie. Après avoir exprimé combien il est surpris que personne n'ait abordé ce sujet avant lui, il montre le résultat de l'opinion partagée par presque tout le monde que la caractéristique essentielle du vers consiste dans la mesure et dans la rime. Cette opinion est la source du style prosaïque dans la poésie d'aujourd'hui, car ce principe admet une même allure pour le fond et de la prose et de la poésie et permet à n'importe qui de mettre n'importe

quelle prose en vers en mettant cette prose dans un nombre
défini de syllabes et en y adjoignant la rime. Selon les règles de
la versification, cette prose rimée constitue des vers, mais tout
le monde admettra que ce n'est que de la prose rimée. Quelle
est alors la différence ? Elle consiste dans l'arrangement des
termes, dans la construction et le tour de la phrase, mais en
ce qui concerne la versification pure, indépendamment du
génie et de la verve du poète. Un auteur peut être poétique
dans un travail par sa hardiesse et la nouveauté des dictions,
par la richesse et la variété des images, par la fécondité et les
saillies heureuses d'une imagination vive et allumée sans l'être
dans sa versification. Un autre peut être poétique dans sa versification sans l'être dans la disposition et l'économie de son
ouvrage. *Lucain* et *Télémaque* sont de bons spécimens de ces
deux types. « Il y a un tour de phrase qui est poétique et un
qui est prosaïque ; celui-ci avec la mesure la plus exacte et la
rime la plus riche est toujours dans le fonds véritablement
prose, tandis que celui-là, sans rime et sans mesure, est toujours
réellement poésie. » Le français ne permet pas la même liberté
presque absolue dans l'ordre que le latin et beaucoup y voient
un défaut. Il démontre que c'est le contraire qui est vrai, car
la clarté est une qualité et l'on parle pour se faire comprendre.
C'est un point de supériorité de la langue française sur la
latine qui l'emporte dans « la liaison des phrases, dans le
tissu du discours et dans l'ordre naturel et aisé avec lequel
elle développe un raisonnement ou un narré et en assortit
toutes les parties ; mais pour la régularité et la netteté de la
construction elle cède à l'autre ». Il combat vigoureusement
les inversions et les autres licences latines et grecques introduites par Ronsard, mais sans être absolument opposé aux
inversions, en quoi consiste réellement la différence entre la
prose et les vers. « C'est uniquement le tour qui met de la
suspension dans la phrase par le moyen des inversions ou

transpositions reçues dans la langue et qui n'en forcent point la construction. La suspension est l'âme des vers et ce qui en fait le charme par l'attente où elle met et par la surprise qu'elle cause. On soutient par ce moyen l'esprit du lecteur qui demeure toujours en haleine jusqu'à ce que le terme le plus essentiel qui est comme la clef de la phrase ait enfin déterminé la pensée. Il en est à peu près en cela du vers par rapport à la prose comme du poème par rapport à l'histoire. « Le vers commence au milieu du récit et ce n'est que peu à peu que nous en saisissons les causes, tandis que la prose commence au commencement et par les causes. Ainsi :

Calypso ne pouvait se consoler du départ d'Ulysse — ou, en vers :

Du départ de son cher Ulysse — Calypso ne pouvait encor se consoler —

fait bien saisir la différence et l'emploi de la suspension. Il donne une explication fastidieuse du principe de la suspension et expose les moyens de la produire, les transpositions permises ou défendues dans le style poétique — le datif, le génitif et l'ablatif, le nominatif et l'accusatif, le verbe, etc. Il est certain que la multitude d'inversions possibles diversifie grandement tous les styles, et, tant que le sens reste clair, toutes les inversions sont permises. Il pose ensuite cette question : si un certain nombre de vers de la meilleure poésie contiennent des inversions et sont excellents à cet égard et si on les met en prose et que sous cette forme ils ne soient plus vers du tout, cela prouve-t-il que l'inversion est essentielle au vers ? Pas nécessairement, mais elle aide considérablement à sa perfection et à son élévation. Il fait ressortir en combien de manières la versification peut être prosaïque, quelles sont les difficultés que présente la versification française, quel rôle joue l'inversion, autant de chapitres qui sont excessivement suggestifs et aident à apprécier les difficultés et les beautés du vers français. Aucun livre, même dans les temps modernes, n'a présenté, ni expliqué plus clairement les problèmes nombreux et complexes qui ne sont pas traités dans les Arts Poétiques, mais qu'on découvre et qu'on éclaircit d'ordinaire par de longues études et une longue expérience.

Les divers arguments de Du Cerceau sont analysés et critiqués par Remond de Saint-Mard qui croit que l'inversion appartient à la fois à la prose et à la poésie, qui ont les mêmes caractères, le même objet et le même résultat, avec cette différence que le vers est limité par la cadence, la rime et le nombre des syllabes. C'est également l'opinion d'Olivet, 1736. Louis Racine cependant est beaucoup plus libéral et clairvoyant : « Dans une langue aussi sage que la nôtre, la poésie ne doit point avoir avec la prose une différence si sensible que dans les autres langues. C'est pour cela que cette différence ne nous frappe pas, mais elle frappe les étrangers. Les hardiesses de notre poésie sont sages à la vérité, mais elle a aussi ses hardiesses, etc... nous avons une langue poétique qui sait quelquefois s'affranchir des liaisons ordinaires du discours... par des tours de phrases conformes à la vivacité et par une alliance heureuse et nouvelle de mots ordinaires. »

Au XIXe siècle on trouve de nombreux ouvrages qui parlent de la différence entre la prose et les vers, mais rien d'aussi défini qu'au XVIIIe siècle. Il y en a qui soutiennent que le vers diffère de la prose par le nombre limité et régulier des syllabes, la rime et la césure, bref par la simple observance des règles mécaniques de la versification ; il y en a qui croient que le rythme est déterminé par une succession harmonieuse de syllabes accentuées et non accentuées et que c'est dans l'emploi de ces accents que consiste la différence ; enfin il y en a d'autres qui pensent qu'il y a rythme chaque fois qu'une pensée jaillie d'un état émotif est exprimée en mots balancés et qu'aucune règle ne peut donner la différence entre la prose et les vers ; cela doit se sentir et peut être facilement senti par ceux qui connaissent l'émotion. Cette interprétation est la dernière et sous sa forme ultime tend à renforcer les arguments de ceux qui font de l'interprétation purement logique la base et le facteur décisif du rythme dans le vers français. La structure moderne du vers n'aurait guère pu prendre cette tournure, si le rythme inhérent au vers français classique, contenu par les règles mécaniques, n'avait pas gardé pour base de son élément rythmique le sens logique.

Bourdon, 1892, après avoir discuté les lois de la régularité du vers, soutient que la différence consiste dans le fait que le vers et la prose ont tous deux une certaine régularité, que le vers obtient sa plus grande régularité aux dépens d'habitudes du parler ordinaire, grâce à l'ordre des mots, le choix des mots et la non-réalité. Les discussions de Sully Prudhomme, Vannoz et Boschot n'ont pas introduit d'élément nouveau, le premier demandant des règles définies et les derniers la liberté. Braunschvig, 1904, définit ainsi la prose et le rythme poétique : « La prose est un rythme de nature psychologique : il consiste à donner à la phrase une étendue égale à l'ampleur de l'idée et à lui faire exprimer par ses dimensions mêmes les différents degrés de tension de l'esprit. Le rythme des vers est de nature mathématique : il consiste à mesurer également les diverses parties des vers, les vers pris dans leur ensemble, et parfois les groupes de vers arrangés en strophes. Le rythme de la poésie devra donc consister dans une succession régulière de sons qui donne à notre oreille le sentiment d'une attente satisfaite ».

d) La musique et la versification. Récitation

La difficulté qu'il y a en français à mettre les vers en musique ou la musique en vers qui suivent les règles de la versification a été sentie et commentée depuis longtemps, mais d'autres questions, plus importantes, semblaient appeler l'attention des écrivains. Scoppa est le premier qui ait étudié cette question en détail. Il examine les qualités qui s'opposent à la bonne musique, les causes qui ont retardé les progrès de la musique en France, les propriétés respectives des langues française et italienne par rapport à la musique et quelle est l'aptitude de chacune pour cet art. Choron dans son rapport de 1812 en donne une analyse complète avec commentaires. Castil-Blaze dans ses différents ouvrages, 1819, 1820, 1858, a discuté le sujet plus au long. Les mesures, les rimes, les césures, tout est en contradiction dans les vers. Il cite de nombreux vers pour montrer qu'ils sont à peu près inaptes à la musique et conclut en général qu'on doit abandonner par moments les règles strictes de la versification, parce que les règles ne concordent pas avec les exigences de la musique.

Baïni, cité par Bonaparte, 1819, traite de la musique par rapport au rythme. « Qu'est-ce que le rythme dans la musique, dans la versification? » Ces deux rythmes sont au fond les mêmes; ils ne diffèrent que par les éléments constituants — retour des pieds ou des accents syllabiques, — retour des accents mélodieux. « Jusqu'à quel point le rythme de versification doit-il et peut-il s'adapter au second? Il doit déterminer le rythme musical et ensuite s'adapter à lui; mais jamais l'un ne doit être mis en contradiction avec l'autre. Quelle influence l'un de ces rythmes peut-il recevoir de l'autre? Il reçoit le plus souvent du rythme poétique la même influence que la danse reçoit du rythme musical. » Voilà quelques-unes des nombreuses questions discutées par Baïni, qui toutes laissent une impression vague, rien de concret, comme ce que l'on trouve dans Blaze et Lurin, 1850. Ce dernier sent que la poésie est soumise à des règles artificielles, qui ne sont pas basées du tout sur des lois musicales, parce que, dit-il, les grands poètes français savaient peu de chose en matière de musique. En basant le rythme du langage sur celui de la musique il crée ses propres règles et sa propre terminologie. Une excellente comparaison entre les vers mesurés des anciens et les vers rimés français vient ensuite. Au vers français il donne un pied de quatre syllabes, au lieu du pied de deux du système classique. Ce système, accompagné de planches explicatives, n'a pas attiré l'attention, quoiqu'il fût pratique et contînt bien des points précieux et suggestifs. Ducondut, 1856, demande aussi le retour du vers à la musique. Le vers est essentiellement musical et devrait suivre les lois de la musique. Il examine chacune des règles de la versification et montre qu'elle va à l'encontre de l'alliance de la poésie et de la musique. La principale difficulté consiste dans le fait que, tandis que dans le système métrique l'accent est musical, il est grammatical dans le système rythmique, et dans le vers moderne, vu sa division logique, l'élément musical est absolument impossible. Les vers chantés sont en discordance flagrante avec la musique. On pourrait effectuer l'union des deux et établir un bon système de versification en adoptant les principes suivants : Les vers doivent charmer l'oreille par leur cadence et quand ils sont chantés, les paroles doivent concorder exactement avec le mouvement musical; 2° les vers doivent être assez variés et d'un nombre assez étendu pour correspondre aux principales formes de la mesure musicale, de sorte que le poète puisse adopter celle qui convient le mieux à son sujet ; 3° le système ne doit être soumis à aucunes règles excepté celles qu'exigent absolument l'oreille et la raison. Les mots français se prêtent à n'importe quel pied métrique et l'on peut les établir sur diverses combinaisons de mots, par conséquent les adapter à la musique. La mesure et la cadence musicales s'expriment de trois manières différentes : 1° par la parole ; 2° par l'accent grammatical ; 3° par les pauses. La langue française est susceptible de fournir ces trois éléments et peut ainsi exprimer le rythme de toutes les manières possibles ; seulement elle en est empêchée par quelques règles artificielles. Il n'y a dans aucune langue un pareil accord entre la musique et la poésie, quand les vers sont cadencés régulièrement, ni un tel désaccord quand cette régularité n'existe pas.

Gautier, 1858, donne un chapitre intéressant sur l'union intime de la musique avec les paroles de la phrase. Lussy, 1883, suit les théories de Blaze et de Ducondut en traitant de l'influence de la musique sur l'accent, l'hémistiche et la césure en général, ainsi que des exigences du rythme musical et des modifications qu'il réclame. Au contraire, Renouvier, 1885, conclut que la musique n'est pas en correspondance ou en harmonie absolue avec le vers, qui est trop défini et trop régulier. Galino, 1891, montre l'importance de l'étude de la musique et des mélodies de la poésie primitive pour la versification et dit qu'il est capable de le prouver au moyen de la musique ; par exemple les vers de 15 syllabes sont formés de 8 + 6 syllabes ou de deux vers plus courts et ne constituaient pas un seul vers à l'origine, mais la poésie primitive a été tirée des mélodies populaires, d'où il suit que la musique est plus ancienne que le vers et doit être prise en considération dans la recherche des sources des types de vers, etc. Ce sujet des rapports entre la musique et la poésie a été traité tout au long par Combarieu, 1893. La même année Henry a donné dans une forme très succincte un résumé des diverses théories avancées jusqu'alors, tandis que Brémont, 1894, s'est attaché au sujet par rapport à la récitation et a consacré une conférence en 1903 à l'adaptation musicale. Suchier, 1895, a étudié la musique ou les mélodies des Chansons de geste. Il n'en existe pas de véritable notation musicale, par conséquent nous devons procéder par analogie à d'autres ouvrages similaires aux Chansons de geste.

La mélodie était-elle pour un vers ou plus ? Dans les vers

de sept et huit syllabes la mélodie comprend deux vers et reste la même à travers tout le poème. Si la mélodie servait à la fois pour les césures et les rimes masculines et féminines, comment harmonisait-on la syllabe supplémentaire ? En répétant deux fois la dernière note. Schlæger, 1900, étudie les rapports entre la musique et la structure du vers dans les romances. Klingsor, 1900, énumère les poètes dont les œuvres ont été mises en musique et explique comment la musique nouvelle essaie de rendre par des tons l'esprit de la nouvelle poésie, surtout en conservant le rythme poétique et en n'appuyant pas lourdement sur les syllabes faibles. La Grasserie, 1900, consacre deux chapitres suggestifs au sujet : Des ressemblances entre le rythme de la versification française et celui de la musique ; Des différences entre le rythme musical et celui de la versification française.

Pour l'étude de la question musicale dans la poésie la plus ancienne, etc., du système de notation musicale, il faut consulter les ouvrages d'Aubry et surtout de Beck. Du fait que l'on a si peu entrepris et pour ainsi dire rien accompli pour mettre les principes de la versification française en rapports plus étroits avec la musique, on doit conclure que la nature de la langue s'y oppose. La Grasserie, 1900, explique fort bien comment certaines langues ou certains systèmes de versification ont plus de ressemblances avec la musique que les autres.

Le développement de la poésie moderne qui d'abord était complètement sous l'influence de la musique, mais musicale dans un sens différent, a rendu impossible tout rapport plus étroit entre les deux arts sur la base régulière et paraît créer une musique qui lui est spéciale et en parfaite harmonie avec ses propres tendances. Par exemple la musique de Claude Debussy sur les vers de l'*Après-midi d'un faune* ou sur n'importe quel autre texte de poésie moderne montre l'harmonie qui existe entre eux, comment tous deux sont absolument incompréhensibles pour beaucoup et ravissent les autres. Le rythme vague, indéfini, fugitif, insaisissable qu'on a toujours attribué à la langue française est incorporé de la manière la plus complète dans la poésie et la musique indécises et souvent inintelligibles d'aujourd'hui. On suppose qu'il en est de même de la peinture moderne.

La question de la récitation des vers est étroitement unie à l'étude de la musique et de la versification. Elle implique d'ailleurs la prononciation et la valeur de l'*e* muet (cf. chapitre VII, 3) qui a surtout préoccupé les Allemands. La récitation des vers a beaucoup à faire avec la connaissance du rythme et de l'importance du mécanisme du vers français. Dans leurs controverses au sujet de l'*e* muet, les Allemands s'en sont toujours rapportés aux acteurs et surtout aux poètes pour résoudre leurs difficultés, et les acteurs ont écrit un certain nombre de livres précieux sur ce sujet. Eux-mêmes diffèrent dans leur opinion quand il s'agit de décider si l'on doit réciter les vers comme la prose ou les chanter en se basant strictement sur les règles de la versification.

Samson, 1865, se prononce pour le premier système, mais Coquelin, 1884, répond aux questions : faut-il dire le vers comme de la prose ? faut-il le chanter ? en disant : « ni l'un ni l'autre. Le vers doit être dit le plus naturellement possible, en ayant égard surtout au sens de la phrase et à la ponctuation. Pas tout à fait comme de la prose. Si votre auteur multiplie les vers coupés, les enjambements, les rejets, vous en courez le risque : mais ce sera sa faute, c'est lui qui aura détruit le rythme et non vous. » Régnier, 1887, conseille de ne pas réciter en faisant sentir la cadence et la césure, mais d'être naturel. Toutefois il ne croit pas à l'un des deux systèmes exclusivement, mais à la combinaison des deux. Dupont-Vernon, 1888, est très explicite : « réciter comme l'on parle nécessité de poser dans toute phrase la note musicale de chaque inflexion, autrement dit l'accent tonique, sur le mot de valeur de l'idée. A chaque mouvement passionnel correspond un mouvement de la période et par suite un mouvement rythmique de la voix. « Il insiste beaucoup sur la prédominance de l'accent éthique sur l'accent musical ou métrique. Brémont, 1894, 1903, sait voir tous les aspects du sujet. Il divise son étude en deux parties : la partie musicale, l'*e* muet, etc., et l'interprétation du vers par les différentes écoles. Il y en a, dit-il, qui déclarent que l'acteur doit faire un aussi grand effort pour dissimuler toute trace de rime et de mesure que le poète pour les obtenir, car il n'est pas naturel de parler en langage cadencé.

D'autres sont d'avis contraire et cette divergence d'opinion a incontestablement amené les transformations du vers. C'est peut-être le meilleur livre qui ait jamais été écrit sur l'interprétation du vers, les questions délicates de diction, la valeur de l'*e* muet, la rime et leur influence sur la structure du vers. Darthèze, 1898, discute habilement les mêmes questions. Il donne l'opinion de divers acteurs et hommes de lettres sur la façon de réciter les vers.

En général, l'on verra que sur ce sujet, comme sur ceux des réformes dans le vers, des vers sans rime et des vers libres, il y a lutte entre les progressistes et les réactionnaires, le parti de la libération et celui de l'académisation de l'art, l'individualité libre, naturelle, spontanée et le genre académique, officiel et noble ; entre des hommes comme Sully Prudhomme et Robert de Souza.

L'étude de Lote, 1912, est d'un intérêt particulier. Il y explique le changement progressif de la récitation des vers classiques et la manière plus libre de la fin du xviie siècle. Avant Racine et Molière la tragédie connaissait à peine les pauses expressives, qui ont peu à peu remplacé la déclamation technique ou prescrite. Alors l'émotion et le pathétique commencèrent à régir la récitation. Sous l'influence de Molière, de quelques acteurs et du récitatif d'opéra, la vieille méthode d'accentuer les sixième et douzième syllabes firent place à la déclamation nouvelle du pathétique ou de l'accent logique. C'est à lui qu'on doit toute la conception moderne du vers et la ruine du compte des syllabes et du système classique. Cela tend aussi à démontrer la grande importance et l'influence de la récitation sur l'évolution de la versification.

e) Quantité et qualité

La question de savoir si la constitution de la langue française est susceptible d'un système de vers quantitatifs, tel que celui des Grecs, a été discutée dans les Arts Poétiques les plus anciens et l'est encore aujourd'hui. L'on a fait bien des études, l'on a imaginé bien des systèmes, l'on a assigné des valeurs déterminées aux voyelles et aux syllabes, l'on a formulé des règles élaborées pour régir la longueur ou la brièveté des syllabes; l'on a fait des recherches très utiles sur les sons français, comme celles de Dubroca, Ricard, Storm, Blondel, de Souza, toutes choses qui ont été plus ou moins discutées dans différents chapitres.

CHAPITRE X

Questions à étudier

Ces questions ont été jetées sur le papier au fur et à mesure que l'ouvrage avançait dans le but de stimuler l'intérêt en faveur de telle ou telle question. L'on pourra d'ailleurs en réunir très facilement plusieurs ou en changer la forme, surtout après avoir lu le texte ou s'être livré à une étude plus approfondie de certains travaux mentionnés dans la bibliographie. Ce ne sont que des suggestions destinées aux lettrés ou aux étudiants qui se sont adonnés à quelque partie de la science de la versification avec les ramifications multiples qu'elle comporte.

1. Examen critique et analytique des travaux sur la versification au xviie siècle.
2. Examen critique et analytique des travaux sur la versification au xviiie siècle.
3. Etude de l'évolution et du développement des Arts Poétiques, et comparaison avec les traités modernes de versification.
4. L'importance, la signification et l'influence des Arts Poétiques dans l'histoire littéraire de la France.
5. Examen critique et analytique des livres de réflexions et de critique sur la poésie et la versification française au xviie et au xviiie siècles : valeur, apport, originalité.

6. Comparaison entre les œuvres sur la versification des xvie, xviie, xviiie et xixe siècles.
7. Examen analytique et comparatif des œuvres bibliographiques.
8. Les liens généraux entre la versification et les différentes phases de la civilisation française.
9. Les études des grammairiens français, surtout du xvie et du xviie siècles, et leurs rapports avec la versification.
10. Les rapports de la prononciation, de l'ortographe, et de la phonétique avec la versification.
11. Les rapports de la querelle des anciens et des modernes avec la versification. Arguments complets : les défauts de la langue française pour le rythme ; les avantages du grec et du latin, etc.
12. Les livres sur Malherbe et les questions y relevées.
13. La valeur historique, l'originalité, l'apport et les relations réciproques de livres comme ceux de Chasles, 1828, Sainte-Beuve, 1828, Génin, 1845, Wey, 1848, Littré, 1863, Egger, 1869, etc.
14. Étude et analyse des Bibliothèques Françaises.
15. La valeur des bibliographies dans les traités de versification, les thèses et autres livres.
16. Analyse critique et comparée des livres sur les principes de la versification française : Wulff, 1900, Saran, 1904, Rudmose-Brown, 1905, Aae, 1909, etc.
17. La correspondance et les liens étroits entre les lois de la versification et celles de la peinture et de la musique.
18. Etude comparée entre le but et les formules de l'esprit de tradition ou académique et ceux de l'esprit d'innovation ou révolutionnaire ; surtout en ce qui concerne la versificasion.
19. L'influence de l'esprit classique ou de l'art grec et latin sur la versification française.
20. Étude comparée des Arts Poétiques avant 1605.
21. Étude détaillée des Arts Poétiques du xviie et du xviiie siècles, et comparaison avec ceux qui sont antérieurs à 1605.
22. Comparaison générale des qualités des langues grecque, latine,

italienne, anglaise, allemande et française au point de vue de l'adaptation au rythme basé sur la quantité, l'accent, la logique, ou le compte des syllabes, avec les rapports qu'il y a entre les systèmes de versification de ces langues.

23. Les théories diverses sur l'alexandrin, le décasyllabe, l'octosyllabe, et les origines en général de la versification française.

24. De quelle façon les poètes modernes observent-ils les règles de l'alexandrin classique ?

25. Étude analytique et critique des livres sur le vers classique, romantique et parnassien.

26. Étude approfondie des manifestations modernes en faveur de la discipline, de la nationalité, de la fraternité et de la solidarité. De quelle façon ces sentiments se trouvent-ils exprimés dans la poésie moderne — dans la technique aussi bien que dans les idées ?

27. Examen approfondi des essais de poèmes sans rime, ou avec une rime très libre, pour montrer que la rime n'est pas essentielle au rythme du vers.

28. La rime est-elle nécessaire au rythme du vers français pour en faire ressortir l'harmonie ? Examen de cette question au point de vue de l'évolution du vers français, de l'harmonie poétique en résultant, de la psycho-physiologie, de la phonétique et de la versification comparée.

29. Y a-t-il un rapport quelconque entre les innovations des poètes du xixe siècle et les tentatives de réformes au xviiie siècle ? Montrer l'évolution lente et sûre de la poésie vers le vers moderne et les conditions favorables à ce changement.

30. Les conditions favorables à l'affranchissement de l'art avant celui de la poésie et du drame, et les relations étroites entre les différents mouvements de l'activité intellectuelle, surtout au début du xixe siècle.

31. Comment l'étude approfondie de la versification française peut-elle aboutir à une meilleure compréhension de la prose française. Liens étroits entre la prose et le vers français, qui n'existent pas dans les autres langues.

32. Montrer qu'à chaque période d'évolution du vers français les innovateurs ou les révolutionnaires étaient en avance de toute une génération sur leurs contemporains, qu'ils avaient l'œil et l'oreille plus sensibles et plus justes, et l'esprit plus clairvoyant et plus ouvert aux ressources de l'harmonie, du rythme, des couleurs, ou des sons.
33. Examen des moyens divers suggérés pour allier la musique et la versification (Blaze, Lurin, Ducondut, etc.) et des relations entre ces deux arts.
34. Étudier et comparer les opinions des étrangers sur le rythme du vers français.
35. La question de l'*e* muet dans toute son étendue.
36. L'influence étrangère dans la versification française.
37. Groupement de toutes les questions relatives à la versification française.
38. Groupement des divers théoriciens ou critiques selon leur théorie sur les principes de la versification française, et surtout sur le rythme du vers français.
39. Étude et origine des termes divers employés dans la versification, et de la confusion qui y règne.
40. Montrer la complexité, la difficulté et l'étendue d'une étude de la versification française et les avantages qui en résultent.
41. Éditions et études analogues à celle de Langlois, pour les arts de rhétorique, etc., non encore édités.
42. Plan d'étude de la versification : 1º côté philologique et origines ; 2º côté mécanique, ou règles ; 3º côté esthétique ou rythme, etc. ; 4º côté phonétique ou sons, etc. ; 5º tendances poétiques aux différentes périodes ; 6º disputes, querelles, opposition aux innovations ; 7º sujets discutés aux différentes époques ; 8º influence et interprétations étrangères ; 9º écoles poétiques ; 10º critiques.
43. La question de la décadence du goût français selon les critiques à la fin du XVIIe et au début du XVIIIe siècles. Raisons, causes, symptômes. Critiques qui l'ont fait naître.

44. La diversité des définitions des différents genres de poèmes, de rimes, etc., dans les Arts Poétiques primitifs.
45. L'importance de l'Art Poétique de Boileau a-t-elle été aussi grande que l'on croit ?
46. Étude des mots non admis pour la rime dans les Arts Poétiques, etc.
47. Étude de l'enjambement dans ses rapports avec le sens logique, et de la prose pure qui en résulte.
48. L'emploi des mots longs dans la poésie ; effet qu'ils produisent et nature du sens logique.
49. Étude des titres des livres divers sur la versification : sont-ils en contradiction avec le contenu ? Sont-ils toujours exacts ?
50. Les rapports entre Du Pont et les *Leys d'Amors* ; entre Fabri, *L'Infortuné*, Du Pont et le *Jardin de Plaisance*.
51. L'influence italienne ou de la Renaissance pendant la période comprise entre Marot et Ronsard.
52. Montrer comment la versification est une expression ou un reflet de l'activité intellectuelle française depuis les origines jusqu'à nos jours.
53. Les règles artificielles, la valeur incertaine des syllabes et les efforts continuels pour les préciser, les discipliner, et donner une valeur exacte aux syllabes et aux sons — tout cela est-il l'héritage de l'étude du vers classique grec ? Les Français incapables d'imiter le système métrique ne voulaient-ils pas au moins suivre les Anciens dans la discipline, dans le désir de préciser et de soumettre le vers français à des règles définies quelconques ?
54. L'état actuel des études phonétiques et ce qu'elles ont apporté à la solution des questions les plus difficiles de versification.
55. Quel rapport le but de la poésie a-t-il avec la versification ?
56. Étude des partisans de la rime et en général des règles strictes du vers classique et de leurs adversaires. Trouve-t-on chez eux des raisons de politique, d'éducation, de métier, ou de classe comme du clergé contre l'homme de let-

tres, etc. ? S'il s'agit d'une lutte entre novateurs et réactionnaires, trouve-t-on que ces novateurs l'ont également été dans les autres manifestations de l'activité intellectuelle ?
57. Étude comparée entre la technique du vers au xvie siècle et celui du début du xixe siècle.
58. Comparaison des systèmes de Tenint, 1844 et de Becq de Fouquières, 1879.

DEUXIÈME PARTIE

Bibliographie chronologique et analytique [1]

Quatorzième siècle

Molinier, Guilhem. — Las flors del gay saber, estier dichas : Las leys d'amors. Las joyas del gay saber. Cf. Mts. de la litt. romane, 1841-1849, 4 vols. Cf. Mila y Fontanals-Antiquos tratados de gaya ciencia, Revista de archivos y museos, 1876, p. 329, 345, 478. Cf. Chabaneau, 1885.

1332. — Tempo, Antonio de. — Delle rime volgari, éd. par Grion, 1869.

1364-1380. — Un Prieur de Sainte Geneviève de Paris. — L'art de dicter ballades, rondels et serventois. Cf. De la Croix, p. 354 selon lui un grand livre.

1368-1458. — Santillana, Marques de. — Lettre au connétable de Portugal Don Pedro. Cf. Monacci-Mescellena di filol. e ling.

1392. — Deschamps, Eustache. — Art de dictier et de fere chançons, balades, virelais et rondeaulx. Ms de la Bibl. Nat. F. fr. 840 (anc. 7219) fol. XIX, $\frac{xx}{xiii}$ CCCC (394-400) grand quart. éd. par A. Crapelet, 1832 ; aussi par le Marquis de Queux de Saint-Hilaire, continué par G. Raynaud dans : Soc.

---

1. Les cotes indiquées sont celles de la Bibl. Nat.

Anc. Textes Fr., 10 vols (d'après le ms. de la
Bibl. Nat.). Cf. aussi Er. Langlois, 1890.

On y trouve une définition de la rhétorique. Il parle
des consonnes et des voyelles, définit la ballade,
la rime léonine ou sonnante (vie-ravie) ; donne
des exemples de ballade équivoque, rétrogade et
léonine, serventois, lays, etc. Avis aux poètes de
suivre surtout les modèles qu'il recommande.

Quinzième siècle

Camus, G. — Precetti di rettorica scritti per En-
rico III, rè di Francia, publ. dans : Memorie
della r. Acad. di Modena, V, 1887.

L'art de rhétorique pour rimer en plusieurs sortes
de rimes. Bibl. Nat. 2375, fol. 38 v°-41 r°. Cf. Er.
Langlois, 1890.

Infortunato. — Instructif de la seconde rhétorique.
Bibl. Nat. 2375, fol. 38. Cf. Er. Langlois, 1890.

Traité de l'art de rhétorique. Codex Bibl. Nat. Nouv.
Acq. 1869. Cf. Er. Langlois, 1890.

De arte rigmatizandi. Catalogue La Vallière, II,
p. 129, n° 2619.3 indique un volume en 4° goth.
sans nom d'auteur, de lieu d'impression, ni d'im-
primeur, et s. d.

1405. — Magnus, Jacobus. — Archiloge Sophie. Des rithmes
et comment se doivent faire. Cf. Coville, 1889,
surtout, p. 68-74 ; Cf. Langlois, 1890, 1902. Les
4 mss suivants se trouvent à la Bibl. Nat. : fr. 143
(anc. 6868), fol. 395 v°; fr. 214 (anc. 6808) fol. 30 v°;
fr. 1508 (anc. 7570) fol. 391 v° ; fr. 34232, fol.
57 v°. Coville, p. 45 mentionne aussi : Tractatus
de arte memorandi, en 5 parties, dont la 5e : erit
de metris et quibusdam aliis necessariis ad artem
presentem.

L'Arch. Sophie = science, contient un chap. : Des

rimes et comment se doivent faire, donnant la différence entre la rime en prose et en vers. Les rimes dans les vers doivent avoir un nombre défini de syl., etc. L'hiatus compte pour une syl. (dame est bonne) on peut le compter comme une ou deux syl. L'e fém. compte pour une syl. sauf à la fin et au milieu du vers. On y trouve d'autres règles pour la rime et une définition du rondel.

1411-1415. — Règles de la seconde rhétorique, Ms de la Bibl. Nat. Nouv. Acq. 4237. Cf. Langlois, 1890.

1432. — Herenc, Baldetto (Raollet Hercut, Raoulet Tercut, Raol de Thercut). — Doctrinal de la seconde rhétorique. Codex Vaticano Reg. 1468. Cf. Daremberg, 1850; Langlois, 1890.

Daremberg en donne l'analyse : liste de mots qu'on peut employer dans la rime : liste de poèmes comme lays, serventoys, chant royal, sotie amoureuse, ballades, fatras : leur forme, règles avec exemples.

1433. — Enrique de Aragon, Marques de Villena. — De arte de trobar. Plusieurs fois mentionné.

1490. — Traité de rhétorique ou l'art de rhétorique pour rimer en plusieurs sortes de rime. Bibl. Nat. Y 4405 Rés. (au dos les noms de Pathelin-Villon) publié par Montaiglon-Recueil, etc., 1855-1858. Cf. Langlois, 1890, 1902, p. IV, note 3.

Sous-titre : L'art de rhétoricque pour apprendre a ditter et rimer en plusieurs manières. Tout rimé, donnant des règles pour rimes masc. et fém., rime riche et léonine, équivoque, etc., etc. En tête il met toujours la rime qu'il veut illustrer, suivent des exemples. Dif. genres de poèmes.

1493-1498. — Croy, Henry de. — L'art et science de rhétorique. Publié dans : Poésies des xve et xvie s., d'après des éditions gothiques et des mss, Paris, Silvestre, 1832, dont L'art et science de rhétorique pour faire rigmes et ballades, par Henry de Croy est, d'après *in-folio*, décrit dans le Catalogue des livres imprimés sur Vélin de la Bibl. du Roi, publié par M. Van Praet, IV, p. 159, n° 223. Il y a trois autres éditions sous le même titre : 1° Paris, Jehan Trepperel, s. d. in-4°, goth. (mentionné peut-être par Hoym, Catalogue p. 519, n° 4727.3, et par Goujet. Bibl. Fr. III, p. 438, s. d. aussi) ; 2° Toulouse, Jehan Guerlins, s. d. 4° goth. ; 3° Poitiers, Jehan Enguilbert de Marnef, s. d. 4° goth. Cf. Langlois, 1890. Bibl. Nat. Rés. Y⁰ 1261 *bis*, Y⁰ 10, et Vélins 577 publ. à Paris 1493 par Antoine Vérard.

Contient définitions de la rhétorique, des syllabes, des poèmes de 6, 7, 8, etc., syls, etc., de dif. genres de poèmes comme ballades, etc., et une liste de rimes en gozet à éviter.

1496. — Encina, Juan de la. — Arte de Trobar. Cf. 1859, Wolff, Studien, p. 272. Plusieurs références.

1497. — Boteauville, Michel de. — Art de métrifier français. Cf. Thomas, 1883, en donne une réimpression.

Contient surtout une longue liste de règles pour la valeur et longueur des syls.

Seizième siècle.

1500. — L'Infortuné. — Instructif de la seconde rhétorique, publié comme : Jardin de plaisance et fleur de rhétorique, par Vérard environ 1500. 5 éd. jusqu'à 1530 ; une en 1547. Reproduction en fac-similé de l'édition publiée par A. Vérard vers 1500, Firmin Didot, 1910. Cf. Langlois, 1890. Un grand livre en rimes. Cf. Goujet, 1740.

1508. — Blaise d'Auriol. — Départie d'Amours. Bibl. Nat. Rés. Y² 583, et mss 2100, 2191 avec table de rithmes de la sec. moitié du xvi⁰ s. Cf. Langlois,

1902, p. X note : il fait partie d'un ouvrage : La chasse et le départ Damours, etc., Bibl. Nat., Rés. Y² 583. C'est une poétrie.

1521. — Fabri (Fabry), Pierre. — Le grant et vray art de pleine rhétorique, Rouen, Simon Gruel ; Bibl. Nat. Rés. X 1252 or X 3292 ; 1532, Paris, Sergent, et 1534 ; 1536, Lyon, Olivier Arnoullet ; 1539, Paris, E. Coueiller ; 1544, Paris, Oudin Petit. Publié par Héron, Rouen, Lestringant, 1890, 3 vol. avec introd., notes et glossaire, Soc. des Bibliophiles Normands. Sur Héron Cf. : Romania, 18, p. 651, 20, p. 175-177. Cf. Zschalig, 1884; Langlois, 1890.

L'ouvrage le plus important qu'on ait écrit jusqu'à ce jour. Définition plus juste et plus précise du compte des syllabes, de la mesure et de la césure ; meilleure distinction des rimes et de leurs règles : alternance, succession. Désir marqué d'élever et de purifier le langage poétique. A certainement pris l'*Infortuné* pour modèle. Précieux pour la clarté et la précision des jugements et des règles. On doit attribuer en grande partie à son influence ce que la structure de la strophe a de trop artificiel et de trop technique. Rythme n'est autre chose que langage mesuré par longueur de syllabes en convéniente terminaison, proportionnellement accentué. Sur son importance, ses défauts, son influence. Cf. Zschalig, 1884, Goujet, 1740.

1524-1548. — Molinet, Jean. — Ars rhetoricæ recentiori doctrinæ accommodata, Bibl. Nat. 12434. Cf. Langlois, 1890. Langlois, 1902 dit : Bibl. Nat. fr. 2375 (f. 135 v°-139 r° contient L'art de rhétorique de J. Molinet, et Traité de Rhétorique (anonyme). Commence : Par Zephirus, qui vuidait ses soufflès, p. X, note 1.

1539. — Gracien du Pont (Gratian, Gratien). — Art et science de rhétorique métriffiée, Tholoze, Nycolas Vieillard, 4°, en lettres rondes. B. N. Rés. Y° 201 ou Y 4326 A. Cf. Zschalig, 1884; Langlois, 1890.

Chap. sur syll., diction, rithme, repos ou couppe, couppe fém., syl. masc. et fém. et comment les reconnaître, rithme platte, riche, léonine, etc. Toutes sortes de rithme, comme concathénée, mêlée, tête et queue, brisée, bergerette, etc. Virelay, ballade, etc. Important en raison des définitions et exemples de toutes les variétés de rithme ou rime.

1540. — Dolet, Etienne. — La manière de bien traduire d'une langue en aultre. D'avantage, de la pontuation de la langue fr. Plus, des accents d'ycelle, Lyon, 4°. B. N. Rés. X 922, X 2447 (2 ex.); Z 16203 (1); Rés. Z 4013 et 4016 ; 1542, Lyon, 4° Rés., p. X 306 ; 1550, Caen, 8° Rés. p. X 295.

Chap. sur gram., accents, ponctuation, art oratoire, art poétique: couppe fém., élision, apostrophe, etc.

1542. — Meigret, L. — Des açcens, ou tous des syllabes et diçcions (tretté de la Gram. Françoeze. B. N. X. 1257 A. ou X 1258.

1° Causes de faulse escriture avec leur blasme. Vice de superfluité de lettres. Intéressant surtout pour ses vues sur l'écriture et la prononciation. 2° Des lettres et de leurs puissances, e fem., e ouvert. 3° Des Diphtongues. 4° Des consonantes. Montre bien l'état de la prononciation et de l'écriture, et l'influence du grec et du latin.

1545. — Peletier, Jacques. — Art poétique d'Horace, traduit en vers fr., par J. Peletiers du Mans, recongnu par l'auteur depuis la première impression, Paris, Michel de Vascosan, 8 Rés. p. Y° 612. Peut-être autre édition en 1544. Cf. Goujet. 1740. Cf. Langlois, 1890.

1548. — Fontaine, Charles. — Art poétique françois. Y 4327 (il y manque les 25 prem. p.) Cf. Langlois, 1890.

Chap. sur la rime, avec exemples ; dipthongues, celles que les Français ont empruntées du lat. ; sur la prononc. de c et g surtout pour la rime ; épigramme, sonnette, rondeau, etc. Vient ensuite son Quintil Horatian sur le premier livre de la Déf. et Illustr. de Du Bellay, ouvrage dans lequel il attaque la Déf. L'édition consultée est de 1578.

1548. — Sibilet, Th. (Sebilet, Sibelet). — Art poétique françois, sept éd. en 1551, 1555, 1564, 1573, Paris ; 1555, 1576, Lyon ; l'édition de 1556 contient aussi : Quintil-Censeur, autre art poét. réduit en bonne méthode (Sibilet abrégé) et La Pointuation de la langue fr.

B. N. Y 4327, ou Rés. Y^e 1213 ; Bibl. Sorb. Rés. L D 274. Cf. Zschalig, 1884 ; Langlois, 1890, et surtout Gaiffe, 1910 ;

Marque la période de transition de Marot à Ronsard et de l'influence italienne. D'un intérêt spécial : chap. II. Qu'est-ce que le François doit appeler Ryme. V De la diverse forme, mesures et nombres de syll. requises au carme Fr. ; VI Coupe fem. VII De la ryme et ses dif. et diverse usages. VIII Dipthongues usurpées et leurs usages ; chap. sur épigramme, sonnet, etc.,etc., sur des vers non rymez, sur rimes concatenées, etc., etc. C'est le traité le plus complet de versif. avec celui de Fabri. La première partie montre nettement pourquoi des règles rigides et définies étaient devenues absolument nécessaires. Fabri, Du Pont et Sibilet sont les derniers à traiter de l'art poétique au point de vue fr. ; désormais l'art poétique est basé sur le latin ou l'italien ; Cf. Zschalig, 1884 ; Goujet, 1740.

1549. — Bellay, Joachim du. — Deffance et Illustration de la langue fr. Cf. surtout éd. de Chamard, 1904, Fontemoing. 381 p. qui donne une bibliographie excellente des livres avant et après la Déf. qui ont de l'intérêt pour elle. Surtout utile pour l'étude de l'état de la poésie et de la versif. à cette époque.

1550. — Barthelemy Aneau. — Le Quintil Horatian sur la Deffence et Illustr. de la langue fr., Lyon.

1551. — Fontaine, Charles. — Le Quintil Horatian sur la Def. et Illustr. de la lang. fr., Lyon, B. N. 8° X 10265 cf. 1548.

1554. — Buxeria (Boissière), Claude de. — Art poétique reduict et abrégé en singulier ordre et souveraine méthode, etc. (Texte identique à celui de l'autre Art poét. réduit en bonne méthode de Sibilet. Cf. Gaiffe, 1910, p. XXII, note ; Cf. Langlois, 1900.

1555. — Foclin (Fouquelin), Antoine. — La rhétorique française. B. N. X. 2534, 2537, 138 p. L'éd. de 1557 sous le nom de : Fouquelin de Chauny est identique. Cf. Langlois, 1890.

Traite surtout de la rhétorique, de ses figures, de dif. genres de vers de 2 à 12 syls, de rimes, de dif. genres de poèmes avec la distribution des rimes.

1555. — Peletier, Jacques. — L'art poétique, departi an deus livres, Lyon, Jean de Fournes et Guillaume Gazeau. B. N. Rés. Y® 1214 et 1215, X 1272. Cf. Chama. d, 1900, donne analyse des chap. Sur Chamard cf. critique par P. Laumonier, *Rev. de la Renaissance*, 1901, mai-juin, p. 248-276.

I. Avis aux poètes surtout : Il ne faut dire plus qu'il n'est nécessaire, parce que la rime nous tient en grande sugecion. II. De la rime poétique, sur la valeur de la rime. Des vers fr. (de 2 à 12 syls), césures. Il y en a qui essayent des vers sans rimes, mais à décourager, avec la césure et nombre défini de syll. il n'y a pas assez de diff. entre prose et vers. Vers métrifiés. Epigramme, sonnet, etc., etc. Des licences poét., surtout contraction de syll. Le langage est encore trop incertain, il faut que le poète soit le juge de ce qui est bon, sobre et discret.

Un des traités les plus suggestifs, analysant l'état gén. de la langue, etc. Homme de vues larges, accessible au progrès et d'une lecture très étendue. Cf. Goujet, 1740.

1556. — Abbréviation de l'art poétique de Sibilet.

1560. — Pasquiers. — Recherches de la France (chap. : De l'origine de nostre poésie fr., De l'ancienneté et progrès de notre poésie fr.) Sur les vers mesurés et rime.

Cf. Feugère, 1849. — OEuvres choisies. Z 57266-67. Il championne la langue fr., déclare qu'elle est aussi susceptible de vers mesurés que l'italien et le latin, mais il faut un grand poète. Plusieurs chap. sont d'un grand intérêt pour la versif. et donnent une excellente idée de l'époque sur ces questions de rimes, de vers mesurés, etc.

1561. — Scaliger. — Poetices. Cf. 1890, Lintilhac. J. Scaliger, fondateur du classicisme, Nouv. Rev. 15 mai et 1er juin.

1562. — Ramus. — Grammaire fr. Favorise la quantité, regrette qu'il n'y ait pas en France un mouvement favorable à l'application du système de quantité.

1565. — Ronsard, Pierre de. — Abrégé de l'art poétique françois, Paris, G. Buon. B. Nat. Y 4328 A Pièce ; Rés. Y^e 202 ; Y^e 7429. Ed. par Blanchemin, t. VII, 1867, du texte de 1565 ; Marty-Laveaux, t. VI, 1887, du texte de 1567.

Sur le compte de syl., césure, alternance de masc. et fém., comment écrire des noms grecs et latins ; choix de mots, comment composer un poème ; élision de *o* ou *u*, syncope (com', donra), etc., voy. aussi ses deux discours sur la Franciade, et le Caprice à Simon Nicolas. Cf. Goujet, 1740.

1571-1587. — Feure (Fevre) Jean le. — Dictionnaire de rimes fr., Dijonnois, Paris, Richer. B. N. 8° Y^σ 4300 Rés.

1571. — Malherbe. — Commentaire sur Desportes.

Cf. Lalanne. — Œuvres de M., 5 vols, 1867-1869 ; Becq. de Fouquières. Poésies de M., 1874. Cf. Brunot, 1891.

1571. — De La Porte. — Les Epithètes de. Autre éd. en 1581.

1572 (1). — Tabouret (Tabourot), Etienne. — Dictionnaire des rimes fr., premièrement composé par Jean le Fevre Dijonnois.

1572-1582-1585. — Tabourot des Accords, Jacques. — Bigarrures, 1582... et les touches du Seigneur des Accords, avec les Apophtegmes du sieur Gaulard et les escraignes dijonnoises (dernière éd. 1662, 2 vol.). B. N. 8° Z 11714 éd. de 1614 ; 8° Z 17289, Rouen, 1640.

Les Bigarrures, Gay. 1866, 3 vol., 40 fr. tiré à 106 ex.
Les Touches... Ibid. 2 vol. 1863, 25 fr. Tiré à 106 ex.
Chap. sur vers léonins, vers de Lyon, vers coupés.
Contient recueil de vers latins et de quelques vers fr. des types employés à l'époque.

1573. — Autre art poétique françois, veufve Jean Ruelle. Cf. Buxeria, 1554.

1573. — Taille, Jacques de la. — Manière de faire des vers en français comme en Grec et en Latin. B. N. Rés. Y° 4272 ; Y 4657 A.

Sur la quantité et la mesure des syll. Donne la règle latine pour la longueur par position et montre que c'est la même en fr. Indications pour déteger des syll. longues et brèves. Le Français peut faire comme le Grec et le Latin. Il est difficile de mesurer les vers fr., mais on peut le faire, malgré ce que disent les critiques, et avec le temps on verra que la langue et la syntaxe s'y prêteront moyennant quelques changements. Cf. Egger, 1869, p. 292-295.

1574. — Baïf, Antoine de. — Etrenes de poesie fransoèze an vers mezurés. Spécimens de vers mesurés.

1575. — Corbin, Robert. — Traité de poésie et poëtes en vers fr. (dédié à Ronsard).

1579. — Estienne, Henri. — Précellence du lang. fr.
Cf. éd. de Ed. Huguet, 1896. B. N. 8° X 11458.
Préconise la langue fr. : elle vaut l'italienne, elle peut imiter les mètres lat., mais elle se prête mieux à la rime.

1581. — Fauchet, Claude. — Recueil de l'origine de la langue et poésie fr., rime et romans, plus les noms et sommaire des œuvres de 127 poètes fr. vivant avant l'an MCCC. 3 ex. B. N. Rés. X 894, 895, 896 ; X 2366 ; Rés. X 230.
Origine de la rime ; rythme : c'est la proportion qu'il y a entre deux temps de diverse longueur ; le rythme est un chant libre et non sujet à aucune loi ; le mètre est un chant contraint par certaine raison. La France a montré l'emploi de la rime aux autres nations de l'Europe.

1584. — Bèze, Théodore de. — De Franciae linguae recta pronuntiatione, Genevae. B. N. Rés. X 1932, 2701.
Cf. éd. de Tobler, 1868, Berlin, de l'éd. de 1584.
Prononciation des voyelles, cons. et dipth. Compare l'accent fr. avec l'accent grec et latin, règles pour la longueur. Sans portée directe pour la versif., mais aide à expliquer pourquoi le XVIe s. a tenu aux mètres et principes métriques des Anciens.

1584. — Bibliothèque de La Croix du Maine, de Du Verdier. Les deux dans : 1772. — Les Bibl. fr. de... édité par Rigoley de Juvigny, 5 vols.
Préface, Discours sur le Progrès des Lettres en France ; remarques import. par De la Monnoye, Bouchier, Falconet.

1585. — Pierre le Gaynard de la Chaume. — Promptuaire de l'Unisons ordonné et disposé méthodiquement pour tous ceux qui voudront composer promptement en ver fr., Poitiers. (Dict. de rimes.)

1588. — Des Accords, le sieur. — Dictionnaire de rimes prem. composé par Jean le Fèvre, augmenté et mis en ordre par... B. N. 8° X 1367, ou 8° Y° 4300 rés.

1596. — Odet de La Nouë. — Dictionnaire des rimes fr. selon l'ordre des lettres de l'alphabet : auquel deux traités sont ajoutés : l'un des conjugaisons fr., l'autre de l'ortographe fr. Cf. 1624.

1597. — Delaudun d'Aigaliers, Pierre. — L'art poétique françois. B. N. Rés. Y° 4283, éd. crit. par J. Dedieu, 1909, Toulouse.

I. chap. sur rime, dif. genres de vers, dipth., verbes ; II-III. Dif. genres de poèmes ; IV De la composition, invention, licences, etc. V. Comédie et tragédie. A peu près semblable aux autres arts fr. mais très détaillé.

Dix-septième siècle

1605. — Vauquelin de la Fresnaye. — Art poétique françois, où l'on peut remarquer la perfection et le défaut des anciennes et des modernes poésies. B. N. Rés. Y° 1804. Cf. éd. de Genty, 1862, Poulet-Mal.; de Pellissier, 1885, Garnier, avec Notice, Commentaire. Etude sur l'usage synt., la métrique et l'orthographe, Glossaire. (Arts poét. antér. à V. Ce que V. a empr. à ses devanciers, etc.)

Définition de l'ode, du sonnet, etc. Avis au poète. Le premier qui discute l'esthétique plutôt que la technique pure du vers. Manière absolument nouvelle de traiter le sujet de l'art fr. Cf. Goujet, 1740 ; Duchesne, 1870.

1610. — Deimier, le Sieur de. — L'Académie de l'art poétique où par amples raisons, etc... sont déduicts les moyens par où l'on peut parvenir à la vraye et parfaicte connaissance de la poésie fr. 592 p. B. N. Rés. Y^e 1218; Y^e 7203; Y^e 55924.

Sur les vers masc. et fém., sur les poèmes d'un nombre varié de syls, sur l'élision, la cacophonie, l'hiatus, etc. Les règles de la rime, sur la beauté de la rime, etc. Traité détaillé de l'esthétique du vers, avec des idées tout modernes. Mérite plus d'attention qu'on ne lui a donné jusqu'ici.

1613. — Esprit Aubert. — Les Marguerites Poétiques, Lyon. Un art Poétique sous le nom Poésie.

1618. — Godard, Jean. — La Nouvelle Muse ou les loisirs de J.-G. Lyon. Y^e 7570.

A la fin, un traité sur l'*h* aspiré, avec recueil des mots fr. qui commencent par l'*h* aspiré. Remarques sur l'emploi de l'*h* aspiré.

1620. — Broutesauge. — Les préceptes et briefves règles tant de l'ortographe fr. que de la prononciation, Bruxelles. B. N. X 13017.

Rien sur la versif.; utile pour la prononc. et l'ortographe de l'époque.

1620. — Louys du Gardin (s). — Les premières adresses du chemin de Parnasse pour monstrer la prosodie fr. par les menutez des vers fr., minutées en cent reigles. Il en existe trois ex. selon Langlois, 1902, p. VI, note 2 : 1° Langlois; 2° Bibl. de l'Arsenal BL 736 ; 3° Bibl. Pauline de Münster. Cf. Rücktæschel, 1889 qui en donne un résumé; Stengel, Krit. Jahrb. ü Fortschr. d. rom. Phil. I, p. 277; Saran, 1904, p. 20.

1622. — Sorel, Charles, sieur de Souvigny. — Vrai histoire comique de Francion, ou lutte de Malherbe contre Ronsard. Opinion contemp. sur la rime, etc.

1624. — Le Grand Dictionnaire des rimes fr. selon ordre alphab., Genève. B. N. Y 4343 : Y^e 7250.

La rime est au vers fr. ce qu'ont été les syll. l. et br. au vers gr. et lat. Chap. intéressant sur l'orthogr. expliquant beaucoup de rimes au xviie s.

1624. — Odet de la Noue. — Le grand dictionnaire de rimes fr., Genève.

1626. — Gournay, Mlle de. — Les avis ou les présents de Damoiselle de G. B. N. Z 4003, 3e éd. 1641.

Demande la liberté de la rime, mais la rime selon la prononc. de la cour de Paris. La rime est pour l'oreille et chaque mot qui satisfait l'oreille peut servir à la rime. Demande qu'on fasse renaître les bons vieux mots fr. et se fâche contre les rimeurs de son temps qui au lieu d'appliquer la ryme et les mots au poème, appliquent le poème à la ryme et aux mots : cherchant de tout leur soin quelle chose se peut ranger sur telle versif., non pas quelle versif. se peut ranger sur telle chose. Elle soutient et préconise la vieille, légitime poésie contre de si fâcheuses aggressions de la nouvelle, la parricide fille, etc. Elle fut la première à élever la voix contre les tendances artificielles et techniques de son temps. Cf. Goujet, 1740.

1630. — Malherbe. Œuvres. Cf. éd. de Lalanne, 1862. Hachette, 5 vol.

1640. — La Mesnardières, Jules de. — Art poétique. Selon Baillet, 1725, III, p. 59, très estimé des contemp. B. N. Y 89.

Un des arts p. qui ne traitent pas de la versif. à proprement parler, mais de la nature, la division et la structure du poème dram., de la fable, etc., etc. Cf. Goujet, 1740.

1647. — Bouille, le seigneur de. — Les Prémices de la Poésie, Le Mans.

1647. — Vaugelas. — Remarques. B. N. X 69, éd. de 1738. Cf. éd. de Chassang, 1880, L. Cef. 2 vol.

Chap. Des vers dans la prose, Périodes vicieuses en

la rime, en la cadence, en la mesure ; d'un intérêt spécial pour les règles de l'hémis. et pour la cacophonie.

1647. — Vossius, Gérard, Jean. — De artis poeticae natura et constitutione liber, Amsterdam ; Poeticae Institutiones (préceptes de l'art). La Haye. B. N. Y 100 a. c. ; Y 93 ; Y 95. Cf. Baillet, 1725, III, p. 56 dit qu'il a suivi Aristote dans ses préceptes de l'épopée et de la tragédie.

1650. — S. Antoine, Charles de. — Traité sur l'art des épigrammes, Cologne.

1652. — Colletet, Fr. — L'école des muses. B. N. Y^e 7204. Réimpr. sous : Le Parnasse, fr., 1664, Y^e 7206. Traite tous les sujets de la versif. en détail avec beaucoup de citations. Chap. sur la clarté des poèmes, bonté du langage, cacophonie ; sur tous les genres de poèmes, avec exemples.

1653. — Colletet, Fr. — Discours de l'épigramme. B. N. Y^e 7781.

1653. — Mercier. — De l'épigramme. Cf. Baillet, 1725, III p. 58.

1654. — Port Royal. — Règles de la poésie fr. (à la fin de la Nouvelle Méthode). Cf. 1656, 5e éd. Claude Lancelot. Nouvelle Méthode pour apprendre en peu de temps le latin, etc..., traité de la poésie fr., B. N. X 622 (disparu).

1654. — Scudéry, Georges de. — Alaric. B. N. Y^e 69. Sur la composition de l'épopée.

1655. — Brun, le père. — L'éloquence poétique, ou les Préceptes de l'art poétique autorisés par des exemples. Cf. Baillet, 1725, III, p. 62.

1655. — Colletet, Fr. A. — Traité de la poésie morale et sententieuse. Y 586-587.

1656. — Colletet, Fr. A. — Discours sur le poème Bucolique. Rés. Y^e 3733. Cf. Baillet, 1725, III, p. 57-58 sur les livres de C. en général.

1657. — Hédelin, l'abbé d'Aubignac. — Pratique du théâtre. Y 131. Sur la composition d'une œuvre dram. Cf. Baillet, 1725, III, p. 60-61.

1658. — Colletet, Fr. A. — Traité du sonnet. Rés. Y^e 3733 (3) ; Y 584.

1658. — Colletet, Fr. A. — Art poétique, 2 vol. Y 583-588 ; Rés. Y^e 3733. De l'Epigramme, Du Sonnet, Du Poème Bucolique ; De l'Eglogue ; De la Pastorale et de l'Idyle ; De la Poésie morale et sentent. Diff. éditions.

Origine, composition, nature, etc., des diff. genres de poèmes.

1658. — Chifflet, le P. — Essai d'une parfaite grammaire de la langue fr. X 9827, éd. de 1668. Sur la prononc. surtout.

1659. — Nicole. — En tête du Recueil d'Epigrammes, dissertation latine sur l'Art poét.

La beauté du vers réside dans les sons et les cadences. Cf. Baillet, 1725, III, p. 63.

1660. — Corneille, Pierre. — Discours de la tragédie, du poème, dram. des trois unités. Cf. éd. de Marty-Laveaux ; 1862, I. Grds. Ecriv.

1661. — Mambrun, le p. — Péripatétique (du poème épique). Cf. Baillet, 1725, III, p. 58-59.

1662. — Marolles, Mich. de. — Traité du poème épique. 3 vol. Y^c 5384-5386 Y 927 a. c.

Chap. sur la versif. porte que les règles sont trop sévères, il faut plus de liberté. Résumé des exigences de la versif. La lang. fr. se prête mieux au poème épique que l'italien. Protestation contre la sévérité des règles.

1663. — Bresche, Pierre de (M D S). — Le Montparnasse, ou de la préférence entre la prose et la poésie. Y 102.

1663. — Lancelot, Cl. — Quatre traités de poésie : lat., fr., ital., espag.

1663. — Lobkowitz, Juan Caramuel, — Primus Calamus campaniae, Rome. Cf. Morel-Fatio, L'Espagne au xvie et xviie s., p. 494, note Z 707.

1664. — Sorel. — Bibliothèque françoise.

1666. — Ménage. — Remarques sur la poésie de Malherbe. Y[e] 7666, 3e éd. 1722.

Sur les expressions et termes employés en poésie et en prose, sur le style, et l'emploi des mots. Remarques intéressantes sur la rime.

1666. — Le Parterre de la réthorique fr., Lyon, Potin. Cf. V.-le Duc, 1843 : Les principes, les règles sont mieux présentées et mieux déduites que ne le ferait supposer la bizarrerie de cette composition, p. 7-8.

1667. — Ablancourt, Frémont d'. — Dictionnaire de rimes (retouché par Richelet). Avec histoire de la rime. Cf. 1692, édition sous le nom de Richelet.

1668. — Lamy, le père. — Nouvelles réflexions sur l'art poétique. Y[e] 7226.

Rien sur la versif. Chap. sur le but et la nature de la poésie ; sur le p. dram., la comédie, la tragédie, le p. narratif, épique.

1669. — Gueret. — Le Parnasse réformé.

1669. — Du Perron, le Cardinal. — Perroniana, Genève. Z. 1868, éd. de 1740. — Scaligerana, Thuana, Perroniana, etc. Z 18278 dit que les P. ont été publiées à La Haye.

Réflexions du Cardinal par ordre alphabétique : accents, poésie. « Nostre langue n'est pas capable de vers mesurés ; elle n'a quasi point de longues et puis elle n'a nuls accens, et se prononce quasi toute d'une teneur, sans changement de voix ;... les articles aussi sont cause que nos vers ne sont pas si bien avec les mesures ; la transposition aussi qu'on est contraint de faire aux vers mesurés l'empêche encore. » Fréquemment cité.

1669. — Vavasseur, le père. — De epigrammata liber. Y 581. Cf. Baillet, 1725, III, p. 62, mentionne une édition de 1678. Traité compl. de l'Epigr.

1670. — Rapin. — Art poétique ou Réflexions sur la poétique d'Aristote et sur les ouvrages des poètes anciens et modernes. Ed. de 1684, 2 vol. Z 4054-4055. I. Les comparaisons des grands hommes de l'antiquité. II. Réflexions sur l'éloquence, la poétique, etc. avec le jugement qu'on doit faire de leurs principaux auteurs.

Le grand champion des anciens. Propose Aristote Homère et Virgile pour modèles. « La pureté de style qu'on cherche dans notre langue affaiblit la poésie ; on trouve peu de modèles de la grande poésie parmi les modernes. Les poèmes épique, dramatique et comique sont les formes parfaites. Les anciens doivent servir de modèles. » R. est une des plus grandes autorités du classicisme. Cf. Vavasseur, 1675, qui répond à ses Réflexions. Cf. Goujet, 1740.

1671. — Richelet. — La versification française ou l'art de bien faire et de bien tourner les vers, Y^e 7211.

Le traité peut-être le plus complet à tous les points de vue, et le plus souvent cité et imité. Contient : toutes les règles mécaniques de la versif. D'un intérêt spécial : 18. Manière de tourner les vers ; 19. Transpositions ; 20. Quand on peut les employer. 22-23. Mots qui font languir les vers, et qui n'entrent pas dans les vers ; 24. Des choses qu'on évite ; 26. Autres observations ; 27-28. Bons vers, méchants vers ; 29-39. Traité compl. de la rime. Beaucoup d'éd. entre 1700 et 1809.

1672. — Ménage. — Observations sur la langue française, 2 vol. X 1317, 2e éd. de 1675.

I. Surtout sur l'orthographe et la prononciation. Attaqué par Bouhours, 1674, t. II, est une réponse aux critiques de B. Très intéressant pour l'emploi des mots et la prononciation.

1673. — Vossius, Isaac. — De poematum cantu et viribus rhythmi, Oxonii. Y 411. Cf. Baillet, 1725, III, p. 63-64.

Très important pour la question du rythme. Sa définition est souvent citée par les partisans du système clas. et par les modernes, comme Dubroca, Bonaparte, Saran, etc.

1674. — Boileau. — L'art poétique. Grand nombre d'éditions. Son importance et son influence sont bien connues. Cf. Goujet, 1740.

1674. — Bouhours, P. — Doutes sur la langue fr. X 13329.

Remarques et réflexions sur le style, la rime, l'emploi de certains mots et des expressions déjà discutées avec lui. C'est sans doute une critique contre Ménage, qui réplique, t. II, dans les Observations, 1674.

1674. — Desmarets de Saint-Sorlin. — Remarques sur l'art français de M. Boileau, dans : Défense du poème épique, Y 5146 ou Y 4342.

1674. — Les Isles le Bas. — L'Appollon François.

1675. — Le Bossu, le père René. — Traité du poème épique. Y 565. Souvent cité.

1675. — Des Marests, J. — La défense de la poésie et de la langue fr. Pièce Y 4342, 30 p.

Epître en vers dithyr. en défense des poètes fr. et contre les anc.

1675. — Vavasseur, le père. — Remarques sur les nouvelles réflexions touchant la Poétique. Y 373.

C'est déjà la querelle des anc. et mod. V. critique les Réflex. de Rapin et soutient les modernes. Les deux livres forment une étude très intér. Cf. Goujet, 1740.

1678. — Dialogue de la raison et de la rime. Mercure Galant, déc. p. 199-221.

Dialogue spirituel où la raison essaie de se montrer supérieur et de persuader à la rime de suivre ses préceptes. La rime refuse et la raison lui dit d'aller toute seule avec les gens qui veulent la rime sans la raison.

Donne une bonne idée de ce qu'on pensait de la rime.

1683. — Petit, Pierre. — Fureur poétique, en tête de ses Poésies.

1685-1689. — Baillet, Adrien. — Jugemens des Savans sur les principaux ouvrages des auteurs, revus, corrigez et augmentez par de la Monnoye. Z 7751-7758. Z 41193-41201. Rés. Z 1453-1459. Plusieurs éd.

Analyse et critique d'environ 50 auteurs d'art. p. Références et 110 jugements touchant auteurs contemp.

1684-1685. — Mourgues, le père. — Traité de la poésie fr., Toulouse. 2ᵉ éd. 1697, Yᵉ 7219.

I. La versif. en trois parties : 1º la rime qui fait le propre caractère de la poésie dans les langues vivantes ; 2º le nombre des syll. qui fait la différence de nos vers ; 3º arrangement des vers qui fait la diversité des pièces. Traité très détaillé de la rime, de la prononc. des sons. Est-ce que Quicherat n'en a pas tiré beaucoup de ses règles ? Comparaison à faire. II. Syll., Hiatus, Enjamb. ; le premier à donner une explication satisfaisante contre l'enj. : dans la lecture on est obligé de s'arrêter sensiblement à la fin de chaque période et de chaque membre de période : et comme d'ailleurs on est obligé de faire un arrêt sensible à la fin du vers pour faire mieux sentir la rime ; si ces deux pauses ne concourent point ensemble, celle qui se fera à la fin du vers semblera peu naturelle, parce que le sens ne sera pas fini ; et celle qui se fera avant la fin du vers sera peu harmonieuse, à cause que ce ne sera point là le lieu de la rime. Pour éviter cela on a soin de terminer le sens sur un mot qui serve de rime et par ce moyen l'esprit et l'oreille sont également satisfaits. « C'est encore le point de départ de la discussion de l'enj. et du rythme. Un des traités les plus complets et les plus logiques. Dans l'édition de 1724 il y a une critique du Journal des Sav.

1688-1697. — Perrault. — Parallèles des Anc. et des Mod.

1688. — Fontenelle. — Digressions sur les Anc. et Mod.

1692. — Richelet. — Dict. de rimes dans un nouvel ordre, avec abrégé de la versif. et Remarques sur le nombre des sylb. de quelques mots difficiles. 2ᵉ éd. de 1667. Ablancourt, 1700, 1702, 1721, 1732.

1694. — Boileau. — Réflexions sur Longin.

1694. — Croix, sieur de La. — Art de la poésie fr. et latine, en trois parties, avec une idée de la musique sous une nouvelle méthode, 432 p. Yᵉ 7221.

Contient : 1ʳᵉ partie les règles ordinaires de la versif., très nombreuses et complètes, dont quelques-unes sont nouvelles. Le chap. IV est le plus intér. : la dif. entre le latin et le fr. et les raisons pour la rime et la césure : « nous n'élevons la voix qu'au commencement du sens : si bien que si une mesure commençait au milieu d'un mot, et finissait au milieu d'un autre, il serait impossible à la voix de la distinguer par aucune inflexion, comme elle le fait en latin. Pour bien distinguer donc toutes ces mesures et en faire apercevoir aux oreilles la distinction par un élèvement de voix au commencement, et un rabaissement à la fin, il faut que chaque mesure contienne un sens parfait, et qu'elle soit grande ; ce qui fait que chacun de nos vers n'est composé que de deux mesures, qui le divisent en deux parties égales, dont la première s'appelle hémistiche. Or l'égalité de ces mesures dépend d'un nombre égal de voyelles ; car toutes ces voyelles se prononçant dans notre langue avec un tems égal, il est certain que si deux expressions ont un nombre égal des voyelles, les tems de leur prononciation doivent être égalisés », etc. On n'a rien écrit de mieux. Chap. remarquables sur valeur des syll., vers mesurés, stances, diff. genres de poèmes, (épique, dram., etc.); à la fin liste de 20 poètes anc., 60 modernes, 20 qui ont écrit sur l'art poét., 39 dramaturges, leurs œuvres. Un des livres les plus curieux.

1694. — Brossette. — Correspondance entre Boileau et Brossette, publiée sur les mss. orig. par Aug. Laverdet, 1858. Z 15221.

Coresp. intér. sur de nombreux points touchant la versif., licences poét. (e. g. lettre 121, 155). Donne une bonne idée de la grande importance d'une diction correcte, etc.

1694. — Delaporte, Le père Victor. — L'art poétique de Boileau commenté par ses contemporains, Lille, 3 vol. 8° Y° 4032. Cf. Brunot, 1891.

1695. — Callières, François de. — Du bel esprit. R. 19175.
De très peu de valeur pour la versif.

Avant 1700. — Duvau-Foussard. — Règles des vers fr., s. d. 4°.

Dix-huitième siècle

1706. — Mervesin, l'abbé. — Histoire de la poésie fr., 336 p., Y 4345 ; Y° 7255.

Œuvre de Marot pour le développement de la versif.; influence de Malherbe ; négligences des poètes (césure, rime, enjamb., etc.). La poésie fr. a dégénéré sous et après Ronsard dans les négligences, trivialités et l'élégance superficielle ; Malherbe arriva. Très intér. pour ses appréciations sur les contemp.

1706. — Regnier Des Marais. — Grammaire fr. X 2377.
Pour la prononc. et l'ortographe.

1707. — Motte, M. de la. — Odes avec un discours sur la poésie en gén., et sur l'ode en particulier. Y^e 8962.
Sur l'ode, la rime, et le but de la poésie, de plaire, de l'ode, d'instruire.

1709. — Buffier, le père Cl. — Grammaire fr. sur un plan nouveau, avec abrégé des règles de la poésie fr. (1714, 1728) X 9839.
Prononc., l'orthographe, emploi de mots et d'expressions.

1710. — Callières, François de. — Discours prononcé à la réception de M. de la Motte, dans : Disc. Acad. X 5369.
Eloge de La Motte.

1711. — Prépetit de Grammont. — Traduction en vers fr. de l'art poét. d'Horace, plus un Traité de versif. fr. Y^e 6157.
Le traité, p. 427-547 contient : Les princ. règles, aussi chap. sur les stances, strophes, les diff. genres de poèmes, sonnet, etc., avec suggestions pour goûter la poésie. Livre intér.

1712. — Gacon, Fr. — Les Odes d'Anacréon et de Sapho. Préface, trois discours en faveur de la poésie et des poètes, des anc. et des modernes, et des traductions en vers, p. 1-204. Y^b 1497.

1713. — Frain du Tremblay. — Discours sur l'origine de la poésie, sur son usage et sur le bon goût. 312 p. Y 472.
Pas de règles. Défense des anciens, discute sur Mme Dacier et Bossu. Préconise la moralité et la noblesse dans la litt., et surtout la poésie.

1714. — Fénelon. — Lettre à l'Académie, 20 janvier, sur la rime, publiée par ordre de l'Acad. en 1716, 1718 ; cf. éd. de Didot, 1787-1792, III ; de Lebel, 1820-

1824, XXI ; Homère et les Anciens ; cf. aussi Du Cerceau, chap. X, 1730.

Chap. Projet de poétique, contient : Fameuse lettre contre les règles sévères de la versif., contre les exigences de la rime. « Souvent on ajoute deux ou trois vers pour la rime, on perd en clarté, variété, facilité, harmonie, en noblesse des expressions ; elle ne nous donne qu'une uniformité des finales qui est ennuyeuse ». Voltaire y répond dans Lettre à M. de Cideville, 13 août 1731. Du Cerceau, 1730 ; Delzons, 1850, Opuscules Acad., H. p. 62. A suscité toute une bataille littéraire.

1715. — Duval de Tours. — Nouveau choix de Poésies (Préface sur la rime et l'e muet).

1715. — Terrasson Jean. — Dissertation critique sur l'*Iliade* d'Homère où à l'occ. de ce poème on cherche les règles d'une poétique fondée sur la raison et sur les anciens et les modernes. 2 vol. Y 253.

1716. — Chalons, Vincent Claude (M. L. Z. B. de). — Règles de la poésie fr. avec des observations crit. sur les règles de la versif. fr. qui sont à la fin de la méthode latine de Port Royal, où l'on trouvera en même temps des règles nouvelles qui condamnent les défauts de nos poètes mod. pour n'avoir pas observé l'exactitude requise dans la composition des vers fr. 402 p. Rés. Yᵉ 1219. Yᵉ 7222, éd. de 1726, Yᵉ 7223.

Critique point par point de Lancelot. La nouv. méthode. Livre très intér. pour montrer l'égotisme de Chalons et le sérieux qu'on apportait à la rédaction d'un livre. On y trouve de très fines analyses et discussions sur l'enjamb., la valeur des syll., la rime, etc.

1716-1717. — Gaullyer. M. — Règles pour la langue latine et fr., à l'usage des collèges de l'Université de Paris, en

cinq parties. 5 vols. t. IV, p. 1-185 sur la versif.
fr. X 8520 ; X 719,4.

1° Diff. genres de vers ; 2° diff. manières de les combiner ; 3° règles. Statistique de toutes les combinaisons possibles des types de vers, absolument unique. Pour le reste comme les autres traités, à part que les exemples sont exceptionnellement nombreux. Cf. Goujet, 1740.

1717. — Dangeau, l'abbé. — Réflexions sur la grammaire fr., Rés. Y° 1932.

Prononc., choc des voyelles, orthographe, formation des voyelles.

1717. — Mervesin, Joseph. — Histoire et règles de la poésie fr., Amsterdam, Royer. Cf. V.-le-Duc, 1843, p. 9 ; Mervesin, 1706.

1719. — Du Bos. — Réflexions sur la poésie et sur la peinture, 2 vol. Y 445-446, éd. de 1733, 1740, 1746, 1755, 1770. I, 695 p.

Chap. 35 comparaison du vers lat. avec le fr., ses avantages : « plus de facilités, sons plus sonores, plus de transpositions, règles plus faciles et plus précises pour la longueur des sylb., dont résulte un rythme plus musical ; rime coûte le plus cher et donne le moins de beauté comme récompense et estropie souvent le sens du discours et elle l'énerve presque toujours. Les Français comme descendants des barbares n'étaient pas assez cultivés pour développer un système comme celui des Latins, donc adoptèrent la rime qui donnait du plaisir. » Un livre très intér. et d'une valeur exceptionnelle pour l'étude des systèmes et de la civilisation antiques et français. Cf. Goujet, 1740.

1719. — Voltaire. — Lettre sur *Œdipe* Yf 6576-6577.

Lettre V sur la rime. Contre la tyrannie. « Donnez aux poètes de nouvelles rimes et vous leur donnez de nouvelles pensées. On est obligé de chercher une pensée pour la rime, parce qu'on ne peut trouver de rime pour exprimer ce qu'on pense. » Cf. 1730.

1720. — Bruzen de la Martinière. — Nouveau Recueil des épigrammatistes fr. avec observations sur le sonnet, le rondeau et le madrigal, sur le style marotique, et un abrégé des règles de la versif. fr. par Richelet. Y^e 11952, Amsterdam. Cf. Goujet, 1740, III, 325.

1722. — Huet, l'abbé. — Huëtiana ou Pensées diverses. Z 18216. Chap. 13. Différence essentielle entre la prose et les vers. Chap. 78. L'origine de la rime.

1725. — Malherbe, V. — La langue fr. expliquée dans un ordre nouveau..., et un abrégé de la versif. X 9859. Abrégé, p. 289-342.

1726. — Chansierges, M. de. — Dissertation sur la rime, dans : Mémoires de lett. et d'hist. II. 5. recueillies par Moletz.

Attaque violente contre la rime. Cf. l'analyse, dans : Bibl. Fr. ou Hist. Littér. de la France, IX, p. 25-27.

1726. — Rollin. — De la manière d'enseigner et d'étudier les belles-lettres, 4 vols. Z 10606-10609, éd. de 1751, Halle, Francke.

Le premier à dire : ce qui est un plaisir pour l'oreille dans une langue, comme la rime, peut être choquant dans une autre. La rime et le compte de syll. viennent des langues germaniques. Le manque de longueur des syll., de pieds, etc., a nécessité « pour arriver à son but, qui est de flatter l'oreille, de chercher d'autres grâces et d'autres charmes, et suppléer à ce qui lui manquait d'ailleurs par la justesse, la cadence et la richesse des rimes, ce qui fait la principale beauté de la versif. fr. ». Utilité de l'étude pour la jeunesse. Résumé admirable de la valeur d'une étude de la versif. D'une très grande valeur à tous les points de vue.

1728. — Gaullyer. — Règles de poétique, tirées d'Aristote, d'Horace, de Despréaux, et d'autres célèbres auteurs, 505 p. Y 374.
Liste de 12 auteurs qui ont écrit sur l'art fr. Citations surtout de Boileau. Diff. genres de poèmes et leur structure.

1728. — Longue, M. de. — Argénis de Barclay, roman héroïque, 2 vol. Y^2 6174, t. II, lettres VI et VII, p. 335-342 contre la rime et pour les vers libres.

1729. — Remond de Saint-Mard. — Examen philos. de la poésie en général. Cf. 1734.

1730. — Du Cerceau, le père Jean A. — Réflexions sur la poésie fr., Amsterdam, éd. de 1742, Paris. Y^e 7229, 458 p.
« En quoi consiste ce qui fait le caractère propre du vers fr. et ce qui le distingue essentiellement de la prose ? » (Sujet traité pour la prem. fois.) Dans la construction et le tour de la phrase, l'inversion surtout. Loi : « Un vers pour être véritablement de la poésie et non de la prose doit être tel qu'en rompant la mesure et en supprimant la rime, on ne laisse pas de retrouver, même dans cette espèce de démembrement, un air de poésie et un langage véritablement poétique. » Chap. sur les diff. transpositions possibles et leur effet. Questions comme : Difficulté de la poésie fr. Réponse aux objections contre ses arguments.

Un des traités le plus suggestif et parfait, traitant surtout la technique, l'esthétique, les difficultés, la nature, les possibilités du vers fr., la différence entre la prose et le vers, discutant sur beaucoup des problèmes difficiles qu'on traite aujourd'hui sous le nom de rythme. Un livre qui montre admirablement les difficultés, la finesse, les beautés, et en général, l'esprit du vers fr. Cf. Goujet, 1740.

1730. — La Motte, Houdar de. — Les œuvres de théâtre

avec plusieurs discours sur la tragédie. 2 vol. Yf.
3882 ; éd. de 1854, Prault. Z 24171-4.

Cf. A l'occasion des Mashabées, p. 48-68 considère
la versif. à deux points de vue : a) comme l'assujettissement aux conditions qui constituent le vers;
b) comme les discours ou les pensées mêmes réduites à ces conditions. « La rime est un tyran
qui a mené aux jeux de mots, figures bizarres et
allusions éloignées. Il faut être naturel, même si
l'on néglige les règles. »

Dis. à l'oc. de l'*OEdipe*, expose pourquoi il vaudrait
mieux écrire des drames en prose qu'en vers.
Réponse à Voltaire. Arguments contre l'ode de
La Faye. Résumé : « il y a des gens qui écrivent
de bons vers malgré les difficultés. Encouragez-les.
Il y en a d'autres qui ont du talent. Encouragez-
les aussi, et laissez-les écrire en prose, même des
tragédies. Cf. Lacombe, Poétique de Voltaire, p. 5-
14. Cf. J. des Savants, 1730, avril, p. 195-201.

1730. — Restaut. — Traité de versif. fr., à la suite de la 2ᵉ éd.
des Principes généraux et raisonnés de la gram.fr.,
éd. de 1732, p. 477-547. X 9862, 11ᵉ éd. 1794.

Tiré d'autres traités, et surtout de Boileau.

1730. — Voltaire. — Préface de l'édition de 1738 d'*OEdipe*.
Cf. 1719.

Réponse à La Motte sur les trois unités et la rime.
Il demande plus de liberté, mais en gardant l'harmonie et la mesure. Cf. aussi Lettre à Tovazzi,
24 janvier 1761.

1731. — Voltaire. — Préface de Brutus : Disc. sur la tragédie. Yf. 6301.

Après avoir été en Angleterre (2 ans) et y avoir
écrit le 1ᵉʳ acte de Brutus en anglais il constate
« la sévérité de notre poésie et l'esclavage de la
rime. » Malgré toutes les difficultés il faut garder
la rime, l'enjamb., etc., mais « voilà pourquoi il

est plus aisé de faire cent vers en toute autre langue que quatre vers en fr. ».

1731. — Lérizet de la Faye. — Odes (2). Pour la rime, réponse à M. de La Motte. Cf. Bonaparte, 1825, II, p. 49-50 pour l'ode et p. 50, pour la réponse de La Motte.

1731. — La Bibliothèque des Poètes Latins et Fr. Y 4344.

1732. — Buffier, Claude. — Cours de sciences, p. 266-290. Abrégé nouveau des règles de la poésie fr. Z 341.

1732. — Nivelle de la Chaussée. — Épître de Clio. Y 5427, p. 1-33, épître en faveur de la rime.

1734. — Remond de S.-Mard. — Réflexions sur la poésie en général, sur l'Églogue, sur la Fable, sur l'Élégie, sur la Satire, sur l'Ode et sur les autres petits poèmes comme Sonnet, Rondeau, Madrigal, etc., suivies de trois lettres sur la Décadence du Goût en France, par M. R. D. S. M. La Haye. Y 575. Cf. Goujet, p. 138-142.

Sur l'esclavage de la rime. « La convention et l'habitude ont fait de la rime un tyran et un plaisir. Tout est sacrifié à ce plaisir de convention, et l'on fait tous les jours cent insultes à notre raison par les sots égards qu'on a pour notre oreille. » Contre l'idée de l'inversion de Du Cerceau ; contre de La Motte. D'une très grande valeur.

Cf. Bibliothèque fr., ou Hist. littér. de la Fr. XX, article 8, p. 130-145. Z 43137.

1734. — Nicolas, le sieur. — Lettre au sujet d'un livre intitulé :

Réflexions sur la poésie, etc. Y 441, 77 p.

Analyse et discussion du livre de Remond de S. Mard. Rien de nouveau.

1735. — Lettre à Mme de... sur l'ouvrage publié par Remond de S. Mard sur la Poésie. Bibl. Fr. ou Hist. littér. de la France, XX, p. 130-145. Z 43137.

1735-1736. — Prévost d'Exiles. — Le Pour et le Contre. Z 12832, t. VI ; 12836, t. X.

T. VI, p. 64-72, un correspondant écrit contre la rime, recommande un nouveau système : compte exact des syls. et entremêler à la fin des vers les syls.-masc. et fém. Donne des poèmes sans rime. Il suit les arguments de Prévost contre la rime, t. X, p. 242-64, 278-88 contre Bouhier : Préface dans Pétrone.

1736. — Olivet, l'abbé J. Thoulier d'. — Traité sur la prosodie fr. éd. 1753, 1755, 1804, 1810, 1817, 1824, éd. de 1753 avec une dissertation de M. Durand sur le même sujet. Y^e 29285, 138 p., 1re éd.

Contenu : Défense de la poésie fr. Chap. intér. sur l'accent, « Il n'y en a pas comme en latin et grec », sur la quantité. Idées tout à fait modernes sur les questions de l'accent et de la quantité ; tout ce qu'il y a de raisonnable. Un des livres les plus suggestifs sur l'esthétique du vers fr. Souvent cité et mal cité. Cf. Bonaparte, 1819 ; Barbieux, 1853. Dubroca, 1824.

1737. — Bouhier, le Président. — Poème de Pétrone sur la Guerre civile. Préface (en faveur de la rime) Y^e 800. Cf. Trublet, J. des Sav. 1737.

1737. — Longue, M. de. — Raisonnemens hasardez sur la poésie fr. Y^e 7237, 213 p.

La rime est-elle nécessaire au vers français ? Y a-t-il un style ni prose ni vers ? En faveur d'une réforme de la rime. Compare les deux systèmes : français et anciens. La rime est aussi ennuyeuse dans le vers français que la quantité dans le vers latin. Suggère un vers sans rime ou un vers avec rime au nombre indéfini de syllabes (bons exemples). « On pourrait bien imiter le vers latin et écrire des vers sur les modèles latins et peu à peu éliminer la rime. » Il prédit un vers sur ses principes dans les générations à venir. Les Symbolistes en ont fait. Très suggestif ; montre que les questions discutées aujourd'hui l'étaient déjà au xviiie siècle. Cf. Goujet, 1740.

1738. — Nadal, Augustin. — Lettre à Mme la Prés. Ferrant touchant la préférence de la rime sur la prose.

1738. — Olivet, l'abbé d'. — Remarques de grammaire sur Racine, X 13358. Sur la Préface de Bouhier, soutient la rime.

1738. — Soubeiron de Scapon. — Observations critiques sur les remarques de grammaire d'Olivet.

1739. — Gyot, l'abbé. — Réflexions dans : Racine Vengé (sur la rime).

1739. — Massieu, l'abbé. — Histoire de la poésie française. Y[e] 7256, 349 p.

Surtout sur l'origine de la poésie française. Très bon livre sur le développement de l'art de faire des vers.

1740-1756. — Goujet. — Bibliothèque française ou Histoire de la littérature française, Q. 3425.

III, chap. 3, p. 86-144 : Des écrits modernes sur l'art poétique. Chap. 4-16. Bibliographie sur le poème épique, la tragédie et la comédie, la poésie lyrique et l'ode, la poésie pastorale, l'églogue, l'idylle, l'élégie, la fable, la satyre, l'épigramme, le sonnet, le madrigal, le rondeau, sur des écrits où l'on examine si l'on peut faire des poèmes en prose, sur la rime, sur les règles de la versification et les dictionnaires de rimes. Paris. Q. 3427.

Donne analyse et critique des traités de : Jardin de la Plaisance, Fabri, S_ilet, Peletier, Vauquelin, La Mesnardières, Ronsard, Mlle de Gournay, Rapin, Vavasseur, Boileau, Buffier, Du Bos, du Cerceau, Remond, Gaullyer, etc., etc.

Livre d'une valeur inestimable pour la bibliographie de tout ce qui concerne les questions de versification, surtout la question de la rime ou des vers sans rime.

1742. — Gottsched. — Kritische Dichtkunst (sur le rythme fr., p. 78).

1743. — Desfontaines, l'abbé. — Traduction de Virgile. Y 13061-13064. 4 vol.

Sur la monotonie de la rime et de l'hémistiche, les désavantages de la versification française et le vice radical de nos vers. « La rime, ornement dont l'origine est barbare et qui en lassant l'oreille par une insipide répétition de sons, n'a d'autre avantage que de soulager la mémoire et de lui aider à retenir les vers. L'égalité des hém. dans les vers alex. est encore une autre source de fatigue et d'ennui. Pour y remédier il faudrait écrire en décasyl. à cause de la variété des hém.

1746-1763. — Batteux, l'abbé Charles. — Principes de la litt., Lyon, 5 vols. Z 10693-10697.

Contenu : Les B.-Arts se réduisent à un principe — l'imitation. Il l'applique aux dif. genres de poèmes, V sur la prose métrique et le rythme, inversion, accents, e muet. Le premier à traiter de la valeur aurale et de l'effet de l'e muet sur la versif. « En un mot, il se montre quand il peut être utile et disparaît quand il est de trop », ce qui vaut tout autant que les recherches modernes. Très bon livre.

1747. — Racine, Louis. — Remarques sur les tragédies de J. Racine (Réflexions sur la poésie, éd. de 1847, Z 28231-2. 4 vols.

Cf. Bonaparte, 1825, II, p. 108-126; Martinon, Mer. de France, 1909, févr., p. 635.

Grand champion de la poésie et de la versif. fr. Expose les avantages et les défauts de la rime, la nécessité des règles et comment elles se sont formées et pourquoi elles sont inséparables de la versif. « L'harmonie du discours consiste dans l'arrangement des mots, ce que j'appellerai l'harmonie mécanique ; et dans le rapport de cet arrangement avec les pensées, ce que j'appellerai l'harm. imitative. L'unique but des règles de la versif. a été la réunion de ces deux harmonies pour contenter à la fois l'oreille et l'âme. »

1748. — Durand. — Dissertation en forme d'entretiens sur la prosodie fr. ; cf. Dict. angl. et fr. de Boyer, Londres ; publ. par Girard, dans Synonymes Fr. 1770. I. 19 p. de prosodie. Cf. aussi Olivet, Synonymes fr., éd. 1767.

Explique sous forme de conversation la différence d'accentuation entre le fr. et le lat.

1749. — Fontenelle. — Discours à l'Académie. 25 août. Une des meilleurs défenses de la rime. Z 24223.

1749. — Gaillard, G. — Poétique fr., à l'usage des dames. 2 vols. 402, 404 p. Tiré des autres traités.

1771. — Richelet. — Dictionnaire de rimes. Avec un Traité de la versific. et des ouvrages en vers, par Ph. Joly. Rien de nouveau.

1752. — Boyer, A. — Dict. royal fr. et angl., avec une Dissertation sur la Prosodie fr. Cf. Durand, 1748.

1752. — Joannet, l'abbé Cl. — Éléments de poésie fr. 3 vol. Compagnie des Librairies.

1753. — Boindin, Nicolas. — Réflexions critiques sur les règles de la versif. 2 vol. Z 27525-27526.

Avantages de la rime, repos, mesure, nécessité d'éviter l'hiatus et les enjamb., valeur et fonction de l'e muet, contradiction des règles, quantité des syll., etc. Un des livres les plus importants sur presque toutes les questions délicates relatives au rythme, à la rime, à la diff. entre la prose et les vers. Il est douteux qu'on ait mieux fait au xixe et xxe s. Au xviie s. on discutait les mêmes sujets, mais plus simplement, plus directement qu'au xxe s.

1754. — Brumoy, le père. — Traité de la poésie fr. du père Mourgues, revu par le père Brumoy.

1754. — Fontenelle. — Sur la Poésie en général, t. IV. Œuvres. Amsterdam. Z 24223.

P. 249-81 sur les origines de la poésie et la nécessité des règles. Discours, 25 août, 1749, p. 283-292, en faveur de la rime. Pensées sur des matières de litt., p. 373-374 ; Discours sur la nature de l'Eglogue, p. 147-207, t. VI œuvres diverses.

1754. — Lamotte-Houdar. ou Houdar de Lamotte. — La libre éloquence. Œuvres Compl. II. Ode contre la rime à laquelle La Faye a répondu. Cf. Bonaparte, 1825, II, p. 47-55 pour toute la dispute.

1754. — Wailly, Noël François de. — Grammaire fr. La même que : 1763. Principes généraux et particuliers de la langue fr., avec abrégé de la versif. fr. IIe éd. en 1790, d'autres éd. 1808-1831.

1757. — Hardouin. — Remarques diverses sur la prononc. et sur l'orthographe. Cf. aussi article dans l'Encyclopédie de Diderot sur l'hiatus.

1761. — Irailh, A. S. l'abbé (attribué à l'abbé Raynal). — Querelle Littéraire, ou Mémoires pour servir à l'Histoire des Révolutions de la République des Lettres depuis Homère jusqu'à nos jours, 4 vols.

I Résumé de la querelle des anc. et mod. II p. 257-274 versif. et rime : résumé de la question des vers sans rimes, de la poésie sans vers, des disputes entre Fénelon, La Motte, etc.

1762. — Girard, l'abbé. — Synonymes Fr. et Traité de la Prosodie fr. par l'abbé Olivet, Francfort, Kessler. 324 p. Traité, p. 245-324.

Accents, aspiration, quantité, utilité de la prosodie.

1763. — Bouchaud, M.-A. — Essai sur la poésie rythmique. Y 412, 144 p.

Origine et histoire des vers rythm. et métriques, leurs principes. Important et utile pour l'étude de la période de transition entre le IVe et le IXe s.

1763. — Marmontel. — La Poétique fr. 2 vols. 436, 555 p.
Y° 7241.
2 parties : a) idées gén. et principes généraux; b) application aux divers genres de poésie. Observations sur l'harmonie du style et sur le rythme des langues anc. et mod., sur l'alternance des rimes masc. et fém., les césures et les raisons de les conserver, la valeur des sons; analyse des diff. vers et des sujets auxquels ils servent le mieux. En gén. discussion sur l'esthétique des diff. règles et leur raison d'être ; les théories, et la relation entre les pensées exprimées et la forme employée.

1766. — Lacombe J. — Poétique de Voltaire, ou Observations recueillies de ses ouvrages concernant la poésie et la versif. fr. 2 vols. en un, 565 p. Y° 7244.
Sur des sujets variés, comme la rime, la réponse à La Motte, les vers blancs, la poésie épique, le théâtre, la comédie angl., etc. Livre très utile surtout pour l'étude de V.

1767. — Olivet, l'abbé d'. — Remarques sur la langue fr., dans Synonymes fr. avec Traité de la Prosodie fr. avec une Dissertation en forme d'entretien sur la Pros. fr. par M. Durand, ministre à Londres. (Le traité est le même que dans l'éd. de 1736. La dissertation a été publiée en 1748, comme Préface au Dict. royal angl. et fr. de Boyer.

1767. — Porte, l'abbé J. de la. — École de litt. tirée de nos meilleurs écrivains. 2 vols.

1769. — Coste d'Arnobat, C. — Observations sur la poét. fr., Amsterdam. 255 p. Y° 7245. Critique de Marmontel.
Défenseur du siècle de L. XIV, il attaque presque tout ce que M. a dit.

1770. — Voltaire et d'Alembert. — Correspondance, publiée par Beuchot. 1833. Lettres à d'Al. et de d'Al. à V., 11 mars, et 19 mars sur l'hiatus. Cf. Braam, 1884, p. 57 ; Ducondut, 1863, p. 134.

1770. — Sacchi, le père, Giovenale. — Della divisione del tempo nella musica, nel ballo e nella poesia, Milano.

> La versif. rythmique est le lien et le principe commun de tout système de versif. Scoppa en l'amplifiant en a tiré tout son système, ou théorie de non assimilation de la poésie à la musique en ce qui touche la mesure du temps. Cf. Choron, 1812, Rapport, p. 9; Renouvier, Crit. Philos. II, p. 197, 1885.

1771. — Clément, Jean-Marie. — Observations critiques sur la nouvelle traduction en vers fr. des Georgiques de Virgile et sur le poème des Saisons, de la Déclamation et de la Peinture, Genève. 496 p. Z 12741.

> Comparaison entre les deux langues ; l'avantage du latin sur le fr. Le vers fr. a une construction fort bornée, point d'enjamb., il ne peut marcher seul, le joug de la rime, l'enchaîne nécessairement avec un autre, et pour surcroît, il faut quelquefois faire quatre vers pour en amener un, etc.

1771. — La Serre. — Poétique élémentaire, Lyon, Périsse.

1771. — Trévoux. — Dictionnaire.

1772. — Calvel, E. — Encyclopédie littér., ou Nouv. Dict. raisonné et universel d'éloquence et de poésie. 3 vols. Z 20462-20464.

> I. Alexandrin, hist. et structure. Articles sur l'art fr. de Boileau, cadence, bout-rimés, césure, etc., etc.

1772. — Juvigny, Rigoley de. — Les Bibliothèques Fr. de La Croix du Maine et de Du Verdier, 5 vol. Cf. 1584, Bibliothèque.

> Discours sur le Progrès des lettres en France, p. 19-90, bien des choses intéressantes touchant la poésie et la versification.

1772. — Richelet. — Versification fr. Cf. 1671.

1780. — Cournant, de. — Les Styles. Essai sur les différents styles dans la poésie, en 4 chants (Sur l'harmonie imitative).

1784. — Mercier. — Mon bonnet de nuit, II, p. 254.
Critique « nos lourds hémistiches, rime monotone et sempiternelle qui rend la versification insupportable à toute oreille exercée à la poésie latine, angl. et ital. ». Cf. Bonaparte, II, 1825.

1785. — Piis, de. — L'harmonie imitative de la langue française, en 4 chants, chez l'auteur; réédité en 1788.

1787, 1806, 1825. — Marmontel. — Œuvres choisies. X Éléments de lit. VIII. Quels sont les ouvrages anc. et mod. où sont tracées les règles de la poésie? Cf. Bonaparte, 1825, II; Braam, 1884, p. 58.

1796. + Framery. — Avis aux poètes lyriques sur la nécessité de mettre du rythme, dans les vers destinés au chant.
Difficulté d'appliquer de la musique aux vers fr. en suivant les règles de la versif.

1798. — Gyllenborg. — Farsœk om Skaldekonsten, ou Essai sur l'art poét., Stockholm.

1799. — Laharpe. — Cours de litt. 3 vol. Z 10745.
Sur la supériorité de la langue lat. sur le fr. « Notre harmonie n'est pas un don de la langue, elle est l'ouvrage du talent », etc. Ses défauts. Une grande victoire pour le génie fr. d'avoir vaincu avec de si pauvres armes. Bonne comparaison entre les deux langues.

Avant 1800. — Fiot. — Le Parnasse Cavalier, ou la manière de faire très bien seul et en très peu de temps toutes sortes de vers fr. Chez l'auteur. S. D.

Dix-neuvième siècle

1803. — Bernhardi, R. F. — Sprachlehre, III, p. 427 (Romanische Verslehre).

1803. — Scoppa, l'abbé. — Traité de poésie ital. rapportée à la poésie fr. dans lequel on fait voir la parfaite analogie entre ses deux langues et leur versif. très ressemblante, V⁰ Devaux. 240 p. Cf. ses Vrais Principes, 1811.

1804. — Domairon, L. — Poétique fr. pour l'instruction de la jeunesse. Déterville, 457 p. Y 437; éd. de 1814-1834.
1. Raccourci des règles de la versif. 2. Règles des ouvrages en vers : p. épique, dram., sonnet, etc. Livre très détaillé sur les genres poét.

1804 et 1805. — Olivet, l'abbé d'. — Traité de la poésie fr., suivi d'un abrégé des règles de la versif. et de l'art poét. de Boileau. Cf. 1736, 1 fr. 50.

1805. — Philipon de la Madeleine, L. — Dictionnaire portatif des rimes, précédé d'un Nouveau Traité de versif. et suivi d'un Essai sur la langue poét., Capelle et Renaud, 412 p. 2ᵉ éd. 1815. Y⁰ 30042. Bon livre pour se faire une idée générale du vers fr et du langage poétique.

1809. — Richelet. — Dict. de rimes, précédé d'un traité complet de versif. Béchet, 7 fr., éd. de 1817, augmentée et refondue par de Mailly et Drevet, Debeausseaux. 10 fr.

1809. — Viollet-le-Duc. — Nouvel art poétique, Martinet (poème). Cf. Catalogue, 1843, p. 12. (Conseille d'abandonner l'imitation des anciens).

1811. — Escherny, le comte François-Louis d'. — Mélanges de litt., d'hist., de morale et de philos. 3 vol. Bossange. Z 23309-11.
II. De la poésie et des vers. La poésie fr. le dégoûte, l'ennuie, le choque, à cause de la rime avant tout. Les meilleurs versificateurs écrivent une prose sans grâce, sans souplesse, sans rondeur, sans cadence (Racine, Boileau, Corneille, etc.). La langue fr. est entièrement dénuée de rythme et de prosodie. Suit sa théorie de la prose nombreuse et mesurée : « c'est une prose dont les éléments variés sont ou doivent être une suite de petits et

de grands vers d'inégale mesure, sans rimes, entremêlés de quelques vers durs et dissonans, etc. »
C'est du pur symbolisme. Livre très curieux et qui devance le vers libre.

1811. — Scoppa, l'abbé. — Vrais principes de la versif. développés par un examen comparatif entre la langue ital. et la fr., Courcier, 3 vol. 24 fr. 564, 568, 368 p.

Livre qu'on a considéré comme le premier traité scientifique des principes du vers fr. On trouvera des aperçus de sa théorie dans beaucoup de livres : Choron, 1812; Daru, 1813; Hoffmann, 1816; Bonaparte, 1819; Benloew, 1847 ; 1853, Barbieux; 1862, Lurin; 1863, Weigand ; 1882, Müller ; 1885, Renouvier; 1892, Souza; 1904, Saran.

1812. — Choron. — Rapport fait à la classe des B.-Arts de l'Institut impérial de France sur l'ouvrage de M. Scoppa : Les vrais principes, etc., Didot Institut. Recueil de pièces, II, 1812-1814. Z 5030(1).

Analyse et discussion très détaillées et très fines des diff. points du livre de Scoppa, indispensable à la question de Scoppa.

1812. — Cubières de Palmezeaux, Michel. — Essai sur l'art poétique en général et en particulier sur la versif. fr., divisé en quatre épîtres (en vers) ; publié sous le nom d'un hermite de Seine-et-Oise. Froullé, 2 fr. Y° 7214.

Critique violente contre l'art fr. de Boileau. En art, musique, peinture, etc. la France ne pense plus comme il y a 150 ans. Pourquoi en poésie ? Il faut un autre art et de nouveaux principes. Cf. aussi du même : L'art du quatrain, essai didactique en quatre chants, Laurens, 1812.

1812. — Maugard, A. — Traité de poésie fr. d'après Batteux, d'Olivet, Durand, avec remarques, Tardieu-Denesle. 1 fr. 75. (Durand, Dissertation, 1748; Batteux, Lettre à l'abbé d'Olivet sur la prosodie).

1812. — Salm, princesse de (Constance Pipelet). — Épître sur (contre) la rime.

1813. — Daru, Pierre. — Rapport fait à la classe de la langue et de la litt. fr. sur les ouvrages envoyés au Concours ouvert par le décret du 14 avril. Didot. 108 p. 4° Y^e 172.

Analyse critique des 13 ouvrages envoyés. Indispensable pour la connaissance de la question de Scoppa et des théories nouvelles sur le rythme.

1813. — Fabre d'Olivet. — Les vers dorés de Pythagore expliqués et traduits pour la première fois en vers eumolpiques fr., précédés d'un discours sur l'essence et la forme de la poésie chez les principaux peuples de la terre, Treuttel et Würtz. 407 p. Y^b 1442.

Contre la rime surtout ; analyse du système grec, histoire de la rime, avantages, nécessité. Ses vers eumolpiques sont sans rimes, et se terminent par des syllabes alternativement masc. et fém.

1814. — Apel. — Metrik, Leipzig (remarques sur la versif. fr.).

1815. — Mablin (Mabellini), l'abbé. — Quelles sont les difficultés qui s'opposent à l'introduction du rythme des anciens dans la poésie fr.? Pourquoi ne peut-on faire des vers fr. sans rime ? Debray. 74 p.

Traité admirable de ces questions, à quelques égards supérieur à celui de Scoppa. Cf. pour analyse : Choron, 1812 ; Daru, 1813 ; Bonaparte, 1819. Un des ouvrages présentés au Concours établi par le décret de 1813.

1816. — Scoppa, l'abbé.— Les beautés de toutes les langues considérées sous le rapport de l'accent et du rythme. Didot, 3 fr.

1819. — Bonaparte, Louis (Saint-Leu). — Mémoires sur la

versif. fr. et essais divers. 1 vol. Florence, Piatti, en 5 parties. Y⁰ 4310.

Combat théorie et arguments de Scoppa. Explique pourquoi la langue fr. ne peut appliquer le système clas. et soutient qu'on peut faire des vers sans rimes au moyen d'une distribution harmonieuse des accents ou des repos. En donne des exemples. Traduction de Baïni sur le rythme dans toutes les versif. Lui pose 16 questions et en donne les réponses, touchant les questions de la rime, du rythme, etc. « Si les poètes fr. adoptent le parti de construire toujours leurs vers de la manière dont les grands devanciers les ont construits assez souvent ; c. a. d. s'ils disposent symétriquement les pénultièmes des mots fém., les dernières syll. masc., et les césures et repos, de manière que ces syll. ou accens soient toujours en raison double, triple ou quadruple, ils obtiendront une versif. harmonico-rythmique ; les vers blancs ou sans rime deviendront des vers véritables et il n'y aura plus de contradiction ni de combats entre les poètes et des musiciens, puisque leurs rythmes s'accorderont parfaitement. » Cette discussion du rythme, des accents et de leurs relations les uns avec des autres est une des meilleures qu'on ait jamais écrites. Dubroca en a sans doute tiré ses idées (1824). Indispensable à l'étude de la versif. Cf. Müller, 1882.

1819. — Castil-Blaze. — Noces de Figaro, traduction de Mozart. Introd. de 28 p. sur les vers lyriques. 8° Yth 12722.

En composant des paroles pour la musique on trouvera des difficultés insurmontables. Tout est en contradiction. Il faut de temps en temps s'affranchir des règles de versif. qui ne sont pas en harmonie avec des exigences de la musique.

1819. — Guerrier de Dumast, Aug. — La rime.
1820. — Baïni, Giuseppi. — Saggio sopra l'identità de ritmi poëtico e musicale, Firenze. Cf. Bonaparte, 1819 pour la traduction.
1820. — Castil-Blaze, F.-H. — De l'Opéra en France, 2 vol. Janet et Cotille. 12 fr. Avec Essai sur le drame lyrique et sur les vers rythmiques. 2ᵉ éd. en 1826. 8⁾ Yf 748. A peu près les mêmes idées que celles exprimées en 1819.
1820. — Gargallo, Tommaso. — Le odi di G. Orazio recati in versi italiani, Naples. Proemio sur l'histoire de la rime et ses raisons de la combattre. Cf. Bonaparte, 1825, II, p. 139 pour analyse.
1822. — Wailly, l'abbé François, Noël. — Abrégé de la Gram. fr., etc. Cf. 1754.
1824. — Dubroca, L. — Traité de la prononc. des consonnes et des voyelles finales des mots fr. suivi de la prosodie de la langue fr., exposée d'après une nouvelle méthode, et contenant des développements sur les applications dont elle est susceptible, qui n'ont point encore été présentés dans les traités de ce genre. Delauny, 6 fr. 375 p. X 24392.

Critique d'Olivet. Admirable exposé des ressources de la langue fr. au point de vue de l'accentuation prosodique. Base solide à cause de sa connaissance approfondie de la prononciation. Il a mieux montré qu'aucun autre la relation intime entre la prononc. et la versif., et la différence entre la prose et les vers. Travail unique, ne touchant aux règles qu'au point de vue esthétique. Essaie de prouver l'existence de la prosodie fr. sous le double rapport de l'accent et de la quantité ; utilité de son étude pour obtenir une bonne prononc. ; elle peut concourir à l'établissement d'un système régulier dans notre poésie ; suivi des règles de l'emploi des longues et des brèves, de la quantité. Ecrit sans doute sous l'influence des ouvrages de Scoppa, Mablin, Bonaparte, Baïni.

1825. — Dubroca, L. — L'art de lire à toute voix, suivi d'un Traité de la Prosodie de la langue fr., Johanneau ; le même que celui de 1824.

1825. — Bonaparte, Louis (Saint-Leu). — Essai sur la versif. 2 vol. Rome. Florence. 501, 208 p. 8° Y 247. Cf. 1819.

Tome I, p. 1-156, le même que 1819 ; p. 157-501 cite vers blancs de Voltaire, et exemples de plusieurs sortes d'accents distribués harmonieusement selon son système. Tome II il cite des autorités sur la rime, qui s'y opposent : Fénelon, Desfontaines, Du Bos, Batteux, Laharpe, Rollin, La Motte, Marmontel, Fabre d'Olivet, Mercier, etc. Commentaire et analyse des treize mémoires présentés au Concours de 1813. Tout pour prouver que la rime n'est pas nécessaire, qu'elle est un obstacle à la rédaction de bons vers. Nombreuses citations. Utile pour cette question qui agitait tout le monde littér. depuis le xviiie s.

1826. — Giguet, Antoine (Du Méril, Ed.). — L'art poét. à l'usage du xixe s. Poème posthume en cinq chants et en vers. Le Normant. Y^e 23318.

Poème satirique et ironique sur le vers fr. et d'autres sujets.

1827. — Astaix, Emile. — Essais de versif., Brossier, 42 p. 1 fr. Y^e 37602.

Recueil de poèmes sans aucune valeur.

1827. — Boissier, H. — Principes de la prosodie et de la langue fr., Genève, Lador., 153 p.

1828. — Chasles, Ph. — Tableau de la marche et des progrès de la langue et de la litt. fr. depuis le comm. du xvie s. jusqu'en 1610, Didot. 164 p. Z 5117.

Remarques intér. sur Marot, Ronsard, du Bellay, etc., jusqu'à Malherbe, sur le dévelop. de la langue et de la litt. fr.

1828. — Sainte-Beuve. — Tableau de la poésie fr. au XVIe s. 2 vol. Renduel, 1843, Charp., 1876, Lemerre. Y[e] 7258.

XVIe s. en général; en partic. Malherbe, vers métriques. D'une valeur réelle dans son ensemble pour les tentatives des poètes et les raisons pourquoi tout devait être comme il a été.

1829. — Viollet-le-Duc. — Précis d'un traité de poétique et de versif., Bachelier. 3.50.

1831. — Wailly, l'abbé François-Noël. — Traité de versif., Delalain. 1 fr. (le même qu'en 1754, etc.).

1832. — Saugeon, J. — Théorie analytique de versif. fr., Eymery. 1 fr., 67 p. X 31765.

Très petit livre contenant les règles les plus générales.

1832-1840. — Hegel, W.-F. — Traduction du tome X de ses œuvres complètes, par Ch. Bénard, sous titre de la Poétique, 1855. Ladrange, 2 vol., chap. sur la versif. rythmique et la rime.

1834. — Laas d'Aguen. — Dict. portatif de rimes, précédé d'un Traité de versif. fr., Thiérot. 2 fr.

1834. — Lecluse, Fleury. — Poétique fr., précédée de notions préliminaires de versif., Delalain. 2.50.

1834. — Raynouard. — Des formes positives de la versif. des Trouvères dans leurs épopées romanesques, Crapelet.

1834. — Wackernagel und Poggel. — Grundzüge einer Theorie des Reimes, Recklinghausen.

1835. — Mützel. — Uber die accentuierende Rhythmik in den neueren Sprachen, Landshut.

1836. — Dupuis, Mme S. — Traité de prononc., ou Nouvelle prosodie fr., Hachette. 3 fr., 240 p. X 24550.

Rien du tout sur la versif. Prononc. pour les étrangers surtout.

1836. — Héguin de Guerla, Ch. — Prosodie fr., ou Règles

de la versif. fr., extraites de Laharpe, Marmontel, etc., Maire-Nyon. 1.75.

1838. — Quicherat, L. — Petit traité de versif. fr., Hachette, 1 fr.

Intéressant au point de vue du développ. des traités de versif. Contient des chap. sur presque tous les sujets de versif.

Cf. Jullien, B., 1858, Rev. Instruc. Publ., 3 mai, p. 54.

1839. — Héguin de Guerla, Ch. — Poétique fr., ou Règles des ouvrages en vers, Maire-Nyon. 2.50.

1840. — Ackermann, P. — L'accent appliqué à la théorie de la versif., Aimé-André. 1 fr., 72 p. 2e éd. en 1843.

Un des premiers livres où est appliqué la théorie de l'accent sur le vers fr., souvent cité au xixe s. Cf. Barbieux, 1853 ; Weigand, 1863 ;

1840. — Lamennais, l'abbé. — Esquisse d'une philosophie, t. III, chap. sur l'Art, Poésie, p. 347-490.

Il montre comment chaque langue selon son génie, sa constitution logique et prosodique et ses accents a choisi ou développé une certaine forme de vers. Esquisse de la poésie des diff. peuples. Quand la France a perdu sa foi elle a perdu son inspiration et n'a conservé que la forme sèche. Intér. pour la signification philos et relig. de la poésie et du rythme.

1840. — Weigand, G. — De la versif. fr., Progr. Gymnas. zu Mühlhausen, 40 p. Cf. 1857-1863.

1841-1856. — Daniel. — Thesaurus hymnologicus, I-V, Leipzig.

Recueil d'hymnes circa annum MD. B 6882.

1841. — Du Méril, Ed. — Essai philosophique sur le principe et les formes de la versif., Brockhaus et Avenarius. 230 p. 5 fr. Y 810.

Rythme : basé sur idées, accent, nombre des syll., quantité, rapport entre lettres et accents, numération des syll. et rapport des sons. De la versif.

basée sur le rapport entre les accents et la numération des syll. Influence de la langue sur le système de la versif., etc. Livre souvent cité et d'une valeur spéciale pour le sujet du rythme et la métrique comparée.

1841-1843. — Wright, Th. and Halliwell, J. O. — Reliquiae antiquae. Scraps from ancient mss., London. 2 vol. Sur : Ars rythmicandi, cf. Langlois, 1902, p. 6-7.

1842. — Roosmalen, A. de. — Leçons de prononc. fr., ou Règles précises de la prosodie, Bureau. 1 fr.

1843. — Du Méril, Ed. — Poésies popul. latines antérieures au xiie s. 434 p. Brockhaus et Avenarius. Y° 12030. Introd. Bases de la versif. Accent, transition entre système clas. et sys. mod. Le syllabisme et l'accent étaient la forme prim. du latin. Démonstration succincte et claire du dévelop. des principes de la versif. mod., de la notation musicale et de la rime.

1843. — Viollet-le-Duc. — Catalogue des livres composant la Bibliothèque poétique de M. V.-L.-D. Avec des Notes bibliogr., biogr. et littér. sur chacun des ouvrages catalogués. Pour servir à l'histoire de la poésie en France. Hachette. 2 vols. 624, 252 p. Cf. 8513-4.

I. Description et analyse des Art Poét., des Dict. de rimes, des recueils de poésies. II. Supplément aux recueils de poésies.

D'une grande valeur en raison des détails fournis sur des livres obscurs.

1844. — Guérin, Léon. — Beautés de la poésie fr., précédées d'un traité de versif., Didier.

1844. — Tenint, W. — Prosodie de l'école moderne, Didier, 220, p. Lettre de V. Hugo. Préface de E. Deschamps.

Se donne pour tâche de répondre aux questions : Comment les pieds doivent-ils marcher selon les genres et les sujets ; comment faut-il rimer ? Quelles sont les rimes à rechercher et à éviter pour faire d'une chaîne une parure? Quelle est la grâce ou le pouvoir des rythmes, des césures mobiles, des rejets étudiés ? Le premier à faire cet essai, le premier à expliquer le système de V. Hugo et à analyser ses innovations, non comme des incorrections, mais comme des beautés. Le premier au XIXe s. à dire que la prosodie comme la grammaire doit être faite par les grands poètes, qui créent les règles par l'instinct de la beauté et de l'harmonie. Sans doute B. de Fouquières en a tiré son système en y ajoutant sa théorie de la respiration. Livre qui mérite d'être mieux connu.

Cf. Ducondut, 1863.

1845. — Dessiaux, J. — Traité complet de versif, fr., ou grammaire poét. de la langue fr., Ve Maire-Nyon. 388 p. 3 fr. Y° 20213.

Le livre le plus détaillé sur le mécanisme du vers, ou sur les règles de la versif., dans un bon ordre, bien arrangé, montrant bien la variété, la complexité et les difficultés du côté technique de la versif. fr.

1845. — Génin, François. — Des variations du langage fr. depuis le XII° s., ou Recherche des principes qui devraient régler l'orthographe et la prononciation. 553 p. 7.50. X 25556.

Très intér. pour les rapports entre la prononc., le dévelop. de la langue, son état aux diff. époques et la versif., surtout la rime, l'élision, l'hiatus, comment les changements dans la langue et la prononciation ont nécessité un changement dans la versif.

1845. — Nisard. — Examen des poétiques d'Aristote, d'Horace et de Boileau.

1846. — Diez, F. — Altromanische Sprachdenkmale, berichtigt und erklært, nebst einer Abhandlung über den epischen Vers. Bonn. 132 p X 9792.

Sur l'épopée (la césure et le syllabisme, correspondance entre le sens logique et les repos, origine du décasyl. et de l'Alex. (pas d'imitation, mais dévelop. spontané. Livre qui sert encore comme base de toute étude des orig. et des formes de l'épopée.

1847. — Benloew, Louis. — De l'accentuation dans les langues indo-européennes tant anciennes que modernes. Hachette. 296 p. X 20983.

L'accent dans le grec, le latin, le sanscrit, changement et influence sur la prosodie. Analyse des diff. langues anc., et des langues fr., angl. et allem. contre théorie de Scoppa. Résumé en 33 points à la fin du livre. D'une valeur réelle pour l'étude du rythme, des diff. systèmes de versif., de leurs origines et des causes de leur développ.

1847. — Du Méril, Ed. — Poésies populaires latines du Moyen Age. Didot. 454 p. Y^e 12031.

Montre comment la poésie lat. a peu à peu perdu la quantité, l'accent, les remplaçant par la rime.

1848. — Wey, Francis. — Histoire des révolutions du langage en France, Didot. 560 p. 7.50. X 33225.

Utile à l'étude des conditions dans lesquelles les règles de la versif. ont été créées en tant que formant partie intégrale du mouvement de la civilisation fr. Chap. sur les métriciens prim (Meigret, de Croy, Du Pont, Fabri, Sibilet, Fontaine, Peletier, Foclin), et leur influence sur la poésie.

1849. — Duguesnois, J. — Nouvelle prosodie fr. à l'usage des gens du monde et des Collèges.

1849. — Fuchs, A. — Die romanischen Sprachen in ihrem Verhaeltnisse zum Lateinischen, Halle.

1850. — Lauwereyos de Diepenhède, P. — Essai sur la narration..., suivi d'un abrégé de versif. fr., V⁰ Maire-Nyon. 2 fr.

1850. — Kastner, G. — Parémiologie musicale.

1850. — Lurin, J. — Eléments du rythme dans la versif. et la prose fr., Lyon, Baucher. 254 p.

Essaie de donner à la poésie fr. un rythme comparable à celui des anciens. La poésie fr. est restreinte par trop de règles artificielles ; on ne considère pas la musique. Explication très claire au vers mesuré des anciens et du vers rimé fr. Il faut allier le vers à la musique. Contre la rime et pour plus de liberté. Idées excellentes et très suggestives.

1851. — Lurin, G. — Planches explicatives des éléments du rythme. Lyon, Baucher. Cf. 1850, 1862.

1850. — Quicherat, L. — Traité de versif. fr., H. 584 p. 7 fr. 50.

Le plus souvent cité, le mieux connu, et le plus complet des traités de versif. Est encore l'autorité, par excellence, pour le vers classique fr. Presque tous les traités de versif. après Q. sont ou basés sur lui ou contraire à son système.

1850. — Sommer, Ed. — Petit dict. des rimes fr., précédé d'un précis des règles de la versif., H. 1 fr. 80

De nombreuses éditions.

1852. — Castil-Blaze, H. — Molière musicien. Notes sur les œuvres de cet illustre maître, et sur les drames de Corneille, Racine, etc., où se mêlent des considérations sur l'harmonie de la langue fr. 2 vol. 510, 542 p. Yf. 8523-24.

La musique s'est affranchie de la tyrannie des règles, mais non la poésie. Les poètes du m. âge chantaient à pleine embouchure, etc. Nos poètes mod. sont revenus au plain-chant.

1852. — Du Méril, Ed. — Essai philos. sur la formation de la langue fr. 446 p. X 24450.

Changements de mots, d'accents ; influence du Grec et du Latin. D'un intérêt gén. pour la versif.

1852. — Grimm, W. — Zur Geschichte des Reimes, Berlin.
1852. — Hofmann. — Amis et Amiles, Erlangen.
1852. — Lanneau de Marey. — Dict. portatif des rimes fr., rédigé d'après l'Académie.
1853. — Barbieux, H. — Du principe rythmique de la langue fr. Progr. Gymnas. Hadamar. Weilburg, Lanz. p. 1-16.

Pourquoi la quantité n'a pas survécu dans les langues mod. et comment l'accent l'a remplacée. Résumé d'Olivet, Scoppa, Ackerman, etc. La quantité est finie ; il faut qu'un autre principe la remplace.

1853. — Landais et Baré. — Dict. des rimes fr., disposé dans un ordre nouveau d'après la distinction des rimes en suffisantes, riches et surabondantes, précédé d'un Traité de versif. Didier. 2 fr.

1853-1855. — Mone. — Hymni latini medii alvi, vol. I-III, Freiburg.

Cf. Gautier, 1858, I. p. CXL-CLII.

1853. — Taine, H. — La Fontaine et ses fables, Hachette. Appréciation très juste sur sa versif.
1854. — Jonckbloet, B. — Guillaume d'Orange, chanson de geste des xie et xiie s. La Haye. 2 vol.
1854. — Jullien, B. — De quelques Points des Sciences dans l'Antiquité (Physique, métrique, musique), Hachette, 520 p. 7 fr.

De la quantité pros. chez les anc. De l'arsis et de la thésis dans les langues anc. De l'harmonie essentielle des vers anc. De l'origine des vers décasyl. Des vers latins prononcés à la française. L'accent chez les anc. a été plus fort que la quantité, il doute même de la quantité, et pose l'accent comme base de l'harmonie des vers anc. L'hexamètre a 5 accents et ils coïncident souvent avec le sens logique. Théorie combattue très vigoureusement par Quicherat, 1844, Rev. Instruc. Publ., 2 nov. p. 461-464. Discussion très intér. et suggestive pour l'étude du rythme fr.

1855. — Asselineau, Ch. — L'histoire du sonnet, Alençon, 40 p. Y^e 14441.

Origine, développement et emploi du sonnet.

1855. — Benloew et Weill. — Théorie générale de l'accentuation latine.

1855-1858. — Montaiglon. — Recueil des poésies fr. des xve et xvie s.

1856. — Duconduct, G. — Essai de rythmique fr. Lévy, 292 p. 3 fr.

Essaie de rétablir l'alliance prim. entre la poésie et la musique. Critique des règles de la versif. Explique la base de la musique et du vers ; l'accent musical contre l'accent gram. Discordance flagrante des vers chantés avec la musique. Les mots de la langue fr. se prêtent très facilement à n'importe quel pied métrique et à toutes les exigences de la musique. Explication de son système. Livre très suggestif pour les discussions sur le rythme. Cf. Dugat. Rev. Instruc. Publ., 1857, 1er janvier, p. 591-593 ; 1892, Souza ; 1904, Saran.

1856. — Rigault, H. — Histoire de la querelle des anciens et des modernes. Z 59225.

Bon résumé du rôle des règles de la versif. et de l'art poét. dans la querelle du classicisme et du modern. Analyse de plusieurs arts poét. : La Motte, Fénelon, Ménage, etc. Excellente étude préliminaire pour l'étude de la versif.

1856. — Wailly, A. de. — Nouveau dict. de versif. et de poésie latines... et de qq. notions sur la versif. fr. Didot, 678 p.

1857. — Allier, J.-F. — Dialogue sur la rhétorique et sur la versif. Avignon, 220 p. X 20631.

Sous forme de dialogue donne un aperçu des princip. règles.

1857. — Bobé, Dr. — On English and French versif. Jhrbuch d. Gym. zu Mühlhausen, 16 p. gr.
Très élémentaire.

1857. — Borel. — Des réformes littér. opérées par Malherbe, Stuttgart.

1857. — Weigand, G. — Traité de versif. fr. : De la mesure des syll. Progr. der Realschule zu Bromberg. Cf. 1863.

1858. — Carion, l'abbé. — Enseignement méthodique de la versif. fr. Lethielleux. 119 p. 1 fr. 25. Y° 17208.
Précis des règles de la versif. avec exercices, p. 78-119. Livre très pratique pour les commençants.

1858. — Castil-Blaze, H. — L'art des vers lyriques, Delahays, 350 p. 2 fr. 50.
Contre « la prose rimée de nos chansons, de nos cantiques, de nos opéras ». Une musique modelée de la prose ne peut être qu'une musique prosaïque. Sur l'*e* muet et l'accent artificiel.

1858. — Gautier, Léon. — OEuvres poét. d'Adam de St-Victor, 2 vol. Palmé. Introd. sur l'Origine de la versif. rythmique. Y° 9851-2.
Origine des proses et union intime de la musique avec des paroles de la prose. Abrégé de la versif. latine au moyen âge. Cf. 1866, 1887.
Périod. cf. 1865, Sepet ; 1866, Bartsch ; 1866, Paris.

1858. — Pujol, A. — Dict. des rimes fr., classées d'après la consonne d'appui et dans l'ordre de richesse. 6 fr.

1858. — Simrock. — Die Niebelungenstrophe, Bonn.
Sur l'orig. du décasyl.

1859. — Boscaven, H. (Schuermans). — Manuel de versif., Bruxelles.

1859. — Gossart, Alexandre. — Traité complet de versif.fr., renfermant une nouvelle théorie de la rime, de la prosodie, de la déclamation. V. Maire-Nyon. 178 p. 1 fr Y⁰ 23434.

Nouvelle classification de rimes. Règles principales de la versif. Livre très commode et bien arrangé. Le premier à suggérer les rimes comme : Acha*b*-Ara*be*, clu*b*-cu*be*, selon la prononc. pure.

1859. — Viehoff, H. — Der Alexandriner mit besonderer Rücksicht auf seinen Gebrauch im Deutschen. Progr. der verein. hœhern Bürger u. Provinzial Gewerbeschule in Trier.

Sur la relation entre les versif. fr. et allem.

1859. — Wolff, F. — Uber die Lais. Studien zur Geschichte der Span. u. Portug. Nationallit., Berlin.

Sur les orig. de la versif. fr.

1861. — Clouzet, P. — Résumé de versif. Tardieu 15 p. 1 fr. Y⁰ 40611.

1861. — Meyer, Paul. — Notice sur la métrique du chant de Sainte-Eulalie.

1862-1864. — Arbaud, Damase. — Chants populaires de la Provence, Aix. 2 vol. Y⁰ 18115-18116.

1862. — Arbaud, Damase. — De la poésie popul. en Provence. 8° Y⁰ Pièce 481.

Sur la stucture de la poésie popul., la strophe, la césure, la rime.

1862. — Benloew, Louis. — Précis d'une théorie des rythmes Rythmes fr. et lat. Frank. 92 p. Y⁰ 15223.

Analyse profonde des éléments constitutifs du rythme des anciens et des modernes et de ce qu'ils ont en commun. Livre indispensable pour l'étude du rythme.

1862-1868. — Marty-Laveaux. — Sur la versif. de Corneille. Grds. Ecriv. XI, p. 93-95.

1862. — Dessirier, Jean. — La rime et la mesure, réforme à ce sujet. Poulet-Moulassit. 15 p. 50 c. Y⁰ 41909.

Surtout l'*e* muet, combat l'opinion que la langue fr. n'a pas de mélodie à cause de l'*e* muet.

1862. — Laas d'Aguen. — Dict. portatif des rimes, précédé d'un Traité de versif. Cf 1834.

1862. — Larousse. — Nouveau traité de versif., avec un livre du maître, Larousse. 220 p, 2 frs. 8° Y 158.

Règles suivies d'exercices. Très pratique.

1862. — Lurin, G. — Observations sur un système d'accentuation fr. enseigné dans l'Université, et sur ses dangers pour la prosodie de notre langue et la mesure de nos vers. Lyon, Perrin, 35 p. X 28331.

L'accent sur la dernière syl. n'est pas le seul. L'accent oratoire et les valeurs prosodiques sont importants. L'enseignement de ce seul accent donne une fausse impression aux étrangers, etc. Très bon livre qui devrait être beaucoup mieux connu.

1862. — Paris, Gaston. — Etude sur le rôle de l'accent latin dans la langue fr., Frank. 132 p.

L'accent oratoire a presque tout à fait remplacé l'accent tonique dans la langue fr. mod. De l'influence de l'accent dans la versif. fr. Ouvrage très important.

1862. — Van Hasselt, André. — Etudes rythmiques, Bruxelles.

Recueil de poèmes où il applique les principes de l'accent. Cf. Müller, 1882 ; Saran, 1904, chap. I.

1862. — Westphal, R. — Elemente des musikalischen Rhythmus. Jena.

1863. — Ducondut, A. — Examen critique de la versif. fr. clas. et romant. Dupray de La Mahérie 214 p. 2 fr. Y° 20658.

Le vers doit être fait pour l'oreille et est sujet à certaines règles qu'il discute et analyse (mesure, césure, rime, enjamb., etc.). Critique le livre de Tenint. Conclusion : Notre système de versif. nous paraît un chaos de contradictions et d'absurdités par rapport à l'état de notre langue. La plus grande liberté pour le poète tant qu'elle ne nuira pas à l'harmonie qui constitue le vers. La rime est bonne si elle satisfait l'oreille.

1863. — Landais et Barré. — Dict. des rimes fr., avec un nouveau traité de versif. Didier. 304 p. 4 fr. Cf. 1835, 1853.

1863. — Littré. — Hist. de la langue fr. Didier. 2 vol. 14 fr. X 28197.

Sur les vers mesurés, l'hémistiche, etc.., et en général le développement de la langue et de la versif. Sur l'*Eulalie*, sa forme, sa versif. et les théories de Meyer, P. et Diez.

1863. — Lyon, H. — Gradus ad parnassum fr., ou dict. des termes fr. les plus usités en poésie. 10 fr.

1863. — Weigand, G. — Traité de versif. fr. Bromberg, Levit. 274 p. 5 fr. Ed. de 1871, 320 p.

Livre très utile, très détaillé traitant de textes, les règles de la versif., surtout de l'accent ; n'admet pas un système de quantité, ni même d'accent. Discussion raisonnée des théories de Scoppa, Ackermann, etc.

1864. — Billet, H. — De la rime d'après Boileau et Racine. Noyon, Andrieux. 74 p. Y[e] 15531.

Définition et règles de la rime et leur application par Racine, etc. Un des premiers livres de ce genre, traitant des infractions aux règles par les grands poètes.

1864. — Tampucci, H — A, e, i, o, u, ou les rimes fr. classées d'après leur ordre naturel de sons ou voyelles, et divisées en masc. et fém. 3 fr.

1865. — Billet, H. — De la versif. fr., préceptes et exercises à l'usage des élèves de rhétorique. Saint-Quentin. 47 p. Y[e] 15532.

Conseils en forme de préceptes tirés de Boileau pour ses élèves.

1865. — Hermann, C. — Die æsthetischen Principien des Versmasses im Zusammenhang mit den allgemeinen Principien der Kunst und des Schœnen. Dresden, Küntze, 122 p.

1865. — Samson. — L'art théâtral, éd. de 1889, Dentu. 304 p. 8° Y° 2277.
Poème en 8 chants, surtout sur l'art de réciter les vers.

1865. — Ten Brink. — Conjectanea in historiam rei metricae Franco-Galli. Bonn.

1865. — Zarnke, Fr. — Uber den funffüssigen Jambus bei Lessing, Schiller und Goethe. Leipzig, Edelmann, 93 p., aussi dans 1897, Kleinere Schriften, Leipzig, Evenarius.
Sur la relation entre la versif. allem. et fr. cf. Paris, Rev. crit., 1865, I, p. 205-211.

1866. — Erkelenz. — Ronsard und seine Schule, Würzburg diss. Sur les théories poét. au XVI° s.

1866. — Gautier, Léon. — Les épopées fr. Palmé.
Sur la versif. rythmique en général, son origine jusqu'au IV° s., la versif. rythm. latine au moyen âge, et sur la versif. fr. Très utile pour l'étude de l'orig. de la versif. fr.

1866. — Kőrting. — Encyclopedie und methodologie der romanischen Philologie. Heilbronn.
Surtout sur l'assonance et versif.

1866. — Masing, W. — Uber Ursprung und Verbreitung des Reimes, Dorpat, Mattiesen, 140 p.

1866. — Paris, Gaston. — Lettre à M. L. Gautier sur la versif. latine rythmique. Frank., 33 p. 1 fr. Y° 11646.
L'accent est ou n'est-il pas la base de la versif. rythmique latine? Combat la théorie de G. Cf. aussi Bibl. Ecole des Chartes, 1866.

1866. — Suhle, B. — Uber die Cäsur und ihre Bedeutung fur den Rhythmus. Ein Beitrag zum Verständnis der antiken Versmasse. Berlin, Weber, 25 p.

1867. — Boucherie, A. — Cinq formules rythmées assonancées du VII° s. Montpellier, 57 p. Y° 10037.

Intér. pour l'histoire de la rime en vieux fr., pour l'étude de l'*Eulalie* et des théories de Paris, Meyer, Littré.

1867. — Buscher. — La versif. de Ronsard. Progr. Gymnas. zu Weimar.

1867. — Canel, A. — Recherches sur les jeux d'esprit, les singularités et les bizarreries littér. Evreux, 2 vol. Z 44772-44773.

Définitions et exemples des dif. genres de vers.

1867. — Delvau, A. — Les sonneurs de sonnets. Bachelin-Deflorenne, 187 p. Y^e 19900.

Sur les principaux auteurs de sonnets, avec exemples.

1867. — Flan, A. — Rythmes impossibles et Jardin des racines fr., Grou, 124 p. 1 fr. 50. Y^e 22361.

Recueil de poèmes.

1867. — Quitard, P.-M. — Dict de rimes, précédé d'un traité complet de versif. Garnier, 508 p. 2 fr. De nombreuses éditions, 1876, 1883.

1867. — Richaud. — Hist. du sonnet, sa grandeur et sa décadence. Cahor, Plantade, 32 p.

1868. — Thierfelder. — De christianorum psalmis et hymnis usque ad Ambrosii tempora. Leipzig.

1869. — Egger, E. — L'Hellénisme en France. Didier. 2 vol. Z 47555-47556.

I. leçon 12. Essai pour réformer la versif. fr. sur le modèle des vers grecs et latins. Fait voir très nettement l'influence grecque sur la versif. et l'évolution de la litt.

1869-1871. — Veyrières, L. de. — Monographie du sonnet, sonnettistes anc. et mod. 2 vol. 8 fr.

1870. — Bartsch, R. — Romanzen und Pastourellen Leipzig, Vogel. 400 p. Y^e 14995.

Sur l'orig. de la versif.

1870. — Duchesne, Julien. — Histoire des poèmes épiques fr. du xviie s. Thorin, 384 p. Y^e 20628.

Outre l'histoire du poème épique, on trouve des théories sur les orig., les querelles des critiques, chap. sur l'Art p. de Vauquelin.

1870. — Gaudin, P. — Du rondeau, du triolet, du sonnet, 5 fr.

1870. — Nordstrom. — Observations sur la langue et la versif. de Mathurin Régnier. Lund. diss.

1870. — Rochat, A. — Le vers décasyllabe. Cf. 1870, périodiques.

1870. — Valentin, V. — Der Rhythmus als Grundlage einer wissenschaftlichen Poetik. Frankfurt, Adelmann.

1871. — Amelung, Arthur. — Studien zur vergleichenden Metrik. Dorpat.

1871. — Lesaint. — Traité complet de la prononc. fr. Hambourg.

Surtout sur l'*e* muet.

1871. — Nauendorf. — De l'influence opérée par Malherbe sur la poésie et la langue fr. Marburg. Progr.

1871. — Spencer, H. — Moral and aesthetic essays. I. (sur le vers en général).

1872. — Banville, Th. de. — Petit traité de poésie fr. Echo de la Sorbonne, 1 fr. 50 ; 1879 Charpentier ; 1891 Lemerre.

Traité de l'école parnassienne ; indispensable pour toutes les discussions et théories sur le vers moderne. Souvent cité.

1872. — Beckmann, Emile. — Etude sur la langue et la versif. de Malherbe. Bonn. diss. 74 p. 2 fr. X 20803.

1872. — Gautier, Léon. — La chanson de Roland, Tours, Mame. De nombr. éditions.

Introd. et à la fin Rythmique sur l'orig. de la versif. fr., surtout le décasyl.

1872. — Geijer, K. — Forsœk till œfversætning fran Charles d'Orléans jemte nægra iaktagelser vid hans versif., Stockholm.

1872. — Westphal, R. — Elemente des musikalischen Rhythmus. Yena.

1873. — Merkel, T.— Der franzœsische Wortton. Progr.
1873. — Tivier. — Hist. de la litt. dram. en France, depuis ses orig. jusqu'au *Cid*, Thorin. 632 p. Yf 12012. Chap. II sur l'orig. de la versif.
1874. — Andresen, Hugo.— Uber den Einfluss vom Metrum, Assonance und Reim auf die Sprache des Altfranzœsischen, Bonn. 62 p. diss.

Sur l'influence du changement des mots à cause de la rime ; comment les poètes étaient forcés de violer la syntaxe pour des raisons de métrique. Cf. Paris, Romania, 1875, IV, p. 280-288.

1874. — Becq de Fouquières. — Poésies choisies de Baïf. (Introd. sur la versif.).
1874. — Ebert, Ad. — Geschichte der Litt. des Mittelalters. (Sur les rythmes lat. et la versif.).
1874. — Les Deux Arts Poétiques d'Horace et de Boileau, avec traduction en vers et en prose. Thorin. 167 p.
1874. — Hill. — Uber das Metrum der Chanson de Roland, Strassburg.
1874. — Schuchardt, H. — Ritornell und Terzine. Halle, Niemeyer. 148 p. Cf. Graf-Ztz. Rom. Phil. II, p. 115-121 ; Paris, Romania, IV, p. 489-491.
1875. — Klein. —Sage, Metrik und Grammatik des altfranzœs. epos Amis et Amiles. Bonn.
1875. — Le Vavasseur, G.— Un chapitre d'art poét. La rime. Lemerre, 31 p. 5 fr. Y° 3433.

Poème sur la rime.

1875. — Paris, G. et Gevaert, Aug.— Les chansons du xve s. Anc. Textes Fr.
1875. — Renard.— De l'influence de l'antiquité clas. sur la litt. fr. pendant les dernières années du xviiie s. et les premières années du xixe s Lausanne, Jacquenod.
1875. — Suchier, H.— Der Troubadour Macabrun. (versif.).
1876. — Bayle, l'abbé. — La poésie provençale du moyen âge Aix. 411 p. Y° 15064.

Orig. et principes de la versif. des prem. chansons

de geste, de la poésie popul. (rime et hémistiches).

1876. — Bellanger, L. — Etudes historiques et philologiques sur la rime fr. Mulot. 276 p. 10 fr.

Jeux poét. Vers mesurés, vers blancs. Lamotte-Houdard et la poésie en prose. Rime, etc. Etude savante et indispensable pour la question de la rime. Cf. Paris, Romania, VI, p. 622 625, 1877.

1876. — Gramont, F. de. — Les vers fr. et leur prosodie. Lois régissant la poésie en France, leurs variations, exemples tirés des diverses époques. Hetzel, 340 p. 3 fr.

Excellent traité, détaillé, bien arrangé et complet, mais plutôt sur le mécanisme que sur l'esthétique du vers. Cf. Foerster, 1880, Litterar. Centralblatt.

1876. — Huemer, J. — Untersuchungen über den jambischen Dimeter bei den christlichen lateinischen Hymnendichtern der vorkarolinischen Zeit. Wien.

1876. — Jullien, B. — Les formes harmoniques du français, savoir : Les périodes, les vers, les stances et les refrains. Hachette. 208 p. 8º X 4791.

Contre les innovations et en faveur du vers clas. La séparation absolue entre le vers fr. et le vers grec. Combat tous les novateurs (La Motte, Marmontel, Bonaparte, etc., etc.). Un des meilleurs livres écrits pour défendre le vers clas. fr. et qui devrait être mieux connu.

1876. — Schnatter. — Cours de versif. pour faire suite aux grammaires fr. en usage dans les écoles supérieures. Berlin, Schröder. 220 p. 1 m.

1876. — Suchier, H. — Vie de Saint-Auban. Halle, Lippert. 60 p.

Cf. Koschwitz, 1878, Ztz. Rom. Phil. II, p. 338-344. La réponse de Suchier, Anglia, 1879, 2. 3. p. 216-223 sous le titre : Die Versbildung der Anglo-Normannen.

1877. — Legouvé, Er. — L'art et la lecture, Hetzel. 3.50.

1878. — Chiarini. — I critici italiani e la metrica della odi barbare. Bologna.
1878. — Conway, G. — Treatise on Versif. London, Longmans, Green.
1878. — Darmesteter, A. et Hatzfeld. — Le xvie siècle en France. Delagrave. 301 p.
> Les poètes de 1500-1550, l'Ecole de Ronsard. Aperçu gén. des circonstances favorables à la versif. au xvie s.

1878. — Haase. — Untersuchung über die Reime in der Image du Monde des Walther von Metz. Halle diss.
1878. — Legouvé, Er. — Petit traité de lecture à haute voix. Hetzel.
1878. — Nagel, H. — Die metrischen Verse Baïfs. Leipzig.
1878. — Rambeau, A. — Uber die als echt nachweisbaren Assonanzen des Oxforder Textes der Chanson de Roland. Beitrag zur Kenntniss des altfr. Vocalismus. Halle, Niemeyer. 232 p.
> Cf. Müller, 1879, Ztz. Rom. Phil. III, p. 439-452.

1878. — Zverina, F. — Grundzüge der ital. und französ. Metrik. Progr. Realschule in Wien. 22 p. 60. m.
> Cf. Ztz. Rom. Phil. 1881, p. 671 ; Herrigs Archif, LXIV, p. 197.

1879. — Becq de Fouquières, L. — Traité élémentaire de prosodie fr. Delagrave. 1 fr. 50.
1879. — Becq de Fouquières, L. — Traité général de versif. fr. Charpentier. 399 p. 7 fr. 50.
> L'ouvrage le plus connu, original, clair et logique, exposant sa nouvelle théorie respiratoire, fort soutenu et combattu. Cf. 1897, Doumic.
> Cf. Tobler, 1880, Litteraturblatt f. ger. u. rom. Phil. p. 417. Foerster, 1880, Litterar. Centralblat, 17 janvier.
> Rev. critique, 1880, I. p. 356 ; R. des Deux M. 1880, 1er janv.

1879. — Foth, K. — Zur französ. Metrik. Progr. Realschule

zu Ludwigslust. N° 551, p. 1-28. Der Vers (Silbenzählung, Ton, Hebung, Rhythmus, Versfüsse, Versarten). Reim. Strophe.

Cf. Harczyk, Ztz. Rom. Spr. Lit., 1880, p. 462.

1879. — Foth, K. — Die französ. Metrik für Lehrer und Studierende in ihren Grundzügen dargestellt. Berlin, Springer. 52 p.

Un des meilleurs livres sur la versif. fr. et ses principes qui aient été écrits par un Allemand. -

Cf. Lubarsch, 1879, Ztz. R. Spr. Lit., I, p. 408-411 ; Lambrecht. Ztz. Rom. Phil. 1880, IV, p. 424-429; Foerster, Lit. Centralblatt, 1880, N° 3 ; Ten Brink, Littblatt. ger. rom Phil. 1880, p. 238, 278.

1879. — Gautier, Léon. — Histoire de la poésie latine au moyen âge. Versif. rythmique. Hymnes, proses, tropes, mystères. Palmé.

1879. — Hub, H. — La chanson de Hervis de Mes. Heilbronn. Sur les tirades d'assonances artistiques en *e* et *i* à l'exclusion de toutes les autres.

1879. — Huemer, J. — Untersuchungen über die ältesten latein. Chritlichen Rhythmen. Wien.

1879. — Kressner Ad. — Grundriss der franz. Litteratur, nebst einem Anhang über französ. Metrik. Frankfurt a. O., Harnecker. 68 p. 1 M.

1879. — Lubarsch, E. — Französische Verslehre mit neuen Entwicklungen für die theoretische Begründung des franz. Rhythmus. Berlin, Weidmann. 522 p.

Un des livres les plus répandus et les moins compris. Depuis des années la plus grande autorité en Allemagne sur le vers fr. A fait école.

Cf. Bartsch, 1879, Ztz. rom. Spr. Lit., I, p. 243-250, Lambrecht, 1880, Ztz. rom. Phil., IV, p. 424-429. Foth, 1880. Litblatt. germ. rom. Phil. p. 183. Foerster, 1880, Liter. Centralblatt, N° 3, 17 janv. Moser, 1880, Gegenwart, N° 10. Stengel, 1880, Deut. Littztg., I, 3. Kraüter, 1880, Ztz. für das

Gymnasialwesen XXXV, p. 746. Peij, 1879, Le Mémorial diplomatique, XXXIII, 16 août. M.S., 1879, Magaz.f. d. Lit. d. Auslandes, N°37. Herrigs Archif, LXIV, p. 428.

1879. — Tamm. — Bemerkungen zur Metrik und Sprache Villons. Progr. Freiburg in Schlesien, 14 p.
Cf. Foth, Ztz. Spr. Lit. 1879, p. 477.

1879. — Ten Brink, B. — Dauer und Klang. Ein Beitrag zur Geschichte der Vokalquantität im Altfranç. Strassburg, Trübner, 54 p.
Cf. Suchier, Ztz. Rom. Spr. Lit. 1879, p. 135-143.

1879. — Wallner. — Eine Bemerkung zum französ. Alexandriner. Bl. f. d. Bayr. Gynmas.-u. Real Schulwesen.

1880. — Della Rocca de Vergalo, Nicanor, A. — La poétique nouvelle, Lemerre. 76 p. Y⁰ 32280.
Livre curieux, demandant beaucoup de réformes : rime libre, emjamb. et césure, pas de coupe classique, etc., devançant le vers libre.

1880. — Dumost. — Renaissance de la rime riche, Nancy, 32 p.
Cf. aussi Mém. de l'Académie de Stanislaus.

1880. — Fehse. — E. Jodelles Lyrik. Leipzig, Oppeln. diss. 48 p. Y⁰ 22013.
Sur la versif. : distribution des accents, rime, etc.

1880. — Havet, L. — De saturnio latinorum verso.

1880. — Kressner, Ad. — Leitfaden der französ. Metrik. Leipzig, Trübner, -110 p. 1 m. 60.
Cf. Weber, Zts. Rom. Spr. Lit. 1880, p. 524-531.
Hierthes, 1880, Blätterf. d. baier. Gymnasialwesen, p. 486.
Herrigs Archif, LXV, p. 475, LXVI, p. 104-106.

1880. — Lubarsch, E. — Abriss der französ. Verslehre, Berlin, Weidmann. 92 p.

1880. — Mende, A. — Étude sur la prononc. de l'*e* muet à Paris. London, Trübner.
Cf. Krauter, Ztz. Rom. Spr. Lit, 1881, p. 583-587.

1880. — Rose, H. — Chronik Fantosme.

1880. — Tobler, A. — Vom franzős. Versbau alter und neuer Zeit. Leipzig, Hirzel. 2 m. 40. Trad. en fr. par Branl et L. Sudre, Vieweg. 5 fr. Préface de G. Paris, 5ᵉ éd. en 1910.

Le plus documenté et le plus savant de tous les ouvrages allemands. Sur le mécanisme plutôt que sur l'esthétique du vieux vers fr.

Cf. Ztz. Rom. Spr. Lit., VII, pp. 1-5 ; XVI, p. 223-230, Stengel et XXVII, p. 1-9. Bartsch, Littblatt. germ. rom. Philol , I, p. 339. Von Muyden, 1880, Athenaeum Belge, p. 119. Zverina, Ztz. f. Realschulwesen, VI, p. 40. Stengel, 1880, Deut. Litt. Ztz. N° 3. Giornale di filologia rom. VI, p. 122. Foerster, 1880, Lit. Centblatt, 3 juillet. Wolfert, Herrigs Archif, LXIV, p. 429 ; LXV, p. 115; Littblatt. rom. germ. Philol., p. 189, 1884. Nordisk Revy, 1883, 335 J. V. Wilmotte, Le moyen âge, VIII, p. 44-5. E. R. Rev. Lang. Rom. XLVII, p. 192.

1880. — Westphal, R. — Allgemeine Theorie der musikal. Rhythmik. seit J. S. Bach auf Grundlage des antiken. Leipzig, Breitkopf u. Hartel.

1881. — Bassot. — Un réformateur de la poésie fr. au début du xvii° s. Ollendorf. 26 p. Ln ²⁷ 38979.

Etude sur Malherbe, réformes et influence.

1881. — Grőbedinkel, P. — Der Versbau bei Ph. Desportes, Fr. Malherbe. Heilbronn, Henninger, 85 p.

Emploi de syll., rime, hiatus, etc., etc. Cf. Lubarsch, Ztz. Rom. Spr. Lit., III, p. 295-298, 1881.

1881. — Johannesson, F. — Die Bestrebungen Malherbes auf dem gebiete der poet. Technik. Halle. diss. 42 p.

Défend la loi de l'hiatus de M. et dit que l'acceptation générale de cette loi est dûe à M. ; Braam, 1884 le nie.

Cf. Haase, Ztz. Rom. Spr. Lit. 1883, V, p. 174-175.

1881	— Legouvé, Er. — La lecture en action. L'art de la lecture. La lecture en famille. Hetzel. 329 p. 8° X 2291. Chap. XVI : L'art poét. d'autrefois et d'auj. Boileau, V. Hugo.
1881.	— Pothier, D. — Der gregorianische Choral. Tournay.
1881-1883.	— Thurot, Ch. — De la prononc. fr. depuis le commencement du XVIe s., d'après les témoignages des grammairiens. Impr. Nat. 2 vol. *8 X 1949*.

Outre la prononc., bibliogr. des gram. et traités de versif.

1882.	— Aubertin, Ch. — Origines et formation de la langue et de la métrique fr. Belin, 220 p., 1 fr. 50, 8° X 4336.

Un des meilleurs livres pour expliquer l'influence de la formation et des changements de la langue sur la versif.

1882.	— Bleton, Aug. — Essai d'*e* muet. Lyon, Waltener. 7 p. *4° X Pièce 55*.

Les diff. sons ou valeurs donnés à l'*e* muet, et sa prononc. variée.

1882.	— Fischer, A. — Der Infinitiv im Provenzal nach den Reimen der Trobadors. Marburg, Universitätsdruck. 40 p.

Rien sur la versif. fr.; provençal seul.

Cf. Reimann, Ztz. Rom. Spr. Litt. 1884, VIII, p. 474-475.

1882.	— Freymond, E. — Uber den reichen Reim bei altfranz. Dichtern bis zum Anfang des XIV Jhrh. Halle, ª/s, Karras. 36 p.

Hist. des termes comme rime léonine, sonnante, riche; causes de la rime riche; où elle se trouve, etc. Etude très importante.

Cf. Gallia, I, p. 146; Rev. Crit. 1883, p. 282; Nord u. Süd, XVI, p. 390; Littblatt germ. rom. Philol. V, p. 18.

1882. — Gengnagel. — Die Kürzung der Pronomina hinter vokalischen Auslaut, Halle.

1882. — Kalepky, F. — In welchem Umfange wollte Malherbe in der poet. Technik, welche er vorfand, Aenderungen herbeiführen? Berlin, 30 p.

1882. — Kaulen, F. — Poetik Boileaus. Beitrag zur Geschichte der französ. Poesie im XVI Jhr., Hannover.

1882. — Lierau, M. — Metrische Technik der drei Sonnetisten Maynard, Gombauld, Malleville. Greifswald, Abel, 30 p.

Surtout sur rime, hiatus, compte de syll. : comment ils ont appliqué les règles de Malherbe.

1882. — Misset, E – Poésie rythmique du moyen âge. Champion, 7 fr. 50.

1882. — Müller, K. — Uber accentuirend-metrische Verse in der französ. Sprache des XVI-XIX Jhrh. Bonn, Neusser. 94 p. 1 m. 50.

.Résumé des essais sur les vers mesurés des xvie et xviie s. et sur les ouvrages du décret de 1813 (Scoppa, etc.), Van Hasselt, etc. Excellente comparaison entre l'allem. et l'anglais.

1882. — Orth, F. — Uber Reim und Strophenbau in der altfranzös. Lyrik. Cassel, Kühn. 75 p. 1 m. 50.

Assonance, rime riche, strophes, histoire, structure, origines, combinaisons de rimes, etc.

Cf. Litter. Centralblatt, 1883, p. 163.

1882. — Pellissier, G. — De XVI saeculi in Francia artibus poeticis. Vieweg. diss. 137 p.

Fabri, Du Pont, Sibilet, Fontaine, Peletier, Ronsard, etc. Un des premiers livres donnant l'analyse de ces traités.

1882. — Pellissier, G. — Traité théorique et historique de versif. fr. Garnier. 1 fr. 2e éd. 1886. *8° Y 14.*

1882. — Souza, R. de. — Le rythme poétique, Perrin. 3.50. Probablement jamais paru. Cf. 1892.

1883. — Bijwanck, Wilhem, G.-C. — Spécimen d'un essai

critique sur les œuvres de Villon. Leyde. 228 p.
8° Y° 298.

Souvent cité, mais sans rien sur la versif. fr.

1883. — Gaijer, P. — Om de franska espiska versformernas ursprung. Kristiana, Coppeln. 255 p. Paru en 1881, voy. Périodiques.

Cf. Vising, Littblatt. ger. rom. Philol. IV, p. 393.

1883. — Hauréau, B. — Matthaei Vindocinensis ars versificatoria, thèse de L. Bourgain. 72.

Cf. Jour. Sav. 1883, p 207-213.

1883. — Jæger, J. — Die quantität der betonten Vocale im Neufranzösischen.

1883. — Lussy, M. — Le rythme musical, son origine, sa fonction et son accentuation. Heugel. 104 p. 5 fr.
4° V 1485.

Influence de la musique sur l'accent, sur sa destruction de l'accent métrique, sur l'hémistiche et les césures. En faveur des théories de Castil-Blaze et Ducondut.

1883. — Nyrop, Ch. — Den oldfranske Heltedigting. *8° Y° 628.* Cf. 1886.

1883. — Wehrmann, O. — Alfred de Musset : Metrik-Poetik. Osnabruck, Lisecke.

1884. — Banner, Max. — Uber den regelmässigen Wechsel männlicher und weiblicher Reime in der französ. Dichtung. Marburg, Universitätsdruk. 51 p.

Origines et histoire détaillées. Bon ouvrage. Cf. Ztz. Rom. Spr. Lit. VIII, p. 121-131.

1884. — Boisjoslin, Jacques de. — Esquisse d'une histoire de la versif. fr. Amiens, Delattre-Lenoel, 27 p.
8° Y° Pièce 981. Cf. 1884 Périodiques.

Excellente comparaison entre les systèmes clas. et mod.; chap. remarquables sur la césure, sa fonction et sa nature, sur la rime ; bon résumé des changements de la versif. fr., de leurs conséquences et résultats.

Brochure d'un intérêt exceptionnel.

1884. — Braam, A. — Malherbes Hiatus Verbot und der Hiatus in der neufranzös. Metrik. Leipzig. 62 p.

Combat la théorie de Johannesson, et essaie de montrer que M. ne savait pas lui-même quand l'hiatus était mauvais. Cite beaucoup d'autorités et donne une définition physiologique. Sa théorie est orig., mais il n'est pas encore prouvé qu'elle soit bien fondée. Travail très suggestif.

Cf. Ricken, 1885.

1884. — Coquelin, Constant. — L'art de dire le monologue, Ollendorf. 210 p. *8° Y f. 46*.

Livre excellent sur la question : comment réciter les vers ? et sur le rythme. Un des meilleurs livres sur ce sujet.

1884. — Guyau. — Problèmes de l'esthétique contemp. Alcan. 260 p.

Au point de vue esthétique un des meilleurs livres sur les questions du rythme, du rôle de la césure, de la rime, de l'hiatus, et la formation du vers mod. Cf. 1884, Périodiques.

1884. — Gossett, A. — A manuel of French Prosody, London, Bell.

1884. — Herting. — Der Versbau Jodelles. Kiel.

Cf. Ricken, Ztz. Rom Spr. Litt. 1886, p. 55-59.

1884. — Keller, O. — Der saturnische Vers als rhythmisch erwiesen. Leipzig, Freytag. 84 p. Sur l'orig. du vers fr.

1884. — Mainard, L. — Traité de versif. fr. Lemerre. 186 p. 2 fr. *8° Y 45*.

Aperçu des règles.

Cf. Gröbedinkel Ztz. Rom. Spr. Lit. 1885, VII, p. 238-239.

1884. — Mussafia, M. — Della prosodia francese. Trieste Progr. 58 p.

1884. — Otten, G. — Die Cäsur im Altfranzösischen. Greifswald, Abel. 25 p.

Résumé, avec statistiques, et variétés suivant le sens logique.

1884. — Pierson, P. — Métrique naturelle du langage, Vieweg. 260 p. 10 fr.

Livre technique et ardu sur la métrique naturelle appliquée au fr. et sur l'influence du rythme naturel sur les transformations phonét.

Cf. Klinghardt, Ztz. Spr. Litt. VII, p. 284-290, 1885.

1884. — Rajna, P. — Le origini dell' epopea francese. Firenze, Sansoni. 550 p. *8° Y^e 647*.

Livre important sur l'origine et la forme de l'épopée. Cf. Romania, VIII, p. 598-627.

1884. — Raynaud, G. — Bibliographie des chansonniers fr. des xiie et xiiie s. Vieweg. 2 vol. *8° Q 810*.

Rien sur la versif., mais indispensable pour l'étude de la chanson.

1884. — Ricken, W. — Untersuchungen uber die metrische Technik Corneilles und ihr Verhåltniss zu den Regeln der französ. Verskunst. I. Silbenzählung und Hiatus. Halle, Meyer. 30 p. et Berlin, Weidmann, 67 p. 8° O Halle ph. 192.

Sur l'*e* muet.

Cf. Gröbedinkel, Ztz. Spr. Litt. VII, p. 235-238, 1885 ; Braam, 1884.

1884. — Vising, G. — Sur la versification anglo-normande, Upsala.

Cf. P. Meyer, Romania, 1886, p. 144-148 ; Du Parc, Bibl. Ec. Chartes, 1884, p. 675 ;

Foerster, Altfr. Bibl. IX, p. VI-IX ; Littcentralblatt, 1885, 5.

1884. — Zschalig, H. — Die Verslehren von Fabri, Du Pont und Sibilet. Leipzig, Frohberg. 80 p.

Hist. et comparaison des art poét. Travail très intér. et bien fait.

Cf. Ricken, Ztz. Spr. Lit., VIII, p. 191-193, 1886.

1885. — Chabaneau, Camille. — Extraits du Ms inédit des

Leys d'Amors: Origine et établissement de l'Acad. des jeux floraux. Toulouse, Privat. In-fol. *Fol. Z Pièce. 46.*

1885. — Evrard, E. — Préceptes de poésie, précédés d'un traité de versif. fr. Namur, Wesmail-Charlier. 1 fr. 50.

1885. — Davids, Fritz. — Uber Form und Sprache der Gedichte Thiebauts IV von Champagne. Braunschweig. 44 p.
Statistiques.

1885. — Pellissier, G. — L'art poétique de Vauquelin de la Fresnaye. Texte conforme à l'édition de 1605, avec notice, commentaire, étude sur l'usage synt., la métrique et l'orthographe, et glossaire. Garnier, 2 fr.

Sur les arts p. antér. à V. ; ce qu'il a emprunté à ses devanciers, son influence, et les arts p. après lui. Le meilleur résumé qui existe sur ce sujet.

1885. — Sonnenburg, R. — Wie sind die franzős. Verse zu lesen ? Berlin, Springer, 26 p.

Cf. Barrelet, Ztz. Spr. Lit., VII, p. 63-64; et Foth, *id.*, p. 58-63, 1886. Heller, Franco-Gallia, II, p. 256-262, 1885; Humbert, 1888 ; Lubarsch, 1888.

1885. — Souriau, M. — De la convention dans la tragédie clas. et dans le drame romantique. Hachette, 306 p. *8° Yf 238.*

Livre utile pour montrer comment dans le drame les changements de théories, coutumes, etc , influent sur la forme du vers.

1885-1889. — Westphal, R. et Rossbach, A. — Théorie der musicalischen Künste der Hellenen, Leipzig, Trübner.

1885. — Winderlich, K. — Die Tilgung des romanischen Hiatus durch Kontraction im Französischen. Breslau, Grass. 36 p.

1886. — Bourciez, Ed.— Les mœurs polies et la litt. de cours
sous Henri II. Hachette, 423 p. L¹ 104.
Influence des rimeurs officiels et des arts poét. ; condition où se trouvait la poésie. Livre excellent
pour apprécier l'influence et l'importance de la
poésie.

1886. — Bouvey, P. — Poètes et mélodies, études sur l'origine du rythme dans l'hymnographie de l'église
grecque. Nimes, maison de l'Assomption, 5 fr.

1886. — Chauvin, G. — Petit parnasse fr., notions de prosodie à l'usage des gens du monde. Dubreuil. 32 p.
8° Y Pièce 10. 1 fr.

1886. — Delavenne, le père Henri. — Traité de versif. fr.
Baltenweck. 64 p. 80 c. *8° Y 99.*
Livre bien arrangé et commode.

1886. — Ghil, R. — Traité du verbe, avec avant-propos de
S. Mallarmé. Giraud, 31 p. *4° Z Pièce 84.*
Fameux manifeste de l'école symb. Correspondance
des voyelles et des sons musicaux.

1886. — Gropp, E. — Abriss der franzős. Verslehre. Leipzig,
Renger.

1886. — Henry, V. — Contribution à l'étude des origines du
décasyl. roman. Maisonneuve, 47 p. 5 fr.
Travail important sur la question de l'orig. du décasyl. Cf. G. Paris, Romania, XV, p. 137-138.

1886. — Heune, W. — Die Zäsur im Mittelfranzősischen.
Greifswald, Abel. 105 p.
La césure dans ses relations avec la structure syntaxique ; statistique des diff. césures.

1886. — Hossner. — Zur Geschichte der unbetonten vocale
im alt- und Neufranzősischen. München.

1886. — Knobloch H. — Die Streitgedichte im Provenzal.
und alt franzősischen. Breslau.

1886. — Koschwitz E. — Commentar zu den ältesten franzős. Sprachdenkmælern. Heilbronn.

1886. — Morandini d'Eccatage, F. — Grand dict. des rimes fr. Ghio. 508 p. 10 fr.

1886. — Mothéré, J. — Les théories du vers héroïque anglais et ses relations avec le vers fr. Havre, 54 p. *8° YK 318.*

Essaie de montrer que le vers héroïque angl. vient du décasyl. fr. Donne points de comparaison. Etude très utile pour la métrique comparée, l'influence du vieux vers fr.

1886. — Nyrop, Ch. — Storia dell' epopea francese nel medio evo. Torino, Loescher. 493 p. *8° Y° 1689.*

Travail important pour l'orig. et la bibliographie.

1886. — Passy, Paul. — Le Français parlé. Heilbronn, Henniger.

1886. — Pleines, A. — Hiat und Elision im Provenzalischen Marburg, Elwert. 82 p.

1886. — Schuchardt, H. — Reim und Rhytmus im Deutschen und Romanischen. Berlin. dans Keltisches und Romanisches. 439 p. *8° Z 10660.*

Sur la rime en allem., en fr., en ital., et sur les deux systèmes d'accent et de compte des syll.

Livre très intér. et suggestif.

1886. — Spenz, F. — Die syntaktische Behandlung des acht silb. Verses in der Passion christi und im Leodegar-Liede, mit besonderer Berücksichtigung der Cæsurfrage. Marburg, Elwert. 80 p.

1886. — Stapher, P. — Racine et V. Hugo, Colin.

Surtout chap. V. Réforme de la versif., œuvre de V. Hugo.

1886. — Stramwitz, E. — Uber Strophen und Vers Enjambement im Altfranzösischen. Greifswald, Abel, 189 p.

Enjambement. Où il se trouve. Où il ne se trouve pas. Nature, causes, statistiques.

1887. — Baju, A. — L'école décadente, V, 32 p. 2 fr.

Intér. brochure sur ce qu'est et veut être la nouvelle école.

1887. — Baumgart, H. — Handbuch der Poetik. Eine kritish-historische Darstellung der Dichtkunst. Stuttgart, Cotta. 735 p. *8° Y 115.*

Rien sur la versif. Chap. sur Molière, Voltaire, Diderot et la com. larmoyante.

1887. — Gautier, Léon.— Hist. de la poésie liturgique, précédée d'une hist. de la versif. lat. au moyen âge. Picard.

1887. — Kahn, Gustave. — Les Palais Nomades, Tresse. Préface sur le vers libre, 38 p. *8° Y^e 4826.*

Sur les aspirations des Symbolistes et leurs théories. Excellent exposé de leur art.

1887. — Lintilhac, Eug. — De J. C. Scaligeri poetice. Hachette.

1887. — La Motte, F., V. de. — Observations sur la versif. fr. Essai de prosodie nouvelle. Téqui. 16 p.

1887. — Passy, Paul. — Les sons du français, leur formation, leur combinaison, leur représentation, F.-Didot, éd. de 1889, etc.

Surtout sur récitation, prononc. et accentuation, intensité des sons, quantité et timbre, etc.

1887. — Phuhl, H.— Untersuchungen über die Rondeaux et Virelais. Kœnigsberg.

1887. — Régnier. — Souvenirs et études de théâtre. Ollendorf, 354 p. Y f. 270.

Sur les diff. manières de réciter les vers.

1887. — Ricard, Anselme. — Système de la quantité syllabique et de l'articulation des sons graves et des aigus. Recherches orthoépiques et phonétiques sur la phonométrie et les tons de la langue fr. Prague, Neugebauer. 91 p. *8° X 3845.*

Travail curieux et d'une valeur réelle, le premier qui essaie de donner une valeur définitive à chaque son. Le maximum est 200; $3/4 = 150 =$ longue; $1/2 = 100 =$ moyenne; $1/4 = 50 =$ brève; $1/8 = 25 =$ très brève. Application aux voyelles, etc. La conception en est très simple, l'application très complexe.

1887. — Thiéry. — Étude sur le chant grégorien. Bruges, Desclée. 10 fr.

1888. — Becker, Ph. A. — Zur Geschichte der Vers libres in der neufranzös. Poésie. Halle ᵃ/s. Karras. 37.

Origine, emploi, développement. Travail important et définitif.

1888. — Castaigne, Eusèbe. — Petites études littér. Picard, 129 p. *8° Z 10995.*

Chap. sur la versif. de La Fontaine.

1888. — Delaporte, P. — L'art poétique commenté par Boileau et par ses contemporains. Lille, Desclée et Brouwer. 3 vol.

Chap. Arts poét. avant B. et sur hist , influence de l'art poét.

1888. — Dupont-Vernon. — L'art de bien dire. Ollendorf 263 p. 8ᵒ X 4069.

Diction.

1888. — Humbert. — Die Gesetze des französ. Verses. Ein Versuch sie aus dem Geiste des Volkes zu erklären, mit besonderer Rücksicht a. d. Alexandriner und Molières Misanthrope. Leipzig, Seemann. 55 p. 1 m. 50.

Le titre trompe. C'est plutôt une polémique contre Gropp et l'Introd. de Dickmann sur la prononc. de l'*e* muet.

Cf. Litt. Centralblatt, 1888, 1049; Koschwitz, Deut. Littztg., 1888, p. 1273 ; Heller, 1888, Franco-Gallia, VI, p. 56-64; Lubarsch, 1888; Sonnenburg, 1885.

1888. — Lejard, J. — Prosodie fr. contenant les règles de la prononc. et de la versif. Poussielgue. 2.50.

1888. — Lubarsch, E. — Uber Deklamation und Rhythmus der französ. Verse. Zur Beantwortung der Frage: Wie sind die französ. Verse zu lesen ? Oppeln,

Maske, avec Introd. par Koschwitz sur les idées, la vie, etc., de L. 1 m. 50.

Polémique contre Sonnenburg et critique de la manière allem. de réciter les vers fr. avec théories. Brochure intér. et utile pour les théories allemandes du vers fr.

Cf. Ricken, Ztz. Spr. Lit., XII, p. 21-29, 1890 ; Heller, Franco-Gallia, VI, p. 55-64 ; Ricken, *ibid.*, p. 147 ; Heller, p. 148-151, Koschwitz, p. 240 ; Lamprecht, Deut. Litztg. X, p. 272.

1888. — Mothéré, J. — Quelques notes sur les théories du vers alex. et ses rapports avec la versif. angl. Picard.

1888. — Moussé, Alex. — Petit traité de poésie fr., Bureau du Trouvère. 91 p. *8° Y 120.*

1888. — Oreans, Karl. — Die *e*-Reime im altprovenzalischen. Braunschweig, Westermann. 48 p.

1888. — Riese, W. — Alliterierender Gleichklang in der französ. Sprache alter und neuer Zeit. Halle, Plœtz. 38 p.

Conclusion : L'allitération n'a jamais été employée systématiquement comme élément de l'art de la versif. en aucune langue.

Cf. Mussafia, Littblatt. germ. rom. Philol. X, p. 171 ; Kohler, 1888, Ztz. Spr. Lit., XI, p. 178-180.

1888. — Souriau, M. — La versif. de Molière. Hachette. 2.50. Cf. 1893.

1889. — Coville. — De Jacobi Magni, vita et operibus. Hachette. 100 p. diss.

1889. — Duc, L. — Etude raisonnée de la versif. fr. Noizette, Bibliothèque de la Province. 199 p. 3 fr. *8° Y° 2094.*

Deux parties : I. Les règles avec discussion. II. Style, composition, etc., avec exemple des diff. genres de poésies, comme charade, sonnet, etc.

1889. — Fabry, F. — La versification fr. Rouen, Héron.

1889. — Glade, C. — Uber Metrum und Sprache von Aliscans. Marburg. 63 p.

1889. — Gnerlich, R.—Bemerkungen über den Versbau der Anglonormannen, Leipzig. 57 p.

Cf. Vising, 1890, Ztz. Spr. Lit., XII, p. 29-31.

1889-1890. — Héron. — Le grand et vrai art de pleine rhétorique de Fabri. Rouen, Lestringant, 3 vol. I. Rhétorique, 309 p.; II. L'art de rimer, 140 p. III. Introd., Notes, et Glossaire.

Travail indispensable pour tout ce qui concerne l'étude de Fabri et des arts p.

1889. — Jeanroy, Alfred. — Les origines de la poésie lyrique en France au moyen âge. Hachette. 523 p. 8º Yᵉ 2488.

Sur l'orig. des Pastourelle, Débat, Aube, Chanson dram., Refrain, etc. et sur la versif., la strophe, théories de Gautier, Bartsch, Wolf, sur l'origine de la poésie fr., etc. Travail indispensable.

1889. — Kawczynski. — Essai comparatif sur l'origine et l'histoire des rythmes. Bouillon. 218 p. 5 fr.

Sur l'origine des diff. vers fr. dans le latin, avec les prototypes ou modèles lat. Livre important surtout au point de vue de la métrique comparée.

1889. — Mende, A. — Die Ausprache des franzős. unbetonten *e* im Wort auslaut. Zürich, Cotti. 128 p.

Travail très documenté et détaillé sur la contraction, etc., de l'*e* muet du ixe au xive s et chap. sur la prononc. moderne.

1889. — Raynaud, G. — Rondeaux et autres poésies au xve s. Didot. 175 p. Anc. Textes fr. 8º Z 74.

Sur l'orig. et la structure du rondeau.

1889. — Rücktäschel, Th. — Einige arts poét. aus der Zeit Ronsards und Malherbes. Leipzig, Fock. diss.

Cf. Grőbedinkel, Ztz. Spr. Lit. 1890, XII, p. 31-34.

1889. — Saran, Franz.— Hartmann v. Aue als Lyriker. Halle, Niemeyer.

Sur les relations entre les versif. fr. et allm.

1889. — Tiersot. — Hist. de la chanson populaire en France, Plon. 541 p. 8° Y° 2287.
Sur le rythme. Chap. Le rythme et les formes lyriques de la mélodie popul. Origines et transformations de la chanson popul. La mélodie popul. et les chants lat. au moyen âge.

1889. — Träger, E. — Geschichte des Alexandriners. I Der franzős Alexandriner bis Ronsard. Leipzig, Hesse u. Becker. 85 p.
Travail excellent sur l'orig. de l'Alex., sur les systèmes fr. et allem. et la manière allemande de lire et de scander les vers fr.
Cf. Becker, Litblatt. germ. rom. Philol. X, p. 413.

1889. — Vernier, L. — Etude sur la versif. popul. des Romains à l'époque clas. Dodivers. 68 p. 2.50.

1890. — Becker, Ph.-A. — Uber den Ursprung der romanischen Vermasse. Strasburg, Trübner. 54 p.
Un des meilleurs traités sur ce sujet.
Cf. Ztz. Spr. Lit., XIII, p. 206-211.

1890. — Bello, Don Andrès. — Obras Completas. I. Ortologia. Arte metrica. Madrid, Tello.

1890. — Blume, Fr. — Die Metrik Froissarts. I. Silbenzählung, Hiatus, Reim. Greifswald. 84 p.
Travail de statistique.

1890. — Caumont, Armand. — Cours de litt. fr. Traité de versif. Frankfurt a. M. 548 p.
Résumé des règles, avec conseils pour lire les vers.

1890. — Grass, K. — Uber Versmass und Reim des anglonormanischen Adamspiel und des Gedichtes von den 15 Zeichen des jüngsten Gerichts. Bonn. 21 p.

1890. — Kőrting. — Kritischer Jahresbericht der Franzősischen Philologie.
Contient comptes rendus d'œuvres et d'articles sur la versification des langues romanes, par Stengel, d'une valeur inappréciable.

1890. — Humbert, C. — Nochmals das e muet und der Vortrag franzős. Verse, Bielefeld, Velhagen u. Klasing. 31 p. Progr. 339.

Réponse aux critiques contre sa brochure de 1888. Cf. Ricken, Ztz. Spr. Litt., XII, p. 271-273, 1890 ; Jent, Blätter f. das Baier-Gymnalw. XXVI, p. 566-567 ; Knauer, Lit. Centralblatt, 1891, p. 463-464 ; Bőddeker, Phonet. Stud. IV, p. 259.

1890. — Jordan, L. — Metrik und Sprache Rutebeufs, Gőttingen, Wolfenbüttel, 73 p.

1890. — Kőhler, M. — Uber alliterierende Verbindungen in der altfranz. Literatur. Oppeln, Maske, 36 p.

Orig., emploi, groupement. Cf. Riese, 1888.

1890. — Langlois, Er. — De artibus rhetoricae rythmicale, sive de artibus poeticis in Francia, etc. Bouillon. 119 p. diss.

Analyse et étude sur les arts p. de Deschamps, Magnus, Herenc, Molinet, Infortunato, Fabri, Du Pont, Sibilet, Fontaine, Buxeria, Pelletier, Fouquelin. Travail utile et important.

1890. — Le Goffic et Thieulin. — Nouveau traité de versif. fr. Masson. 152 p, 1 fr. 50.

Traité très popul. et beaucoup lu.

Cf. Delboulle, 1890, Rev. Crit. XXXI, p. 153-155.

1890. — Marty-Laveau. — Notice biographique sur G. A. de Baïf. Lemerre. 63 p. *8 Y° 862.*

Quand et pourquoi B. a employé les vers mesurés.

1890. — Passy, Paul. — Étude sur les changements phonétiques et leurs caractères généraux. Didot.

1890. — Robert, P. — La poétique de Racine. Hachette. 362 p. 7 fr. 50.

Bon livre sur tout le système de R.

1890. — Ronca, V. — Metrica e ritmica latina nel medio evo. Roma, Loescher.

1890. — Schwan und Prinzheim. — Der franzős. Accent. Leipzig, 65 p.

Cf. Mod. Lang. Notes, VI, p. 238-240.

1890. — Wolf, E. — Prolegomena der literar-revolutionistischen Poetik. Leipzig. Fischer.

1891. — Allais, G. — Malherbe et la poésie fr. à la fin du xvi⁰ s. Thorin, 424 p. 8° Y⁰ 3098.
Travail précieux sur l'influence de M., l'état de la langue, de la poésie, de la versif., etc., au xvi⁰ s.

1891. — Banner, Max. — Reformbestrebungen Malherbes auf dem Gebiete französ. Verskunst. Berichte d. freien deut. Hochst., Frankfurt a. M.

1891. — Brakelmann, Jules — Les plus anciens chansonniers fr. Bouillon. 228 p. 8° Y⁰ 3928. Continué par E. Stengel, 1896, Marburg, Elwert. 120 p. 8° X *2269*.

1891. — Brunot, F. — La doctrine de Malherbe d'après son commentaire sur Desportes. Masson. 685 p.
Travail précieux. Cf. Dejob, Rev. Internat. Ensgm. 1892, XXIII, p. 444-470, mai.

1891. — Couture, l'abbé. — Le cursus ou rythme prosaïque dans la liturgie et dans la litt. de l'église latine, Picard.

1891. — Crouslé, L — Éléments de versif. fr., annexés à la gram. Belin, 82 p. 60 c. Ed. de 1897.

1891. — F. P. B. — Petit système métrique. Tours, Mame. 72 p. 1901, Poussielgue.

1891. — Galino, F. — Musique et versif. au moyen âge. Leipzig. 39 p.
Importance de l'étude de la musique prim. pour la versif. Essaie de prouver que la poésie prim. n'était composée que sur des mélodies popul., donc la musique est plus vieille et très importante pour l'étude des orig. des diff. vers.

1891. — Langstroff, Ch. — Aus der französ. Verslehre. Progr. zu Bingen am Rhein. N° 629, p. 11-14.
Sans valeur.

1891. — Naetebus, G. — Die nichtlyrischen Strophenformen des Altfranzösischen. Leipzig. Hirzel.

Travail détaillé sur la structure de la rime et de la strophe.

Cf. Stengel, Ztz. Spr. Lit., XIV, p. 165-170. 1892. Schulze. Archif Stud. Neu. Spr. LXXXVII, p. 120. Suchier, Litblatt germ. rom. Philol. XII. p. 273-274; Litt. Centrablatt, 1891, 1499.

1891. — Nordfelt, A. — Etudes sur la chanson des Enfances Vivien. Stockholm. diss.

Cf. Romania, XXI, p. 476 ; Becker, 1894 (pér.).

1891. — Wallenskold, A. — Conon de Béthune. Helsingfors. Sur la versif. de C. de B.

1892. — Baju, A. — L'anarchie littéraire, Vanier. 35 p. 2 fr. Sur les nouveaux mouvements dans la litt. Le vers déc. et symb.

1892. — Bourdon, B. — L'expression des émotions et des tendances dans le langage. Alcan, 374 p. *8° R 11001.*

Sur intensité, durée, arrêts, silences et leur portée sur la constitution du vers ; l'importance du compte des sylb. pour le vers fr., la différence entre la prose et le vers. Prévoit l'union progressive du vers et de la prose.

Travail remarquable pour l'esthétique du vers fr.

1892. — Eichthal, Eug. d'. — Du rythme dans la versif. fr. Lemerre, 55 p. 1 fr. 50.

Brochure très répandue et très citée. Vues originales sur le rythme.

Cf. Tobler, Archif. Stud. Spr. Lit. LXXXIX, p. 107-108.

1892. — La Grasserie, R. de. — De l'élément psychique dans le rythme et de ses rapports avec l'élément phonique. Lemerre, 118 p. f° *Y 185.*

Travail technique comme ses autres livres dans lesquels il établit des diff. genres de rythme et leurs relations avec la versif., la structure des vers et des strophes.

1892. — La Grasserie, R. de. — Du mode mineur dans

le rythme. Vanne, Lafolye. 77 p. f° *Y 186.*
Explique comment se réalise le mode mineur et ses
effets psychiques.

1892. — Lanson, G. — Boileau, Hachette.
Peut-être le meilleur résumé ou l'interprétation la
plus large et plus intelligente de ce que signifie
l'art p. de B.

1892. — Lhoumeau, le père.— Rythme, exécution et accompagnement du chant grégorien. Lefebvre. 4 fr.

1892. — Meyer, P. et Raynaud, G. — Le chansonnier fr. de
St-Germain-des-Prés. (Bibl. Nat. 20050). Reprod.
phototypique. Soc. Anc. Textes.

1892. — Souza, Robert de. — Le Rythme poétique. Perrin,
304 p. Cf. 1882.
Sur l'histoire du rythme, le besoin d'un changement ;
analyse et explication des essais modernes. Le
plus important ouvrage du parti libre et progressiste sur la question des changements dans le
vers moderne.

1892. — Sully Prud'homme. — Réflexions sur l'art des vers.
Lemerre. 82 p.
Théories et défense du vers clas. au point de vue de
l'esthétique. Le plus important ouvrage du parti
classique ou académique sur la question des changements dans le vers moderne. Cf. 1897, Doumic.

1892. — Westphal, R. — Allgemeine Metrik der indogermanischen und semit. Völker, auf Grundlage der
vergleichenden Sprachwissenschaft. Berlin, Calvary. *8°Y 189.*
Analyse du système fr. dans chap. Rhytmische Prosodie der franç. Verse. Die accentuirenden Verse
der Franzosen, etc.
Etude précieuse pour la métrique comparée.

1892. — Wulff, Fr. — Von der Rolle des Accents in der
Versbildung. II. Französ. Verse. Skandinav. Archif II.

1893. — Bédier, J. — De Nicolas Museto (Colin Muset).
Bouillon. 135 p. In^{27} 41661. Sur sa versif.
1893. — Bibesco, A. — La question du vers fr. et la tentative des poètes décadents. Fischbacher. 47 p. 4 fr.
3ᵉ éd. 1895.
1893. — Boissière et Ernault. — Notions de versif. fr. Delagrave, 120 p. 2 fr.
Traité très commode avec beaucoup d'exemples.
Cf. Rev. Crit. d'Hist. Litt. XXXVIII, p. 482-483.
1893. — Caumont, A.— Uber die Art französ. Verse kunstgerecht zu lesen. Berichte freien deut. Hochst. zu Frankfurt a. M., p. 327-339, IX.
1893. — Clédat, Léon. — La poésie lyrique et satirique au moyen âge. Lecène Oudin, 119 p. 8º Yᵉ 3443.
Sur la structure du vers fr. et sa dérivation du Latin ; l'origine et le développement du couplet et du refrain, et les diff. genres de poèmes.
1893. — Combarieu, J. — Les rapports de la musique et de la poésie, considérées au point de vue de l'expression. Alcan, 423 p. 4 fr. 50.
Livre très original et important pour l'étude de l'union de la poésie et de la musique, du rythme et de la valeur expréssive des sons.
1893. — Comte, Ch. — Les stances libres dans Molière. Étude sur les vers libres de Molière, comparés à ceux de La Fontaine et aux stances de la versif. lyrique. Versailles, Aubert, 87 p. 3 fr. *8º Yf. 635.* Cf. Chatelain, 1904.
Cf. Becker, 1893, Ztz. Spr. Lit., XVII, p. 598-599.
1893. — Gramont, F. de. — Nouveau traité de versif. fr. Masson.
Livre très détaillé sur les règles techniques de la versif.
1893. — Havet, Léon. — La prose métrique de Symmaque et les origines métriques du cursus. Bouillon, 118 p.
1893. — Huemer, J. — Gallische Rhythmen und gall. Latein, Wien., Hőlder.

1893. — Körner, P. — Der Versbau Robert Garniers. Berlin, Voigt. 119 p.

1893. — Koschwitz, Ed. — Les parlers parisiens. Welter.
Sur la prononc. et la récitation.

1893. — La Grasserie, R. de. — De la strophe et du poème dans la versif. fr., spécialement en vieux fr. Leroux, 46 p. Bull. hist. et phil. du Comité des travaux hist. p. 181-226.
Sur la formation, la nature et l'orig. du vers, de la stance et du poème, et la rime par rapport à la strophe.

1893. — La Grasserie, R. de. — Analyses métriques et rythmiques. Maisonneuve, 198 p. 10 fr.
Sur le rythme phonique pur et le r. psychique abstrait. Orig. de la rime et de l'allitération ; rythme de la prose, etc. Traité technique.

1893. — Minor, J. — Neuhochdeutsche Metrik. Strassburg, Trübner, 537 p. 2ᵉ éd. 1902.
Sur le vers fr., les formes variées de la strophe. Très utile pour l'étude de la métrique comparée.

1893. — Nordfeld, A. — Les couplets similaires dans la vieille épopée fr. Stockholm, Nordstedt et Söner. 18 p.
Cf. Gröber, Ztz. Spr. Lit., XVII, p. 599 ; Doutrepont, Le Moyen Age, VII, p. 9-10 ;
Romania, XXVII, p. 632.

1893. — Paris, G. — Roman de la Rose. Soc. Anc. Textes.
Sur l'orig. des formes strophiques, etc.

1893. — Pellissier, G. — Essais de litt. contemp. Lecène Oudin.
Le vers alex. et son évolution rythm. L'évolution actuelle de la litt. Bons articles. Résumé des questions de changements dans le vers fr.

1893. — Ramorino, F. — La pronunzia populare dei versi quantitativi latini nei bassi tempi e origine della verseggiatura ritmica. Torino, Clausen, 70 p.

1893. — Renouvier, Ch. — V. Hugo, le poète. Colin, Cf. Périodiques, 1889.

1893. — Souriau, Paul. — La suggestion dans l'art, Alcan, 5 fr.

1893. — Souriau, M. — L'évolution du vers fr. au xviie s. Hachette, 5 fr., 494 p.

Quantité, hiatus, cacophonie, rime, césure, enjamb , licences, chevilles, lyrisme, vers libres dans Malherbe, Corneille, La Font., Mol., Boileau, Racine; emploi, infractions aux règles.

Cf. Brunetière, Rev. Hist. de la Fr. I, p. 497-498 ; Texte, Rev. Phil. fr. prov. VIII, p. 69-78; Faguet, Rev. Bleue, I, p. 308-311 ; Comte, Rev. Métr. et Versif., I, p. 41-45, 1894 et réponse de Souriau I, 3.

1893. — Stengel, E. — Romanische Verslehre, Gröbers Grundriss, II, p. 1-96.

Un des meilleurs et des plus savants traités de versif. fr. Indispensable pour presque toutes les questions de versif. fr.

1893. — Thamhayn, Dr. — Aus neueren französ. Lyrikern. Metrische Ubertragungen. Progr. Seehausen, Schröter. N° 254, p. 1-12.

Sans valeur. Traduction de vers fr. en allem.

1893. — Tisseur, Clair. — Modestes observations sur l'art de versifier, Lyon, Bernaux et Cumin, 355 p.

Le traité le plus populaire peut-être. Observations fines, justes et saines sûr les règles de la versif.

Cf. Stengel, Ztz. Spr. Lit., XVI, p. 1-18, 1894 ; Tobler, Archif. Stud. Neu. Spr., XC, p. 459-461; W., Bibl. Univ. et Rev. Suisse, LX, p. 661-663; Romania, XXII, p. 341 ; Becker, Littblattgerm. rom, Phil., 1894, p. 88-89 ; Jeanroy, Rev. Crit., XXXVI, p. 495-500; Texte, Rev. Phil. fr. et prov., VII, p. 138-150; Langlois, Bibl. Ec. Chartes, LIV, p. 745-746 ; Fontaine, Bull. Univ. de Lyon, VI, p. 299-302; Kressner, Franco-Gallia, II, p. 35 ; W.F., Litt. Centralblatt, 1313-1314, 1893; Nuova Antol., L, p. 757-759 ; Rossel, Schweizer. Rundschau, 1893, I, p. 631-637 ; Tougard, Bull. Crit., XIV, p. 190-194 ; Souriau, Rev. Hist. Lit. France, I, p. 211-212 ; Chevalier, Rev. Félibréenne, IX, p. 209-211 ; Vachez, Rev. du Lyonnais, XV, p. 66 et id. Bouchaud, p. 330-334 ; Spiro, Deut. Litztg., XVII, p. 724-725 ; Valentin, Ztz. Vergl. Litgesch., XI, p. 267-286 (Zur Formenlehre der franz. Dichtung).

1893. — Wagner, E. — Versbau Mellin de St-Gelais. Heidelberg.

1894. — Brémont, Léon. — Le théâtre et la poésie. Questions d'interprétation. Rev. dram. et mus., 209 p. 8° Yf 875.

Un des meilleurs livres sur l'art de réciter les vers, la valeur esthétique des points délicats de la diction et des règles de la versif. et leur portée musicale pour la structure du vers.

1894. — Chevalier, W. — Poésie liturgique du moyen âge. Rythme et hist. hymnaires ital. Picard. 236 p. B 29023.

1894. — Dechevrens, A. — Du rythme dans l'hymnographie latine. Lyon, Delhomme, 159 p. 5 fr. 8° Y^c 497.

1894. — Gebler, H. — Von Regnard und seiner Behandlung des Verses. Magdeburg, 18 p.

1894. — Lootens, Mgr. — La théorie musicale du chant grégorien. Thorin. 15 fr.

1894. — Martonne, A. de. — Le sonnet dans le Midi de la France. Aix, Makaire. 62 fr.

1894. — Mockel, Albert. — Propos de litt., Mercure de Fr. Vues larges et avancées sur le vers et les théories mod.

1894. — Vernier, L. — Petit traité de métrique grecque et latine. Hachette. 8° Y 206. Chap. XVI. La versif. mod. Orig. des princ. vers fr.

Etude très utile pour la comparaison des deux systèmes.

1894. — Wailly, A. de. — Nouv. dict. de versif. et de poésie latine… et de quelques notions sur la versif. fr. Delagrave, 678 p.

1895. — Artigarum, l'abbé. — Le rythme des mélodies grégoriennes. Picard. 3 fr.

1895. — Densusiano, A. — Aliterationea in limbile romanice. Jasi, Tip. Nationala. 96 p.

1895. — Eckert, G. — Uber die bei altfranz. Dichtern vorkommenden Bezeichnungen der einzelnen Dichtungsarten. Heidelberg, 79 p.

Livre très utile et commode pour la technologie des termes.

1895. — Eickhoff, P. — Der Ursprung des roman. u. german. Elf-und. Zehnsilbners aus dem von Horaz in Oden eingeführten Worttonbau des sapphischen Verses. Wandsbek. 76 p.

1895. — Erdmannsdőrffer, E. — Die Reime der Trobadors. I. Halle a. s. 75 p.

1895. — Nebout, P. — Le drame romantique. Lecène Oudin. 5 fr.

Montre bien comment une nouvelle forme de drame amène une nouvelle forme de versif., comment les idées dans le drame clas. exigeaient la forme clas. La forme de versif. change avec les idées. Travail très utile et intér.

1895. — Ranninger, Fr. — Uber die alliteration bei den Gallo-Lateinern des IV-VI-Jhr. Progr. Landau.

Cf. Hammerich, Ztz. Spr. Lit. XX, p. 538-545, 1896.

1895. — Robertson, W.-G. — A. Century of French Verse. London, Innes, 6 s.

Avec un abrégé des règles.

1895. — Rosenbauer, A. — Die poetischen Theorien der Plejade nach Ronsard und Du Bellay. Münch. Beitr. zur. Rom. u. Engl. Phil., X. 161 p. 3 m. 50. 8° Z 12120.

La thèse publ. en 1895 sous le titre : Uber Ronsards

Kunsttheoretische Ansichten n'a que 32 p. du livre ci-dessus.

Travail très documenté et complet.

1896. — Boschot, A. — La crise poétique et aussi le poète, les courtisans et l'amour. Perrin. 158 p. 8° Y^e 4395.

Excellente analyse des ressources du vers libre ; importance de l'*e* muet, de la rime riche ; conseils aux poètes.

Cf. 1898, Pellissier.

1896. — Hecq et Paris, L. — La poétique fr. au moyen âge et à la renaissance. Bouillon, 253 p. 6 fr. Extr. des Ann. de la Soc. d'Archéol. de Bruxelles.

Titre et description des arts p. et exemples des diff. genres de poèmes.

1896. — Hocq, l'abbé. — Petit traité de versif. fr. à l'usage des collèges. Tournai, Decalonne-Liagre. 75.

1896 — Johannesson, F. — Zur Lehre vom franzœs. Reim. Progr. Gymn. Andrea zu Berlin. I. 26 p. ; II, 26 p. 1897. Berlin, Gaertner.

Histoire et théories ; critiques pour et contre la rime ; sa fonction et ses rapports avec le rythme. Prouve que la rime est un élément essentiel du vers. Son emploi et sa nature. Travail bien fait et très utile.

Cf. Koschwitz, Ztz. Spr. Litt., XIX, p. 82-84, 1897; Kalepky, Archif. Neu. Spr. Lit., XCVIII, p. 467-468; C, p. 450-451 ; Gröber, Ztz. Rom. Phil., XXI, p. 311-312 ; Becker, Litblatt. germ. rom. Philol. p. 296, 1896; Weber, Deut. Litztg., 1898, p. 1600-1601.

1896. — La Grasserie, R. de. — Du rôle de l'*e* muet dans la versif. fr. Maisonneuve. 58 p. 3 fr.

Sa nature, valeur linguistique, orig. et développement ; sa valeur rythm. Travail d'une valeur réelle.

1896. — Möllmann, J. — Der Homonyme Reim im Französischen. Münster. 82 p.

Ce que c'est, son origine, son développement, statistiques.

1896. — Paris, G. — Bele Aaliz, dans Mélanges dédiés à C. Wahlund.

1896. — Rosières, R. — Recherches sur la poésie contemp. Laisney. 406 p.

Livre excellent sur les mouvements litt.

1896. — Rydberg, G. — Zur Geschichte des franzős. e. I. Die Ensthehung des e-Lautes. Upsala, Almquist. 67 p. 8° X 11608 Cf. 1898, 1904.

C'est la prem. partie d'un travail immense de 1099 p., très important pour l'hist. du développement de l'e muet, de sa prononc., de l'hiatus, de l'élision, etc. Cf. Nehb, Ztz. Spr. Lit., XXX, p. 158-170, 1906.

Rev. Phil., Fr. Prov., XI, p. 154-157, 236-240 ; XIII, p. 69-72. Ztz. Rom. Phil., XXIV, p. 434-436.

1896. — Spiegel, N. — Untersuchungen über die ältere christliche Hymnenpoesie. I. Reim, Verwendung und Taktwechsel. Progr. Würzburg, 115 p.

1896. — Stengel, Ed. — Der Strophenausgang in den ältesten franzős. Balladen und sein Verhältniss zum Refrain und Strophengrundstock. Berlin, Gronau, 29 p. Sonderabdruck. Ztz. Spr. Litt., XVIII, p. 85-114.

Travail complet et indispensable pour l'étude de la strophe et du refrain. Ses conclusions ne concordent pas avec celles de Jeanroy.

1896. — Theys, A — La métrique de V. Hugo. Liège, Godenne, 271 p. 5 fr.

Travail étendu mais peu concluant et incomplet.

1896. — Wulff, Fr. — Om Vårsbildning, rytmiska undersok. Lund, Gleerup. 130 p.

1897. — Blondel, J.-E. — Phonologie esthétique de la langue fr. Guillaumin, 286 p. 8° X 11689.

Essaie de formuler des règles pour l'euphonie et la cacophonie de la langue fr.; basé sur son travail de 1895. Phonologie mécanique de la langue fr., où il analyse le côté mécanique. Il fonde son esthétique sur cette analyse. Travail suggestif et utile.

1897 (6). — Combarieu, Jules. - Etude de philologie musicale. Théorie du rythme dans la composition moderne. Picard, 194 p. 12 fr. *4° V 4379.*

On peut en tirer une correspondance avec le rythme dans le vers mod.

1897. — Doumic, René. — La question des vers libres. Perrin, dans Etudes sur la litt. fr. II.

Très précieux pour montrer que les changements dans la versif. sont comme ceux de nos habitudes ; qu'une réforme est nécessaire; que les vers libres ne sont plus des vers et ne reflètent plus le génie et la nature du peuple et de la langue fr. Il faut rester Français et ne pas essayer de faire ce que font les Anglais et les Allemands. Cf. p. 273-294.

1897. — Ehrenfeld, Alex. — Studien zur Theorie des Reims. Zürich, Zürcher. 123 p. et 1904. Studien zur theorie des Gleichklangs pour la langue allem., rien sur la rime fr.

1897. — Houdard, G. — L'art dit grégorien, d'après la notation neumatique. Fischbacher. 2.50. *4° Y 4422*

1897. — Kahn, G. — Etude sur le vers libre, en tête de Premiers Poèmes. Cf. 1887.

1897. — Klein, Fr. — Der Chor in den wichtigsten Tragödien der französ. Renaissance. Erlangen, Deicher, 141 p. 8° Z 12120.

Montre comment la forme et le contenu subissent les mêmes changements. Rien sur la versif.

1897. — Laurent, E. — La poésie décadente devant la science psychiatrique. Maloine. 8° Y^e 4574.

Sur toutes les nouvelles manifestations de la poésie; comment elles sont le résultat de l'état de déséquilibre mental. Livre très intéressant et suggestif.

1897. — Nebout, P.— Gallici versus metrica ratio. Lecène. 128 p.

De rhythmo in gallicis versibus qui caesuram non ferunt. II. De illis versibus qui caesuram ferunt, praecipue de magno versu sive alexandrino.

1897. — Olmsted, E.-W.— The Sonnet in French literature and the Development of the French Sonnet form. diss. Ithaca N. Y. 214 p. avec bibliographie.

1897-1908. — Rousselot, l'abbé. — Principes de phonétique expérimentale. Welter. 2 vol. 638 et 610 p. 60 fr.

Rien sur la versif. propre; mais idées et renseignements indispensables sur la prononc., la nature et la structure physiologiques de la langue et leurs rapports avec la formation des sons ; très importante pour l'étude du rythme et de la versif. en général.

1897. — Vigié-Lecocq, E.— La poésie contemp. (1884-1896). Merc. France. 282 p.

Pour les idées et la forme, la technique et la langue. Cf. 1898, Pellissier.

1897. — Zarnke, F. — Uber den funffüssigen Iambus, Leipzig, Avenarius.

Sur le décasyllabe.

1898. — Aubertin, Ch. — La versif. et ses nouveaux théoriciens. Belin. 328 p. 3 fr.

Livre excellent pour les théories et les règles. Un des meilleurs.

Cf. Texte, Rev. Phil. fr. prov., XIII, p. 145-146 ; Grammont, Rev. Lang. Rom. 1899, XLII, p. 161-169.

1898. — Barneville, P. de. — Le rythme dans la poésie fr. Perrin. 149 p. 2.50

Exposé logique et raisonnable du rythme.

1898. — Bleton, A. — Un précurseur lyonnais du système métrique. Lyon, Mougin.

Rien sur la versif. Sur les poids et mesures.

1898. — Delaporte, P. — De la rime fr. : ses origines, son histoire, sa nature, ses lois, ses caprices. Lille, Desclée, Brouwers. 233 p. 2 fr.

Traité complet, livre excellent, analyses fines et justes, un peu trop satiriques, mais très intér. révèlent une lecture étendue et un sentiment profond des beautés du vers fr.

1898. — Gresset, V. — Petit traité de versif. fr. à l'usage des jeunes poètes. Daniel-Chambon. 76 p. 1 fr.

1898. — Guilliaume, G. — Le vers fr. et les prosodies mod. Fon. 226 p. 6 fr.

Travail technique en partie ; savant ; révèle certains points de vue d'un étranger qu'on n'accepte généralement pas.

Cf. Doutrepont, Bull. bibliogr. et pédag. du Musée Belge. IV, p. 15-16.

1898. — Houdard, G. — Le rythme du chant grégorien d'après la notation neumatique. Fischbacher. 25 fr. Appendice, 1899. 5 fr.

1898. — Lewis, E. — The foreign sources of modern Engl. versif. Berlin, Mayer. 2 m. 50.

Le vers fr. était d'abord accentuel comme le latin ; par suite des exigences de la langue il est devenu syllabique. L'octosyll. était d'abord sous l'influence de l'octosyll. lat. ; quand il a abandonné l'accent à la 4e syll. il est devenu syllabique.

Cf. Legouis, Rev. Phil. fr. prov., XII, p. 151-154, 1898.

1898. — Marchal, Gui. — Le vers wallon. Traité de versif. wallonne. Liège, Thône. 1 fr. et Règles rel. à plusieurs pièces wallonnes.

1898. — Noack, F. — Der Strophenausgang in seinem Verhältniss zum Refrain und Strophengrundstock in der refrainhaltigen alt französ. Lyrik. Greifswald, Kunike. 60 p.

Groupement selon le refrain : le même refrain dans toutes les strophes, ou diff. refrains, etc.

Cf. Liégeois, Bull. bibliogr. et pédag. du musée Belge, IV, p. 105-106. Suchier, Litt. Centralblatt, p. 55-56, 1900. Jeanroy, Romania, XXX, p. 423-430.

1898. — Pellissier, G. — Métrique et poésie nouvelles, dans Etudes de litt. contemp. I. Perrin.

Critique de Vigié-Lecocq, Boschot, des théories de Mallarmé et des poèmes de H. de Régnier et Gregh. Très bonne analyse des tendances nouvelles, p. 173-192.

1898. — Pflanzel, M. — Uber die Sonette des J. du Bellay, nebst einer Einleitung : Die Einführung des Sonetts in Frkr. Saalfeld. 87 p.

Travail bien fait et très complet sur le sonnet.

1898. — Roedel, A. — Studien zu den Elegien Cl. Marots. Meiningen. 106 p.

Travail minutieux et utile pour la connaissance de Marot.

1898. — Rydberg, S. — Ubersicht der geschichtligen Entwicklung des e in alt-und neufranzös. Zeit bis Ende des XVIIten Jhr. Upsala. Almquist, p. 71-409. Cf. 1896. 8° X 11608.

1899. — Eitner, R. — 60 chansons zu vier Stimmen aus der älteren Hálfte des XVI Jhr. von französ. und niederländ. Meistern. Publik. ält. Musikwerke, 23.

1899. — Gourmont, Remy de. — L'esthétique de la langue fr. Mer. France. 323 p.

Chap : Esthétique de la langue fr. La déformation. Le vers libre. Le vers popul. Le cliché. Défend le vers symboliste. Livre précieux et suggestif.

1899. — Mari, G. — I trattati medievali di ritmica latina. Milano, Hoepli. 124 p.

Sur les arts poét. du moyen âge.

1899. — Perrandière, X. de La. — Remarques sur les rimes

insuffisantes de La Fontaine. Mém. Soc. d'Agriculture d'Angers.

1899. — Rochette, A. — L'Alexandrin chez V. Hugo. Lyon, Vitte, 68 p. 8° Y° 4985. Extr. de « l'Université Catholique ».

Etude sur les rythmes syntactique, syllabique, de la pensée, prosodique, sur l'accent et l'harmonie. Etude préliminaire à son grand travail de 1911.

1899. — Souza, R. de. — Etudes sur la poésie nouvelle : La poésie popul. et le lyrisme sentimental. Mer. France. 201 p. 8° Y° 4882.

Analyse fine de la poésie de Kahn, Verlaine, Mallarmé, etc., prouvant que c'est une résurrection de la poésie popul. ; de là son rythme irrégulier, sa liberté, etc. Livre intér. et original.

1899. — Spencer, F. — A primer of French verse for upper forms. Cambridge, Univ. Press. 260 p. 3 s.

Avec résumé des règles. Cf. Stengel, Ztz. Spr. Lit., XXVII, p. 1.

1899. — Thieme, Hugo-P. — The technique of the French Alexandrine. Ann Arbor, Mich. 78 p. diss.

Technique des vers de L. de Lisle, S. Prudhomme, Coppée, de Hérédia, Verlaine.

1899. — Thurau. — Beiträge zur Geschichte und Charakteristik des Refrains in der französ. Chanson. Berlin, Felber. 48 p. diss. Cf. 1901.

Les diff. genres de refrain dans les chansons.

1900. — Canfield, A.-G. — French Lyrics, New-York, Holt et Co.

Introd. sur la versif.

1900. — Chamard, Henri. — De Jacobi Peletarii Cenomanensis Arte Poetica. Insulis, Bigot. 93 p. 8° Y° 5941.

Analyse détaillée de l'art p.

Cf. Stengel, Krit. Jhrber. Rom. Phil. III, p. 472-473.

1900. — Hügli, E. — Die romanischen Strophen in der Dich-

tung deutscher Romantiker. Zürich, Zürcher.
102 p. 2 m. 25.

Dit que les strophes fr. n'ont pas eu d'influence en Allemagne et n'ont pas été imitées.

Cf. Vossler, Ztz. Rom. Phil. XXVI, p. 624-625, 1902.

1900. — La Grasserie, R. de. — Des principes scientifiques de la versif. fr. Maisonneuve. 448 p. 20 frs. 8° Y^e 5104.

Un des livres les plus importants, savant, scientifique, logique. Il faut chercher le rythme futur « dans l'abrogation des règles rigides, raisonnées et purement impératives, dans la recherche et la contemplation directe des lois physiol., acoust. et psychiques qui s'unissent, se traversent et se neutralisent en partie ». L'emploi de la versif. est triple : auxil. de la mémoire, de la musique, du sentiment. Rythme physiol., lexicol., et phonique. La rime, l'accent, etc.

Travail remarquable et indispensable pour tout examen scientif. de la versif. fr.

1900. — Saran, Franz. — Der Rhythmus des französ. Verses, Halle.

Festgabe fur H. Suchier, p. 539-574. Forch. zur rom. Philol. *8° X 12094*. Contenu dans son livre de 1904.

Le vers fr. suit le système alternatif-accentuel. Travail très intér. et suggestif.

1900. — Schenk, A. — Études sur la rime dans *Cyrano de Bergerac* de Rostand. Kiel, Cordes. 109 p. 2 M. 8° Y^e 5355.

Analyse la plus minutieuse qu'on puisse imaginer. Espère que d'autres feront des études semblables. L'utilité et la valeur de ce genre de travail sont douteuses.

1900. — Schläger, G. — Uber Musik und Strophenbau der französ. Romanzen, mit einem musikalischen Anhang. Halle, Niemeyer. 46 p. 2 m. 40.

> Examen de la nature des refrains et de la structure des strophes, et de leur relation avec la musique et le sens logique. Travail sérieux et utile.
>
> Cf. Paris, Romania, 1900, p. 581.

1900. — Schlicher, J. — The origin of rhythmical verse in late Latin. Chicago. 81 p.
> Sur le décasyl.

1900. — Van Bever et Léautaud.—Poètes d'auj. 1880-1900. Mer. France. 426 p. 2ᵉ éd. 1909, 2 vol.
> Sur le symbolisme et le vers libre.

1900 — Wulff, Fr. — La rythmicité de l'alexandrin fr. Lund, Malmstrom. 80 p.
> Travail souvent cité, surtout par des étrangers à cause de sa théorie de l'accent comme base de la versif. fr. Un des trois livres contenant une nouvelle théorie sur la versif. fr. les plus souvent cités. Saran et Rudmose-Brown. Les Français s'y opposent en général.
>
> Cf. Stengel, Ztz. Spr. Lit., 1901, XXIII, p. 65-72; Tobler, Archif. Stud. Neu. Spr. Lit., CVI, p. 221-222; Grammont, Rev. Lang. Rom., 1901, p. 84-87; Saran, Litblatt. germ. rom. Phil., 1902, p. 256-259; Cf. 1905, Rudmose-Brown; 1909, Aae;

1901. — Berg, R. — Rimstudie hos Verlaine, Upsala, Almquist. 242 p.

1901. — Buchenau, A. — Zum Versbau Mistrals, Marburg, 132 p.
> Étude sur l'hiatus, l'élision, etc., et comparaison avec le vieux franç. et le franç. mod.

1901. — Enneccerus, M. — Versbau und gesanglicher Vortrag des altfranzős Liedes. Frankfurt a. M. 121 p. 3m. 60.
> Travail important sur les séquences, la nature et la structure de l'*Eulalie*, etc., ses rapports avec la musique.

1901 (2). — Féret, Ch.-Th. — Compte rendu du Congrès des

poètes. Rev. Picarde et Normande, Rouen, 3, place des Emmurés. 2 fr.

Sur les tendances nouvelles et la réaction.

1901. — Hannsen, Fr. — Zur latein. und roman. Metrık· Valparaiso, Helfmann, 80 p.

Chap. excellent sur la quantité et l'accent.

1901. — Huret, J. — Enquête sur l'évolution littér. Charpentier.

1901. — Jeanroy, Brandin et Aubry. — Lois et descorts fr. du xiiie s., texte et musique. Welter. 171 p.

1901. — Köhler, G. — Die Alliteration bei Ronsard. Leipzig, Deichert. 152 p. 4 m. 50.

1901. — Lindelőf et Wallensköld. — Les chansons de Gautier d'Epinal. Helsingfors. 116 p.

1901. — Müller, O.— The Technik des romantischen Verses. Berlin, Ebering. 95 p.

Travail très médiocre.

Cf. Thieme, Mod. Lang. Notes, XVII, p. 280-283.

1901 (2) Pagnat, Ph. — Compte rendu du Congrès des Poètes. Cf. Féret, 1901.

1901. — Sully Prudhomme. Testament poétique. Lévy. 306 p.

Recueil d'articles et de discours. Défense générale de ces théories. Contient : Réflexions sur l'art des vers ; Sur la distinction de la prose et du vers ; Réponse de Boschot ; Lettre à Croze ; Qu'est-ce que la poésie ; Sur la forme et ses rapports avec le fond en poésie. Plusieurs discours. Bon résumé de tout ce qu'il a écrit sur l'art des vers — théories et polémiques.

Pér. cf. 1901, Des Granges.

1901. — Thurau. — Der Refrain in der französ. Chanson. Beiträge zur Geschichte und Charakteristik des französ. Kehrreims. Berlin, Felber, 494 p. 12 M. 8º Z 15069. Les 47 prem. pages forment sa thèse publiée en 1899.

Travail complet et intéressant sur les diff genres de refrains.

Cf. Springer, Ztz. Spr. Lit. XXVIII, p. 743-744, 1904; Meyer-Lübke, Litt. Centralblatt, CIII, p. 839-840; Becker, Littblatt germ. rom. Philol. XXIII, p. 141-143.

1902 — Arbois de Jubainville et Loth, J. — Cours de litt. celtique. XI. La métrique galloise, par J. Loth. Fontemoing. 341 p.

1902. — Beaunier, André. — La poésie nouvelle. Mer. France. 400 p. 8° Y⁰ 5555.

Introd. sur le symbolisme et le vers libre. Esquisse pénétrante et convaincante du symb. et des tendances mod. ; juste appréciation des écoles parnas. et symb. et comparaison entre elles.

Cf. Kahn, G., 1902, Nouvelle Rev. XVI, p. 171-179, mai.

1902. — Gerhard, H. — Der Versbau A. de Lamartines. Leipzig, Schmidt, 81 p.

Travail insuffisant et inutile à cause du travail antérieur sur Lam. Cf. Souriau, 1899.

1902. — Kahn, G. — Symbolistes et Décadents. Vanier. 402 p. 8° Z 15740.

Préface sur les origines du symb. De l'évolution de la poésie au xixe s. La lit. des jeunes et son orientation. Le Parnasse et l'esthétique parnas. L'Académie et le vers libre. Exposé complet de la poésie mod.

1902. — Kowal, A. — L'art poét. de V. de la Fresnaye und sein Verhältnis zu der ars poetica des Horaz. Progr. Wien. 13 p.

1902. — La Foi Nouvelle, Fasquelle. — Par 18 poètes de l'Ecole Française.

Il s'agit de foi littér.

1902. — Langlois, Er. — Recueil d'art de seconde rhétorique. Impr. Nat. 497 p. + 88 p. 15 fr. L⁴⁵ 31 I. dans la Salle de Lec. N 234.

Introd. : Bibliographie et éditions de ces arts p., ce dont ils traitent, etc. Sur les auteurs et les éditions, leur histoire, les mss. Travail précieux, savant et indispensable pour l'étude et pour la publication des autres arts p. Unique en son genre.

Cf. Stengel, Ztz. Spr. Lit., XXVII, p. 1-10, 1904 ; Ztz. Rom. Phil., XXVIII, p. 367-375 ; Picot, Romania, XXXIII, p. 111-114. L.A., Journ. des Sav., p. 580-581, 1903. H. M., Archif. Neu. Spr. Lit., CXII, p. 129-130 ; Huet, Le Moyen Age, XVI, p. 377-381 ; Bourciez, Rev. Crit., LVI, p. 364-366.

1902. — Mc Crackin, Helen. — Hugos Versif. in *Ruy Blas*. Chicago, 14 p.

Statistique de l'emploie des rimes, des enjamb., des coupes clas. et rom.

1902. — Poinsot et Normandy. — La Foi Nouvelle, précédé d'un manifeste. Fasquelle (Cf. 1902, La Foi N.).

1902. — Rack, J. — Zum Reim und Strophenbau bei Mistral, nebst einer Ubersicht uber seine Rhythmik. Marburg. 58 p.

Le vers prov. suit les mêmes règles que le vers fr., mais la rime est pour l'oreille, jamais pour les yeux.

1902-1903. — Vaganay, P. — Le sonnet en Italie et en France au XVIᵉ s. Essai de bibliographie comparée. Lyon, au Siège des Facultés cathol. 407 p. 8° Z 15674 Fasc. I-II de Bibl. des Fac. Cath. de Lyon.

Bibliogr. du sonnet de 1501 à 1600, année par année ; hist. du sonnet ; bibliogr. des travaux sur le sonnet. Travail précieux qui rend possible une histoire complète du sonnet.

1902. — Viereck, A. — Uber den Abschluss der Tiraden im

altfranzœs. Rolandsliede und anderen altfranzœs. Epen. Greifswald, 39 p.

La fin des tirades selon la forme et le contenu. Travail de statistique.

1902. — Vildrac, Ch. — Le verlibrisme. Etude critique sur la forme irrégulière. Ermont, S.-et-Oise, Ed. de la Rev. Mauve, 39 p. 1 fr. 25, *8° Y° Pièce 6617*.

Défense de la forme régul. du vers fr. Les innovateurs sont des étrangers et les Français qui les imitent le font par pur snobisme.

1903. — Aubry, P. — Le rythme tonique dans la poésie liturgique et dans le chant des églises chrétiennes au moyen âge. Welter, 85 p. 4° V.5687.

1903. — Bouchaud, Pierre de. — Considérations sur qq. poétiques contemp. et sur les tempéraments à apporter à certaines règles de la prosodie fr. Bouillon, 31 p., 50 c. 8° Y° Pièce 6830.

Demande plus de liberté dans: l'hémistiche, la rime, l'hiatus ; l'élimination de la règle de l'altern. des rimes masc. et fém.

1903. — Brémont, Léon. — L'art de dire les vers, suivi d'une étude et une conférence sur l'adaptation musicale, Fasquelle, 3 fr. 50.

1903. — Grein, H. — Studien über den Reim bei Th. de Banville. Kiel, Cordes. 72 p. 2. M.

Tabulation minutieuse de la rime riche et de la consonne d'appui avec statistiques innombrables. L'utilité d'un pareil travail semble très douteuse. Cf. Grammont. Rev. Lang. Rom., XLVII, p. 184-185 ; 1904 ; Stengel, Litteraturzeitung, 2103.

1903. — Jasinski. — Hist. du sonnet en France. Douai, Brugère, 256 p.

Travail sérieux sur l'orig., les théories, le développement, la nature, les diff. types, etc.

1903. — Kastner, L. — A history of French versif. Oxford, Cambridge Press. 312 p. 5 s. 6 d.

Travail précieux, très documenté. Le meilleur en langue angl.

Cf. Stengel, Ztz. Spr. Lit., XVII, p. 1-7, 1904 ; Romania, XXXII, p. 637-638 ; Athenaeum, 1903, II, p. 212-213 ; Jeanroy, Rev. Crit., LVII, p. 349-350; Hamilton, Amer. Jour. Phil., XXVII, p. 206-208; Vossler, Archif. Stud. Neur. Spr. Lit., CXII, p. 230-234; Doutremont, Bull. Bibl. et Pedag. du Musée Belge, VIII, p. 236-237; Schinz, Mod. Lang. Notes, XIX, p. 86-90; F. B., Rev. Phil. fr. prov., XVIII, p. 71 ; Tobler, Deut. Litztg,, XXIV, p. 3015-3016; Feller, Rev. Instr. Publ. en Belgique, CVII, p. 202-205; Camerlynck, Rev. Enseign. Lang. Viv., XX, p. 454-456; Rev. Universitaire, XIII, p. 143-145. Thieme, Mod. Lang. Notes, 1906, p. 50-58.

1903. — Lacuzon A. — Éternité. Lemerre. 8° Y^e 5552.

Préface : Sur la poésie. Justification et explication des nouvelles tendances.

1903. — Poinsot et Normandy. — Sur les tendances de la poésie nouvelle. Saint-Étienne, Bibl. de la Rev. Forézienne. 8° Y^e Pièce 7039. Extr. de la Rev. Forézienne, mars, avril 1903, 23 p.

Le verslibrisme est une manifestation étrangère. Analyse de l'École Française, son but. Le meilleur exposé qui existe sur cette école.

1903. — Saran, Franz. — Melodik und Rhythmik der *Zueignung* Gœthes, Halle, Niemeyer. Studien zur deut. Philol. Festgabe, p. 169-239. Sur la versif. fr. et allem.

1904. — Barat, Em. — Le style poétique et la révolution romantique. Hachette, 7 fr. 50. 8° Y^e 7570.

Rien de direct sur la versif., mais concerne tout ce qui la touche ou influe sur elle.

Cf. Polybiblion, 1904, CI. p. 444, nov.

1904. — Bornecque. — Art. métrique d'Horace dans *L'Art*

Poétique. Mélanges de phil. of. à M. Brunot. Soc. nouv. de libr. et d'éd. 8° Z 16545.

Rien sur la versif. fr.

1904. — Brandin et Hartog — A book of French prosody with specimens of French verse from the XII^t C. to the present day. London, Blackie. 284 p. 8° Y^e 6185.

Bon résumé des règles.

Cf. Stengel, Ztz. Spr. Lit., 1904, XXVII, p. 1 ; Jeanroy, Rev. Crit., CVIII, 349-350 ; Lanson, Rev. Univer. 1904, II, p. 52-53.

1904. — Braunschvig, Marcel. — Le sentiment du beau et le sentiment poétique. Alcan. 246 p. 8° Y^e 6156.

Livre très utile au point de vue esthétique et psychol. Conclusions vagues et peu convaincantes ; point de vue trop personnel ; mais ouvrage d'une valeur réelle. Il restera toujours à chaque individu à dire, s'il a prouvé ses conclusions.

1904. — Chatelain. — Le vers libre dans Amphitryon. Mélanges de philol. of. à M. Brunot. Z 16545, p. 41-55.

Essaie de prouver que les conclusions de Comte, 1893, n'étaient pas justes.

1904. — Dechevrens, A. — Le rythme grégorien. Annecy, Abry. 70 p. 4° V 5818.

1904. — Grammont, M. — Le vers fr., ses moyens d'expression, son harmonie. Picard. 454 p. 2e éd. 1912, refondue et augmentée. Champion.

Un des livres les plus originaux, moins une hist. du vers qu'un traité d'esthétique du vers. Observations fines, vues larges, appréciations profondes.

Cf. Stengel, Ztz. Spr. Lit., XXVIII, p. 162-168, 1905 ; Tobler, Archif. Stud. Neu. Spr. Lit., CXIX, p. 231-234 ; Meillet, Rev. Crit., LVIII, p. 416-419 ; Doutrepont, Bull. Bibl. Pédag. du Musée Belge, IX, p. 116-117 ; Lanson, Rev. Universitaire, 1905,

II, p. 233-235; Valkhoff, Museum, XII, p. 423-426;
Pellissier, La Revue, 1905, LIX, p. 524-529, 15 déc·

1904. — Jean-Dupré. — Essai de prosodie fr. Plange, 58 p.
1 fr.

Un système d'anapestes avec substitutions, appliqué
dans ses poèmes.

1904. — Landry, E. — Endecasillabo et Alexandrin in Dai
tempi antichi ai tempi moderni. Milano, Hoepli,
785 p. 35 lire.

1904. — Marbe, K. — Uber den Rhythmus der Prosa. Giessen, Ricker. 37 p.

1904. — Reyle, E. de. — Le rythme et la rime. Le Luth fr.,
5 rue Brochant, 8 p., 50 c. 8° Y° Pièce 6916.

Défense des principes de la versif. fr.; en faveur
des innovations légitimes, comme la rime pour
l'oreille — dure-furent, etc.

1904. — Rosset. — L'*e* féminin au xvii° s. Mélanges de philol. of. à M. Brunot. 8° Z 16545.

Sort de l'*e* fém. au xvii°, au xviii° et au xix° s., et
diversité de sa prononc.

1904. — Rousselot, l'abbé. — Mélange de phonétique expérim. Welter. 25 fr.

1904. — Rydberg, G. — Zur Geschichte des franzős. *e*. II 3.
Monosyllaba im Franzős. Artikelformen und Objektspronom. Upsala, Almquist. p. 409-1083. Cf.
1896-1898.

Cf. Herzog, Ztz. Rom. Phil., XXX, p. 345-349, 1906.

1904. — Samson-Himmelstjerna, H. von. — RhythmikStudien. Riga, Kymmel. 136 p. 6. M.

Examen des principes des vers fr., espag. et allem.
Les mêmes principes d'accentuation gouvernent
les trois vers. Travail intér. pour l'étude compar.,
mais peu convaincant.

Cf. Grammont, 1910, Rev. Lang. Rom., p. 163-169.

1904. — Saran, Franz. — Der Rhythmus des franzős. Verses.
Halle, Niemeyer. 455 p. 12. M. 8° Y° 6186.

Une des études les plus pénétrantes et les plus savantes sur le vers fr., un peu longue, avec répétitions, mais convaincante.

On n'a pas parlé du rythme avec intelligence avant le xixe s. ; les essais d'application de la quantité ou de l'accent ont été vains ; le compte des syll. n'est pas un système rythmique ; son insuffisance ; combat les idées de Scoppa ; applique ou démontre son système alternatif. Analyse presque toutes les théories, et répète tout ce qu'il avait déjà écrit sur le vers fr.

Cf. Stengel, Ztz. Spr. Lit., XVIII, p. 75-92 ; Vossler, Archif. Stud. Neu. Spr. Lit., CXIII, p. 227-233. Becker, Litblatt germ. rom. Philol., XXV, p. 372-375, 1904. Stengel, Lit. Centralblatt, 1905, p. 590-591. Rudmose-Brown, 1905.

1904. — Saroïhandy, J. — Origine française du Vers des Romances Espagnoles. Mélanges of. à M. Brunot. 8° Z 16545.

Essaie de montrer que l'épopée espag. est une transformation de l'épopée fr.

1904. — Sizeranne, Rob. de la. — Les questions esthétiques contemp. Hachette.

Sur le vers libre, etc.

1904. — Thomas, W. — Le décasyllabe roman et sa fortune en Europe. Essai de métrique comparée. Lille, au Siège de l'Université. 207 p.

Travail définitif à un certain point de vue sur le décasyll. Montre qu'il existe au fond une unité dans la versif. de la plupart des langues cultivées en Europe. Résumé de toutes les théories des savants, avec objections, non seulement sur l'origine du décasyl., mais encore sur les orig. de la versif. fr. Avec bibliographie.

1905. — Aubry, P. — Les plus anciens monuments de la musique fr. Welter. 30 fr. Fol. V 4033.

Montre la relation inséparable entre l'accent musical et gram.

1905. — Carnahan, D.-H. — The Prologue in the Old French and Provencal Mystery. Morehouse and Taylor Co. 200 p. Sur la rime, etc.

1905. — Cornu, J. — Voy. Périod.

1905. — Chide, A. — L'idée de rythme. Digne, Chaspoul. 5 fr. 186 p.

1905. — Dorchain, Aug. — L'art des vers. Bibl. des Ann. Polit. et Litt. 424 p.

Traité et discussion des règles, d'une valeur exceptionnelle tant en raison de la réputation de l'auteur que de sa clarté, de ses appréciations fines et délicates, de ses analyses de vers, de ses suggestions pour la compréhension du vers fr.

Cf. Faguet, Le Correspondant, 1906, 25 juillet ; Vogt, Litterar. Echo, VIII, p. 1672-1673 ; Gourmont, Mer. France, LXII, p. 103-104; Feller, Rev. Instruc. Publ. en Belgique, L, p. 41-44; Souriau, Rev. Internat. de l'Enseign., LIII, p. 73; Grammont, Rev. Lang. Rom., 1910, p. 170; Polybiblion, CIX, p. 318-320. Pellissier, 1905, La Revue, LIX, p. 524-529, 15 déc. N° 24. Poinsot, 1905, Vox déc., p. 362-366.

1905. — Holborn, G. — Wortakzent und Rhythmus im provenzal. Zehnsilbler. Greifswald, Abel, 60 p.

Résumé des théories de Scoppa, Quicherat, Ackermann, Lubarsch, Becq de F., Stengel, Wulff, Saran, Grammont. Conclut que le décasyll. a un rythme iambique.

1905. — Larousse, P. — Nouveau traité de la versif. fr., accompagné de nombreux exercices d'application. Larousse. 1.25.

1905. — Lotz, H. — Der Versbau Antoine de Montchretiens. Darmstadt. 59 p.

Statistiques sur la rime, la césure, etc.

1905. — Martinon, Ch. — Dict. méthodique et pratique des rimes fr., avec un Traité de versif. fr. Larousse. 287 p. 2.50. Ed. en 1909.

Résumé des règles.

Cf. Souriau, Rev. Internat. de l'Enseign.,LIII,p. 73.

1905. — Meyer, W. — Gesammelte Abhandl. zur mittellatein. Rhythmik. Berlin, Weidmann. 2 vol. 374, 403 p. 8° Y° 942.

Recueil d'articles déjà parus, et souvent cités, intéressant plus ou moins directement les orig. de la versif. fr.

1905. — Mojsisovics. — Metrik und Sprache Rustebeufs. Heidelberg, Winter. 71 p. 2. m.

1905. — Pradels, M.-D.— Emmanuel Geibel und die franzős. Lyrik. Münster. 38 p.

Sur l'influence de Lamartine et V. Hugo.

1905. — Rimestad, Christian. — Fransk Poesi i det nittende aarhundrete. Copenhagen, Schubert. 211 p, 8° Y° 6755.

Favorable aux symbolistes et aux nouvelles tendances.

Cf. Mer. France, 1906, LXIV, p. 233-244, 15 nov.

1905. — Rudmose-Brown, T.-B. — Etude comparée de la versif. fr. et de la versif. angl. L'Alexandrin et le Blank Verse. Grenoble, Allier. 216 p. diss. 8° Y° 331.

Le dernier livre qui contienne une théorie nouvelle. Analyse et critique souvent justes, mais parfois trop hostiles aux autres théories. Sa théorie n'est pas plus convaincante que celles qu'il condamne : « L'élément psychique et l'élément métrique dans le vers sont tous deux absolument inviolables ; la mesure du temps est la seule base possible du mètre ».

Travail très intér., d'une réelle valeur.

1905. — Sonnemans, L. — Vers libre et vers classique. Considérations sur les écoles poét. fr. Suppl. de la Rev. contemp. Bruxelles. 15 p.

1905. — Vacandard. — Le cursus. Origine, histoire, emploi dans la liturgie. 5, rue Saint-Simon. 46 p.

1906. — Bouchaud, P. de — La poétique fr. Le présent et l'avenir. 160 p. Sansot, 8º Yᵉ 6723.

Sur le vers clas., ses transformations, les réformes nouvelles. Rien de nouveau. Redit ce qu'on avait déjà dit.

1906. — Cassagne. — Versif. et métrique de Ch. Baudelaire. Hachette, 127 p. 3 fr.

Travail intéres. et bien fait sur l'emploi des règles et les effets réalisés par l'assonance, l'allitération, la répétition, etc., etc.

Cf. Grammont, Rev. Lang. Rom. 1910, p. 171-175.

1906. — Cayotte, L. — Dict. des rimes fr. et précédé d'un Traité de versif. fr. Hachette, 281 p. 8º Yᵉ 6966.

Résumé des règles.

1906. — Gladow, J. — Vom französ. Versbau neuerer Zeit. Erlangen, Junge, 68 p.

Rien de nouveau. De l'emploi des règles dans qq. œuvres examinées.

1906. — Ludwig, Friedrich. — Uber die Entstehung und die erste Entwicklung der latein. und französ. Motette in musikalischer Beziehung. Sammelbänden der Internat. Musikgesellschaft, VII, p. 517-528.

1906. — Scriban, A. — Hiatus, Elision und Synalőphe im rumanischen Vers. Halle, 42 p.

1906. — Souza, R. de. — Où nous en sommes. La victoire du silence. Floury. 168 p. 8º Yᵉ 6610.

Travail sérieux et indispensable pour l'étude du symbolisme. Explique la technique, l'influence et le but de cette école. On a substitué une loi organique intérieure à une loi mécanique extérieure. L'accent de passion groupe les mots selon leur valeur phonique et tonale aussi bien que rythmique.

Ce que le symb. a fait, où il en est et ce qu'il va faire.

Il faut lire ce livre pour bien comprendre le symbolisme.

1906. — Stimming, Albert. — Die altfranzős. Motette der Bamberger Handschrift, nebst einem Anhang : Altfranzős. Motette aus anderen deut. Handschriften, mit Ammerkungen und Glossar. Dresden, Gesellschaft f. rom. Lit., XIII. 231 p. 8° Z 16401. aussi : Altfranzős. Motte in Handschriften deut. Bibliotheken. Erlangen, Festband Chabaneau, p. 86-100.

Travail indispensable pour l'étude des motets et refrains ; complète le travail de G. Raynaud, 1884.

Cf. Steffens, Ztz. Rom. Philol., XXXII, p. 483-90, 1908.

1906. — Tschin, André. — Protogomènes à tout essai de lit. fr. Godefroy.

Sur le langage poét., l'e muet, la valeur des sons, la qualité des rythmes.

1907. — Aubry, Pierre. — La rythmique musicale des Troubadours et des Trouvères. Champion. 38 p. 8° V Pièce 5900.

Cf. Smythe, Mod. Lang. Rev., IV, p. 540-541, 1908-1909.

1907. — Aubry, Pierre. — Recherches sur les « Tenors » fr. dans les motets du xiii° s. Champion. 40 p. 4° V Pièce 5854. 3 fr. 80.

Explique le mot motet, l'orig. des « tenors » du ms. de Montpellier et les compare à ceux du ms. Bamberger, etc.

1907. — Aubry, Pierre et Gastoué, A. — Recherches sur les « Tenors » latins dans les motets du xiii° s., d'après le ms. de Montpellier bibl. univers. H. 196. Champion. 20 p. 2 fr. 50.

Cf. Stengel, 1909, Ztz. Spr. Lit., XXXV, p. 161-165 ;

Springer, Ztz. Rom. Phil., 1909, XXXIII, p. 613-614.

1907. — Brandenburg. — Die festen Strophengebilde und einige metrische Künsteleien des Mystères de Sainte-Barbe, ihr weiteres Vorkommen und ihre verwandten Formen in anderen Mysterien. Greifswald, 100 p.

Etude de la forme strophique et de la combinaison des rimes du rondeau, du virelay, de la ballade, de l'envoi.

1907. — Claudel, P. — Art poétique. Merc. de France, 203 p.

Ne concerne pas ce qu'on appelle la versification.

1907. — Goujon, H. — L'expression du rythme mental dans la mélodie et dans la parole. Paulin, 315 p.

Intéres. pour l'étude de la différence entre la prose et le rythme musical et poétique. Assez technique.

1907. — Meyer. R.-A. — Französische Lieder aus der Florentiner Handschrift Strozzi - Magliabecchiana CL VII 1046. Beiheft zu Ztz. Rom. Philol., VIII. Halle, Niemeyer, 114 p.

Sur la rime, la métrique, la césure, l'enjamb., l'asson., la strophe, etc., etc.

1907. — Mornet, D. — Le sentiment de la nature en France de J.-J. Rousseau à B. de Saint-Pierre. Hachette.

Entre autres choses on trouve une bibliogr. des œuvres sur la versif.

Cf. Lanson, Rev. d'Hist. Littér. France, XV, p. 170.

1907. — Mornet, D. — L'Alexandrin fr. dans la deuxième moitié du XVIIIe s. Toulouse, Privat, 95 p.

Sur la théorie et la pratique. Travail intéres.

Cf. Becker, 1909, Ztz. Spr. Lit., XXXII, p. 70-72.

1907. — Saran, F. — Deutsche Verslehre. München, Beck· 355 p. 8 M.

Références çà et là sur le vers fr.

1907. — Thieme, Hugo P. — Guide bibliographique de la litt. fr. de 1800-1905, Welter.

Bibliographie de la versif., p. 470-481.

1908. — Aubry, Pierre. — Cent Motets du xiiie s. Reproductions phototypiques. Transcription en Notation mod. et mise en partition. Études et commentaire. Geuthner. 150 fr.

Cf. Stimming, Ztz. Rom. Phil., XXXIII, p. 356-362, 1909.

1908. — Beck, Jean. — Die Melodien der Troubadours nach dem gesamten handschriftlichen Material, nebst einer Untersuchung der Notenschrift (bis um 1250) und das rythmisch-metrische Princip der mittellat.-lyrischen Dichtungen, sowie mit Ubertragung in moderne Noten der Melodien der Troubadours und Trouvères. Strassburg, Trűbner. 202 p. 30 M.

Travail non seulement original, faisant époque.

Cf. Stengel, Ztz. Spr. Lit., XXXV, p. 156-161. Acher, Rev. Lang. Rom, 1910, p. 208-214 ; Smythe, Mod. Lang. Rev., 1908-1909, IV, p. 540-542.

1908. — Borrmann, Otto. — Das kurze Reimpaar bei Chr. de Troyes, mit besonderer Berűcksichtigung des Wilhelm von England. Erlangen. 48 p. extr. des Rom. Forsch. 25.

Sur la nature et le développement de la rime brisée.

1908. — Cesari. — Die Entstehung des Madrigals im XVI Jhr. Cremona, Fezzi. 81 p.

Rien sur le madrigal fr.

1908. — Chatelain, H. — Recherches sur le vers fr. au xve s. Rimes, mètres et strophes. Champion, 276 p.

Travail très documenté, très savant, et d'une haute valeur pour l'étude de la versif. dans le vieux vers fr.

Cf. Jeanroy, Romania, XXXVII, p. 328-332 ; Meyer-Lübke, Litt. Zentralblatt, 1908, 59, p. 1168. Stengel, Ztz. Spr. Litt., XXXIII, II, p. 149-159; Rev. des Etudes Rabel. VI, p. 1.

1908. — Grammont, M. — Petit traité de versif. fr. Colin, 142 p.

Un des meilleurs traités qui existent.
Cf. Rev. Lang. Rom. 1908, p. 381-383.

1908. — Hartmann, G. — Zur rhätoromanischen Verskunst. Erlangen, Junge. 400 p., 15 M. Philol. u. volkskündliche Arbeiten K. Vollmüller zum 16 oct. 1908.

1908. — Lanson, G. — L'art de la prose. Ann. Polit. et Litt.

1908. — Sauvebois, G. — Après le naturalisme vers la doctrine littér. nouvelle. Ed. de l'Abbaye, 121 p. 8° Z 17271.

1908. — Vincent, Joseph. — La versif. fr. Les genres poét. Paulin, 99 p. 8° Y^e 7104.
Résumé des règles.

1908. — Wallensköld, A. — Le sort des voyelles postoniques finales du latin en ancien fr. Neuphil. Mitteil. Helsingfors, p. 6-26.

1908. — Wenzel. — Uber den Reim in der neueren französ. Dichtung. Leipzig, Hoppe. 46 p.
Travail présentant des divisions innombrables de la rime et des statistiques.

1909. — Augé-Chiquet, M. — La vie, les idées et l'œuvre de Baïf. Toulouse, Privat. 618 p. 15 fr. Cf. chap. : Les vers rimés. Les vers mesurés, p. 266-425.
Bon résumé du vers baïfin et de toute la question des vers rimés et des vers mesurés.

1909. — Aae, Gustave. — Le trimètre de V. Hugo. Étude de versif. fr. Lund, Lindstedts, 193 p. diss.
Résumé des théories de Wulff, B. de Fouq., Foth, Lubarsch, Souza, R. Brown, Saran, Stengel, Grammont. Étude minutieuse du trimètre type 444, qui est peu satisfaisante. Élève de Wulff, il accepte sa théorie.

1909. — Enquête internationale sur le vers libre. Milan.

1909-1912. — Lanson, G. — Manuel bibliographique de la litt. fr. mod. 4 vol. Hachette.
Bibliogr. sur la versif.

1909. — Melchior, Gerhart. — Der Achtsilbler in der altfranzős. Dichtung mit Ausschluss der Lyrik. Leipzig, Seele. 52 p.

Orig., emploi, structure, césure. Travail bien fait. Cf. Stengel, Ztz. Spr. Lit., p. 154-56.

1909. — Ropohl, F. — Das Verhältniss des Assonanzteiles zum Reimteile im altfranzős. Apolonius roman (Jourdains de Blaivies). Kőln, Elkan, 94 p.

Sur la versif., la strophe, la rime.

1909-1911. — Verrier, Paul. — Essai sur les principes de la métrique anglaise. Welter, 3 vol. 8º Yk 882.

T. II surtout pour la versif. fr.; chap. : Orig. et évolution des mètres poét.

Travail scientifique, très soigné, basé sur des recherches histor., esthét., acoust. et phonét., et qui pourrait servir de modèle à un travail sur la versif. fr.

1910. — Beck, Jean. — La musique des Troubadours, Laurens. 128 p. 2 fr. 50.

Traité populaire d'après son travail de 1908. Melodien.

Cf. Rechnitz, Ztz. Spr. Lit., XXXVI, p. 180-183 ; Roques, Romania, XL, p. 119-124, 1911 ; Acher, Rev. Lang. Rom., 1910, p. 426-432.

1910. — Bois, J. — L'humanité divine. Poèmes. Fasquelle, 340 p. 8º Yᵉ 7821.

Paroles d'un jeune poète. Apologie de son œuvre. Rien sur la versif., quoique souvent cité.

1910. — Duhamet, G. et Vildrac, Ch. — Notes sur la technique poétique.

1910. — Gaiffe, F. — Thomas Sébillet. Art Poétique fr., 1548, éd. crit., avec introd. et notes. Cornély, 226 p.

Travail précieux pour l'art poét.

1910. — Houchart, V. — Le rythme dans la versif. fr. Aix en Provence. Pourcel.

1910. — Nirop, Kr. — Fransk Verslaere i Omrids. Copenhagen, Gyldendal. 2 Kr.

1910.	— Roudet, Léonce. — Éléments de Phonétique général. Welter.

Travail savant et approfondi sur le rythme et sur les principes de versification en général.

1910.	— Thième, H.-P. — Notes on V. Hugós Versification. Studies in Honor of A. M. Elliott. I. p. 209-224.

Etude prélim. de la structure du vers de V. H.

1911.	— Horák, V. — Le vers alexandrin en français. Bruxelles, Huet, 1 fr.
1911.	— Landry, E. — La théorie du rythme et le rythme du français déclamé. Champion. 427 p 8° X 14443.

Etude pénétrante et originale sur le rythme : nombre, énergie, durée, métrique, répétition. Les forces qui font et défont le rythme. Le vers fr. n'a besoin ni de rime, ni d'accent ; ce sont des principes accessoires. Le développement du vers fr. et ses rapports avec la déclamation et la musique. Dif. genres de rythme : esthétique, physiol., physique, logique, psychol. Expériences phonét.

Cf. Franz, Ztz. Spr. Lit., XXXVIII, p. 239-249.

1911-1912.	— Lote, G — L'alexandrin d'après la phonétique expérimentale. 3 vol. Rev. Phon., 1911 et Phalange, 1912.
1911.	— Lucas, St. John. — A book of French verse. Oxford, Clarendon Press. 287 p.

Résumé des règles.

Cf. Tilley, Mod. Lang. Rev., 1908-1909, IV, p. 102-106.

1911.	— Rochette, Aug. — L'alexandrin chez V. Hugo. Lyon, Vitte, 605 p. en gr.

L'étude la plus originale, la plus profonde et la plus importante sur la poét. de V. Hugo : rythme ; rapports de la syntaxe et du r. ; schémas ; rôle des éléments accoust. dans le vers ; l'euphonie, l'harmonie, la rime, etc., etc.

Cf. Heis, Ztz. Spr. Lit. 1912, XXXIX, p. 71-80;
Rev. Lang. Rom. 1911, p. 326-332.

1911. — Sauvebois, G. — L'équivoque du classicisme. L'édition libre. 8 Z 18282.

Chap. contre la loi du rythme.

1912. — Martinon, Ph. — Les strophes, étude histor. et crit. sur les formes de la poésie lyrique en France depuis la Renaissance, avec une bibliographie chronologique et un Répertoire général. Champion. 616 p. 8° Y^e 8332.

Travail immense sur l'hist. et les orig. des formes strophiques d'avant Marot jusqu'au xixe s. Tercet, quatrain, quintil, sixain, 7, 8, 9 et 10ain, strophes de plus de dix vers. C'est le prem. vol. d'une hist. de la versif. fr. Le sec. roulera sur la quantité syllabique, le 3e sur le rythme, le 4e sur la rime, etc.

1912. — Souza, R. de. — Du rythme en français. Welter. 103 p., 3 fr. 50.

Travail sur l'accent et le rythme basés sur les expériences phonétiques pures. Son principe de rythme est l'accent. La nouvelle poésie classifie selon des états généraux de mouvements dus aux conditions physiol. et phonétiques. Cet ouvrage, à part sa valeur pour la versif. et la phonétique expérimentale, est utile pour l'étude de la correspondance entre les mouvements modernes dans la poésie, l'art et la musique.

1912. — Verrier, P. — L'isochronisme dans le vers fr.

1914. — Florian-Parmentier. — Histoire contemporaine des lettres françaises. Figuier.

Analyse critique des mouvements contemp.

Périodiques

1685. — Eloge du Traité du Père Mourgues, Journal des Sav., 22 janv.

Plusieurs fois cité; simple mention; pas d'éloge.

1710.	— Lenfant, Jacques. — Critique des Remarques du Père Levasseur sur Rapin : Réflexions, dans : Les nouvelles de la République des Lettres., févr. et mars.
1729.	— Fraguier, l'abbé. — Dissertation où l'on prouve : qu'il ne peut y avoir de poème en prose. Mém. de l'Acad. des Sciences et Belles-Lettres, t. VI, p. 265-277.
	Défense de la poésie.
1730.	— La Motte, Houdar de. — Quatrième discours sur le poème dram. et suite des réflexions sur la tragédie. Jour. des Sav., avril, p. 195-201. Examen sur : Les œuvres de théâtre de La M., etc., donnant une bonne idée des théories de La M.
1737.	— Longue, M. de. — Lettre à M... sur la poésie fr. Mercure de France, nov., p. 2381-2395.
	Recommande un style ni prose ni vers, une prose nombreuse ou versif. sans rimes.
1737.	— Trublet, l'abbé. — Poème de Pétrone du P. Bouhier. J. des Savants, fév., p. 92-104.
	Réfute les arguments de B. En faveur de la poésie sans rime.
1770.	— Journal Encyclop., 1ᵉʳ févr., p. 419. Critique de Delille. Traduction des *Géorgiques*.
1780-1783.	— Mercure de France, 1ᵉʳ avril, p. 29 ; 1783, sept., p. 106.
	Critique de la poésie de de Fontanes, et de sa traduction de Pope-Essay on Man. Loue sa manière de couper le vers sans le réduire à de la prose et de varier le rythme sans le détruire, ainsi que son art d'écrire en prose comme en vers (à propos de la tendance à libérer le vers et le rythme des règles clas.).
1812.	— Uhland, L. — Abhandlung über das französ. Epos. Die Musen, III, p. 102.
	Sur les orig. de l'alex.
1816 (7).	— Hoffmann. — Journal de l'Empire.
	Contre Scoppa et ses théories de l'accent.

1833. — Raynouard. — Journal des Sav., p. 385-396. Crit. de Silvestre. Poésies goth.

Sur la forme prim. du vers, sur l'assonance, la rime et la césure.

1836. — Raynouard. — Journal des Sav., p. 83-93.

Crit. de Michel-Ch. de Roland. La contraction n'était pas une simple faculté mais de l'essence des règles de la versif. Sur l'e muet.

1838. — Mone. — Anzeiger fur Kunde der Deut. Vorzeit, p. 586, sur Ars rythmicandi. Cf. Langlois, 1902, p. 7.

1840. — Vaultter, F. — Analyse rythmique du vers alexandrin. Mém. de l'Acad. de Caen, p 85-110. Z 28470.

La première et la meilleure analyse du rythme selon les théories mod. Travail qu'on n'a jamais cité mais sur lequel les théories de B. de Fouquières et des modernes sont sans doute basées.

1849. — Kastner, G. — Der Refrain. Gazette musicale de Paris. Nos 49-65.

1850. — Daremberg. — Archives des Missions Scientifiques, p. 267-278, sur Herenc, cf. sous H. 1432.

1852. — Hupfeld. — Das zwiefache Grundgesetz des Rhythmus und Accents, oder das Verhältniss des rhythmischen zum logischen Prinzip der menschlichen Sprachmelodie. Ztz. der Deut. Morgenländ. Gesellsch., VI, p. 153-190.

Etude très intéres. et suggestive sur la relation intime entre le rythme, l'accent et le sens logique ; utile pour les études mod. de psycho-phonétique.

1855. — Quicherat, L. — Origine du vers décasyl. Réponse à M. B. Jullien. Rev. Instruc. Publ., XXIX, p. 782-784, mars.

Contre la théorie de Jullien, 1854, qui a présenté l'hexamètre comme le modèle du décasyl. et qui a critiqué le Traité de Q. qui recourt au vers saphique.

1855. — Quicherat, L. — Origine du vers décasyllabe. Rev.

Instruct. Publ., 31 mai, p. 104-106; 21 juin, p. 137-139; 13 déc., p. 477-481.

Suite de l'article précédent ; plus détaillé. L'Alex. est une amplification du décasyl. La poésie mod. n'a qu'à continuer le procédé latin dans des conditions différentes, etc. L'importance de la rime est exagérée. Le système primitif et le système mod. reposent sur la même règle fondam., à savoir un nombre fixe de syll. et d'accents. Un des meilleurs articles sur ce sujet.

1856. — Boscaven, H.— Etudes rythmiques. Rev. Instr. Publ.

1856-1859. — Littré, E. — Eulalia et anima, Jour. Sav. ; 1858, Etude du chant de sainte Eulalie, oct.-déc. 1859, févr., mai, juin.

1859. — Bartsch, R. — Die Reimkunst der Troubadours. Jahrbuch f. rom. eng. Lit. I, p. 171-197.

Dévelop. de la rime en Prov., ses diff. espèces. Utile pour son influence sur les rimeurs fr.

1861. — Meyer, P. — Note sur la métrique du chant de sainte Eulalie, Bibl. Ecole Chartes, XXII, p. 237-255.

Contre l'article de Littré, Jour. Sav. oct.-déc. 1858, févr., mai, juin 1859. Etude du chant de sainte Eulalie et du fragment de Valenciennes. C'est un vers de 8 et non de 10 syll.

1864. — Mahly, J. — Uber Alliteration. Neues Schweizer. Museum, IV, 3, p. 207-259.

1864. — Viehoff, Fl. — Uber den inneren Bau und Abschluss des lyrischen Gedichtes, Herrigs Archif, XXXV, p. 1-35.

Pour l'allem., mais pourrait servir pour l'étude comparée.

1865. — Hermann, C. — Des Fuss, der Vers und die Strophe. Ein Beitrag zur Théorie des Versmasses. Jahns Jhrbuch fur Philol. XCII, p. 16-26.

La nature, la structure des diff. sortes de vers et leurs rapports.

1865. — Hermann, C. — Das Versmass in seinen allgemeinen Verhältnissen. Id XCII, p. 497-508, 557-564.

Rapport entre la métrique et la langue. Accent, quantité, rythme. Les dif. parties du vers et leurs rapports avec la langue, la musique; leur valeur esthétique. Sur le vers en général, peut s'appliquer au vers fr. Article très suggestif.

1865. — Sepet, M. — Cours d'Histoire de la Poésie Latine au Moyen Age, par L. Gautier. Bibl. Ec. Chartes, XXVII, p. 515-517.

Le premier qui marque une divergence d'opinion au sujet de l'influence de la versif. lat. sur la versif. fr. Deux écoles en train de se former : 1º Gautier qui adopte l'assonance et l'isochromie des syll. 2º Paris qui adopte l'accent. Paris répond, 1866, p. 578-610.

Cf. les articles suivants.

1866. — Bartsch, K. — Les Epopées fr., de L. Gautier. Rev. Crit. 1866, nº 52 p. 406-414. II.

Discute plusieurs vues de G. Croit comme G., contrairement à Paris, que l'épopée fr. est d'origine allem. ; qu'elle dérive du trochée septénar ; contrairement à Paris et à G. que l'alex. vient de l'asclépiode.

Cf. Sepet, 1865, Paris, 1866, Gautier, Les épop., Meyer, 1867, Rochat, 1870.

1866. — Paris, G. — Lettre à M. Léon Gautier sur la versif. lat. rythmique. Bibl. Ec. Chartes, XXVII, p. 578-610.

Insiste sur ce que la versif. lat. popul. est l'origine de la versif. fr., et que l'accent est la cause princ. du changement. Réponse à Sepet Explique sa théorie de l'accent, qui est la base de la versif. rythm., tandis que la quantité est la base de la versif. métrique. La versif. r. n'est pas une déformation de la versif. mét. comme croient Benloew,

Weill et d'autres, mais un système indép. et qui a son origine en lui-même. Un des articles les plus import. sur ce sujet. Cf. Sepet, Bartsch, Meyer, Gautier, Rochat.

1867. — Meyer, P. — Recherches sur l'épopée fr. Bibl. Ec. Chartes, XXVIII, p. 339-341.

Contre l'origine du décasyl. dans le septénaire trochaïque; et de l'alex. dans l'asclépiade ou n'importe quelle forme de vers.

1870. — Rochat, A. — Etude sur le vers décasyl. dans la poésie fr. au moyen âge. Jhrbuch f. Rom. Engl. Lit. (Wolf) XI, p. 65-93.

Sur les systèmes de quantité et d'accent; le système d'accent en allem. et en fr. L'emploi du décasyl. Chaque poète était l'inventeur du type qu'il employait; donc le décasyl. a été introduit par un poète qui l'avait emprunté à un vers latin. Sa ressemblance avec le sénaire lat.

1871. — Brunnemann. — Ein Wort zur Verständigung über den Accent tonique im Französischen. Herrigs Archif., XLVIII, p. 307-316.

Lesaint avait dit que les syll. dans les mots fr. avaient le même accent. Br. note exceptions ou contradictions.

1871. — Ebers. — Ursprung des Reimes (in Aegypten). Ztz. Aegyp. Sprachfor (Lepsius).

1871. — Provencal versification. North. Brit. Rev., LIII, p. 165-182.

Sur les changements des systèmes de versif., sur l'orig. du fr. et de ses principes.

1871. — Zarnke, Fr. — Zwei mittelalterliche Abhandlungen über den Bau rhythmischer Verse. Berichte d. Kön. Sach. Gesell. d. Wiss., 28 oct., p. 34-96.

Ms. : De cognitione metri du xiie s. avec Regule de rithmis.

De la signification du terme rhythmus à l'époque

clas., au m. âge, à travers la chrétienté ; comment en dernier lieu les termes rhythmus-metrum ont pris un sens contraire ; comment le r. était associé au système accentuel et comment la rime devint associée au r. contre le metrum. Etude très intér. pour les orig. de la versif. fr. L'article contient les mss. Codex Admont. 759, Cod. Vindob. 3121 ; ms. 106 Fol. Perg. de Bibl. Leipzig. De diversitate versuum; et Ars rithmicandi du Cotton Library of. Brit. Museum.

1872. — Paris, G. — La vie de St-Leger, Romania I, p. 292-296.

Sur la versif., structure, etc.

1873. — Suchier, H. — Zur Metrik der Eulalie-Sequenz. Jahrb. Rom. Engl. Spr. Lit., XIII, p. 385-390.

Sur la forme, la structure et les orig.

1874. — Renouvier, Ch. — Etudes esthétiques et littér. Crit. Philos. I, p. 193-205.

Trois qualités d'un grand poète : 1º Puissance mythologique ; 2º p. de rythme ; 3º p. de poétique morale. Ses principes esthét. Cite des vers de V. Hugo. II, p. 258-272. P. mythol., III, p. 337-348. P. rythm. avec de longues citations pour montrer sa p. poét. et rythm. IV, p. 49-61, Révolution de la métrique. Ses innovations ne sont pas acceptées par ceux dont les oreilles ne peuvent pas saisir les nouvelles pratiques. Entièrement sur V. Hugo.

1875. — Mila y Fontanals. — Historia litteraria del decasilabo y endecasilabo anapésticos. Rev. historica latina. Juillet, p. 181-192.

Sur l'ital. et l'espag. cf. Rev. Lang. Rom. 1876, p. 219, I.

1876. — Guyard. — Théorie nouvelle de la métrique arabe, précédée de considérations générales sur le rythme naturel du langage. Jour. Asiat. VIIe série, VII, mai-juin, p. 413-579.

Quantité, durée, accent, syll., ictus. Rythme ; l'unité d'un mot en est le rythme. Applique à l'arabe ses principes, qui peuvent être ceux de toutes les langues.

1876. — Suchier, H. — Uber die Matthaeus Paris zugeschriebene Vie de Saint-Auban, Halle, Lippert. cf. Suchier 1876 attaqué par Koschwitz, Ztz. Rom. Phil., II, p. 338-344 ; réponse de Suchier, Anglia, II, p. 215-224. Voyez aussi Paris, Romania, VI, p. 145 ; Settegast, Litt. Zentralblatt, 1877, n° 20 ; Stengel, Jenaer Littztg. 1877, n° 46 ; Acad. 1877, 31 march, p. 278.

Toute une polémique s'est élevée au sujet de cette brochure de S. qui dit que les anglo-norm. ont suivi en gén. les principes de la versif. fr K. attaque les 3 points de S. mais S. montre nettement que K. n'a pas bien compris le sujet.

1878. — Bartsch, R. — Ein keltisches Versmass im Provenzal. und Französ. Ztz. Rom. Phil , II, p. 195-219.

Sur l'origine celtique, cf. chap. sur Les Origines

1878. — Humbert. — Uber die Betonung, Wort-und Satzstellung und Metrik der französ. Sprache. Zentral organ. f. d. Interessen des Realschulwesens, 2.

1878. — Suchier, H. — Die Mundart des Leodegarliedes, Ztz. Rom. Phil., II, p. 255-333.

Sur l'*e* muet, etc.

1879. — Arbois de Jubainville. — Des rapports de la versif. du vieux irlandais avec la versif. romane. Romania, VIII, p. 145-154.

1879. — Bartsch, H. — Keltische und romanische Metrik, Ztz. Rom. Phil., III, p. 359-384.

1879. — Dümmler, E. — Rhytmen aus der Carolingischen Zeit. Ztz. Deut. Alterthums, XXIII, p. 261-280.

Poèmes en vers rythm. lat. du viiie au xie s.

1879. — Koch. J. — Chardrys Josaphaz, Set Dormanz und

Petit Plet. Dichtungen in der anglonorman. Mundart des 13 Jhr. Heilbronn, Henninger. Altfranz. Bibl. von Foerster, I.

Accepte en partie les théories de Suchier.

Cf. Mussafia, Ztz. Rom. Phil., III, p. 591-607.

1879 — Nagel, H. — Die Strophenbildung Baifs im Vergleich mit der Ronsards, du Bellays und Boileaus. Herrigs Archif, LXI, p. 439-462.

1879 — Sepet, M. — De la laisse monorime des chansons de geste. Bibl. Ec. Chartes, XL, p. 563-569.

Sur la forme et l'orig.

1879. — Suchier, H. — Die Versbildung der Anglo-Normannen. Anglia, 2. 3. p. 214-224 contre Koschwitz, Ztz. Rom. Phil., II, p. 338-344.

Cf. sous Suchier, 1876, Koch, 1879 ; Rose, Metrik Fontômes, 1880.

1879. — Wallner. — Bemerkung zum französ. Alexandriner. Ber. f. d. B. Gym. u. Realschule. Heft III, p. 117.

1880. — Arbois de Jubainville. — La versif. irlandaise et la versif. romane.

Romania, IX, p. 177-191. Réponse à Bartsch, 1879.

1880. — Ebert, Ad. — Zu den Carolingischen Rhythmen, Ztz. Deut. Alterthums, XXIV, p. 144-150.

Amplifications, basées sur Dümmler, 1879.

1880. — Harczyk, I. — Zur französ. Metrik, Ztz. Spr. Lit., II, p. 1-14.

Il s'agit des pieds de 1, 2, 3 syll., surtout d'une syll. dans les diff. positions du vers ; le pied peut-il tomber sur l'*e* muet. H. dit oui, contre l'opinion de Lubarsch.

Cf. Gröber, Ztz. Rom. Phil., III, p. 160.

1880. — Merkel, P. — Uber den französ. Wortton. Schulprogram zu Freiburg i. B.

1880. — Rose. H. — Uber die Metrik der Chronik Fantômes. Roman. Stud. V, p. 301-382. Heft 18.

D'accord avec Suchier sur la versif. anglo-norm.

1880. — Stengel, E. — Ein Fall der Binnenassonance in einer chanson de geste. Ztz. Rom. Phil., IV, p. 101.

Il s'agit de l'assonance à l'hémist. et à la rime.

1880. — Stengel, E. — Einige Fälle der Wiederkehr gleicher Reime und Reimworte in der altprovenzal. Lyrik. Ztz. Rom. Phil.. IV, p. 101-103.

Phénomène plus commun qu'on ne le croit.

1881. — Gaijer, P.-A. — Om de franska episka vers formernas ursprung. Forhandl. poa det audet nordiska Filologmoede i Kristiania den 10-13 Aug. udgione af. G. Storm. cf. 1883, Kristiania, Coppelen. 255 p.

1881. — Groebedinkel, P. — Der Versbau bei Ph. Desportes und Malherbe. Fon. Stud. I, 41-127.

1881. — Hannappel, M. — Poetik Alain Chartiers. Fon. Stud. I, p. 261-315.

1881 — Hardinge, N. — French verse in English. Nineteenth Cent. IX, p. 812-837.

Des difficultés tech. du vers fr., de la difficulté de le rendre en angl.

1881. — Thomas, A. — La Chirurgie de Roger de Parme en vers provençaux. Romania, X, p. 63-75.

Cf. Critique de Boucherie, Rev. Lang. Rom. 1882, p. 193-197 (de la théorie de la césure).

1881. — Valois, N. — Étude sur le rythme des bulles pontificales. Bibl. Ec. Chartres, XLII, p. 161-198, 257-272.

La prose en est rythm. par le retour de syll. accentuées, de sons forts dont la place et le nombre sont déterminés.

1881. — Wölflin. — Alliteration. Sitzungsber. phil. philol. Klasse d. königl. akad. München.

1882. — Boucherie, A. — Sur l'Alexandrin, Rev. Lang. Rom. I, p. 193-197.

Sur la césure à la 4e et à la 8e, à propos de Thomas, 1881.

1882. — Freymond, E. — Uber den reichen Reim bei altfr.

Dichtern bis zum Anfang des XIV Jhr. Ztz. Rom. Phil., VI, p. 1-36, 177-215.

1882. — Gröber, G. — Altfranzös. Alliterationen, Ztz. Rom. Phil., VI, p. 467.

1882. — Reuter, C. — Cl. Marots Metrik. Herrigs Archif, LXVIII, p. 331-360.

1882. — Meyer, W. — Formen der lat. Rhythmen des Mittelalters. Sitzber. Münch. Akad. Phil. Hist. Klasse, T, p. 4.

1882. — Meyer, W. — Ludus de Antichrist und die lat. Rhythmen des XII Jhr. Sitzber. phil. hist. Klasse Bayer. Akad. Wiss. T, p. 1-192.

Étude approfondie sur le rythme, la rime, etc., utile pour l'origine du vers fr.

1882. — Meyer, P. — L'allitération en roman de France, à propos d'une formule allitérée relative aux qualités du vin. Romania, XI, p. 572-579.

1882. — Müller, R.-E. — Die Assonanzen im Girart von Rossillon. Fon. Stud., III, p. 289-356.

1882. — Schoppe, J. — Uber Metrum und Assonanz der Chanson de geste Amis und Amiles, Fon. Stud. III, p. 1-40.

1882. — Thomas, A. — La versif. de la Chirurgie provençale de Raimon d'Avignon. Romania, XI, p. 203-213.

1883. — Espinas, A. — Quelques remarques sur les éléments du rythme dans la poésie fr. Annales Fac. des Lettres de Bordeaux, III, p. 417-422.

Le rythme fr. n'est pas déterminé par le nombre des syll., mais par l'accent, qui résulte de l'intensité relative, de la durée du son. D'autres forces : symétrie, respiration, fonctionnement des muscles, des poumons, du cœur. Bon article qui devance les études mod. de phonét. physiol., et psycho-physiol.

1883. — Thomas, A. — Michel de Boteauville et des premiers vers fr. mesurés (1497). Annales Fac. Lettres de Bordeaux, V, p. 325-353.

Sur ceux qui ont favorisé les vers mes. comme Pasquiers, J. de la Taille ; sur ce qu'on sait de M. de B... ; reproduction de l'art de métrifier.

1884. — Banner, M. — Uber den regelmässigen Wechsel männl. und weiblicher Reime in der französ. Dichtung.

Ausg. Abh. Rom. Phil., XIV, p. 51. Cf. 1884 (livre).

1884. — Birkenhoff, R. — Uber Metrum und Reim der altfranzös. Branden-Legende, Ausg. Abh. Rom. Phil., XIX, p. 1-95.

Sur l'emploi de la rime, de la césure, etc. (avec rimarium). Utile pour l'étude de la langue.

1884. — Boisjoslin, J. de. — Esquisse d'une histoire de la versif. fr.

Rev. Soc. Etudes Histor., nov.-déc., cf. 1884 (livre).

1884. — Guyau. — Esthétique du vers moderne. Rev. Philos., p. 179-204 ; 258-275. Cf. 1884 (livre) même texte que son livre, sauf chap. sur l'hiatus.

1884. — Hofmeister, R. — Sprachliche Untersuchungen der Reime Bernharts von Ventadorn. Aug. Abh. Rom. Phil., X, p. 1-50.

Sur la rime et la métrique ; utile pour l'étude de la langue.

1884. — Jæger, J. — Die quantität der betonten Vokale im Neufranzösischen. Fon. Stud. IV, p. 69-136.

1884. — Maus, F.-N. — Peire Cardenals Strophenbau in seinem Verhältniss zu den anderen Troubadours, mit einem alphabet. Verzeichniss sämtlicher Strophenformen der Provenzal. Lyrik. Ausg. Abh. Rom. Phil., V, p 1-132.

Etude des formes des strophes avec comparaison avec celles des autres poètes provenc. Utile pour l'étude de la structure de la strophe.

1884. — Müller, L. — Das Rondel in den französ. Mirakelspielen und Mysterien des XV und XVI Jhr. Ausg. Abh. Rom. Phil., XXIV, p. 1-71.

Sur l'orig., la forme du refrain et ses relations syntaxiques avec les autres parties du poème ; les diff. genres de rondeaux.

1884. — Reissert, O. — Die syntaktische Behandlung des zehnsilb. Verses im Alexis-und Rolandsliede. Ausg. Abh. Rom. Phil., XIII, p. 1-100.
Le sens logique ou syntax. et la césure. Etude très minutieuse et utile.

1884. — Römer, L. — Die volkstüml. Dichtungsarten der altprovenzal. Lyrik. Ausg. Abh. Rom. Phil., XXVI, p. 1-70.
Sur les éléments populaires et la structure de la strophe en Provenc.

1884. — Thurneysen, R. — L'accentuation de l'ancien verbe irlandais. Rev Celt., VI, p. 129-161.
Rien sur la versif.

1884. — Wœlfflin. — Uber den Reim im Lateinischen. Archif. Lat. Lex , I, p. 350.

1885. — Krause, B. — Die Bedeutung des Accents im französ. Verse für dessen begrifflichen Inhalt. Ztz. Spr. Lit., IX, p. 268-277.

1885-1886. — Renouvier, Ch. — Les problèmes de l'esthétique contemp.: La nouvelle métrique. Crit. Philos., II, p. 161-188 ; 1886, II, p. 179-206.
Le rythme et ce qu'il est dans le vers fr., et comment il diffère du vers clas. Les règles de l'accent et de la césure ont retardé le dévelop. des rythmes. La division clas. en deux hém. n'est pas néces. Combat la théorie de Guyau qui est musicale, la sienne est : le sentiment du vers est un sentiment de nombre et non de temps. Définition de l'alex. p. 182 trop compliquée. Combat théorie de Scoppa. Étude très suggestive et très utile, une des meil. leures sur le rythme et sur le vers mod.

1885. — Ricken, W. — Neue Beiträge zur Hiatusfrage et Bemerkungen zu meinen « Neue Beiträge ».

Ztz. Spr. Lit., VII, p. 97-116; VIII, p. 205-207.
Justification de sa théorie de l'hiatus chez Malherbe ; combat celle de Braam, 1884.

1885. — Thurneysen, R. — Zur irischen Accent-und Verslehre. Rev. Celt., VI, p. 309-347.
Rien sur la versif. fr.

1885. — Valvor, Guy. — La rime ; étude critique. Rev. contemp., III, p. 70-80.
La rime n'est pas l'élément essent. ; son hist. indique une décadence du goût. Quatre grands poètes. La Font., Chénier, Lam., de Musset n'étaient pas poètes, si on les juge par la rime. Effet de la rime riche sur la poésie. Sa fonction. En faveur d'une poésie libre, et contre la tyrannie de la rime. Excellente étude ; vues larges et saines.

1886. — Meyer, M. — Uber den Refrain., Ztz. Vergl. Litgesch., p. 34.

1886. — Meyer, W. — Uber die Beobachtung des Wortaccents in der altlatein. Poesie. Abh. Bayrischen Akad., XVIII, p. 1-120.
Article savant et utile pour les orig. de la versif. fr.

1886. — Meyer, W. — Anfang und Ursprung der latein. und griech. rythmischen Dichtung. Abh. Bayrischen Acad., XVII, 2, p. 267-450.
Sur l'origine de la versif. rythm., la rime, la rythmique grecque, lat., romane et germ. On trouve dans l'imitation de modèles étrang. l'origine de presque toutes les règles de la versif., qui subissent de bizarres transformations. Important et utile pour l'étude de la métrique comparée.

1886. — Pleines, A. — Hiat und Elision im Provenzalischen. Ausg. Abh. Rom. Phil., I, p. 1-82. Cf. 1886 (livre).

1886. — Pohl, Th. — Untersuchungen der Reime in Wace, Roman de Rou et des Ducs de Normandie, Rom. Forsch., II, p. 321-350, 543-631.

Etude de la rime comme aide à l'étude de la langue. Sur l'hiatus et l'élision.
1886. — Spenz, Fr. — Die syntaktische Behandlung des achtsilbigen Verses in der Passion Christi und im Leodegarliede. Ausg. Abh. Rom. Phil., LXVII, p. 1-80. Cf. 1886 (livre).
1887. — Appel, C. — Vom Descort, Ztz. Rom. Phil., XI, p. 212-230.
Sur la différence entre descort et lai.
1887. — Formont, M. — Théorie de la versif. fr. d'après quelques auteurs contemp. Rev. Instruc. Publ., p. 433-435, 452-455.
1887. — Gilliéron, L. — Les accents dans la langue fr. Franco-Gallia, IV, p. 63-73.
En raison de la prononc. claire et précise de ses syll. la langue fr. n'a pas de combinaisons de longues et de brèves comme les autres langues. Sur l'accent oratoire et provincial, la prononc. à Genève et dans le Vaudois.
1887. — Oréans, R. — Die e Reime im Altprovenzalischen, Herrigs Archif., LXXX, p. 178-277. Cf. 1888 (livre).
1887. — Stapfer, P. — La question de l'art. pour l'art. Rev. Bleue, XL, p. 271-279; 297-303; 364-371; 398-405.
1887. — Stengel, E. — Verwendung, Bau und Ursprung des romanischen Zehnsilbners. Franco-Gallia, p. 289-296.
Emploi.; la forme 5 + 5 est trochaïque et absolument diff. de 4 + 6 qui est iambique. La césure est l'union de deux petits vers en un long. Emploi de la césure épique et lyrique. Le décasyl. était à l'origine composé de deux vers; la forme 6 + 4 est la plus ancienne. Il y avait dans le vers préhist. fr. des fins de vers proparoxytoniques, donc un prototype de 12 à 14 syll., la 6e accentuée + une 7e ou 8e non accent., la 11e ou 12e accentuée + une ou deux syll. non accent. De cette forme relève

le décasyll. L'étude la plus importante; a provoqué beaucoup de discussion sur l'origine du décasyll.

1887. — Thurneysen, R. — Der Weg vom daktylischen Hexameter zum epischen Zehnsilbner der Franzosen. Ztz. Spr. Lit., XI, p. 305-326.

1887. — Wőlflin. — Uber die alliterierenden Verbindungen der latein. Sprache. Sitzber. Kőnigl. Akad. Műnchen.

1888. — Becker A. — Zur Geschichte der Vers libres der neufranzős. Poesie. Ztz. Spr. Lit., XII, p. 89-125. Cf. 1888 (livre).

1888. — Darzens, R. — La prosodie au Théâtre-Libre. Figaro, 2 nov.

En faveur du nouveau vers qui néglige les règles de l'hémis., et du trimètre. Variété des rythmes et des harmonies qui en résultent.

1888. — Groth, E.-J. — Uber die Vers Baïfins, Ztz. Spr. Lit. X, p. 169-170.

Essaie de montrer que les v. B. n'étaient pas de la poésie sans rime et des vers mesurés, mais un effort pour rapprocher la poésie de la musique.

1888. — Jordan, L. — Metrik und Sprache Rutebœufs. Franco-Gallia, V, p. 213-228; 255-296; 331-345.

La rime, l'hiatus et l'élision avec statistiques.

1888. — P. — De la versification fr. Taalstudie, IX, p. 129-143; 193-209; X, p. 129-139; 193-203; 257-263.

1888. — Rosières, R. de. — Le refrain dans la litt. au moyen âge. Rev. des Traditions Popul., III, 1-2.

1888. — Scherer, Ed. — La rime riche. Le Temps, 19 oct.

La rime r. a tué la poésie fr. Ce n'est plus la pensée qui amène la rime, ce sont les besoins de la rime qui fournissent la pensée. En faveur de la rime suffisante.

1888. — Westphal, R. — Der Rhytmus des gesungenen Verses. Allgem. Musik. Ztz., 15 juni.

1889. — Duchesne, l'abbé. — Note sur l'origine du Cursus ou rythme prosaïque suivi dans la rédaction des bulles pontificales. Bibl. Ec. Chartes. I, p. 161-163.

1889. — Plattner. — L'*e* muet de Humbert. Gymnasium, 16 janv.

1889. — Ricken, W. — Grundzüge der Entwickelung des *e* sourd. Ein Beitrag zur Beantwortung der Frage : Wie sind die französ. Verse zu lesen ? Ztz. Spr. Lit., XI, p. 238-255. Sur la question de l'*e* muet, cf. Humbert, 1888, 1890 ; Plattner, 1889.

1889. — Saran, Franz. — Zur Rhythmik von « Des Minnesangs Frühling » Paul und Braune Beitr., XXIII, p. 42-98.

Sur la versif. allem. et fr.

1889. — Storm, G. - Romanische Quantität. Fon. Stud., II, p. 139-177.

1890. — Dumur, L. — A propos de l'accent tonique. Mer. France, I, p. 188-194.

Sur l'accent tonique, qu'il est naturel de vouloir placer à des places définies du vers ce qui rendra possible le vers libre ou blanc. Nature et accent des mots de 1, 2, 3 syll.

1890. — Hamel, van. — Le rythme du vers fr. jugé par C. Huyghens. Ztz. Spr. Lit., XII, p. 191-201.

1890. — Köhler, G. — Uber alliterierende Verbindungen in der altfranzös. Lit. Ztz. Spr. Lit., XII, p. 90-120.

1890. — Meyer, P. — Des rapports de la poésie des trouvères avec celle des troubadours. Romania, XIX, p. 1-63.

Prouve la relation par les faits, témoignages, idées, forme, et structure strophique. Quelles formes de poèmes les trouvères ont adoptées.

1890. — Schwan, E. et Prinzheim — Der französische Accent. Herrigs Archif, LXXXV, p. 203-268.

Sur l'histoire de l'accent ; les critiques soutenaient

en général qu'il n'y avait pas d'accent et les phonéticiens le contraire. Analyse des critiques. Résultats du phonographe. Etude très intéres.

1890. — Stengel, E. — Romanische Metrik. Krit. Jhrber. Rom. Phil., I.

Analyse et critique des livres et articles sur la versif. fr. Indispensable pour l'étude de la versif.fr.

1890. — Worp. —Lettres du seigneur de Zuylichen à P. Corneille. Rev. Dram., sept.

1890. — Bibesco, Alex. — La question du vers fr. et la tentative des poètes décadents. Rev. du Monde Latin, XXVII, p. 837-805. Cf. 1893 (livre).

1891. — Block, G. — Zur Ausprache des Französischen. Beobachtungen über die Aussprache der Schauspieler der Com-Fr. und des Odéon zu Paris. Ztz. Spr. Lit., XIV, p. 236-265. Sur l'*e* muet.

1891. — Hamel, A. van. — Fransche versen. Gi., II, p. 130-160 ; 443-475.

Sur les vers et la versif. mod.

1891. — Hecq, G. — La ballade et ses dérivés : chant royal, chanson royale, serventois, pastourelle et sotte chanson. Ausg. u. Abhandl. *V;* 1892, VI. Le lai, virelai, rondeau.

1891. — Matzke, J. — A study of the versif. and rimes in Hernani. Mod. Lang. Notes, VI, p. 336-341.

Interprétation personnelle des vers, et statistiques. 25 % de vers romantiques.

1891. — Psichari, J. — La poésie nouvelle : les vers fr. et les poètes décadents. Rev. Bleue, XLVII, p. 721-727.

Sur les aspirations de la nouvelle école. Tout tourne autour de l'*e* muet.

1891. — Rosières, R. — Histoire d'une ancienne école littér. Rev. Bleue, XLVIII, p. 483-490.

Sur le symbolisme et le roman de la Rose, etc. Le but de ne faire rien comme les prédécesseurs a été le cri du xve comme du xixe s.

1891. — Valin, P. — Le rythme poétique et l'allitération. La Plume, p. 252-254.

> Effets produits par l'allit. Une versif. pour le son créerait des vers plus sonores. Il faut que le vers soit phonétique.

1892. — Brunot, Ferd. — La composition de métrique fr. avec bibliographie. Rev. Universitaire, p. 241-259, mars.

> Conseils pour l'étude de la versif. sous ses diff. aspects ; plan d'étude pour l'examen d'un poème. Le premier à donner un plan défini pour étudier la versif. dans ses rapports avec le vers. Très utile et intéres., doit être consulté par tous ceux qui désirent étudier la versif. fr.

1892. — Clédat, L. — La versif. fr. et particul. la versif. lyrique au moyen âge. Rev. Phil. Fr. Prov., VI, p. 161-182.

> Le décasyl. relève du saturnien à 15 syl. ; l'Alexandrin est une modific. du décasyl. et les plus petits vers des variations des plus longs. Le dévelop. des types prim. de la strophe et leur unité. L'orig. des formes variées de poèmes comme rondeau, etc. Rien de nouveau. C'est un chap. d'un livre à publier plus tard.

1892. — Clément, Louis. — La versif. de La Fontaine. Rev. Universitaire, II, p. 282-302, 15 oct.

> Sur les vers libres, leur rythme dans la fable, l'agencement des rimes. Etablit deux règles pour la fable : appropriation du rythme à la pensée ; appropr. de la rime au rythme. Défense vigoureuse de La Font.

1892. — Couture, L. — Le cursus ou rythme prosaïque dans la liturgie et la litt. de l'Eglise lat. du IIIe s. à la Renaissance. Rev. Quest. Hist., LI, p. 253-261.

1892. — Dejob, Ch. — De l'antipathie contre Malherbe, à propos d'un livre récent. Rev. Internat. Enseign. p. 444-470, 15 mai.

Contre la doctrine de Brunot, 1891. Défense pénétrante de Malh., ce qu'il a fait. Article convaincant et suggestif.

1892. — Ernault, E. — Sur la rime intérieure en breton moyen. Rev. Celt., XIII, p. 228-248.
Rien sur la versif. fr.

1892. — Humphreys, M. — The equivalence of rythmical bars and metrical feet. Transac. Amér. Phil. Ass., XXIII, p. 157-179.

1892. — Le Goffic, Ch. — Le trimètre dans la versif. contemp. Rev. Universitaire, II, p. 143-151, 15 juil.
A propos des Réflexions de Prudhomme, 1892. Il y a des trimètres logiques et phonét. L. de Lisle et Coppée ont écrit les premiers vers décadents en mettant des mots sans accents à l'hém. Arguments convaincants.

1892. — Lindsay, W. — The Saturnian metre. Amer. Jour. Philol., XIV, 2-3.

1892. — Puitspelu (Clair Tisseur). — De la rime pour les yeux dans les vers fr. Rev. du Siècle, p. 413-425, juin.
De l'absurdité de la rime pour les yeux, son histoire, son sort. Voy. ses Mod. Observ., 1893.

1892. — Puistpelu (Clair Tisseur). — La question de l'Alexandrin, *id.*, p. 756-768, nov.
A propos de Souza. — Le r. poét. 1892. Résumé de l'Alex., emploi de la césure romant. Analyse des vues de Guyau, Renouvier. Le meilleur vers et le plus harmonieux c'est le vers clas. Il faut que le vers rom. reste exceptionnel. Le vers sans césure sera pour l'oreille des générations à venir.

1892. — Waetzoldt. — Uber die Verstechnik der Parnassiens. Archif. Stud. Neu. Spr. Lit. LXXXVIII, p. 196-197.
Compte rendu de son discours devant le Berl. Gesellsch. Stud. Neu. Sprachen, 10 nov. 1891.
Analyse du Traité de Banville ; rien de nouveau.

1892. — Wulff, Fr. — Om rytm och rytmicitet i vårs samt nagra ord om Alexandriner och Knittelvarsen. Forhdl. paadet 4 Nord. Filol., p. 164-192, 18-21 juli.

1892. — Wulff, Fr. — Von der Rolle des Accents in der Versbildung. Archiv. Skand.

1893. — Comte, Ch. — Les stances libres dans Molière. Étude sur les vers libres de Molière comparés à ceux de La Font. et aux stances de la versif. lyrique. Mém. Soc. des Sci. de Seine-et-Oise, XVII. Cf. 1893 (livre).

1893. — Firmery, J. — Sur la versif. de Marot. Rev. Phil. Fr. Prov., VII, p. 1-18.

Allitération et rime qu'il a développées plus avant que ses contemp.

1893. — Fleury, A. — Du rythme dans la poésie chantée. Études Relig., LX, p. 326-363.

Résumé des efforts de Blaze, Ducondut, etc., pour établir l'accord du rythme entre la musique et la poésie. Il faut employer le même rythme, surtout pour la poésie à chanter.

1893. — Hohlfeld, A. — Studies in French versif. The alex. verse in Racine's Athalie. Mod. Lang. Notes, VIII, p. 10-17, 257-272.

Analyse des diff. types de vers dans *Athalie*; comparaison avec ceux cités par B. de Fouq et entre ceux d'*Athalie* et d'*Hernani*. Statistiques sur l'emploi de la rime, l'enjamb. et la césure.

Cf. Rev. Crit. Hist. Litt., XXXVII, p. 74-75.

1893. — Lemaître, J. — La Belle au Bois Rêvant de F. Mazade, Jour. des Débats, 18 juin, dimanche.

Sur l'importance de faire entendre la rime; de l'accentuer, même si le mot est faible.

1893. — Maurras, Ch. — L'Ecole lyonnaise. Rev. du Lyonnais, XVI, p. 5-22.

Rien sur la versif. fr.

1893. — Retté, A. — Le vers libre. Mer. France, VIII, p. 203-210.

La seule unité rationnelle c'est la strophe, le seul guide pour le poète c'est le rythme, qui est une manifestation personnelle, qui ne devrait pas être contrariée par des règles, etc.

1893. — Texte, J. — Modestes observations... de Tisseur. Rev. Ph. Fr. Prov., VII, p. 138-150.

Examen, analyse et opinions pers.

1894. — Becker, Ph.-A. — Der sechsilbige Tiradenschluss in altfranzös. Epen, Ztz. Rom. Phil., XVIII, p. 112-123.

Contre l'opinion de Nordfeld, 1891, que les tirades en vers de six syll. ne sont pas popul. : prouve qu'elles sont du xiie s.

1894. — Bolton. — Rhythm. Amer. Jour. Psychol.

1894. — Bouchaud, P. de. — La deuxième édition de *Pauca Paucis* par C. Tisseur. Rev. du Lyonnais, XVII, p. 462-487.

Sur le nouveau rythme, la rime pour les yeux, l'alternance des rimes et l'emploi qu'en fait T.

1894. — Firmery, J. — Un projet de réforme de la versif. fr. Rev. Ph. Fr. Lit., VII, p. 45-61.

A propos de Tisseur et de sa réforme : « l'arbitre souverain dans les vers, c'est l'oreille. » Ses vues sur le rythme qui n'est que l'élévation et l'abaissement de la voix. La rime n'est pas l'essentiel du vers. Chaque bon vers est un vers rythmé. Arguments vigoureux en faveur de l'accent dans la versif. fr. qui constitue le rythme.

1894. — Firmery, J. et Clédat, L. — La prononciation de l'*e* muet. Rev. Ph. Fr. Lit., VII, p. 137-141.

Objections de F. contre les théories de Cl. sur la prononc. de l'*e* muet, avec réponse de Clédat.

1894. — Humbert, P. — Die Betonung der Wort- und Satzstellung und Metrik der französ. Sprache, und das e muet. Zentralorgan Interessen Realschulwesens, XXII nov. avec Nachträge, Franco-Gallia, XI, p. 81-85.

1894. — Marelle, Ch. — La prononciation fr. et les néophilologues allemands. Le Petit Temps, 21 juin.

Deux écoles : 1º celle de l'orthoépie ou diction correcte, traditionnelle qui est celle des prof. fr. ; 2º celle de la phonétique expérim. qui est celle des néophilologues de nationalité allem. Les premiers qui ont employé la phonétique constataient des faits seulement, leurs élèves demandent à changer l'orthographe et la prononc. selon des lois et des expériences de phonét., etc. Le meilleur article écrit sur ce sujet; vues justes, saines.

1894. — Meumann. — Untersuchungen zur Psychologie und Aaesthetik des Rhythmus. Phil. Stud , VII, p. 431 ; IX. p. 264 ; X, p. 249 ; 1896, XII, p. 127.

1894. — Meyer, P. — Le couplet de deux vers. Romania, XXIII, p. 1-35.

Noms donnés au couplet, forme, réforme, dans les pièces dram., dans la poésie provençale, en Espagne, en Italie.

1894. — Revue de Métrique et de Versification. Cerf. 8 fr.

1894. — Stengel, E. — Ableitung der provenzal-französ. Dansa-und Virelay Formen. Ztz. Spr. Litt., XVI, p. 94-101.

Réponse à l'article de Meyer, Rom. XIX. La dansa vient de la ballada, le virelay de la dansa. Jeanroy croit le contraire. Cf. aussi Stengel dans Gröbers Grundriss, II, p. 95, § 207 ; p. 96, § 209.

1894. — Texte, G — L'évolution du vers fr. au xviie s., de Souriau. Rev. Ph. Fr. Prov , VII. p. 60-78.

Critique et vues personnelles.

1894. — Vinson, G. — Les sonnets monosyllabiques. Rev. Linguist. et Phil. Comp , XXVII, p. 92-94.

1895. — Croze, A. de. — Les confessions littér. Les vers libres et les poètes.

Figaro, juin, juillet, août, sept. oct.

Cf. Testam. Poét. de Prudhomme, p. 129-131 pour la réponse.

1895. — Doumic, René. — La Poétique Nouvelle, Rev. Deux Mondes, p. 935-946, 15 août.

1895. — Simon, S. — Métrique des Anglais et des Allemands. Rev. Enseign. Langues Vivantes, p. 350-357, 461-463, nov.

Système accent. des Angl. et Allem. Le français aussi a des iambes, etc., et emploie des pieds de 3, 4, 5 syll. Applique le système dans des traductions avec et sans rime.

Cf. Tavan, 1897, *id.*, p. 261-265.

1895. — Souza, R. de. — Le rôle de l'*e* muet dans la poésie fr. Mer. France, XIII, p. 3-23, janv.

Sur les théories de Passy, Psichari, Brémont, Marelle. Les phonéticiens ont tort de formuler des règles pour l'*e* muet ; il n'y a que la loi du bon goût.

1895. — Suchier, H. — Der musicalische Vortrag der chansons de geste. Ztz. Spr. Litt , XIX, p. 370-374.

Sur la mélodie ; pour harmoniser quand il y avait une syll. de plus dans le vers avec césures et rimes fém. on répétait la dernière note deux fois.

1895. — Teza, E. — Dai iambi di A. Chénier. Attie Mem. Acad. lat. di Cordova, XII, 297.

1895. — Vielé-Griffin. — La Poétique Nouvelle, Mer. France, XVI, p. 1-9.

Réponse à M. Doumic, 1895, qui en n'étudiant que quelques-uns des Symb. n'a pas compris le mouvement dans son ensemble ; c'est la passion du mouvement au geste infini, de la vie même.

1895. — Wœlflin, E. — Zur Alliteration. Archif Lat. Lex. Gram , IX, p. 567-573.

1896. — Bédier, G. — Les fêtes de mai et les commence-

ments de la poésie lyrique au moyen âge. Rev.
Deux Mondes, CXXXV, p. 146-173, 1ᵉʳ mai.

On ne trouve pas l'orig de toute la poésie lyrique
dans les fêtes de mai comme croit Jeanroy. Rien
sur la versif.

1896. — Bennet, Ch. — What was iktus in Latin prosody ?
Amer. Jour. Philol., XIX, p. 361-383.

Rien sur la versif. fr.

1896. — Brakelmann, J. — Les plus anciens chansonniers fr.
Ausg. Abh. Rom. Phil., XCIV, p. 1-120.

1896. — Delaporte, V. — De la rime fr. : ses origines et son
histoire. Etudes Relig., juin, juil., sept., nov. Cf.
livre 1898.

1896. — Hale, Ed. — Poetic rythms in Prose. Atl. Monthly.
LXXVIII, p. 227.

Rien sur la versif. fr., mais article suggestif.

1896. — Humbert, P. — Zur metrik. Franco-Gallia, XIII,
p. 165-166.

1896. — Marcou, P. — The origin of the rule forbidding hiatus in French verse. Mod. Lang. Assoc., XI, p. 331-336.

Un dévelop. très lent. Trois principes existaient
quand Malherbe vint, qui le défendaient tout à fait.

1896. — Mörch, A. — La durée des voyelles fr. Neueren
Studien, III, p. 581-587.

Rien sur la versif. fr.

1896. — Stengel, E. — Der Strophenausgang in den ältesten
französ. Balladen. Ztz. Spr. Lit., XVIII, p. 85-114.

1896. — Valentin, V. — Zur Formenlehre der französ. Dichtung. Ztz. Vgl. Lit., XI, p. 267-286 N. F.

Analyse consciencieuse de Tisseur-Mod. Observ. ;
sur le rythme, combattant les théories de Minor,
Westphal et Lubarsch, en général la métrique appliquée au vers fr. Étude très intéres.

1897. — Boschot, Ad. — Lettre à Sully Prudhomme. Rev.
Paris, 15 oct. Cf. *Test. Poét.*, p. 113-123.

S. Pr. est trop abstrait. On ne peut pas donner une rigueur géométrique à ce qui est mobile, nuancé. Il ne faut pas dire à un poète : Tu feras cela, tu ne feras pas cela. S.Pr. demande des règles ; B. veut la liberté.

1897. — Chantavoine, H.—Poésie et prosodie. A propos de : *La maison d'enfance*, de F. Gregh. Cor. CLXXXVII, p. 940-947, 10 juin.

Résumé des raisons pour lesquelles l'Acad. a couronné ce livre, dans une lettre de S. Prudhomme.

1897. — Doumic, René. — La question du vers libre, Rev. des Deux Mondes, CXLII, p. 447-459.

Analyse et discute les théories de Fouquières et de S Prudhomme, discute les innovations des modernes et montre ce qu'il peut changer dans la versif.

1897. — Peters, H. — Uber Sprache und Versbau der Chronik von Floreffe. Ztz. Rom. Phil., XXXI, p. 1-32.

1897. — Saran, Franz. — Versuch über die Grundlage der romanischen Rhythmik. Beitr. Gesch. Deut. Spr. Lit., XXIV, p. 1-71 (Sievers) et Zur romanischen und deutschen Rhythmik, *id.*, p. 72-84.

1897. — Stengel, E. — Die Rondels der Miracles de Notre-Dame par personnages. Ztz. Rom. Phil., XIX, p. 281-295.

1897. — Sully Prudhomme. — Vues générales sur le mouvement poétique en France au xixe s. Rev. des Deux Frances, I. Cf. *Test. Poét*.

Résumé des tendances de la poésie fr. depuis 1800, et de celles des modernes ; pourquoi ils dénaturent la poésie, etc.

1897. — Sully Prudhomme. — Qu'est-ce que la poésie. Rev. Deux-Mondes, V, p. 597-605, oc. Cf. Test. Poét.

La poésie pure : beauté du sujet, la sympathie, la musique, l'harmonie ; la technique parfaite seule ne fait pas la poésie.

1897. — Sully Prudhomme. — La syntaxe et le style. Rev. Paris, III, p. 51-61, 1ᵉʳ oct. Cf. Testament Poét. et Boschot, *id.*, 15 oct.

1897. — Tavan, Ed. — La versification rythmique. Rev. Enseign. Lang. Viv., XIII, p. 261-265, août.

Un groupe de mots formant une idée valent un seul mot, comme *qu'as-tu-fait*. On peut les grouper en diff. pieds comme en latin. Le français peut imiter tous les mètres, comme l'a démontré Simon, 1895, *id.* p. 350-357. On peut se passer de la rime. Principes analogues à ceux de Van Hasselt, Dumur, etc.

1897. — Valentin, V. — Goethe, Gotik und Knittelvers. Zts. Vergl. Lit., IX, p. 281-294.

Le Knittelvers comme l'a pratiqué H. Sachs était français pour la forme, mais celui de Goethe était allem Il s'est introduit avec l'architecture gothique.

1898. — Darthèze, A. — Le vers au théâtre. Rev. Art Dram. III, p. 191-200, 5 févr.

Comment réciter les vers ? Réponse de Rostand, Sarah Bernhart, Mendès, Sarcey, etc., etc. Sur la prononc. de l'*e* muet. Important. Très intéress. Le meilleur article de ce genre.

1898. — Legouis, E. — The foreign sources of modern English versif., de Lewis, Rev. Ph. Fr. Prov., XII, p. 151-154.

Analyse et critique de quelques-unes des conclusions de L.

1898. — Meyer, W. — Der Ursprung des Motetts. Nachr. Kgl. Gesells. Wiss. zu Gœttingen, p. 113-145.

1898. — Ovidio, F. d'. — Sull' origini dei versi ital. proposito d'alcune piu o men recenti indagini. Giornale Storico, XXXII, p. 1-89, n° 94-95.

1898. — Piaget, A. — Chemin de vaillance de Jean de Courcy. Romania, XXVII, p. 582-607.

Sur l'élision de l'e muet à la fin des mots polysyll. aux XIVe-XVe s.

1898. — Saran, Franz. — Romanische Rhythmik. Sievers Beitr. Gescht. Deut. Spr. Lit., XXIII, p. 65-98 ; XXIV, p. 72-84.

Cf. son grand livre de 1904.

Cf. Ztz. Spr. Lit., XXIII, p. 65-67, Stengel, 1901.

1898. — Valentin, V. — Der Grundunterschied des franzős. und deut. Verses. Ber. freien deut. Hochstfs. zu Frankfort a. M., XIV, p. 25-32. Abrégé dans Neuphilolog. Centblatt, XII, p. 269-272.

Résumé de son article de 1896. Différence entre les systèmes allem. et fr. L'origine du Knittellvers. Les élèvements et les abaissements de voix de Tisseur.

1898. — Vielé-Griffin. — Le mouvement poétique. Vers « brisés » et vers « libres ». Mer. France, XXVI, p. 1-10.

1898. — Wulff, Fr. — A° ter verhante rytmisk och melodisk akcentuering i franskan. Sitzung der Philol. in Kristiana.

1899. — Chamard, H. — L'invention de « l'ode » et le différend de Ronsard et de Du Bellay. Rev. Hist. Lit. Fr., p. 21-54.

R. n'a pas inventé le terme « ode », mais l'a popularisé ; il a créé l'ode clas. en France et Du Bellay a continué son œuvre.

1899. — Marcou, Ph. — Are French poets poetical? Mod. Lang. Assoc., XIV, p. 247-257.

Rien sur la versif. fr.

1899. — Retté, A. — Sur le rythme des vers. Mer. France, XXIX, p. 619-632.

Invectives violentes contre tous les traités de versif., contre la Sorbonne, les règles en général. Toute émotion est rythm., et selon la nature doit être libre. Son art poét. consiste en ceci : laissez agir la nature, exprimez vos émotions tout librement, le rythme en résultera. Ses idées paraissent d'abord être de la pure anarchie en lit., mais il donne un bon exposé des nouvelles tendanc s dans la litt. et l'art.

1899. — Souriau, M. — La versification de Lamartine. Rev. Cours et Confér., VIIe, p 841-860.

En général sur son inobservance des règles. Un poète qui se souciait peu de la forme, un improvisateur qui a perdu de plus en plus son habileté technique. Etude très complète ; celle de Gerhard, 1902, n'était pas néces.

1899. — Vernier, Léon. — L'accentuation binaire et l'analogie phonétique dans la langue fr. Rev. Phil. Fr. Prov., XIII, p. 241-276.

Etude philologique ; intéresse la métrique au point de vue linguistique.

1899. — Vielé-Griffin. — La désespérance du « Parnasse ». Mer. France, XXIX, p. 577-581.

Justifie l'idéal de la jeune génération.

1900. — Ernault, G. — Sur la versif. du breton moyen. Rev. Celt., XXI, p. 404-412.

Rien sur la versif. fr.

1900. — Grammont, M. — Le vers romantique. Rev. Lang. Rom., XLIII, p. 255-262.

Des effets produits par le vers romant. et comment on peut le reconnaître.

1900. — Hügli. — Die romanischen Strophen in der Dichtung deut. Romantiker. Abh. Gesellsch. deut. Spr. in Zürich, VI.

1900. — Klingsor, T. — Les musiciens et les poètes contemp. Mer. France, XXXVI, p. 430-444.

Des poètes qui ont écrit de la musique, et comment la musique essaie de faire sentir l'esprit de la poésie en gardant le rythme poét. et en n'accentuant pas les syll. faibles.

1900. — Léautaud et von Bever. — Les *Poètes d'Auj*. et la

critique. Mer. France, XXXVI, p. 758-771.

Réponse aux critiques adressées à leur livre. Rien sur la versif.

1900. — Loth, G. — La métrique du moyen breton. Rev. Celt., XXI, p. 203-235.

Rien sur la versif. fr.

1900. — Pelen, F. — De quelques changements du timbre de l'*e* français. Rev. Phil. Fr. Prov , XIV, p. 68-73.

Rien sur la versif. fr.

1900. — Régnier, H. de. — Poètes d'Auj. et Poésie de demain. Mer. France, XXXV, p. 321-350.

Résumé des écoles littér., sur les maîtres comme Mallarmé, Verlaine, etc., et sur le rythme, en vers libre ou polymorphe qui a toutes les formes selon que la pensée les nécessite. Article très suggestif pour expliquer l'état d'esprit contemp.

1900. — Saran, France. — Der Rhythmus des franzos. Verses. Forch. Rom. Phil., p. 539-574. Voy. son grand livre, 1904.

1900. — Schläger, G. — Uber Musik und Strophenbau der franzos. Romanzen. Forch. Roman. Phil., XXVII; voy. 1900, livre.

1900. — Schulz-Gora. — Der Kurzvers in Folcon de Candie der Boulogner HS. 192. Ztz. Rom. Phil. XXIV, p. 370-87.

Prouve que le Kurzvers dans F. de C. n'indique pas l'époque.

1900. — Toldo, P. — Etudes sur la poésie burlesque fr. de la renaissance. Ztz. Rom. Phil., XXV, p. 71-93 ; 215-229 ; 257-277 ; 385-410 ; 513-532.

Rien sur la versif. fr.

1901. — Beaunier, A. — Les Parnassiens et les Symbolistes. Mer. France, XXXVII, p. 375-388.

Sur la décadence du Parnasse, l'arrivée du Symbolisme, ce que c'est que le Symb., etc.

1901. — Beaunier, A — Le vers libre. Merc. France, XXXVII, p. 613-633.

    La distinction entre les écoles romant., parnas. et symb., leur rythme. Un des meilleurs articles sur les aspirations, les théories, et la technique du symbolisme.

1901. — Boschot, A. — La réforme de la prosodie. Rev. Paris, IV, p. 859-894.

    Montre qu'une crise était inévitable après V. Hugo. Le vers moderne est avant tout un moyen d'expression, d'émotion et de rêve musical. Il faut donc ôter du vers tout ce qui n'est pas pour l'oreille ; il faut changer les trois règles de typographie en règles musicales : césure, rime, hiatus. Très bon article, encore conservateur, mais assez libéral.

1901. — Davidson, F. — The origin of the French Alexandrine. Mod. Lang. Notes, XVI, p. 77-84.

    Article original, mais peu convaincant.

1901. — Des Granges, Ch. — Versification et poésie. Quinzaine, oct., p. 391-402.

    A propos de S. Prudhomme, *Testament*. Montre que les raisonnements de S. Pr. ne sont pas tous convaincants ; comment il faut considérer le développement histor. et philolog. C'est l'accent qui exige les syll., la césure et la rime, mais non l'hiatus ni l'alternance des rimes.

1901. — Janasz, L. de. — Rhythmes et rimes. Rev. Blanche, p. 256-258.

    Cinq poèmes.

1901. — Le Goffic, Ch. — La conquête du vers fr. Revue Universelle, p. 989-994, 19 oct.

    Résumé du vers mod. Il n'y a plus rimes, ni parité de syllabes, rien qu'un vague rappel d'assonances intérieures et une distribution toute subjective d'accents rythm., comme on pourrait marquer une prose un peu savante. Critique du *Test. Poét.* de S. Prudhomme ; montre qu'il y a de la très bonne poésie parmi les modernes que S. Pr. n'a pas lue. Explique bien ce que c'est que le vers mod et pourquoi on peut se passer de la rime auj. Un des meilleurs articles sur ce sujet.

1901. — Loth, G. — Les vers à rime interne dans les langues celtiques. Rev. Celt., XXII, p. 62-69.

Rien sur la versif. fr.

1901. — Mari, G. — Ritmo latino e terminologia ritmica medievale. Studi Filologia Romanza, VIII, p. 35-88 ; 167-168.

Sur l'origine des termes techniques de la versif.

1902. — Gourmont, Remy de. — La poésie fr. et la question de l'*e* muet. Mer. France, XLII, p. 289-303, mai.

Critique de Beaunier, 1902 ; l'*e* muet au point de vue philol. et scientif., sa valeur, etc. Etude solide.

1902. — Horak, W. — Der französ. Alexandriner. Ztg. f. d. Realschulwesen, XXVII, p. 641-653.

1902. — Kahn, G. — Le vers français. Nouv. Revue, XVI, p. 171-179, 15 mai

Analyse de Beaunier, 1902, et de S. Prudhomme, *Test. Poét.*, 1901, et bon résumé du but et de l'idéal du symb par un de ses fondateurs.

1902. — Madeleine, J. — Le madrigal de Ronsard ou sonnet madrigalesque. Rev. Renais., II, p. 248-264.

R. a employé un madrigal de sa propre invention, etc.

1902. — Mennung, A. — Der Sonnettenstreit und seine Quellen. Ztz. Spr. Lit., XXIV, p. 275-356.

1902. — Rimes en omphe. Rev. Ling. et Philol. Comparée, XXXV, p. 111-112.

1902. — Schenk, A. — L'hiatus chez M. E. Rostand. Ztz. Spr. Lit., XXIV, p. 209-216.

Observe la règle, donne 8 règles d'hiatus, permis par R.

1902-1903. — Vianey, G. — Les origines du sonnet régulier. Rev. Renais., p. 74-93.

Le dévelop. et l'emploi du sonnet jusqu'à la Pléiade ; comment Ronsard a fixé la forme, inventée par Marot.

1903 — Berr et Dellost. — La diction rythmique. Rev. Bleue, XIX, p. 605-608.

Compare la sonate Pathétique de Beethoven avec l'ode à Nap. II de V. Hugo, la correspondance des rythmes.

1903. — Grammont, M. — Études sur le vers fr., I. Le rythme considéré comme moyen d'expression ; II. Les sons considérés comme moyen d'expression ; III. L'harmonie du vers fr., IV ; Conclusion.

Rev. Lang. Rom., XLVI, p. 97-244 ; 417-532 ; XLVII, p. 29-74 ; 193-293. Voy. son livre, 1904.

Cf. Rev. Crit., LVIII, p. 416-419. Meillet.

1903. — Grammont, M. — Ragotin et le vers romant. Rev. Lang. Rom., XLVI, p. 5-29.

Le vers romant. vient du vers popul. du xvie s., c'est une fusion du vers de la comédie et de la tragédie ; on trouve tous les types de vers de V. Hugo dans Ragotin de La Font. Arguments très clairs et logiques.

1903. — Guerre, André. — L'Ecole Française et les traditions littér. nationales. Rev. Forézienne, p. 719-725. N⁰ 68, août.

Résumé de la poésie au xixe s., et des principes de la nouvelle école.

1903. — Kastner, L. — Des différents sens de l'expression « rime léonine » au moyen âge. Rev. Phil. Fr. Prov., XVII, 3.

1903 — Kastner, L. — Les grands rhétoriqueurs et l'abolition de la coupe féminine. Rev. Lang. Rom., XLVI, p. 289-297.

La règle ou l'usage est supposée dater de Jean le Maire. Pratiquée par Jean Molinet et Georges Chastelain au commenc. du xvie s.

1903. — Kastner, L. — The epic cesura in the poetry of the Trouvères and the Troubadours. Mod. Lang. Quar., XI, 3, p. 199-122, déc.

Montre la rareté de l'emploi de la césure épique chez les trouv. et troub.

1903. — Kossmann. — Die Musik als Hilfswissenschaft der Philologie in Bezug auf das mittelalterliche Lied. Handlingen v. h. 3ter. Hederl. Philol. Congr., p. 95-107.

1903. — Magoun, H. — Some problems in Prosody. Bibl. Sacra, LX, p. 33-60.

1903. — Meyer, H. — Ein Kapitel späterer metrik. Nachträge. Kgl. Gesellsch. Wiss. Göttingen, p. 215-235.

1903. — Poinsot et Normandy. — Sur les tendances de la poésie nouvelle. Rev. Forézienne, p. 208-217, mars, n° 63; p. 302-311, n° 64, avril.

Sur la fin du Parnasse et la genèse d'un esprit nouveau, reprise de la tradition fr. Voy. livre, 1903.

1903. — Poinsot et Normandy. — L'humanisme et l'évolution de la prosodie fr. La Pensée, 25 févr., p. 222-226.

Sur l'Ecole Fr., le Congrès des Poètes, l'influence des étrangers, la crise, la reprise des traditions nationales.

1903. — Sully Prudhomme. — La prose, la poésie, les vers. Rev. Bleue, XIX, p. 801-805.

Réponse à Vannoz, 1903. Il y a autant d'esthétiques que d'individus, mais il y a une échelle entre ceux-ci. La difficulté est le rythme. V. ne dit pas ce que c'est; S. Pr. le définit. Pour V. c'est une forme vague; pour S. Pr. une forme absolument définie.

1903. — Vannoz, Léon. — Les « deux poétiques ». Prose et poésie. Rev. Bleue, XIX, p. 668-672; 734-736. Réponse de S. Prudhomme, p. 801-805.

Combat vigoureusement l'idée que l'évolution de la poésie fr. avait atteint sa limite chez V. Hugo. Si l'on accepte cela on peut dire que l'on a atteint la fin de la vie. Tant qu'il y a vie il y a développement. Ces deux articles tranchent la question du vers fr. mod.

1904. — Becker, Ph.-A. — Der gleichteilige Zehnsilbner. Herrigs Archif, CXII, p. 122-129.

Son origine. Ce n'est pas Barrouso qui, selon Grammont, l'a introduit, très rare chez Bon. des Périers. Il a paru à 3 dif. époques : 1° vieux provenc. et franc. ; 2° au xvi° s. sous l'influence du verso de arte mayor; 3° xvii° s. sous l'influence de la musique et de la danse. Popularisé après 1843 par V. Hugo.

1904. — Kastner, L. — Histoire des termes techniques de la versif. Rev. Lang. Rom., XLVII, p. 1-28

On trouve le terme Alex. en 1425 dans Les règles de la sec. rhét. Origines d'autres termes.

1904. — Kastner, L. — History of the terza rima in France. Ztz. Spr. Lit., XXVI, p. 241-253.

Théories de son orig. et histoire.

1904. — Kastner, L. — L'alternance des rimes depuis Octavien de St-Gelais jusqu'à Ronsard. Rev. Lang. Rom., XLVII, p. 336-347.

Critique sévère de l'étude de Banner, 1884 ; J. Bouchet est le premier qui suit la règle, Ronsard l'a établie par suite de son influence.

1904. — Thomas, W. — Le décasyllabe roman et sa fortune en Europe. Essai de métrique comparée. Trav. et Mém. de l'Univ. de Lille, I, 4. Voy. livre, 1904.

1905. — Cornu, J. — Zu Commodian. Bausteine der Roman. Philol., Halle, p. 563-580.

Sur la versif.

1905. — Gladow, J. — Vom franzős. Versbau neuerer Zeit. Rom. Forsch., XXII, p. 239-310.

Sur le vers libre ou polymorphe, la rime, l'assonance, etc. Rien de nouveau.

1905. — Pellissier, G. — Métrique ancienne et métrique nouvelle. La Revue, LIX, p. 524-529, N° 24, 15 déc.

A propos des traités de Grammont et de Dorchain. En faveur des innovations conservatrices. Discussion de plusieurs points chez Dorchain, donnant ses propres vues.

1905. — Poinsot et Normandy. — Sur la Poésie Nouvelle. A propos de qq. récents livres de vers. Voy. p. 7-11, janv.

Bon résumé sur l'École Fr. déjà donné en 1903.

1905. — Poinsot. — Le métier et le cœur du poète. Vox. p. 362-366, déc.

A propos de Dorchain, 1905, ses objections avec des éloges.

1905. — Retté, A. — L'état présent de la litt. Mer. France, LVIII, p. 44-60, nov.

Le vers libre est non seulement une innovation technique, mais reflète l'esprit du temps. Six points gagnés : 1° inobservance de la règle d'alternance ; 2° rime du sing. et du pluriel ; 3° l'assonance peut remplacer la rime pour de l'effet ; 4° hiatus permis ; 5° liberté absolue de la césure ; 6° on peut employer n'importe quel vers pourvu que la cadence générale de la strophe n'en souffre pas.

1905. — Scott, F. — The scansion of prose rythm. Mod. Lang. Assoc. XX, 4, p. 707-728.

1905. — Stetson. — A motor theory of rythm. Psychol. Rev.

1905. — Zingarelli, N. — Ricerche sulla vita e rime di Bernart de Ventadorn. Studi medievali, I, p. 309-393 ; 594-611. Extr. Bergamo, 104 p.

1906. — Appel. — Zur Metrik der Santa Fideo. Rom Forsch., XXIII, p. 197-204.

1906. — Becker, Ph.-A. — Streifzüge durch V. Hugos Lyrik.

Archif. Stud. Neu. Spr., CXVII, p. 86-113 et dans 12 ter Neuphilologentage in München, p. 142-151.

Esquisse de la poésie lyrique jusqu'à 1815. Montre comment V. Hugo a été préparé par des événements de sa vie à toutes ses innovations ; la relation intime qu'il y a entre eux et ses œuvres littér.

1906. — Crestoy, J. — Structure phonétique de la versif. fr. Neueren Stud., XIV, p. 257-274.

La fonction de la rime et des syll. au point de vue de la phonétique. Les jeunes ont raison pourvu qu'ils suivent les lois phonét.

1906. — Faguet, E. — L'art des vers. Correspondant, p. 248-278, 25 juil.

A propos de Dorchain, 1905. Ses vues et ses objections. Il dit que les vers de 6, 7, 8 syll. n'ont pas besoin d'une césure. Les vers de 9, 10, 11, 12 sont des vers composés et ils ont besoin d'une césure, mais sans être fixe. Grand éloge de D.

1906. — Polti, Georges. — Essai sur la versif. universelle et sur les lois de composition. Rhétorique et Poétique. Occident, p. 17-25, juil. n° 56.

Trois grands systèmes : 1° le parallélisme ; 2° la métrique des longues et des brèves ; 3° notre versif. La poésie liturgique a synthétisé tous les systèmes. Leur relation avec le sens logique ou la rhétorique. Etude très originale et suggestive.

1906-1907. — Souza, R. de. — Poésie et poétrie. Introduction à quelques essais de critique expérimentale. Occident, p. 123-134 ; 180-191 ; 234-243, juil. à déc.

Chap. V sur les succès de Rousselot et la fausseté du système de Passy. Les phonéticiens et les syllabistes. L'abaissement et l'élévation de la voix. La variété et l'originalité du rythme fr. Les moyens d'expérimentation. Etudes très intéres., pénétrantes et utiles.

1906. — Thieme, H.-P. — Some recent works on French versif. Mod. Lang. Notes, XXI, p. 55-58.

Critique d'Aubertin, Guilliaume, Kastner, Grein, Gerhard, de Gourmont, Wulff.

1907. — Levaillant, M. — Les tendances de la poésie contemp. Rev. du Temps Présent.

1907. — Martinon, Ph. — L'hiatus. Rev. des Poètes, p. 155-161 ; 192-199 ; 224-229, juin-août.

Histoire, critique de la règle de l'hiatus. Etablit une échelle et une définition : « Quand la bouche émet en succession immédiate deux voyelles appartenant à des mots différents ; son avantage.

1907. — Strong, Caroline. — History and relations of the tail-rhyme strophe in Latin, Fr. and Engl. Mod. Lang. Assoc., XXII[2], p. 371-420.

Structure, origine et sources.

1908. — Borrmann, O. — Das kurze Reimpaar bei Chr. de Troyes, mit besonderer Berücksichtigung des Walther von England. Rom. Forsch. XXV, p. 287-320. Cf. 1908, livre.

1908. — Halary, P. — Remarques sur la versif. et discussion d'une erreur prosodique dans V. Hugo. Mer. France, LXXIII, p. 593-605, 16 juin.

V. Hugo désirant rimer richement n'a pas observé les règles, ni de la rime, ni des syll. L'emploi de voyelle + ent dans les verbes n'est pas correct.

1908. — Piccoli, R. — L'assonanza dei vers orphelins in « Aucassin et Nicolette ». Ztz. Rom. Phil., XXXII, p. 600-603.

1908. — Rechnitz, F. — Der Refrain in der unter dem Namen *La chanson de Willame* veröffentlichen Handschrift. Ztz. Rom. Phil., XXXII, p. 184-230.

La nature, le temps, la signification, etc., du refrain.

1909. — Arnauld, Michel. — Le lyrisme de Goethe. Nouv. Rev. Française, p. 89-111, 1 sept.

Le système fr. repose sur la rime, la césure et le

compte des syll. ; le système allem. sur l'accent. « Le moindre écart implique une révolution qu'un système bien arrêté pourra seul préserver du caprice absolu. » Ghéon y répond p. 338-340, 1er nov. Arnauld y répond 1er janv. 1910. Un autre, Oméga, proteste dans La Phalange 20 sept. 1909. Voy. ces articles.

1909. — Ghéon, Henri. — Lettre. Nouv. Revue Française, p. 338-340, 1er nov.

Proteste contre l'opinion d'Arnauld, 1909. Le vers fr. est un vers accentué et en outre un vers numérique. Les règles commencent à se définir ; le vers libre c'est la strophe analytique. Voy. la réponse d'Arnauld, 1910.

1909. — Ghéon, Henri. — Le mouvement dans la poésie lyrique fr. Grande Rev., p. 719-732, 25 déc.

Défense de la poésie nouvelle. Les expériences au phonographe et des instruments de phonétique révèlent de plus en plus les qualités quantitatives et accentuelles de la langue fr., infiniment délicates et compliquées, souples et vagues. C'est ce que sent le poète dans le vers nouveau, et c'est par ces qualités qu'il remplace la rime et le compte des syll. Excellente défense, analyse fine, convaincante et saine du nouveau vers.

1909. — Le Goffic, Ch. - Nos poètes. Rev. Hebd., 11 déc., p. 249-265 ; 4 fév. 1911, p. 93-110.

Défense du symbolisme et de ce qu'il a accompli, — brisé la rime et établi un rythme encore vague, mais quand même un rythme. De bons exemples.

1909. — Mandin, L. — Études sur les ballades fr. Vers et Prose.

1909. — Martinon, Ph. — Le trimètre, ses limites, son histoire, ses lois. Mer. France, p. 620-640, 15 févr. ; p. 40-58, mars.

Essaie de prouver que l'Alex. fr. est un tétramètre ;

fausse conception du trimètre et de la césure. Les vers qu'on scande en trim. sont des tétram. On ne peut pas supprimer la césure; ce n'est pas un repos, mais un élément formel. Sans césure il n'y a pas de vers. Il n'y a pas de trim. chez les class. Le faux trim. de V. Hugo : il n'a jamais écrit de vers avec *e* muet ou un monosyll. à la césure. Origine et formation définitive du trim. En général défense chaleureuse mais bien faible du principe du tétramètre.

1909. — Martinon, Ph. — La genèse des règles de Jean Lemaire à Malherbe. Rev. Hist. Littér. Fr., p. 62-87, janv.

Dévelop. de l'hémistiche et de l'*e* muet. J. Lemaire a employé *je* et *ce* comme formes accentuées, et les fait rimer avec *é*, ce qui explique 50 % des césures lyriques. En général il montre que les règles class. étaient pratiquées avant Malh.

1909. — Omega. — Le vers fr. La Phalange, p. 423-426, 20 sept.

Proteste contre l'opinion d'Arnould, 1909, soutient que l'accent est la base du vers fr.

1910. — Arnould, Michel. — Du vers français. Nouv. Rev. Française, p. 429-439, janv. n° 12.

Réponse excellente à Ghéon et Oméga. Explique ce qu'il voulait dire : le vers fr. a suivi ces trois principes depuis des siècles, et, quel que soit le changement opéré maintenant, le vers fr. doit toujours suivre un système ou une loi. Aucune technique ne doit être intangible ; quand elle cesse de servir, une autre technique la remplace. Les poètes mod. ont détruit tout système, mais ils n'en ont pas érigé un ; donc leur effort reste encore un caprice. Un des meilleurs articles sur ce sujet.

1910. — Cottinet, Emile. — Quelques notes sur la nouvelle technique poétique. Les théâtres. Pan, p. 136-142, fév.

Montre comment la musique, l'art et la poésie suivent les mêmes principes, et défend les nouvelles tendances, parce que l'art et la musique les ont déjà suivies avec succès.

1910. — Davidson, F. — The origin of the sestina. Mod. Lang. Notes, p. 18-20.

Cite quatre variations en Provençal qui peuvent avoir donné l'impulsion.

1910. — Ghéon, Henri. — Une discipline du vers libre, selon MM. Vildrac et Duhamet. Nouv. Rev. Française, p. 452-464, 1er avril.

Analyse et critique du système de V. et D., surtout du rythme : la loi de constante rythmique, la loi d'équilibre ryth., la loi de symétrie, et la rime. Contre les réformes trop radicales et les règles trop rigides.

1910. — Savarit, S. — Les limites de la poésie libre ; le rythme et le mètre selon la linguistique. Mer. France, LXXXVIII, p. 54-67, 1er nov.

La prose ne peut pas avoir de rythme, elle a un accent oratoire. « Le rythme du vers est indépendant de la phrase gram., il place ses temps forts sur des *sons* et non des *sens* », selon Gourmont. La thèse est la base du rythme de toutes les langues, etc. Article très intéres.

1911. — Lote, G. — Le silence et la ponctuation dans l'Alexandrin fr. Rev. de Phonétique, I, p. 114-137 ; 232-259.

Étude d'à peu près 1300 Alexandrins lus par des acteurs, professeurs, etc., selon la méthode de Rousselot. Les pauses et la ponctuation ont-elles une valeur rythmique, la syl. qui précède est-elle longue ? L. dit que oui. Critique les théories de S. Prudhomme et Becq de Fouquières. Les silences ou pauses ont une valeur expressive qui reste conditionnée par l'accent, sans lequel elle n'existe pas. L'accent pathétique et l'accent d'acuité sont tout-puissants. C'est l'interprétation individuelle qui compte. Article d'une grande valeur, et qu'il faut lire en entier pour apprécier.

1911. — Romains, Jules. — La réforme technique du théâtre en vers. Grande Revue, p. 107-113, 10 mai.

Contre l'emploi du vers dans le drame, surtout de l'alex. Il y a une loi de technique épuisable dans tous les arts. Les chefs-d'œuvre clas. ont été créés; il est impossible d'en créer d'autres sur les mêmes principes. Nous connaissons chaque rime et savons ce qui va suivre. Il faut différents genres de vers sur diff. scènes, etc.

1912. — Batault, G. — Les tendances de la poésie contemp. Mer. France, XCIX, p. 298-325, 15 sept.

Rien de nouveau.

1912. — Lote, G. — Le numérisme et l'égalité numérique des vers. La Phalange, p. 38-54, 20 janv.

Résumé de la théorie du nombre égal de syll. L'e muet à la fin du vers est souvent plus fort que d'autres. Critique de B. de Fouq., Guyau, Braunschvig, S. Prudhomme. Montre au moyen d'expériences phonét. que l'Alex. a de 9 à 15 syll. selon la lecture de plusieurs acteurs, etc. Bon exemple de la méthode phonétique, et d'une grande valeur pour ceux qui l'acceptent.

1912. — Lote, G. — La déclamation du vers fr. à la fin du xviie s. Rev. Phonétique, II, p. 313-363.

Sur le changement de la récitation du vers class. Montre qu'avant Racine et Molière la tragédie n'a guère connu les pauses expressives ; peu à peu l'émotion et le pathétique ont dominé la récitation. Sous l'influence de Molière le récitatif d'opéra, la vieille méthode, a fait place à la déclamation pathétique ou du sens logique, qui, avec le temps a été la cause des systèmes mod. Article très original et ingénieux.

1912. — Spire, A.—Sur la technique du vers fr. Mer. France, XCVIII, p. 498-503.

Bon résumé des théories sur la versif. fr. ; montre ce qu'a fait Rousselot. Discute trois points : 1° l'essentiel du vers fr. est le rythme. Qu'est-il ? l'accent. 2° Analyse de l'accent. 3° Le rythme de la prose, quand devient-il vers ? Question personnelle. Il y en a qui demandent des règles ; d'autres ne demandent rien.

1912. — Verrier, Paul. —La mesure des durées rythmiques dans les vers. Rev. Phonétique, II, p. 69-75.

Dans la musique on mesure des valeurs et des rythmes au moyen de mesures, croches, valeurs de notes, etc. Pour le langage il suggère des divisions ou durées de syllabante à syllabante, ou des voyelles accentuées à voy. acc., car le rythme y commence ou y atteint son maximum de valeur puis retombe ; c'est là que les durées rythmiques, les pieds ou les syllabes commencent et c'est là que s'arrête le temps marqué. Article original et d'une grande importance pour le dévelop. du système moderne.

1913. — Martinon, Ph. — La versification de Corneille. Rev Cours et confér., 5 déc.

TROISIÈME PARTIE

Tableaux analytiques de matières relatifs à la versification

Accents

P. indique périodique.

1540, Dolet ; 1542, Meigret ; 1669, Perroniana ; 1736, Olivet ; 1778, Durand ; 1753, Boindin ; 1763, Marmontel ; 1770, Sacchi ; 1811, Scoppa ; 1813, Daru ; 1815, Mablin ; 1816, Hoffmann (*p.*) ; 1824, Dubroca ; 1835, Mützel ; 1838, Quicherat ; 1840, Ackermann ; 1841, Du Méril ; 1847, Benloew ; 1850, Quicherat ; 1850, Du Méril ; 1852, Hupfeld (*p.*) ; 1854, Jullien ; 1855, Benloew et Weill ; 1862, Benloew ; 1862, Lurin ; 1862, Paris ; 1862, Van Hasselt ; 1863, Weigand ; 1865, Hermann (*p.*) ; 1866, Paris ; (*p.*) ; 1871, Brunemann (*p.*) ; 1878, Humbert (*p.*) ; 1880, Harczyk (*p.*) ; 1882, Müller ; 1883, Espinas (*p.*) ; 1885, Krause (*p.*) ; 1886, Meyer (*p.*) ; 1886, Schuchardt ; 1887, Gilliéron (*p.*) ; 1887, Ricard ; 1889, Kawcynski, Tiersot ; 1890, Dumur (*p.*), Schwan und Pr. (*p.*) ; 1892, Wulff (*p.*) ; 1894, Firmery (*p.*) ; 1895, Simon (*p.*) ; 1896, Valentin (*p.*) ; 1898, Guilliaume ; 1899, Vernier (*p.*) ; 1900, La Grasserie, Saran, Wulff ; 1901, Hannsen ; 1904, Jean-Dupré, Samson-Himmelst., Saran ; 1905, Holborn, Rudmose-Brown ; 1906, Polti (*p.*) ; 1909, Aae ; 1912, Spire, Souza.

Accents : Grecs et Latins

1847, Benloew ; 1854, Jullien ; 1855, Benloew et Weill ; 1887, Chaignet ; 1889, Vernier ; 1897, Zarnke.

Alexandrin

a. Etudes générales

1840, Vaultter (*p.*) ; 1879, Wallner (*p.*) ; 1885, Renouvier (*p.*); 1888, Mothéré ; 1889, Träger ; 1892, Tisseur(*p.*) ; 1893, Pellissier; 1900, Wulff ; 1902, Horák (*p.*); 1904, Grammont, Landry ; 1907, Mornet ; 1911, Horák, Lote.

b. Accents, repos

Périodiques : 1840, Vaultter ; 1880, Harczyk ; 1882, Boucherie; 1885, Renouvier ; 1891, Matzke ; 1892, Le Goffic, Tisseur ; 1893, Hohlfeld ; 1900, 1903, Grammont ; 1909, Martinon.

Allitération

1864, Mahly (*p.*); 1881, 1887, Wölfflin (*p.*) ; 1882, Gröber (*p.*), Meyer (*p.*) ; 1888, Riese ; 1890, Kőhler (*p.*) ; 1891, Valin (*p.*) ; 1893, La Grasserie ; 1895, Ranninger ; Wölfflin (*p.*) ; 1901, Köhler ; 1903, Wölfflin.

Les Anciens et les Modernes

1670, Rapin ; 1672, Ménage ; 1674, Bouhours ; 1675, Vavasseur, Des Marests ; 1683, Petit ; 1713, Frain du Tremblay ; 1714, Fénelon ; 1715, Terrasson ; 1719, Du Bos ; 1730, Du Cerceau, La Motte ; 1734, Remond de S.-Mard ; 1734, Nicolas ; 1747, Racine ; 1761, Irailh ; 1799, La Harpe ; 1856, Rigault ; 1892, Lanson.

L'Anglo-Norman

1876, 1879, Suchier ; 1876, Koschwitz; 1879, Koch ; 1880, Rose, 1884, Vising ; 1889, Gnerlich ; 1890, Grass.

Arts poétiques et Traités de versification

1364-1380 ; 1392, Deschamps; xve siècle(4); 1405, Magnus ; 1411-1415, Règles ; 1432, Herenc ; 1490, Traité ; 1493, Croy ; 1497, Boteauville ; 1500, L'Infortuné ; 1521, Fabri ; 1524, Molinet ; 1539, Du Pont ; 1548, Fontaine, Sibilet ; 1554, Buxeria; 1555, Peletier ; 1556, Abbréviation ; 1565, Ronsard ; 1573, Autre Art, La Taille ; 1575, Corbin ; 1597, Delaudun-d'Aigalier ; 1605, Vauquelin; 1610, Deimier ; 1620, Du Gardin ; 1640, La Mesnardière ; 1652, Colletet ; 1654, Port-Royal ; 1655, Brun; 1658, Colletet; 1659, Nicole ; 1663, Lancelot ; 1666, Le Parterre ; 1668, Lamy ; 1670, Rapin ; 1671, Richelet ; 1674, Boileau ; 1684, Mourgues; 1694, La Croix ; Avant 1700, Duvau-Foussard ; 1709, Buffier; 1711, Prép. de Grammont ; 1714, Fénelon ; 1716, Chalons, Gaullyer ; 1717, Mervesin ; 1719, Du Bos ; 1720, Bruzen de la Martinière ; 1725, Malherbe ; 1728, Gaullyer ; 1730, Du Cerceau, Restout ; 1732, Buffier ; 1634, R. de S.-Mard, Fontenelle ; 1636, Olivet ; 1746, Batteux ; 1749, Gaillard ; 1753, Boindin ; 1754, De Wailly, Brumoy ; 1763, Marmontel ; 1769, Coste d'Arnobat ; 1772, Calvel ; 1804, Domairon; 1805, Ph. de la Madeleine ; 1809, Viollet-le-Duc ; 1811, Scoppa ; 1812, Maugard, Cubières de Palmezeaux ; 1826, Giguet ; 1827, Boissier ; 1829, Viollet-le-Duc ; 1832, Saugeon : 1834, Lecluse, Laas d'Aguen, Fleury ; 1836, 1839, Héguin de Guerla ; 1838, Quicherat ; 1840, Weigand ; 1842, Roosmalen ; 1844, Guérin, Tenint ; 1845, Dessiaux; 1849, Duguesnois ; 1850, L. de Diepenhède, Quicherat, Sommer ; 1853, Landais et Barré ; 1857, Allier, Weigand ; 1858, Carion ; 1859, Boscaven, Gossart ; 1861, Clouzet ; 1862, Laas d'Aguen, Larousse ; 1863, Ducondut, Landais, Weigand ; 1865, Billet , 1867, Quitard, Canei; 1872, Banville; 1876, Conway, Gramont, Schnatter ; 1878, Zverina ; 1879, B. de Fouquières,

Foth, Lubarsch, Kressner ; 1880, Della Rocca, Tobler ; 1882, Pellissier ; 1884, Boisjoslin, Gossett, Mainard ; 1885, Evrard ; 1886, Chauvin, Delavenne, Gropp ; 1888, Lejard, Moussé ; 1889, Duc, Fabry ; 1890, Caumont, Le Goffic et Thieulin ; 1891, Crouslé, F. P. B., Langstroff; 1893, Boissière et Ernault, Grammont, Stengel, Tisseur ; 1895, Robertson ; 1896, Hocq ; 1898. Gresset, Aubertin, Guilliaume ; 1899, Spencer, Thieme ; 1900, Canfield ; 1901, Müller ; 1903, Kastner, 1904, Brandin et Hartog ; 1905, Martinon, Dorchain, Larousse ; 1906, Cayotte, Gladow ; 1908, Grammont, Vincent ; 1910, Nyrop ; 1911, Lucas ; 1913, Grammont.

Traités de Versification avec exercice

1858, Carion ; 1862, 1905 ; Larousse ; 1865, Billet ; 1890, Le Goffic et Thieulin ; 1893, Boissière et Ernault.

a) *Études et Éditions des Arts Poétiques*, etc.

1832, Crapelet, éditions de Deschamps, 1392.
1838, Mone (*p.*), éd. de Ars Rithmicandi, xve s.
1841-1843, Wright et d. Ars Rithmicandi, xve s.
1850, Daremberg (*p.*), éd. de Herenc, 1432.
1862, Genty, éd. de Vauquelin, 1605.
1867, Blanchemin, éd. de Ronsard, 1565.
1868, Tobler, éd. de Bèze, 1584.
1869, Grion, éd. de Tempo Antonio, 1332.
1871, Zarnke (*p.*), éd. de Ars Rithmicandi, xve s.
1880, Chassang, éd. de Vaugelas, 1647.
1882, Pellissier, éd. de divers Arts Poétiques.
1883, Thomas (*p.*), éd. de Boteauville, 1497.
    Pellissier, éd. de Vauquelin.
1884, Zschalig, éd. de Fabri, Du Pont, Sibilet.
1887, Marty-Laveau, éd. de Ronsard, 1565.
1888, Delaporte, éd. de Boileau, 1674.
1889, Coville, éd. de J. Magnus.
1889, Héron, éd. de Fabri.

1889, Rücktäschel, éd. de plusieurs Arts Poétiques.
1890, Langlois, éd. de divers Arts Poétiques ; 1902, Recueil d'Arts de Seconde Rhétorique.
1896, Hecq et Paris, études sur La Poétique fr. au Moyen Age.
1896, Huguet, éd. de Estienne, 1579.
1899, Mari, Il Trattati Medievali.
1900, Chamard, éd. de Peletier, 1555.
1902, Kowal, étude sur Vauquelin, 1605.
1909, Dedieu, éd. de Delaudun d'Aigaliers, 1597.
1910, Gaiffe, éd: de Sibilet.

Arts poétiques et Traités appuyant sur :

1. *L'esthétique*

1605, Vauquelin ; 1610, Deimier ; 1659, Nicole; 1714, Fénelon ; 1719, Du Bos; 1730, Du Cerceau; 1736, Olivet; 1763, Marmontel; 1904, 1913, Grammont.

2. *La mécanique*

1652, Colletet; 1654, Port Royal; 1663, Lancelot ; 1674, Boileau; 1711, Prép. de Grammont; 1716, Chalons, Gaullyer; 1725, Malherbe; 1730, Restaut; 1805, Ph. de La Madeleine; 1809, Viollet-le-Duc; 1838, Quicherat; 1840, 1857, 1863, Weigand; 1845, Dessiaux; 1867, 1883, Quitard ; 1872, Banville; 1876, 1893, Gramont; 1879, B. de Fouquières, Lubarsch; 1880, Tobler ; 1882, Pellissier ; 1890, Le Goffic et Thieulin; 1903, Kastner; 1904, Brandin-Hartog; 1908, Grammont ; 1910, Nyrop.

3. *L'esthétique et la mécanique (faisant école)*

1671, Richelet ; 1674, Boileau ; 1684, Mourgues ; 1694, La Croix ; 1736, Olivet ; 1844, Tenint ; 1850, Quicherat; 1879, B. de Fouquières, Lubarsch; 1880, Tobler; 1893, Stengel, Tisseur ; 1898, Aubertin ; 1904, Grammont ; 1905, Dorchain.

4 Les Règles

Avant 1700, Duvau, F. ; 1709, Buffier ; 1717, Mervesin ; 1720, Bruzen de la Martinières ; 1732, Buffier ; 1749, Gaillard ; 1754, 1856, De Wailly ; 1829, Viollet-le-Duc ; 1832, Saugeon ; 1834, Laas d'Aguen, Lecluze ; 1836, 1839, II. de Guerla ; 1842, Roosmalen ; 1844, Guérin ; 1849, Duguesnois ; 1850, L. de Diepenhède, Sommer ; 1853, 1862, Landais et Barré ; 1857, Allier ; 1858, Carion ; 1859, Boscaven ; 1861, Clouzet ; 1862, Larousse ; 1865, Billet ; 1876, Schnatter ; 1878, Zverina ; 1879, Kressner ; 1884, Boisjoslin, Mainard ; 1885, Evrard ; 1886, Chauvin, Delavenne, Gropp ; 1888, Lejard, Moussé ; 1889, Duc, Fabry ; 1890, Caumont ; 1891, 1897, Crouslé, F. P. B., Langstroff ; 1895, Robertson ; 1896, Hocq ; 1898, Gresset ; 1899, Spencer ; 1900, Canfield ; 1905, Martinon ; 1906, Cayotte ; 1906, Gladow ; 1908, Vincent ; 1911, Lucas.

Assonance

1866, Körting ; 1874, Andresen ; 1878, Rambeau ; 1879, Hub ; 1880, Stengel (*p.*) ; 1882, Müller (*p.*) ; 1904, Jean-Dupré ; 1908, Piccoli (*p.*) ; 1909, Ropohl.

Ballade

1364-1380, Prieur ; 1392, Deschamps ; 1432, Hérenc ; 1548, Fontaine ; 1891, Hecq (*p.*) ; 1896, Stengel (*p.*) ; 1909, Mandin (*p*).

Bibliographie

1584, La Croix du Maine ; 1664, Sorel ; 1671, Richelet ; 1685, Baillet ; 1694, La Croix ; 1728, Gaullyer ; 1740, Goujet ; 1761, Irailh ; 1763, Marmontel ; 1766, Lacombe ; 1813, Daru ; 1825, Bonaparte ; 1843, Viollet-le-Duc ; 1848, Wey ; 1863, Weigand ; 1866, Körting ; 1869, Egger ; 1881, Thurot ; 1882, Müller, Pellissier ; 1884, Raynaud, Zschalig ; 1885, Pellissier ; 1886, Nyrop ;

1887, Ricard ; 1888, Delaporte ; 1889, Rucktäschel ; 1890, Langlois, Stengel (*p.*) ; 1892, Brunot (*p.*); 1896, Hecq et Paris ; 1897, Olmsted ; 1898, Guilliaume, Noack ; 1900, 1909, Van Bever et Léautaud ; 1902, Langlois, Vaganay ; 1904, Chamard (Du Bellay), Saran, Thomas ; 1905, Holborn, Meyer, Rudmose-Brown ; 1907, Mornet, Thieme ; 1909, Aae, Lanson ; 1912, Martinon.

Césure

1521, Fabri ; 1548, Sibilet ; 1555, Pelletier ; 1684, Mourgues ; 1694, La Croix ; 1730, Du Cerceau ; 1866, Suhle ; 1881, Thomas (*p.*) ; 1882, Boucherie (*p.*) ; 1884, Boisjoslin, Otten ; 1886, Heune, Spenz, (*p.*) ; 1892, Le Goffic (*p.*) ; Kastner (*p.*) ; 1904, 1909, Martinon (*p.*) ; 1906, Faguet (*p.*) ; 1909, Melchior.

Comparaison avec d'autres langues

a. *Le Grec et le Latin*

1573, J. de la Taille ; 1584, Bèze ; 1694, La Croix ; 1714, Fénelon ; 1719, Du Bos ; 1726, Rollin ; 1730, Du Cerceau ; 1736, Olivet ; 1737, Longue ; 1753, Boindin ; 1763, Marmontel ; 1771, Clément ; 1799, Laharpe ; 1813, Daru, Fabre d'Olivet ; 1815, Mablin ; 1819, Bonaparte ; 1824, Dubroca ; 1849, Fuchs ; 1850, Lurin ; 1854, Jullien ; 1855, Quicherat (*p.*) ; 1862, Benloew ; 1876, Jullien ; 1884, Boisjoslin, Guyau ; 1890, Dumur (*p.*) ; 1894, Vernier ; 1910, Savarit (*p*).

b. *L'Italien*

1560, Pasquiers ; 1579, Estienne ; 1662, Marolles ; 1669, Perroniana ; 1803, 1811, Scoppa ; 1812, Choron ; 1886, Schuchart.

c. *L'Allemand*

1847, Benloew ; 1859, Viehoff ; 1863, Weigand ; 1865, Zarnke ; 1882, Müller ; 1886, Schuchart ; 1889, Träger, Saran ; 1893, Minor ; 1895, Simon (*p.*) ; 1897, Saran, Valentin, 1898 ; 1900, Hügli (*p.*) ; 1903, 1904, 1907, Saran ; 1905, Pradels ; 1909, Arnauld, (*p.*).

d. *L'Anglais*

1731, Voltaire ; 1847, Benloew ; 1857, Bobé ; 1882, Müller ; 1886, 1888, Mothéré ; 1895, Simon (*p.*) ; 1898, Legouis (*p.*) ; 1905, Rudmose-Brown ; 1909, Verrier.

e. *En général*

1841, 1843, 1850, Du Méril ; 1887, Benloew ; 1889, Kawzynski ; 1892, Westphal.

Conditions : langue, littérature, civilisation

a) *Le XVIe siècle*

1549, Du Bellay ; 1560, Pasquiers ; 1584, Bibl. de La Croix du Maine ; 1706, Mervesin ; 1730, Massieu ; 1772, R. de Juvigny ; 1828, Chasles ; 1828, Sainte-Beuve ; 1845, Génin ; 1848, Wey ; 1863, Littré ; 1869, Egger ; 1872, Gautier ; 1878, Darmesteter et H. ; 1882, Aubertin ; 1886, Bourciez ; 1891, Allais.

b) *Le XVIIe siècle*

1626, Gournay ; 1647, Vaugelas ; 1666, Ménage ; 1706, Mervesin ; 1719, Du Bos ; 1734, Remond de S.-Mard, Nicolas ; 1739, Massieu ; 1772, R. de Juvigny ; 1828, Chasles ; 1848, Wey ; 1863, Littré ; 1869, Egger ; 1885, 1893, Souriau.

c) *Le XVIIIe siècle*

1734, R. de S.-Mard, Nicolas ; 1875, Renard ; 1907, Mornet.

d) Le XIX⁰ siècle

1875, Renard ; 1885, Souriau ; 1895, Nebout ; 1896, Boschot, Rosières ; 1897, Vigié-Lecocq ; 1898, Pellissier ; 1904, Barat.

e) Le XX⁰ siècle et en général

1892, Souza ; 1908, Sauvebois.

Conseils pour l'étude de la versification

1865, Billet ; 1892, Brunot (*p.*).

Couplet

1894, Meyer (*p.*).

Cursus

1889, Duchesne (*p.*); 1891, Couture, 1892 (*p.*); 1893, Havet; 1905, Vacandard.

Descorts

1887, Appel (*p.*) ; 1901, Jeanroy et Brandin.

Dictionnaires de Rimes

1571, 1887, 1888 ; 1896 ; 1624, 1667 ; 1700, 1751 ; 1805, 1809, 1834, 1850, 1852, 1853, 1858, 1862, 1863, 1867, 1883, 1886, 1905 1906, 1909.

Dispute Celtique

Périod. 1878, 1879, Bartsch ; 1879, 1880, Arbois de J., Paris.

Ecole Française

1901, Féret, Pagnat ; 1902, Beaunier, La Foi Nouvelle, Poinsot et N., 1903 ; 1903, Lacuzon, Guerre (*p.*), Poinsot et N. (*p.*) ; 1904, Sizeranne ; 1905, Poinsot et N. (*p.*) ; 1906, Souza ; 1907, Levaillant (*p.*) ; 1912, Batault (*p.*).

Écoles littéraires

a) *Le Vers classique*

1863, Ducondut ; 1886, Stapher ; 1893, Souriau ; 1904, Grammont ; 1905, Sonnemans.

b) *Le Vers romantique*

1844, Tenint ; 1863, Ducondut ; 1886, Stapher ; 1896, Rosières ; 1898, Guilliaume ; 1900, Grammont (*p.*) ; 1901, Müller ; 1903, Grammont (*p.*), 1904.

c) *Le Vers Parnassien*

1884, Mendès ; 1892, Waetzhold (*p.*) ; 1899, Thieme ; 1901, Beaunier, 1901 (*p.*).

d) *Le Vers symboliste et décadent*

1887, Baju ; 1891, Bibesco (*p.*), Psichari (*p.*) ; 1892, Baju ; 1893, Bibesco ; 1896, Rosières ; 1897, Laurent ; 1899, Gourmont, Souza ; Thieme ; 1902, Beaunier, Kahn. Cf. aussi Symbolisme.

e) *En général*

1884, Boisjoslin ; 1893, Pellissier ; 1896, Rosières ; 1900, La Grasserie ; 1901, Le Goffic (*p.*) ; 1905, Bouchaud ; 1906, Gladow ; 1909, Aae.

Élégie

1898, Roedel.

Élision

1565, Ronsard; 1886; Pleines.

Enjambement

1610, Deimier; 1684, Mourgues; 1886, Stramwitz

Épigramme

1548, Fontaine; 1650, S. Antoine; 1653, Colletet, Mercier 1659, Nicole; 1669, Vavasseur.

Épique Poème)

1654, Scudéry; 1661, Mambrun 1662, Marolles; 1675, Le Bossu; 1812, Uhland (p.); 1846, Diez; 1870, Duchesne; 1881, Geijer (p.), 1883; 1884, Rajna; 1886, Nyrop; 1902, Viereck; 1904, Saroïhandy

L'Esthétique

1560, Pasquiers; 1605, Vauquelin; 1610, Deimier; 1684, Mourgues; 1694, La Croix; 1714, Fénelon; 1719, Du Bos, Voltaire; 1726, Rollin; 1730, Du Cerceau, La Motte, Voltaire; 1734, Remond de S.-Mard; 1736, Olivet; 1737, Longue; 1743, Desfontaines; 1746, Batteux; 1747, Racine; 1753, Boindin; 1763, Marmontel; 1771, Clément; 1799, Laharpe; 1811, Escherny, Scoppa; 1812, Choron; 1813, Daru; 1816, Scoppa; 1819, Bonaparte; 1824, Dubroca; 1840, Lamennais, 1862, Lurin; 1863, Ducondut; 1865,

Hermann; 1871,Spencer; 1874,Renouvier(*p.*); 1876, Jullien;1884, Guyau (*p.*); 1885, Renouvier (*p.*); 1891,Bibesco (*p.*); 1893,Bibesco, Combarieu, Renouvier; 1894,Meumann (*p.*); 1896,Boschot; 1897, Blondel,Prudhomme (*p.*); 1898,Barneville,Pellissier; 1899, Gourmont, Retté (*p.*),Rochette; 1902, Beaunier; 1903,Prudhomme (*p.*), Grammont (*p.*), Vannoz (*p.*); 1904,Braunschvig ; 1904, Grammont, Saran ; 1905, Rudmose-Brown ; 1907, Goujon ; 1908, Lanson ; 1911, Landry.

Les Flors des Gay Saber

xive siècle, Molinier ; 1876,Fontanals; 1885, Chabaneau.

Grammaire : orthographe, accents, ponctuation, dipthongues

1540, Dolet ; 1542, Meigret; 1548, Fontaine, Sibilet ; 1562, Ramus ; 1565, Ronsard ; 1573, La Taille ; 1584, Bèze; 1618, Godard ; 1620, Broutesauge ; 1624, Dict. ; 1647, Vaugelas ; 1659, Chifflet ; 1672, Ménage ; 1706, Régnier-Desmarais ; 1717, Dangeau; 1757, Hardouin ; 1816, Dupuis; 1824, Dubroca ; 1842, Roosmalen; 1845, Génin; 1850, Du Méril ; 1871, Lesaint; 1873, Merkel; 1878, Humbert (*p.*) ; 1881, Thurot ; 1882, Gengnagel ; 1886, Hossner ; 1890, Schwan et Pr.; 1906, Zettl ; 1908, Wallenskold.

Hiatus. Cacophonie

1405, Magnus ; 1521, Fabri ; 1610, Deimier ; 1647, Vaugelas ; 1770, Voltaire; 1884, Braam; 1885, Ricken(*p.*), Winderlich; 1886, Pleines(*p.*);1896,Marcou(*p.*);1902,Schenk(*p.*); 1907,Martinon(*p.*).

Hymnologie et Poésies Populaires Latines au Moyen Age

1841-1856, Daniel ; 1843, 1847, Du Méril ; 1853-1855, Mone ; 1858, 1866, Gautier ; 1868, Thierfelder ; 1876, Huemer ; 1879,

Gautier, Dümmler (*p.*) ; 1880, Ebert (*p.*) ; 1881, Pothier ; 1882, Meyer (*p.*); 1886, Bouvez, Meyer ; 1887, Gautier, Thiéry ; 1889, Vernier ; 1890, Ronca ; 1891, Couture ; 1892, Lhoumeau ; 1894, Chevalier, Dechevrens, Lootens ; 1895, Artigarum, Raminger ; 1896, Spiegel ; 1897, 1898, Houdard ; 1899, Mari ; 1903, Aubry ; 1905, Cornu (*p.*), Meyer.

Lais

1859, Wolf ; 1901, Jeanroy.

Laisse Monorime

1879, Sepet (*p.*).

Licences Poétiques

1610, Deimier ; 1730, Restaut.

Madrigal

1720, Colletet de la Martinière ; 1902, Madeleine (*p.*) ; 1908, Cesari.

Métrique Comparée

1841, Du Méril ; 1864, Viehoff (*p.*); 1871, Amelung ; 1886, 1888, Mothéré ; 1886, Schuchart ; 1889, Kawzynski ; 1892, Westphal ; 1893, Minor ; 1895, Simon (*p.*) ; 1898, Legouis (*p.*), Lewis ; 1904, Saran, Thomas, Samson-Himmelst ; 1905, Rudmose-Brown ; 1906, Polti (*p.*) ; 1907, Strong (*p.*) ; 1909-1911, Verrier.

Motet

1898 ; Meyer (*p.*) ; 1906, Ludwig, Stimming ; 1907, 1908, Aubry.

E Muet

1542, Meigret ; 1565, Ronsard ; 1715, Duval de Tours ; 1746, Batteux ; 1753, Boindin 1836, Raynouard (*p.*); 1862, Dessirier ; 1871, Lesaint ; 1880, Mende ; 1882, Bleton ; 1884, Ricken ; 1885, Sonnenburg ; 1888, Humbert, Lubarsch; 1889, Mende, Plattner (*p.*), Ricken (*p.*) ; 1890, Humbert; 1892, Westphal ; 1893, Lemaître (*p.*) ; 1894, Brémont; 1894, Firmery (*p.*), Humbert(*p.*); 1895, Souza(*p.*) ; 1896, Boschot, La Grasserie, Rydberg; 1898, Piaget (*p.*), Rydberg ; 1902, Gourmont (*p.*) ; 1904, Rydberg, Rosset; 1909, Martinon(*p.*); 1912, Lote (*p.*).

Musique et Versification

a) *L'Union de la musique de la versification*

1796, Framery ; 1811, Scoppa, 1812, Choron; 1819, 1820, 1852, 1858, Castil-Blaze ; 1819, Bonaparte ; 1850, Lurin ; 1856, Ducondut ; 1858, Gautier ; 1883, Lussy ; 1885, Renouvier (*p.*) ; 1891, Galino ; 1893, Combarieu, Fleury (*p.*) ; 1894, Brémont ; 1895, Suchier (*p.*); 1897, Tavan (*p.*); 1900, Klingsor (*p.*), La Grasserie, Schläger ; 1901, Prudhomme ; 1903, 1905, 1907, Aubry.

b) *La Musique et le rythme ou le rythme musical*

1862, 1872, 1880, 1885, Westphal; 1877, Helmholz ; 1883, Lussy, 1888, Westphal (*p.*); 1891, Galino ; 1892, Souza; 1893, 1897, Combarieu ; 1894, Lootens ; 1900, La Grasserie ; 1904, Braunschvig.

Nécessité de Réformes

1662, Marolles ; 1714, Fénelon ; 1719, Voltaire ; 1730, La Motte ; 1731, Voltaire ; 1734, R. de S.-Mard ; 1737, Longue ; 1780, Mercure de Fr. ; 1784, Mercier ; 1812, Cub. de Palm ; 1819, Bonaparte ; 1852, Castil-Blaze ; 1863, Ducondut ; 1880, Della Rocca ; 1885, Valvor (*p.*) ; 1888, Darzens (*p.*) ; 1891, Bibesco (*p.*), Valin (*p.*) ; 1892, Tisseur (*p.*) ; 1894, Bouchaud, Firmery (*p.*) ; 1897, Boschot (*p.*), Prudhomme (*p.*) ; 1899, Vielé-Griffin (*p.*), Retté (*p.*) ; 1901, Boschot (*p.*), Le Goffic (*p.*) ; 1903, Bouchaud, Prudhomme (*p.*), Vannoz (*p.*) ; 1904, Reyle ; 1906, Bouchaud ; 1910, Cottinet (p.), Ghéon (*p.*).

Ode

1707, La Motte ; 1899, Chamard (*p.*).

Les Origines de la Versification

a) *En général*

1812, Uhland (*p.*); 1840, Ackermann ; 1841, 1843, 1850, Du Méril ; 1846, Diez ; 1847, Benloew ; 1858, Littré ; 1859, Wolf ; 1861, Meyer ; 1862, Paris ; 1863, Littré ; 1865, Sepet (*p.*), Ten Brink, Zarnke ; 1866, Paris, Gautier, Bartsch (*p.*), Paris (*p.*) ; 1867, Boucherie, Meyer (*p.*) ; 1871, Zarnke (*p.*) ; 1872, Gautier, Paris (*p.*) ; 1873, Suchier (*p.*), Tivier ; 1881, Geiger (*p.*) ; 1882, Aubertin ; 1884, Rajna ; 1886, Koschwitz ; 1886, Nyrop ; 1889, Jeanroy, Kawcynski ; 1890, Becker ; 1892, 1893, Clédat (*p.*) ; 1894, Becker (*p.*) ; 1894, Vernier ; 1896, Bédier (*p.*); 1898, Lewis (*p.*) ; 1900, La Grasserie ; 1903, Grammont (*p.*) ; 1904, Thomas ; 1907, Strong (*p.*) ; 1909, Verrier.

b) *L'Octosyllabe*

1858, Littré (*p.*) ; 1861, Meyer (*p.*); 1898, Lewis ; 1909, Melchior.

c) *Le Décasyllabe*

1854, Jullien ; 1855, Quicherat (*p.*) ; 1858, Simrock ; 1865, Zarnke ; 1866, Bartsch (*p.*) ; 1867, Meyer (*p.*) ; 1870, Rochat ; 1872,

Gautier ; 1875, Mila y F. (*p.*) ; 1884, Reissert (*p.*) ; 1886, Henry, Nyrop ; 1887, Stengel (*p.*), Thurneysen (*p.*) ; 1895, Eickhoff ; 1897, Zarnke ; 1904, Becker (*p.*), Landry, Thomas.

d) *L'Endécasyllabe*

1875, Mila y F. ; 1895, Eickhoff ; 1904, Landry.

e) *L'Alexandrin*

1772, Calvel, 1889, Träger ; 1901, Davidson (*p.*).

La Phonétique

1852, Hupfeld (*p.*) ; 1883, Espinas (*p.*) ; 1884, Pierson ; 1887, Passy, Ricard ; 1892, Bourdon ; 1893, Koschwitz ; 1894, Marelle (*p.*) ; 1897, Blondel ; 1897-1908, Rousselot ; 1906, Crestoy (*p.*) ; Souza (*p.*) ; 1908, Chatelain ; 1909, Verrier, Ghéon (*p.*) ; 1911, Landry, Lote ; 1912, Souza, Lote (*p.*), Verrier (*p.*).

Poésie Populaire : origine, structure

1858, Littré (*p.*) ; 1861, Meyer ; 1862, Paris, Arbaud ; 1863, Littré ; 1867, Boucherie ; 1873, Suchier (*p.*) ; 1882, Orth ; 1884, Raynaud, Reissert (*p.*) ; 1886, Spenz ; 1889, Jeanroy, Tiersot ; 1891, Brakelman ; 1892, Meyer ; 1893, Clédat ; 1895, Suchier (*p.*) : 1896, Bédier (*p.*) ; Brakelman (*p.*) ; 1898, Noack ; 1899, Eitner ; 1900, Toldo (*p.*) ; 1901, Enneccerus, Lindelof et Wal. ; 1902, Viereck ; 1907, Meyer ; 1912, Martinon.

Poésie et Prose

a) *Distinction entre la prose et la poésie*

1548, Sibilet ; 1555, Peletier ; 1722, Huet ; 1730, Du Cerceau ; 1734, R. de S.-Mard ; 1736, Olivet ; 1747, Racine ; 1753, Boin-

din; 1815, Mablin; 1824, Dubroca; 1832, Hegel ; 1863, Weigand ;
1892, Bourdon, Eichthal ; 1897, Boschot(p.) ; 1901, Prudhomme ;
1903 (p.), Vannoz, (p.) ; 1904, Braunschvig; 1907, Goujon ; 1910,
Savarit (p.); 1911, Landry ; 1912, Souza, Spire (p.).

b) Emploi de la poésie et de la prose

1663, Bresche ; 1695, Callières; 1712, Gacon ;1729, Fraguier (p.);
1730, La Motte (p.); 1731, Voltaire ; 1735, Lettre à Madame d...;
1763, Marmontel ; 1753, Boindin.

Principes

1763, Marmontel ; 1799, Laharpe ; 1803, Bernhardi ; 1811,
Escherny; Scoppa ; 1812, Choron; 1813, Daru ; 1814, Appel; 1815 ;
Mablin ; 1819, Bonaparte (Baïni); 1824, Dubroca ;1834, Mützel ;
1840, Ackermann ; 1841, Du Méril ; 1847, Benloew ; 1850, Quicherat ; 1853, Barbieux ; 1854, Jullien ; 1861, Meyer (p.) ; 1862,
Benloew ; 1863, Ducondut ; 1865, Hermann (p.), Sepet (p.),
Zarnke ; 1866, Bartsch (p.), Gautier, Paris ; 1876, Guyard (p.) ;
1880, Harczyk (p.) ; 1884, Mussafia ; 1885, Renouvier (p.) ; 1892,
Bourdon ; 1893, Clédat, Minor ; 1896, Valentin (p.) ; 1897, 1898,
1900, Saran(p.), La Grasserie ; 1897, Tavan (p.);1898, Legouis (p.) ;
1900, Saran ; 1901 ; Hannsen ; 1904, Samson-Him., Saran, Thomas ; 1905, Holborn, Rudmose-Brown ; 1906, Polti (p.) ; 1909,
Aae, Verrier ; 1909-1910, Arnauld (p.), Ghéon (p.), Oméga (p.).

Provençal ; Trouvères et Troubadours

1834, Raynouard ; 1859, Bartsch (p.); 1871, Prov. Versif.; 1875,
Suchier; 1876, Bayle ; 1881, 1882, Thomas ; 1882, Fischer ; 1884,
Maus (p.), Römer ; 1886, Pleines (p.) ; 1887, Oreans (p.) ; 1888 ;
1890, Meyer (p.) ; 1895, Erdmannsdörfer; 1901, Buchenau ; 1902,
Rack ; 1905, Holborn ; 1907, Aubry ; 1908, 1910, Beck.

Quantité, qualité

1573, J. de la Taille ; 1584, Bèze ; 1736, Olivet ; 1748, Durand ; 1753, Boindin ; 1763, Marmontel ; 1813, Daru ; 1824, Dubroca ; 1841, 1843, Du Méril ; 1847, Benloew ; 1879, Ten Brink ; 1883, Espinas (*p.*), Jäger ; 1884, Jäger, Pierson ; 1886, Hossmer ; 1887, Passy, Ricard ; 1888, Riese ; 1889, Storm (*p.*); 1892, Bourdon ; 1893, Combarieu, Koschwitz, Romarino ; 1996, Mörch (*p.*) ; 1897, Blondel ; 1900, Pelen (*p.*) ; 1901, Hannsen ; 1904, Braunschvig, Saran ; 1906, Souza, Tschin ; 1911, Landry ; 1912, Souza, Spire (*p.*), Verrier (*p.*).

Querelles et Polémiques

1551, Fontaine sur La Deffense et Illust. ; 1550, Barth. Aneau.

1571, Malherbe Commentaire sur Desportes, 1622, Sorel ; 1672, Ménage ; 1674, Bouhours ; 1675, Ménage.

1670, Rapin ; 1675, Vavasseur.

1674, Boileau ; 1674, Desmarest ; 1694, Delaporte ; 1694, Brossette.

1663, Lancelot ; 1716, Chalons.

La Rime

1714, Fénelon ; 1731, Voltaire ; 1730, Du Cerceau, 1850, Delzons ; 1734, R. de S.-Mard ; 1730, La Motte ; 1731, Voltaire ; 1734, S.-Mard ; 1735, Lettre à Mme ; 1731, La Faye ; 1732, Nivelle de La Chaussée ; 1734, Nicolas ; 1737, Longue ; 1747, Racine ; 1749, Fontenelle ; 1753, Boindin ; 1736, Prévost ; 1737, Bouhier ; 1737, Trublet ; 1738, Olivet ; 1738, B. de Scapon ; 1738, Nadal ; 1739, Gyot ; 1743, Desfontaines ; 1763, Marmontel ; 1769, Coste d'Arnobat.

Les Origines

1858, Gautier ; 1865, Sepet ; 1866, Paris, Gautier, Bartsch ; 1867, Boucherie, Meyer.

Origine Celtique

1878, 1879, Bartsch ; 1879, 1880, Arbois de Jubainville.

Décasyllabe

1854, Jullien ; 1854, 1855, Quicherat.

« Eulalie », etc.

1858, Littré ; 1861, Meyer ; 1873, Suchier (*p.*) ; 1863, Littré ; 1867, Boucherie.

L'Anglo-Norman

1876, Suchier ; 1878, Koschwitz ; 1879, Koch ; 1879, Suchier ; 1880, Rose ; 1884, Vising ; 1886, Meyer ; 1889, Gnerlich ; 1890, Grass.

L'e muet et la Récitation

1885, Sonnenburg ; 1888, Humbert, Lubarsch ; 1890, Humbert ; 1893, Caumont ; 1894, Humbert ; 1889, Plattner (*p.*), Ricken (*n.*) ; 1891, Block (*p.*).

Malherbe

1881, Gröbedinkel-Johannesson ; 1882, Kalepky ; 1884, Braam-Ricken ; 1885, Ricken (*p.*).

Résumé

1761, Irailh ; 1763, Lacombe.

Récitation des Vers

1865, Samson ; 1877, 1878, 1881, Legouvé ; 1884, Coquelin ; 1885, Sonnenburg ; 1887, Régnier ; 1888, Dupont-Vernon, Humbert, Lubarsch ; 1889, Plattner (*p.*), Ricken (*p.*); 1890, Humbert ; 1891, Block (*p.*) ; 1893, Caumont ; 1894, Brémont, Humbert (*p.*), Marelle (*p.*) ; 1898, Darthèze (*p.*) ; 1900, La Grasserie ; 1903, Brémont ; 1911, Landry ; 1912, Lote.

Recueil de Poèmes Primitifs

1855-1858, Montaiglon ; 1875, Paris et Gevaert ; 1884, 1889, Raynaud ; 1891, 1896, Brakelman ; 1892, Meyer et Raynaud ; 1901, Jeanroy.

Refrain

1849, Kastner (*p.*) ; 1886, Meyer (*p.*); 1888, Rosières (*p.*) ; 1899, 1901, Thurau ; 1896, Stengel ; 1898, Noack ; 1908, Rechnitz (*p.*).

Les Règles

a) *Adhérence stricte aux règles mécaniques*

1670, Rapin ; 1731, Voltaire ; 1734, Remond de S.-Mard ; 1736, Olivet ; 1747, Racine ; 1763, Marmontel ; 1784, Mercier ; 1862, Lurin ; 1880, Della Rocca ; 1893, Lemaître (*p.*) ; 1897, Boschot (*p.*), Prudhomme (*p.*) ; 1901, Boschot (*p.*) ; 1903, Prudhomme ; 1910, Ghéon.

b) *Nécessité de Réformes*

1662, Marolles ; 1714, Fénelon ; 1719, Voltaire ; 1730, La Motte ; 1731, Voltaire ; 1734, Remond de S.-Mard ; 1737, Longue ; 1780, Merc. de France ; 1784, Mercier ; 1812, Cubières de Palmezeaux ; 1819, Bonaparte ; 1852, Castil-Blaze ; 1863, Ducondut ; 1880, Della Rocca ; 1885, Valvor (*p.*) ; 1888, Darzens (*p.*) ; 1891, Bibesco (*p.*) ; 1891, Valin (*p.*) ; 1892, Tisseur (*p.*) ; 1894, Bouchaud (*p.*); 1894, Firmery (*p.*) ; 1897, Boschot (*p.*) ; 1897, Prudhomme ;

1899, Vielé-Griffin (p.), Retté (p.) ; 1901, Boschot (p.) ; 1901, Le Goffic (p.) ; 1903, Bouchaud, Prudhomme (p.), Vannoz (p.) ; 1904, Reyle ; 1910, Cottinet (p.), Ghéon.

c) Réformes accomplies

1874, Renouvier (p.) ; 1884, Boisjoslin ; 1885, Valvor (p.) ; 1886, Stapher ; 1893, Pellissier, Renouvier ; 1897, Doumic ; 1901, Beaunier (p.), Boschot (p.), Le Goffic (p.) ; 1902, Vildrac ; 1903, Prudhomme (p.), Vannoz (p.) ; 1904, Reyle ; 1905, Bouchaud, Retté (p.); 1906, Gladow, Souza ; 1909, Le Goffic (p.) ; 1910, Vildrac et Duh., Cottinet (p.), Ghéon (p.).

Rime

1332, Delle rime volgari ; 1392, Deschamps ; xve s. De Arte ; 1405, Magnus ; 1432, Herenc ; 1490, Traité ; 1493, Croy ; 1500, L'Infortuné ; 1508, Blaise d'Auriol ; 1521, Fabri ; 1539, Du Pont ; 1548, Fontaine, Sibilet ; 1549, Du Bellay ; 1555, Foclin, Peletier ; 1560, Pasquiers ; 1565, Ronsard ; 1572, Des Accords ; 1579, Estienne ; 1581, Fauchet ; 1598, Aigaliers ; 1610, Deimier ; 1622, Sorel ; 1624, Dict. ; 1626, Gournay ; 1647, Vaugelas ; 1652, Colletet ; 1671, Richelet ; 1678, Dialogue ; 1684, Mourgues ; 1694, La Croix ; 1714, Fénelon ; 1715, Voltaire ; 1716, Chalons ; 1719, Du Bos, Voltaire ; 1722, Huet ; 1726, Chansierges ; 1728, Longue ; 1730, La Motte ; 1731, Voltaire, Lérizet ; 1732, Nivelle de la Chaussée ; 1734, R. de S.-Mard, Nicolas ; 1735-1736, Prévost ; 1737, Bouhier, Longue, Trublet (p) ; 1738, Olivet, Nadal, Scapon ; 1739, Gyot, Massieu ; 1743, Desfontaines ; 1747, Racine ; 1753, Boindin ; 1754, Fontenelle ; 1763, Bouchaud ; 1784, Mercier ; 1813, Daru, F. d'Olivet ; 1815, Mablin ; 1819, Bonaparte, Dumast ; 1820, Gargallo ; 1824, Dubroca ; 1825, Bonaparte ; 1832, Hegel ; 1834, Wackernagel ; 1852, Grimm ; 1859, Bartsch (p.), Gossart ; 1862, Dessirier ; 1863, Ducondut ; 1864, Billet, Tampucci ; 1866, Masing ; 1867, Boucherie ; 1871, Ebers, Zarnke ; 1874, Andresen ; 1875, Le Vavasseur ; 1876, Bellanger ; 1878, Haase ; 1880, Dumast, Stengel (p.) ; 1882, Freymond (p.),

Orth; 1884, Banner (*p.*), Guyau, Birkenhoff (*p.*); 1884, Hofmeister (*p.*),
Wölfflin (*p.*); 1885, Valvor (*p.*); 1886, Pohl (*p.*); 1886, Schuchart ;
1887, Oreans (*p.*); 1888, Castaigne, Scherer (*p.*); 1889; Kawczynski ;
1891, Matzke (*p.*), Naetebus; 1892, Tisseur (*p.*) ; 1893, La Grasserie,
Lemaître (*p.*); 1894, Bouchaud (*p.*), Firmery (*p.*); 1895, Erdmansd.;
1896, Boschot, Delaporte (*p.*), Johannesson, Valentin (*p.*), Möllmann ; 1897, Ehrenfeld ; 1898, Delaporte ; 1899, Perrandière ;
(1900, La Grasserie, Schenk ; 1901, Berg, Thurau ; 1902, Kastner
(*p.*), Rack ; 1903, Grein, Kastner (*p.*) ; 1904, Kastner (*p.*), Reyle ;
1905, Zingarelli (*p.*); 1907, Strong (*p.*); 1908, Borrmann (*p.*), Halary
(*p.*), Wenzel ; 1909, Ropohl ; 1911, Landry.

Ritornelle

1874, Schuchart.

Romances et Pastourelles

1870, Bartsch ; 1900, Schläger.

Rondeau

1364-1380, Prieur; 1405, Magnus; 1490, L'art; 1548, La Fontaine;
1720, Colletet de la Mart.; 1870, Gaudin; 1884, Muller (*p.*); 1887,
Phuhl ; 1889, Raynaud ; 1897, Stengel.

Rythme (ritme)

a) *Le terme rythme*

1405, Magnus; 1521, Fabri; 1581, Fauchet; 1673, Vossius; 1742,
Gottsched ; 1811, Scoppa ; 1871, Zarnke (*p.*) ; 1894, Firmery (*p.*).

b) *Rythme*

1521, Fabri ; 1581, Fauchet ; 1673, Vossius ; 1742, Gottsched ;
1763, Bouchaud, Marmontel ; 1770, Sacchi ; 1811, 1816, Scoppa ;
1811, Escherny; 1812, Choron ; 1813, Daru ; 1815, Mablin; 1819,

Bonaparte ; 1820, Baïni ; 1824, Dubroca ; 1835, Mützel ; 1840,
Ackermann, Vaultter (*p.*) ; 1841, 1843, Du Meril ; 1847, Benloew ;
1850, Lurin, Quicherat ; 1852, Hupfeld (*p.*) ; 1853, Barbieux ;
1854, Jullien ; 1856, Boscaven, Ducondut ; 1862, Paris, Westphal ;
1863, Weigand ; 1865, Herrmann (*p.*) ; 1870, Valentin ; 1871,
Spencer, Zarnke (*p.*) ; 1877, Helmholz ; 1879, Foth, Lubarsch ;
1881, Valois (*p.*) ; 1882, Müller ; 1883, Espinas (*p.*) ; 1884, Guyau,
Pierson ; 1885, Renouvier (*p.*) ; 1886, Schuchart ; 1887, Ricard ;
1888, Westphal ; 1889, Kawczynski, Tiersot ; 1890, Becker, Hamel ; 1892, Eichthal, La Grasserie, Prudhomme, Souza, Wulff ;
1893, La Grasserie, Fleury (*p.*) ; 1894, Bolton (*p.*), Firmery, Meumann ; 1896, Boschot, Valentin (*p.*), Wulff ; 1898, Barneville,
Wulff(*p.*) ; 1899, Rochette, Retté (*p.*) ; 1900, La Grasserie, Saran (*p.*),
Wulff, Régnier (*p*) ; 1901, Prudhomme ; 1903, Berr et Delbost (*p.*),
Grammont (*p.*) ; 1904, Braunschvig, Grammont, Saran ; 1905,
Chide, Holborn, Rudmose-Brown, Stetson (*p.*) ; 1906, Polti (*p.*) ;
1907, Goujon ; 1908, Beck ; 1910, Houchart, Savarit (*p.*) ; 1911,
Landry ; 1912, Souza, Spire (*p.*).

c) *Rythme Prosaïque ou Prose rythmée*

1746, Batteux ; 1881, Valois (*p.*) ; 1884, Pierson ; 1891, Couture ;
1892, Eichthal, Bourdon, La Grasserie, 1895 ; 1896, Hale (*p.*) ;
1903, Prudhomme ; 1904, Marbe ; 1905, Scott (*p.*) ; 1907, Goujon ;
1912, Souza, Spire (*p.*). Cf. aussi, Vers sans Rimes, et Vers métrifiés.

Saturnien

1882, Havet ; 1884, Keller ; 1892, Lindsay (*p.*).

Sestina

1910, Davidson (*p.*).

Sonnet

1548, Fontaine ; 1658, Colletet ; 1720, Colletet de la Mart. ;
1855, Asselineau ; 1867, Delvau ; 1867, Richaud ; 1869-1871, Vey-

rières ; 1870, Gaudin ; 1882, Lierau ; 1894, Martonne, Vinson (*p.*) ;
1897, Olmsted ; 1898, Phlanzel ; 1902, Madeleine (*p.*), Vaganay,
Vianey (*p.*), Mennung (*p.*) ; 1903, Jasinski.

Strophe

1879, Nagel (*p.*) ; 1882, Orth ; 1884, Maus (*p.*) ; 1886, Stramwitz ;
1891, Naetebus ; 1893, La Grasserie ; 1894, Becker (*p.*) ; 1896,
Stengel ; 1898, Noack ; 1900, Schläger, Hügli (*p.*) ; 1902, Rack,
Viereck ; 1907, Brandenburg, Strong (*p.*) ; 1908, Chatelain ; 1912,
Martinon.

Symbolisme : Décadents, Tendances modernes

1886, Ghil ; 1887, Baju, Kahn ; 1891, Bibesco (*p.*), Hamel (*p.*),
Psichari (*p.*), Rosières (*p.*) ; 1892, Baju, Bourdon ; 1893, Bibesco,
Lemaître (*p*), Pellissier ; 1894, Mockel ; 1895, Doumic (*p.*), Vielé-
Griffin (*p.*) ; 1896, Boschot, Rosières ; 1897, Kahn, Doumic, Lau-
rent, Chantavoine (*p.*), Prudhomme (*p.*) ; 1898, Pellissier ; 1899,
Gourmont, Souza, Thieme, Retté (*p.*), Vielé-Griffin (*p.*) ; 1900,
Klingsor (*p.*), Régnier (*p.*) ; 1901, Prudhomme ; 1901, Beaunier (*p.*),
Boschot (*p.*), Le Goffic (*p.*) ; 1902, Beaunier, Vildrac, Kahn (*p.*) ;
1903, Lacuzon, Poinsot et Norm., Prudhomme (*p.*), Vannoz (*p.*) ;
1904, Sizeranne ; 1905, Rimstad, Gladow (*p.*), Pellissier (*p.*), Retté
(*p.*) ; 1906, Gladow, Souza, Tschin, Kahn (*p*) ; 1908, Sauvebois ;
1909, Ghéon (*p.*), Le Goffic (*p.*), Arnauld (*p.*) ; 1910, Arnauld (*p.*),
Ghéon (*p.*), Oméga (*p.*), Cottinet (*p.*), Savarit (*p.*).

Symbolisme annoncé ou prédit

1581, Fauchet ; 1730, Du Cerceau ; 1737, Longue ; 1811, Escherny ;
1819, Bonaparte ; 1880, Della Rocca ; 1885, Valvor (*p.*).

Termes

1521, Fabri ; 1863, Lyon, Weigand ; 1865, Paris (Zarnke) ; 1871,
Zarnke (*p.*) ; 1895, Eckert ; 1903, 1904, Kastner.

Terza Rime

1874, Schuchart ; 1904, Kastner (*p.*).

Textes, Thèses, Études

Aliscans : 1889, Glade.
Amis et Amilis : 1852, Hofmann ; 1875, Klein ; 1882, Schoppe (*p.*).
Baïf : 1878, 1879 (*p.*) Nagel ; 1888, Groth (*p.*) ; 1890, Marty-Laveaux ; 1909, Augé-Chuquet.
Banville : 1903, Grein.
Baudelaire : 1906, Cassagne.
Belez : 1896, Paris.
Boileau : 1864, Billet ; 1832, Kaulen ; 1888, Delaporte ; 1888, Groth (*p.*) ; 1892, Lanson ; 1893, Souriau.
Brandan : 1884, Birkenhoff (*p.*).

P. Cardenal : 1884, Maus.
Th. de Champagne : 1885, Davids.
Alain Chartier : 1881, Hannappel (*p.*).
A. Chénier : 1895, Teza (*p.*).
Conon de Béthune : 1891, Wallensköld.
Coppée : 1899, Thieme.
Corneille : 1862-1868, Marty-Laveaux ; 1884, Ricken ; 1893, Souriau ; 1913, Martinon.

Desportes : 1881, Gröbedinkel.
Du Bellay : 1879, Nagel (*p.*) ; 1895, Rosenbauer ; 1898, Phlanzel ; 1899, Chamard.

Enfances Vivien : 1891, Nordfeld.

Fantosme : 1880, Rose.
Floreppe : 1897, Peters.

Folcan de Candide : 1900, Schulz-Gora.
Froissart : 1890, Blume.

Garnier : 1893, Körner.
Gautier d'Epinal : 1901, Lindelöf et Wallensköld.
Gombault : 1882, Lierau.

Heredia : 1899, Thieme.
V. Hugo: 1886, Stapher; 1891, Matzke (*p.*) ; 1896, Theys ; 1899, 1911, Rochette; 1902, Mc Crackin; 1906, Becker (*p.*); 1908, Halary (*p.*); 1909, Aae ; 1910, Thieme.

Jean de Courcy : 1898, Piaget (*p.*).
Jodelle : 1880, Fehse ; 1884, Herting.
Jourdain de Blaivies : 1909, Ropohl.

La Fontaine : 1853, Taine ; 1888, Castaigne ; 1892, Clément (*p.*); 1893, Souriau ; 1899, Perrandière.
Lamartine : 1899, Souriau (*p.*) ; 1902, Gerhard.
Leconte de Lisle : 1899, Thieme.
Leodegar : 1878, Suchier (*p.*).

Macabrun ; 1875, Suchier.
Magnus : 1889, Coville.
Maleville : 1882, Lierau.
Malherbe : 1706, Mervesin ; 1828, Ste-Beuve ; 1857, Borel ; 1871, Nauendorf ; 1872, Beckmann ; 1881, Bassot, Gröbedinkel (*p.*), Johannesson ; 1882, Kalepky; 1884, Braam ; 1891, Allais, Banner, Brunot ; 1892, Dejob ; 1893, Souriau.
Marot : 1706, Mervesin ; 1887, Keuter (*p.*) ; 1893, Firmery (*p.*); 1898. Roedel.
Maynard : 1882, Lierau.
G. de Metz : 1878, Haase.
Mistral : 1901, Buchenau ; 1902, Rack.
Molière : 1888-1893, Souriau ; 1893, Comte ; 1904, Chatelain.
Montchrétien : 1905, Lotz.

Colin Muset : 1893, Bédier.
Musset : 1883, Wehrmann.

G. d'Orange : 1854, Jonkbloet.
Ch. d'Orléans : 1872, Geijer.

S. Prudhomme : 1899, Thieme.

Racine : 1864, Billet ; 1886, Stapher ; 1890, Robert ; 1893, Hohlfeld, Souriau.
Raimon d'Avignon : 1882, Thomas.
Regnard : 1894, Gebler.
Régnier : 1870, Nordstrom.
Chanson de Roland : 1874, Hill ; 1878, Rambeau ; 1902, Viereck.
Roman de la Rose : 1893, Paris.
Roman de Rou : 1886, Pohl (*p.*).
Ronsard : 1866, Erkelenz ; 1867 ; Büscher ; 1879, Nagel (*p.*) ; 1895, Rosenbauer ; 1901, Kőhler ; 1899, Chamard (*p.*) ; 1902, Madeleine (*p.*).
Rostand : 1900, Wulff ; 1902, Schenk (*p.*).
G. de Roussillon : 1882, Müller.
Rutbeuf : 1888, Jordan (*p*), 1890 ; 1905, Mojsisovics.

Saint-Auban : 1876, Suchier.
Saint-Barbara : 1907, Brandenburg.
Saint-Gelais : 1893, Wagner.
Saint-Léger : 1872, Paris (*p.*).
Santa-Fideo : 1906, Appel (*p.*).
Scaliger : 1887, Lintilhac.

Chr. de Troyes : 1908, Borrmann (*p.*).

Vauquelin : 1885, Pellissier ; 1902, Kowal.
B. de Ventadorn : 1884, Hofmeister ; 1905, Zingarelli (*p.*).
Verlaine : 1899, Thieme ; 1901, Berg.
Villon : 1879, Tamm ; 1883, Bijwanck.

Wace : 1886, Pohl (*p.*)

Transposition

1671, Richelet ; 1714, Fénelon ; 1719, Du Bos ; 1730, Du Cerceau.

Triolet

1870, Gaudin.

Vers au théâtre

1730, La Motte ; 1731, Voltaire ; 1898, Darthèze ; 1910, Cottinet (*p.*) ; 1911, Romains.

Vers libres

1888, Becker (*p.*) ; 1890, Dumur ; 1893, Comte (*p.*) ; Retté (*p.*) ; 1895, Croze (*p.*) ; 1896, Boschot ; 1897, Doumic (*p.*), Kahn ; 1898, Vielé-Griffin (*p.*) ; 1899, Gourmont ; 1901, Beaunier (*p.*), Prudhomme ; 1902, Beaunier ; 1904, Chatelain ; 1905, Sonnemans ; 1906, Kahn (*p.*), Souza ; 1909, Enquête ; 1910, Ghéon (*p.*).

Vers métrifiés, quantité, sans rime, non rimés.

1548, Sibilet ; 1555, Peletier ; 1560, Pasquiers ; 1562, Ramus ; 1573, La Taille ; 1574, Baïf ; 1579, Estienne ; 1598, D. d'Aigaliers ; 1620, Du Gardins ; 1669, Perroniana ; 1671, Richelet ; 1678, Dialogue ; 1694, La Croix ; 1726, Chansierges ; 1728, Longue ; 1730, La Motte ; 1731, Voltaire ; 1732, Nivelle de la Chaussée ; 1735, Lettre à Madame... ; 1735-1736, Prévost ; 1736, Olivet ; 1737, Longue (*p.*) ; Trublet (*p.*) ; 1748, Durand ; 1815, Mablin ; 1819, Bonaparte ; 1824, Dubroca ; 1828, Sainte-Beuve ; 1862, Van Hasselt ; 1863, Ducondut, Littré, Weigand ; 1876, Jullien ; 1878, Nagel ; 1880, Tobler ; 1882, Müller ; 1888, Groth (*p.*) ; 1890, Marty-Laveau ; 1903, Kastner ; 1904, Saran, Jean-Dupré.

Versification rythmique

1763, Bouchaud; 1832; Hegel; 1853, Barbieux ; 1858, Gautier; 1865, Sepet(*p.*); 1866, Gautier, Paris (*p.*), Bartsch (*p.*); 1871, Zarnke (*p.*); 1874, Ebert; 1876-1879, Huemer; 1876, Gautier; 1880, Havet; 1882, Meyer (*p.*), Misset; 1884, Keller; 1886, Meyer (*p.*); 1887, Gautier ; 1888, Duchesne(*p.*); 1889, Vernier; 1890, Becker, Ronca; 1891, Couture; 1892, Couture (*p.*), Lindsay (*p.*), Lhoumeau; 1893, Havet, Huemer, Ramorino; 1894, Chevalier ; 1897, Nebout, Tavan (*p.*); 1900, Schlicher; 1899, Mari; 1903, Aubry; 1905, Cornu (*p.*), Meyer, Vacandard.

Le Vieux Vers français

1833, Raynouard ; 1845, Génin ; 1846, Diez; 1858, Littré (*p.*) Wolf; 1861, Meyer (*p.*); 1872, Gautier, Paris (*p.*) ; 1873, Suchier (*p.*); 1876 (*p.*) ; 1878 ; 1879, Ten Brink ; 1880, Tobler; 1882, Aubertin ; 1884, Otten, Reissert (*p.*) ; 1886, Koschwitz, Spenz (*p.*) ; Stramwitz; 1891, Galino ; 1893, La Grasserie ; 1894, Becker (*p.*) ; 1898, Lewis ; 1899, Eitner ; 1901, Enneccerus ; 1905, Carnahan ; 1908, Chatelain, Piccoli (*p.*).

Virelai

1887, Phuhl ; 1894, Stengel.

INDEX CHRONOLOGIQUE

xive s. Molinier, Guilhem.
1332 Tempo, de Antonio.
1364-1380 Un Prieur de Sainte-Geneviève de Paris.
1368-1458 Santillana, Marques de.
1392 Deschamps, Eustache.
xve s. L'art de rhétorique...
xve s. Infortunato.
xve s. Traité de l'art de rhétorique.
xve s. Camus, G.
xve s. De Arte Rigmatizandi.
1405 Magnus, Jacobus.
1411-1415 Règles de la seconde rhétorique.
1432 Herenc, Hercut, Tercut, Thercut.
1433 Enrique de Aragon, Marques de Villena.
1490 Traité de rhétorique, ou L'Art de...
1493-1498 Croy, Henri de (ou Jehan Molinet ?).
1496 Encina, Juan de la.
1497 Boteauville, Michel de.
1500 L'Infortuné.
1508 Blaise d'Auriol.
1521 Fabri, Fabry, Fevre.
1524 Molinet.
1539 Gracien du Pont.
1540 Dolet, Etienne.
1542 Meigret, L.
1545 Peletier, Jacques.
1548 Fontaine, Charles.
1548 Sibilet, Th.
1549 Bellay, J. du.
1550 Barthélemy Aneau.
1551 Fontaine, Charles.
1554 Boissière, Claude, de (Buxeria).
1555 Foclin, Antoine (Fouquelin).
1555 Peletier, Jacques.
1556 Abréviation de l'Art Poétique de Sibilet.
1560 Pasquiers.
1561 Scaliger.
1562 Ramus.
1565 Ronsard, Pierre de.
1571 Fevre, Jean le.
1571 De La Porte.
1571 Malherbe.
1571 (2) Tabouret, Etienne.
1572   »   »
1573 Autre Art poétique fran.
1573 Taille, Jacques de la.
1574 Baïf, Antoine de.

1575 Corbin, Robert.
1579 Estienne, Henri.
1581 Fauchet, Claude.
1584 Bèze, Théodore de.
1584 La Croix du Maine, Du Verdier.
1585 Gaynard de la Chaume, Pierre le.
1588 Fèvre, Jean le (Des Accords).
1596 Odet de la Noue.
1598 Delaudun d'Aigaliers, Pierre.
1605 Vauquelin de la Fresnaye.
1610 Deimier, le sieur de.
1613 Esprit Aubert.
1618 Godard, Jean.
1620 Broutesauge.
1620 Du Gardin Louys.
1622 Sorel, Charles, sieur de Souvigny.
1624 Le grand dictionnaire des rimes fr.
1624 Odet de la Noue (1596).
1626 Gournay, Mlle de (1641, 3e éd.).
1640 La Mesnardière, Jules de.
1647 Bouille, le sieur de.
1647 Vaugelas.
1647 Vossius, Gérard-Jean.
1650 S. Antoine, Charles de.
1652 Colletet, Fr.-G. 1655, 1656, 1658.
1653 Colletet, Fr.-G. 1655, 1656, 1658.
1653 Mercier.
1654 Port Royal (Lancelot).
1654 Scudéry, Georges de.
1655 Brun, le père.
1655 Colletet, A. 1652, 1658.
1656 Colletet, A. 1652, 1658.
1657 Hédelin, l'abbé d'Aubignac.
1658 Colletet, G. (2).
1659 Chifflet, le père (1668).
1659 Nicole.
1660 Corneille.
1661 Mambrun, le père.
1662 Marolles, Mich. de.
1663 M.D.S.Le Montparnasse.
1663 Bresche.
1663 Lancelot, Cl.
1663 Lobkowitz, Juannis Caramuellis.
1664 Sorel.
1666 Ménage.
1666 Le Parterre de la rhétorique fr.
1667 Ablancourt, Frémont d'.
1668 Lamy, le père.
1669 Guéret.
1669 Du Perron, le cardinal.
1669 Vavasseur, le père.
1670 Rapin, 1674, 1684.
1671 Richelet (1700, 1702, 1721, 1732, 1751, 1760, 1772, 1809.
1672 Ménage.
1673 Vossius, Isaac.
1674 Boileau.
1674 Bouhours, le père.
1674 Desmarest de Saint Sorlin.
1674 Les Isles Le Bas.
1675 Le Bossu, le père René.
1675 Des Marests, J.
1675 Vavasseur, le père.
1678 Dialogue de la raison et de la rime.

1683 Petit, Pierre.
1685-1689 Baillet, Adrien.
1684 (5) Mourgues, le père.
1684 Rapin (1670, 1674).
1688 Fontenelle.
1688 Perrault.
1694 Boileau.
1694 La Croix, le sieur.
1694 Delaporte, le père Victor S.-J.
1694 Brossette.
1695 Callières, François de.
1700 Richelet, 1671,1702,1721, 1732,1751,1760, 1772, 1809.
Avant 1700 Duvau-Foussard.
1706 Mervesin, l'abbé (1717).
1706 Regnier-Des Marais.
1707 La Motte, de (1712).
1709 Buffier, P.-Cl.
1710 Callières, François de.
1711 Prépetit de Grammont.
1712 Gacon, Fr.
1713 Frein du Tremblay.
1714 Fénelon.
1715 Duval de Tours.
1715 Terrasson, Jean.
1716 Chalons, Vincent-Claude de.
1716-1717 Gaullyer, M.
1717 Dangeau, l'abbé,
1717 Mervesin, Joseph (1706).
1719 Du Bos.
1719 Voltaire.
1720 Bruzen de la Martinière.
1722 Huet.
1725 Malherbe, V.
1726 Chansierges, M. de.
1726 Rollin.
1728 Gaullyer (1716).

1728 Longue, M. de.
1729 Remond de St-Mard.
1730 Du Cerceau, le père Jean-A.
1730 La Motte, Houdar de (1754).
1730 Restaut.
1730 Voltaire.
1731 Lérizet de La Faye.
1731 Voltaire.
1731 La Bibliothèque des Poètes Latins et Français.
1732 Buffier, Claude.
1732 Nivelle de la Chaussée.
1734 Remond de St Mard.
1734 Nicolas, le sieur.
1735 Lettre à Madame...
1735-1736 Prévost d'Exiles.
1736 Olivet, l'abbé J. Thoulier d' (1753, 1755, 1767, 1804, 1805, 1810, 1812, 1824).
1737 Bouhier.
1737 Longue, M. de.
1738 Nadal.
1738 Olivet.
1738 Soubeiron de Scapon.
1739 Gyot.
1739 Massieu, l'abbé.
1740-1756 Goujet.
1742 Gottsched.
1743 Desfontaines, l'abbé.
1746-1763 Batteux, l'abbé.
1747 Racine, Louis (1752).
1748 Durand (1752, 1770).
1749 Fontenelle (1734).
1749 Gaillard, G.
1751 Richelet (1671).
1752 Boyer, A.
1752 Joannet, l'abbé Cl.

1753 Boindin, Nicolas.
1754 Brumoy, le père.
1754 Fontenelle.
1754 La Motte, Houdar de (1730).
1754 Wailly, Noël-François de (1808, 1811, 1819, 1822, 1823, 1826, 1829, 1831).
1757 Hardouin.
1761 Irailh.
1762 Girard, l'abbé.
1763 Bouchaud, M.-A.
1763 Marmontel.
1766 Lacombe, J.
1767 Olivet (1736-).
1767 La Porte, l'abbé de.
1769 Coste d'Arnobat, C.
1770 Voltaire et D'Alembert.
1770 D'Alembert.
1770 Sacchi, le père Giovenale.
1771 Clément, Jean-Marie.
1771 La Serre.
1771 Trévoux.
1772 Calvel, E
1772 Rigoley de Juvigny.
1772 Richelet (1671-).
1780 Cournant, de
1784 Mercier.
1785 Piis, de.
1787 Marmontel (1763, 1806, 1825).
1796 Framery.
1798 Gyllenborg.
1799 Laharpe.
Avant 1800 Fiot.
1803 Bernhardi, R.-F.
1803 Scoppa, l'abbé.
1804 Domairon, L.

1805 Philipon de la Madeleine, L.
1809 Richelet (1761-).
1809 Viollet-le-Duc (1829, 1843)
1811 Escherny, le comte Fr.-Louis d'.
1811 Scoppa, l'abbé.
1812 Choron.
1812 Cubières de Palmezeaux, Michel.
1812 Maugard, A.
1812 Salm, Princesse de.
1813 Daru, Pierre.
1813 Fabre d'Olivet.
1814 Apel.
1815 Mablin (Mabellini), l'abbé.
1816 Scoppa, l'abbé.
1819 Bonaparte, Louis (Saint-Leu).
1819 Castil-Blaze, F. H. (1820-1852-1858).
1819 Guerrier de Dumast, Aug.
1820 Baïni, Giuseppi.
1820 Castil-Blaze, F.-H. (1819, 1852, 1858).
1820 Gargallo, Tommaso.
1822 Wailly, Noël-François de (1754).
1824 Dubroca, L.
1825 Dubroca, L.
1825 Bonaparte, Louis (Saint-Leu), (1819).
1826 Giguet, Antoine (Du Méril, Ed.).
1827 Astaix, Emile.
1827 Boissier, H.
1828 Chasles, Ph.
1828 Sainte-Beuve.

1829 Viollet - le - Duc (1809, 1843).
1831 Wailly, Fr.-Noël de (1754).
1832 Hegel.
1832 Saugeon, J.
1834 Laas d'Aguen (1862).
1834 Lecluse, Fleury.
1834 Raynouard.
1834 Wackernagel und Poggel.
1835 Mützel.
1836 Dupuis, Mme S.
1836 Héguin de Guerla, Ch. (1839).
1838 Quicherat, L. (1850).
1839 Héguin de Guerla, Ch. (1836).
1840 Ackermann, P.
1840 Lamennais, l'abbé.
1840 Weigand, G. (1857, 1863).
1841-1856 Daniel.
1841 Du Méril, Edel. (1843, 1847, 1852).
1841-1843 Wright, Th. and Halliwell, G.-O.
1842 Roosmalen, A. de.
1843 Du Méril, Edel (1841, 1847).
1843 Viollet-le - Duc (1809, 1829).
1844 Guérin, Léon.
1844 Tenint, W.
1845 Dessiaux, J.
1845 Génin, Fr.
1845 Nisard, D.
1846 Diez, F.
1847 Benloew, Louis (1855, 1862).
1847 Du Méril, Edel (1841, 1843, 1852).
1848 Wey, Françis.
1849 Duguesnois, J.
1849 Fuchs, A.
1850 Lauwereyos de Diepenhède, P.
1850 Kastner, G.
1850 Lurin, J. (1862).
1850 Quicherat, L. (1838).
1850 Sommer, Ed. (beaucoup d'éditions).
1851 Lurin, J. (1850).
1852 Castil-Blaze (1819, 1820, 1858).
1852 Du Méril, Edel. (1841, 1843, 1847).
1852 Grimm, W.
1852 Hofmann.
1852 Lanneau de Marey.
1853 Barbieux, H.
1853 Landais et Barré (1835, 1863).
1853-1855 Mone.
1853 Taine, H.
1854 Jonckbloet, B.
1854 Jullien, B.
1855 Asselineau, Ch.
1855 Benloew et Weill (1847, 1862).
1855-1858 Montaiglon.
1856 Wailly, A. de (1894).
1856 Ducondut, J. 1863.
1856 Rigault, H.
1857 Allier, J.-F.
1857 Bobé, Dr.
1857 Borel.
1857 Weigand, G. (1840, 1863).
1858 Carion, l'abbé.
1858 Castil-Blaze (1819, 1820, 1852).

1858 Gautier, Léon (1866, 1872, 1879).
1858 Pujol, A.
1858 Simrock.
1859 Boscaven (Schuermans, Henri).
1859 Gossart, Alex.
1859 Viehoff, H.
1859 Wolf, F.
1861 Clouzet, P.
1861 Meyer, Paul (1812).
1862 Arbaud, Damase.
1862-1864 Arbaud, Damase.
1862 Benloew, Louis (1847, 1855).
1862 Dessirier, Jean.
1862 Laas d'Aguen (1834).
1862 Larousse, P. (1905).
1862 Lurin, G. (1850).
1862-1868 Marty-Laveau (Corneille).
1862 Paris, G. (1866, 1875, 1893).
1862 Van Hasselt, André.
1862 Westphal, R. (1872, 1880, 1885, 1889, 1892).
1863 Ducondut, A. (1856).
1863 Landais et Barré (1835, 1853).
1863 Littré.
1863 Lyon, H.
1863 Weigand, G. (1840, 1857).
1864 Billet, H. (1865).
1864 Tampucci, H.
1865 Billet, H (1864).
1865 Hermann, C.
1865 Samson.
1865 Ten Brink.
1865 Zarnke, Fr. (1897).

1866 Erkelenz.
1866 Gautier, Léon (1858, 1872, 1879).
1866 Kœrting.
1866 Masing, W.
1866 Paris, G. (1862, 1875, 1893, 1896).
1866 Suhle, B.
1867 Boucherie, A.
1867 Buscher.
1867 Canel, A.
1867 Delvau, A.
1867 Flan, A.
1867 Quitard, P.-M. (Plusieurs éditions, (1883).
1867 Richaud.
1868 Thierfelder.
1869 Egger, E.
1869-1871 Veyrières, L. de.
1870 Bartsch, K.
1870 Duchesne, Julien.
1870 Gaudin, P.
1870 Nordstrom.
1870 Rochat, A.
1870 Valentin, Veit.
1871 Amelung, Arthur.
1871 Lesaint.
1871 Nauendorf.
1871 Spencer, H.
1872 Banville, Th. de.
1872 Beckmann, Emile.
1872 Gautier, Léon (1858, 1866, 1879).
1872 Geijer, K.
1872 Westphal, R. (1862, 1880, 1885, 1889, 1892).
1873 Merkel, T.
1873 Tivier.
1874 Andresen, Hugo.

1874 Becq de Fouquières (1879).
1874 Ebert, Ad.
1874 Les Deux Arts Poétiques d'Horace et de Boileau.
1874 Hill.
1874 Schuchardt, Hugo (1886)·
1875 Klein.
1875 Le Vavasseur, G.
1875 Paris, G. et Gevaert, Aug. (1862, 1866, 1893, 1896).
1875 Renard.
1875 Suchier, Hermann (1876).
1876 Bayle, l'abbé.
1876 Bellanger, L.
1876 Gramont, F. de (1893).
1876 Huemer, G. (1879, 1893).
1876 Jullien, B.
1876 Schnatter.
1876 Suchier, Hermann (1875).
1877 Legouvé, Er. (1878, 1881).
1878 Chiarini.
1878 Conway, G.
1878 Darmesteter et Hatzfeld.
1878 Haase.
1878 Legouvé, Er. (1877, 1881).
1878 Nagel, H.
1878 Rambeau, A.
1878 Zverina, F.
1879 Becq de Fouquières, L. (1874, 1879).
1879 Foth, K.
1879 Gautier, Léon (1858, 1866, 1872).
1879 Hub, H.
1879 Huemer, J. (1876, 1893).
1879 Kressner, Ad. (1880).
1879 Lubarsch, E. (1880, 1885, 1888).
1879 Tamm.
1879 Ten Brink, B. (1865).
1879 Wallner.
1880 Della Rocca de Vergalo.
1880 Dumost.
1880 Fehse.
1880 Havet, L. (1893).
1880 Kressner, A. (1879).
1880 Lubarsch (1879, 1885, 1888).
1880 Mende, A.
1880 Rose, H.
1880 Tobler, Ad.
1880 Westphal, R. (1862, 1872, 1885, 1889, 1892).
1881 Bassot.
1881 Grœbedinkel, P.
1881 Johannesson, F. (1896).
1881 Legouvé, Er. (1877, 1878).
1881 Pothier, D.
1881-1883 Thurot, Ch.
1882 Aubertin, Ch. (1898).
1882 Bleton, Aug.
1882 Fischer, A.
1882 Freymond, E.
1882 Gengnagel.
1882 Kalepky, F.
1882 Kaulen, F.
1882 Lierau, Max.
1882 Misset, E.
1882 Müller, K.-Ed.
1882 Orth, F.
1882 Pellissier, Georges (1882, 1885, 1893, 1898).
1883 Bijwanck, Wilhem, G.-C.
1883 Geijer, P 1872 ?
1883 Hauréau, B.
1883 Jæger, J.
1883 Lussy, M.
1883 Nyrop, Ch.

1883 Wehrmann, A.
1884 Banner, Max (1891).
1884 Boisjoslin, Jacques de.
1884 Braam, A.
1884 Coquelin, Constant.
1884 Gossett, A.
1884 Guyau.
1884 Herting.
1884 Keller, O.
1884 Mainard, L.
1884 Mussafia, M.
1884 Otten, G.
1884 Pierson, P.
1884 Rajna, P.
1884 Raynaud, G. (1889).
1884 Ricken, W.
1884 Vising, G.
1884 Zschalig, H.
1885 Chabaneau, Camille.
1885 Davids, Fritz.
1885 Evrard, E.
1885 Pellissier, Georges (1882, 1885, 1893, 1898).
1885 Sonnenburg, R.
1885 Souriau, Maurice (1888, 1893).
1885-1889 Westphal, R. und Rossbach, A. (1862, 1872, 1880, 1892).
1885 Winderlich, K.
1886 Bourciez, Ed.
1886 Bouvey, P.
1886 Chauvin, G.
1886 Delavenne, le père Henri.
1886 Ghil, René.
1886 Gropp, E.
1886 Henry, Victor.
1886 Heune, W.
1886 Hossner.
1886 Knobloch, H.
1886 Koschwitz, E. (1893).
1886 Morandini d'Eccatage, F.
1886 Mothéré, J.
1886 Nyrop, Ch.
1886 Passy, P.
1886 Pleines, A.
1886 Schuchardt, Hugo (1874).
1886 Spenz, F.
1886 Stapher, P.
1886 Stramwitz, E.
1887 Baju, A.
1887 Baumgart, H.
1887 Gautier, Léon (1858, 1866, 1872, 1879)
1887 Kahn, Gustave, (1897, 1902).
1887 Lintilhac, Eug.
1887 La Motte-F..., V. de
1887 Passy, Paul.
1887 Phuhl, H.
1887 Régnier.
1887 Ricard, Anselme.
1887 Thiéry.
1888 Becker, Ph.-A (1890).
1888 Castaigne, E.-J.
1888 Delaporte, P. (1898).
1888 Dupont-Vernon.
1888 Humbert, C. (1890).
1888 Lejard, J.
1888 Lubarsch, E. (1879, 1880, 1885).
1888 Mothéré, J. (1886).
1888 Moussé, Alex.
1888 Oreans, Karl.
1888 Riese, W.
1888 Souriau, M. (1885, 1893).
1889 Coville.
1889 Duc, L.

1889 Fabry, F.
1889 Glade, C.
1889 Gnerlich, R.
1889 Héron.
1889 Jeanroy, Alfred (1901).
1889 Kawczynski.
1889 Mende, A. (1880).
1889 Raynaud, G.
1889 Rücktäschel, Th.
1889 Saran, Franz (1900, 1903, 1904, 1907).
1889 Tiersot.
1889 Träger, E.
1889 Vernier, L.
1890 Becker, Ph.-A. (1888).
1890 Bello, Don Andrès.
1890 Blume, Fr.
1890 Caumont, Armand (1893)·
1890 Grass, K.
1890 Hamel, A. van.
1890 Humbert, C. (1888).
1890 Jordan, L.
1890 Kœhler, M.
1890 Langlois, Er. (1902).
1890 Le Goffic et Thieulin.
1890 Marty-Laveau
1890 Passy, P.
1890 Robert, P.
1890 Ronca, V.
1890 Schwan und Prinzsheim.
1890 Wolf, E.
1891 Allais, G.
1891 Banner, Max (1884).
1891 Brakelmann, Jules.
1891 Brunot, Ferdinand.
1891 Couture, l'abbé.
1891 Crouslé, L. (1897).
1891 F.P.B.Système métrique.
1891 Galino, Titus.

1891 Langstroff, Ch.
1891 Naetibus, G.
1891 Nordfelt, A. (1893).
1891 Wallenskold, A. (1901, 1908).
1892 Baju, A.
1892 Bourdon, B.
1892 Eichtal, E. d'
1892 La Grasserie, R. de (1892, 1893, 1896, 1900).
1892 Lanson, Gustave (1908-1909-1912).
1892 Lhoumeau, le père.
1892 Meyer, P. et Raynaud. G. (1861).
1892 Prudhomme, Sully (1901).
1892 Souza, Robert de (1882, 1895, 1899, 1906).
1892 Westphal, R. (1862, 1872, 1880, 1885, 1889).
1892 Wulf, Fr. (1896, 1900).
1893 Bédier, J.
1893 Bibesco, A.
1893 Boissière et Ernault.
1893 Caumont, A. (1890).
1893 Clédat, Léon.
1893 Combarieu, J. (1897).
1893 Comte, Ch.
1893 Gramont, F. de (1876).
1893 Havet, L. (1880).
1893 Huemer, J. (1876, 1879).
1893 Körner, P.
1893 Koschwitz, Ed.
1893 La Grasserie, R. de (1892, 1893, 1896, 1900).
1893 Minor, J.
1893 Nordfeldt, A. (1891).
1893 Paris, G. (1862, 1866, 1875, 1896).

1893 Pellissier, Georges (1882, 1885, 1898).
1893 Ramorino, F.
1893 Renouvier.
1893 Souriau, M. (1885, 1888).
1893 Souriau, Paul.
1893 Stengel, Ed. (1896).
1893 Thamhayn, Dr.
1893 Tisseur, Clair, 1893.
1893 Wagner, E.
1894 Brémont, Léon (1903).
1894 Chevalier, W.
1894 Dechevrens, A.
1894 Gebler, H.
1894 Lootens, Mgr.
1894 Martonne, A. de.
1894 Mockel, Albert.
1894 Vernier, L.
1894 Wailly, A. (1856).
1895 Artigarum, l'abbé.
1895 Densusiano, A.
1895 Eckert, G.
1895 Eickhoff, P.
1895 Erdmannsdörffer, E.
1895 Nebout, P. (1897).
1895 Ranninger, Fr.
1895 Robertson, W.-J.
1895 Rosenbauer, A. (1895).
1896 Boschot, Adolphe.
1896 Hecq et Paris, L.
1896 Hocq, l'abbé.
1896 Johannesson, F. (1881).
1896 La Grasserie, R. de (1892, 1893, 1900).
1896 Möllmann, J.
1896 Paris, G. (1862, 1866, 1875, 1893).
1896 Rosières, R.
1896 Rydberg, G. (1898, 1904).
1896 Spiegel, N.
1896 Stengel, E. (1893).
1896 Theys, A.
1896 Wulff, Fr. (1892, 1900).
1897 Blondel, J.-E.
1897 Combarieu, Jules (1893).
1897 Doumic, R.
1897 Ehrenfeld, Alex.
1897 Houdard, G. (1898).
1897 Kahn, G. (1887, 1902).
1897 Klein, Fr. (1875).
1897 Laurent, E.
1897 Nebout, P. (1895).
1897 Olmsted.
1897-1898 Rousselot, l'abbé (1902, 1903, 1904).
1897 Vigié-Lecocq, E.
1897 Zarnke, F. (1865).
1898 Aubertin, Ch. (1882).
1898 Barneville, P. de
1898 Bleton, A.
1898 Delaporte, P. (1888).
1898 Gresset, V.
1898 Guilliaume, J
1898 Houdard, G.
1898 Lewis, E.
1898 Marchal, Gui.
1898 Noack, F.
1898 Pellissier, Georges (1882, 1885, 1893).
1898 Pflanzel, M.
1898 Rœdel, A.
1898 Rydberg, G. (1896, 1904).
1899 Eitner, R.
1899 Gourmont, R. de
1899 Mari, G.
1899 Perrandière, X. de la.
1899 Rochette, A. (1911).

1899 Souza, R. de (1882, 1892, 1895, 1906, 1912).
1899 Spenzer, F.
1899 Thieme, Hugo-P. (1907, 1910).
1899 Thurau (1901).
1900 Canfield, A.-G.
1900 Chamard, Henri.
1900 Hügli, E.
1900 La Grasserie, R. de (1892, 1893, 1896).
1900 Saran, Franz (1903, 1904, 1907).
1900 Schenk, A.
1900 Schläger, G.
1900 Schlicher, J.
1900 Van Bever et Léautaud
1900 Wulff, Fr. (1892, 1896).
1901 Berg, R.
1901 Buchenau, A.
1901 Enneccerus, M.
1901 (2) Féret, Ch.-Th.
1901 Hannsen, Fr.
1901 Huret, G
1901 Jeanroy, Brandin, Aubry (1889).
1901 Köhler, G.
1901 Lindelöf et Wallensköld (1891).
1901 Müller, O.
1901 (2) Pagnat, Ph.
1901 Prudhomme, Sully (1892).
1901 Thurau (1899).
1902 Arbois de Jubainville et Loth.
1902 Beaunier, André.
1902 Gerhard, H.
1902 Kahn, Gustave (1887, 1897, 1902).
1902 Kowal, A
1902 La Foi Nouvelle.
1902 Langlois, Er. (1890).
1902 Mc Crackin, Helen.
1902 Poinsot et Normandy (1903).
1902 Rack, J.
1902 Rousselot, l'abbé (1897-1898, 1903, 1904).
1902-1903 Vaganay, P.
1902 Viereck, A.
1902 Vildrac, Ch.
1903 Aubry, P. (1901, 1905, 1907 (3), 1908).
1903 Bouchaud, Pierre de (1906).
1903 Brémont, Léon (1894).
1903 Grein, H.
1903 Jasinski, Max.
1903 Kastner, L.
1903 Lacuzon, A.
1903 Poinsot et Normandy (1902).
1903 Rousselot, l'abbé (1897-1898, 1902, 1904).
1903 Saran, Franz (1900, 1904, 1907).
1904 Barat, Em.
1904 Bornecque.
1904 Brandin et Hartog (1901).
1904 Braunschvig, Marcel.
1904 Chatelain, H. (1908).
1904 Grammont, M. (1908).
1904 Jean-Dupré.
1904 Landry, E. (1911).
1904 Marbe, K.
1904 Reyle, E. de.
1904 Rosset.

1904 Rousselot, l'abbé (1897, 1898, 1902, 1903).
1904 Rydberg, G.(1896, 1898).
1904 Samson-Himmelstjerna, H. von.
1904 Saran, Franz (1900, 1903, 1907).
1904 Saroihandy, J.
1904 Sizeranne
1904 Thomas, W.
1905 Aubry, P. (1901, 1903, 1907 (3), 1908).
1905 Carnahan, D.-H.
1905 Chide, A.
1905 Dorchain, Aug.
1905 Holborn, G.
1905 Larousse, P. (1862).
1905 Lotz, H.
1905 Martinon, Ph. (1909, 1912).
1905 Meyer, W.
1905 Mojsisovics.
1905 Pradels, M.-D.
1905 Rimestad, Christian.
1905 Rudmose-Brown.
1905 Sonnemans, L.
1905 Vacandard.
1906 Bouchaud, P. de (1903).
1906 Cassagne.
1906 Cayotte, L.
1906 Gladow, J.
1906 Ludwig, Fr.
1906 Scriban, A.
1906 Souza, R. de (1882, 1892, 1895, 1899).
1906 Stimming, Albert.
1906 Tschin, André.
1906 Zettl, J.

1907 Aubry, Pierre (1901, 1903, 1905, 1907)(3).
1907 Aubry Pierre et Gastoué, A.
1907 Brandenburg.
1907 Claudel, P.
1907 Goujon, H.
1907 Meyer, R.-A.
1907 Mornet, D. (1907).
1907 Saran, Franz (1900, 1903, 1904).
1907 Thieme, Hugo-P. (1899, 1910).
1908 Aubry, P. (1903, 1905, 1907 (3).
1908 Beck, Jean (1910).
1908 Borrmann, Otto.
1908 Cesari.
1908 Chatelain, Henri (1904).
1908 Grammont, M (1904).
1908 Hartmann, G.
1908 Lanson, Gustave (1892, 1909, 1912).
1908 Sauvebois, G.
1908 Vincent, Joseph.
1908 Wallensköld, A.
1908 Wenzel, J.
1909 Aae, Gustave.
1909 Augé-Chiquet.
1909 Enquête internationale sur le Vers Libre.
1909-1912 Lanson, Gustave (1892, 1908).
1909 Martinon, Ph (1905, 1912).
1909 Melchior, Gerhart.
1909 Ropohl, F.
1909-1911 Verrier, Paul (1912).
1910 Beck, Jean (1908).
1910 Bois, J.

1910 Duhamet, G. et Vildrac, Ch.
1910 Gaiffe, F.
1910 Houchart, V.
1910 Nyrop, Kr.
1910 Roudet, L.
1910 Thieme, Hugo-P. (1899, 1907).
1911 Horák, V.
1911 Landry, E. (1904).
1911-1912 Lote, G.
1911 Lucas, St. John.
1911 Rochette,Auguste (1899).
1911 Sauvebois, G.
1912 Martinon,Ph.(1905,1909).
1912 Souza, R. de (1882,1892, 1895, 1899).
1912 Verrier,Paul(1909,1911).
1913 Grammont. Cf. 1904.
1914 Florian-Parmentier.

Périodiques

1685 Journal des Sçavants.
1710 Lenfant, J.
1729 Fraguier.
1730 La Motte.
1737 Longue.
1737 Trublet.
1770 Journal Encyclopédique.
1780 Mercure de France.
1812 Uhland, L.
1816 (?) Hoffmann.
1833 Raynouard.
1836 Raynouard.
1838 Mone.
1840 Vaultter, F.
1849 Kastner, G.
1850 Daremberg.
1852 Hupfeld.
1855 Quicherat.
1856 Boscaven, H.
1856-1859 Littré, E.
1859 Bartsch, K. (1866, 1878, 1879).
1861 Meyer, P. (1867, 1882, 1890, 1894, 1903).
1864 Mahly, J.
1864 Viehoff, H.
1865 Hermann, C.
1865 Sepet, M. (1879).
1866 Bartsch, Karl. (1878, 1879).
1866 Paris, Gaston (1872).
1866 Gautier, Léon.
1867 Meyer, Paul (1861, 1882, 1890, 1894, 1903).
1870 Rochat, A.
1871 Brunemann.
1871 Ebers.
1871 Provencal Versification.
1871 Zarnke, Fr.
1872 Paris, Gaston (1866).
1873 Suchier, Hermann (1876, 1878, 1879, 1895).
1874 Renouvier, Ch. (1885).
1875 Mila y Fontanals.
1876 Guyard.
1876 Suchier, Hermann (1873, 1878, 1879, 1895).
1878 Bartsch, Karl (1866, 1879).
1878 Humbert, P. (1894, 1896).

1878 Suchier, Hermann (1873, 1876, 1879, 1895).
1879 Arbois de Jubainville (1880).
1879 Bartsch, Karl (1866, 1878).
1879 Dümmler, E.
1879 Koch, J.
1879 Nagel, H.
1879 Sepet, M. (1865).
1879 Suchier, Hermann (1873, 1876, 1878, 1895).
1879 Wallner.
1880 Arbois de Jubainville (1879).
1880 Ebert, Ad.
1880 Harczyk, I.
1880 Merkel, F.
1880 Rose, H.
1880 Stengel, E. (1887, 1890-1903, 1894, 1896, 1897).
1881 Gaijer, P.-A.
1881 Gröbedinkel, P.
1881 Hannappel, M.
1881 Hardinge, N.
1881 Thomas, Antoine (1882, 1883).
1881 Valois, N.
1881 Wölflin (1884, 1887, 1895).
1882 Boucherie, A.
1882 Freymond, E.
1882 Gröber, G.
1882 Keuter, C.
1882 Meyer, W. (1886 (2), 1898, 1903).
1882 Meyer, Paul (1861, 1867, 1890, 1894, 1903).
1882 Müller, K.-E.
1882 Schoppe, J.

1882 Thomas, Antoine (1881, 1883).
1883 Espinas, A.
1883 Thomas, Antoine (1881, 1882).
1884 Banner, Max.
1884 Birkenhoff, R.
1884 Boisjoslin, J. de
1884 Guyau.
1884 Hofmeister, R.
1884 Jäger, J.
1884 Maus, F.-N.
1884 Müller, L.
1884 Reissert, O.
1884 Römer, L.
1884 Thurneysen, R. (1885, 1887).
1884 Wölflin (1881, 1887, 1895).
1885 Krause, B.
1885 Renouvier, Ch. (1874).
1885 Ricken, W. (1889).
1885 Thurneysen, R. (1884, 1887).
1885 Valvor, Guy.
1886 Meyer, R.-M.
1886 Meyer, W. (1882 (2), 1898, 1903).
1886 Pleines, A.
1886 Pohl, Th.
1886 Spenz, Fr.
1887 Appel, C. (1906).
1887 Formont, M.
1887 Gilliéron, L.
1887 Oreans, K.
1887 Stapfer, Paul.
1887 Stengel, Ed. (1880 (2), 1890-1903, 1894, 1896, 1897).
1887 Thurneysen, R. (1884, 1885).

1887 Wölfflin (1881, 1884, 1895).
1888 Becker, A.-Ph. (1894, 1904, 1906).
1888 Darzens, R.
1888 Groth, E.-G.
1888 Jordan, L.
1888 P.
1888 Rosières, R. de. (1891).
1888 Scherer, Ed.
1888 Westphal, R.
1889 Duchesne, l'abbé.
1889 Plattner.
1889 Ricken, W. (1885).
1889 Storm, J.
1890 Dumur, L.
1890 Hamel, A. van (1891).
1890 Köhler, G.
1890 Meyer, Paul (1861, 1867, 1882, 1890, 1894, 1903).
1890 Schwan und Prinzsheim.
1890-1903 Stengel, E. (1880 (2), 1887, 1894, 1896, 1897).
1890 Worp.
1891 Bibesco, Alex.
1891 Block, J.
1891 Hamel, A. van (1890).
1891 Hecq, G.
1891 Matzke, J.
1891 Psichari, J.
1891 Rosières, R. (1888).
1891 Valin, P.
1892 Brunot, Ferd.
1892 Clédat, L.
1892 Clément, Louis.
1892 Couture, L.
1892 Dejob, Charles.
1892 Ernault, E. (1900).
1892 Humphreys, M.

1892 Le Goffic, Charles (1901, 1909).
1892 Lindsay, W.
1892 Tisseur, Clair (Puitspelu).
1892 Waetzoldt.
1892 Wulff, Fr. (1898).
1893 Comte, Ch.
1893 Firmery, J. (1894).
1893 Fleury, A.
1893 Hohlfeld, A.
1893 Lemaître, Jules.
1893 Maurras, Ch.
1893 Retté, A. (1899, 1905).
1893 Texte, Joseph (1894).
1894 Becker, Ph.-A. (1888, 1904, 1906).
1894 Bolton.
1894 Bouchaud, P. de.
1894 Firmery, J. (1893).
1894 Firmery, J. et Clédat, L.
1894 Humbert, P. (1878, 1896).
1894 Marelle, Charles.
1894 Meyer, Paul (1861, 1867, 1882, 1890, 1894, 1903).
1894 Meumann.
1894 Revue de Métrique et de Versification.
1894 Stengel, Ed. (1880 (2), 1887, 1890, 1903, 1906, 1907).
1894 Texte, Joseph (1893).
1894 Vinson, Julien.
1895 Croze, A. de.
1895 Doumic, René (1897).
1895 Simon, S.
1895 Souza, R. de (1906-1907).
1895 Suchier, Hermann (1873, 1876, 1878, 1879).
1895 Teza, E.
1895 Vielé-Griffin (1898, 1899).

1895 Wölflin, E. (1881, 1884, 1887).
1896 Bédier, G.
1896 Bennet, Ch.
1896 Brakelmann, Jules.
1896 Delaporte, V.
1896 Hale, Ed.
1896 Humbert, P. (1878, 1894)
1896 Marcou, P. (1899).
1896 Mőrch, A.
1896 Stengel, Ed. (1880 (2), 1887, 1890-1903, 1894, 1897).
1896 Valentin, Veit (1897).
1897 Boschot, Ad. (1901).
1897 Chantavoine, H.
1897 Doumic, René (1895).
1897 Peters, H.
1897 Prudhomme,Sully(1903).
1897 Saran, Franz (1898 (2), 1900).
1897 Stengel, Ed. (1880 (2), 1887, 1890-1903, 1894, 1896).
1897 Tavan, Edouard.
1897 Valentin, Veit (1896).
1898 Darthèze, Albéric.
1898 Legouis, E.
1898 Meyer, W.(1882 (2), 1886 (2), 1903).
1898 Ovidio, F. d'.
1898 Piaget, A.
1898 Saran, Franz(1897,1900).
1898 Valentin, V.
1898 Vielé-Griffin, 1895, 1899).
1898 Wulff, Fr. (1892) (2).
1899 Chamard, Henri.
1899 Marcou, P. (1896).
1899 Retté, A. (1893, 1905).
1899 Souriau, Maurice.
1899 Vernier, Léon.
1899 Vielé-Griffin,(1895,1898).
1900 Ernault, E. (1892).
1900 Grammont(1903,1904(2).
1900 Hügli.
1900 Klingsor, T.
1900 Léautaud et Van Bever.
1900 Loth, J. (1901).
1900 Pelen, F.
1900 Régnier, H. de.
1900 Saran, Franz (1897, 1898 (2).
1900 Schläger, G.
1900 Schulz-Gora.
1900 Toldo, P.
1901 Beaunier, A.
1901 Boschot, A. (1897).
1901 Davidson, F. (1910).
1901 Des Granges, Ch.
1901 Jansz, L. de.
1901 Le Goffic,Ch.(1892,1909).
1901 Loth, J. (1900).
1901 Mari, G.
1902 Gourmont, R. de.
1902 Horak, W.
1902 Kahn, Gustave (1906).
1902 Madeleine, J.
1902 Mennung, A.
1902 Rimes en omphe.
1902 Schenk, A.
1902-1903 Vianey, J.
1903 Berr et Dellost.
1903-1904 Grammont (1900).
1903 Guerre, André.
1903 Kastner, L. (1904 (3)
1903 Kossmann.
1903 Magoun, H.
1903 Meyer, W.(1882 (2), 1886 (2), 1898).

1903 Poinsot et Normandy (1905).
1903 Prudhomme, Sully (1897 (3).
1903 Vannoz, Léon.
1904 Becker, A.-Ph. (1888, 1894, 1906).
1904 Kastner, L. (1903 (3).
1904 Thomas, W.
1905 Cornu, J.
1905 Gladow, J.
1905 Pellissier, Georges.
1905 Poinsot et Normandy (1903 (2).
1905 Poinsot (1903).(2).
1905 Retté, A. (1893, 1899).
1905 Scott, Fred.
1905 Stetson.
1905 Zingarelli, N.
1906 Appel (1887).
1906 Becker, Ph.-A. (1888, 1894, 1904).
1906 Crestoy, J.
1906 Faguet, Emile.
1906 Kahn, Gustave (1902).
1906 Polti, Georges.
1906 Souza, R. de (1895).
1906 Thieme, Hugo-P.
1907 Levaillant, M.
1907 Martinon, Philippon (1909 (2), 1913).
1907 Strong, Caroline.
1908 Borrmann, O.
1908 Halary, P.
1908 Piccoli, R.
1908 Rechnitz, F.
1909 Arnauld, Michel (1910)
1909 Ghéon, Henri (1910).
1909 Le Goffic, Charles (1892-1901).
1909 Mandin, L.
1909 Martinon, Philippon (1907-1913).
1909 Omega.
1910 Arnauld, Michel (1909)
1910 Cottinet, Émile.
1910 Davidson, F. (1901).
1910 Ghéon, Henri (1909 (2).
1910 Savarit, G.
1911 Lote, Georges (1912 (2).
1911 Romains, Jules.
1912 Batault, G.
1912 Lote, Gustave.
1912 Spire, A.
1912 Verrier, Paul.
1913 Martinon, Philippon (1907-1909 (2).

INDEX ALPHABÉTIQUE

A

Aae, 1909.
Abbréviation de l'Art poét., de Sibilet, 1556.
Ablancourt, 1667.
Ackermann, 1840.
Alembert (D'), 1770.
Allais, 1891.
Allier, 1857.
Amelung, 1871.
Andresen, 1874.
Antoine, S., 1650.
Apel, 1814.
Arbaud, 1862, 1864.
Arbois de Jubainville, 1902.
Art de Rhétorique (L'), xve s.
Arte Rigmatizandi, xve s.
Artigarum, 1895.
Asselineau, 1855.
Astaix, 1827.
Aubert, 1613.
Aubertin, 1882, 1898.
Aubry, 1901, 1903, 1905, 1907, (3), 1908.
Augé-Chiquet, 1909.
Autre Art poét. fr., 1573.

B

Baïf, 1574.
Baillet, 1685-1689.
Baïni, 1820,
Baju, 1887, 1892.
Banner, 1884, 1891.
Banville, 1872.
Barat, 1904.
Barbieux, 1853.
Barneville, 1898.
Barré, 1853, 1863.
Barthélemy, 1550.
Bartsch, 1870.
Bassot, 1881.
Batteux, 1746, 1763.
Baumgart, 1887.
Bayle, 1876.
Beaunier, 1902.
Beck, 1908, 1910.
Becker, 1888, 1890.
Beckmann, 1872.
Becq de Fouquières, 1874, 1879.
Bédier, 1893.
Bellanger, 1876.
Bellay (du), 1549.
Bello, 1890.
Benloew, 1847, 1855, 1862.
Berg, 1901.
Bernhardi, 1803.
Bèze, 1584.
Bibesco, 1893.
Bijwanck, 1883.
La Bibliothèque, 1731.

Billet, 1864, 1865.
Blaise d'Auriol, 1508.
Blaze, cf. Castil.
Bleton, 1882, 1898.
Blondel, 1897.
Blume, 1890.
Bobé, 1857.
Boileau, 1674, 1694.
Boindin, 1753.
Bois, 1910.
Boisjoslin, 1884.
Boissier, 1827.
Boissière, 1554, 1893.
Bonaparte, 1819, 1825.
Borel, 1857.
Bornecque, 1904.
Borrmann, 1908.
Bos (Du), 1714.
Boscaven, 1859.
Boschot, 1896.
Bossot, 1881.
Bossu (Le), 1675.
Boteauville, 1497.
Bouchaud, 1763, 1903, 1906
Boucherie, 1867.
Bouhier, 1737.
Bouhours, 1674.
Bouille, 1647.
Bourciez, 1886.
Bourdon, 1892.
Bouvey, 1886.
Boyer, 1752.
Braam, 1884.
Brakelman, 1891.
Brandenburg, 1907.
Brandin, 1901, 1904.
Braunschvig, 1904.
Brémont, 1894, 1903.
Bresche, 1663.

Brossette, 1694.
Broutesauge, 1620.
Brumoy, 1754.
Brun, 1655.
Brunot, 1891.
Bruzen de la Martinière, 1720.
Buchenau, 1901.
Buffier, 1709, 1732.
Buscher, 1867.

C

Callières, 1695, 1710.
Calvel, 1772.
Camus, xve s.
Canel, 1867.
Canfield, 1900.
Carion, 1858.
Carnahan, 1905.
Cassagne, 1906.
Castaigne, 1888.
Castil-Blaze, 1819, 1820, 1852, 1858.
Caumont, 1890, 1893.
Cayotte, 1906.
Cerceau (Du), 1730.
Cesari, 1908.
Chabaneau, 1885.
Chaignet, 1887.
Chalons, 1716.
Chamard, 1900.
Chansierges, 1726.
Chasles, 1828.
Chatelain, 1904, 1907.
Chauvin, 1886.
Chevalier, 1894.
Chiarini, 1878.
Chide, 1905.
Chifflet, 1659.
Choron, 1812.

Claudel, 1907.
Clédat, 1893.
Clément, 1771.
Clouzet, 1861.
Colletet, 1652, 1653, 1655, 1656, 1658.
Combarieu, 1893, 1897.
Comte, 1893.
Conway, 1878.
Coquelin, 1884.
Corbin, 1575.
Corneille, 1660.
Coste d'Arnobat, 1769.
Cournant, 1780.
Couture, 1891.
Coville, 1889.
Croix (La), 1694.
Crouslé, 1891, 1897.
Croy, 1493.
Cubières de Palmezeaux, 1812.

D

D'Alembert, 1770.
Dangeau, 1717.
Daniel, 1841-1856.
Daremberg, 1850.
Darmesteter, 1878.
Daru, 1813.
Davids, 1885.
Dechevrens, 1894.
Deimier, 1610.
Delaporte, 1694, 1888, 1898.
Delaudin d'Aigaliers, 1598.
Delavenne, 1886.
Della Rocca de Vergalo, 1880.
Delvau, 1867.
Densusiano, 1895.
Deschamps, 1392.
Desfontaines, 1743.

Des Marest, 1675, 1674.
Dessiaux, 1845.
Dessirier, 1862.
Deux Arts (Les), 1874.
Dialogue, 1678.
Diez, 1846.
Dolet, 1540.
Domairon, 1804.
Dorchain, 1905.
Doumic, 1897.
Du Bos, 1719.
Dubroca, 1824, 1825.
Duc, 1889.
Du Cerceau, 1730.
Duchesne, 1870.
Ducondut, 1856, 1863.
Du Gardins, 1620.
Duguesnois, 1849.
Duhamet, 1910.
Du Méril, 1841, 1843, 1847, 1852.
Dumost, 1880.
Du Perron, 1669.
Dupont-Vernon, 1888.
Dupuis, 1836.
Durand, 1748.
Duval de Tours, 1715.
Duvau-Foussard, avant 1700.

E

Ebert, 1874.
Eckert, 1895.
Egger, 1869.
Ehrenfeld, 1897.
Eichthal, 1892.
Eickhoff, 1895.
Eitner, 1899.
Encina, 1496.
Enneccerus, 1901.
Enquête, 1909.

Enrique de Aragon, 1433.
Erdmannsdörffer, 1895.
Erkelenz, 1866.
Ernault, 1893.
Escherny, 1811.
Estienne, 1579.
Evrard, 1885.

F

F P B, 1891.
Fabre d'Olivet, 1813.
Fabri, 1521.
Fabry, 1889.
Fauchet, 1581.
Fehse, 1880.
Fénelon, 1714.
Féret, 1901.
Fèvre, J. le, 1571, 1588.
Fiot, avant 1800.
Fischer, 1882.
Flan, 1867.
Florian-Parmentier, 1914.
Foclin, 1555.
Fontaine, 1548, 1551.
Fontenelle, 1688, 1734, 1749, 1754.
Foth, 1879 (2).
Framery, 1796.
Frein du Tremblay, 1713.
Freymond, 1882.
Fuchs, 1849.

G

Gacon, 1712.
Gaiffe, 1910.
Gaillard, 1749.
Galino, 1891.
Gargallo, 1820.
Du Gardins, 1620.

Gastoué, 1907.
Gaudin, 1870.
Gaullyer, 1716, 1717, 1728.
Gautier, L , 1858, 1866, 1872, 1879, 1887.
Gaynard de la Chaume, 1585.
Gebler, 1894.
Gengnagel, 1882.
Geijer, 1872, 1883.
Génin, 1845.
Gerhard, 1902.
Gevaert, 1875 (Paris).
Ghil, 1886.
Giguet, 1826.
Girard, 1762.
Glade, 1889.
Gladow, 1906.
Gnerlich, 1889.
Godard, 1618.
Gossart, 1859.
Gossett, 1884.
Gottsched, 1742.
Goujet, 1740.
Goujon, 1907.
Gourmont, 1899.
Gournay, 1626, 1641.
Gracien du Pont, 1539.
Grammont, 1904, 1908, 1913.
Gramont (De), 1876, 1893.
Grand Dictionnaire (Le), 1624
Grass, 1890.
Grein, 1903.
Gresset, 1898.
Grimm, 1852.
Gröbedinkel, 1881.
Gropp, 1886.
Gueret, 1669.
Guérin, 1844.
Guerrier de Dumast, 1819.

Guilliaume, 1898.
Guyau, 1884.
Gyllenborg, 1798.
Gyot, 1739.

H

Haase, 1878.
Hamel, 1890.
Hannsen, 1901.
Hardouin, 1757.
Hartmann, 1908.
Hartog, 1904.
Van Hasselt, 1862.
Hatzfeld, 1878.
Hauréau, 1883.
Havet, 1880, 1893.
Hecq, 1896.
Hédelin, 1657.
Hegel, 1832.
Héguin de Guerla, 1836, 1839.
Helmholtz, 1877.
Henry, 1886.
Herenc (Hercut, Tercut), 1432.
Hermann, 1865.
Héron, 1889.
Herting, 1884.
Heune, 1886.
Hill, 1874.
Hocq, 1896.
Hofmann, 1852.
Holborn, 1905.
Horák, 1911.
Hossner, 1886.
Houchart, 1910.
Houdard, 1897, 1898.
Hub, 1879.
Huemer, 1876, 1879, 1893.
Huet, 1722.

Hügli, 1900.
Humbert, 1888, 1890.
Huret, 1901.

I

Infortunato, xve s.
Infortuné, 1500.
Irailh, 1761.
Isles (Les), 1674.

J

Jæger, 1883.
Jasinski, 1903.
Jean-Dupré, 1904.
Jeanroy, 1889, 1901.
Joannet, 1752.
Johannesson, 1881, 1896.
Jonckbloet, 1854.
Jordan, 1890
Jubainville, 1902.
Jullien, 1854, 1876.

K

Kahn, 1887, 1897, 1902.
Kalepky, 1882.
Kastner, 1850; 1903.
Kaulen, 1882.
Kawczynski, 1889.
Keller, 1884
Klein, 1875, 1897.
Knobloch, 1886.
Köhler, G., 1901.
Köhler, M., 1890.
Körner, 1893.
Körting, 1866, 1890.
Koschwitz, 1886, 1893.
Kowal, 1902.
Kressner, 1879, 1880.

L

Laas d'Aguen, 1834, 1862.
Lacombe, 1766.
La Croix, 1694.
La Croix du Maine, 1584.
Lacuzon, 1903.
La Faye, 1731.
La Foi Nouvelle, 1902.
La Grasserie, 1892 (2), 1893 (2), 1896, 1900.
Laharpe, 1799
Lamennais, 1840.
La Mesnardière, 1640.
La Motte, 1707, 1712, 1730, 1754.
La Motte-F..., 1887.
Lamy, 1668.
Lancelot, 1663.
Landais, 1835, 1853, 1863.
Landry, 1904, 1911.
Langlois, 1890, 1902.
Langstroff, 1891.
Lanneau de Marey, 1852.
Lanson, 1892, 1908, 1909, 1912
La Porte, M. de, 1571.
La Porte, l'abbé de, 1767.
Larousse, 1862, 1905.
La Serre, 1771.
Laurent, 1897.
Lauwereyos de Diepenhède, 1850.
Léautaud, 1900.
Le Bossu, 1675.
Lecluse, 1834.
Le Goffic, 1890.
Legouvé, 1877, 1878, 1881.
Lejard, 1888.
Le Parterre, 1666.
Lérizet de la Faye, 1731.
Lesaint, 1871.

Les Isles, 1674.
Lettre à Madame, 1735.
Le Vavasseur, 1875.
Lewis, 1898.
Lhoumeau, 1892.
Lierau, 1882.
Lindelöf, 1901.
Lintilhac, 1887.
Littré, 1863.
Lobkowitz, 1663.
Longue, 1728.
Lootens, 1894.
Lote, 1911-1912.
Loth, 1902.
Lotz, 1905.
Lubarsch, 1879, 1880, 1885, 1888.
Lucas, 1911.
Ludwig, 1906.
Lurin, 1850, 1851, 1862.
Lussy, 1883.
Lyon, 1863.

M

M D S, 1663.
Mablin, 1815.
Magnus, 1405.
Mainard, 1884.
Malherbe, 1571, 1630, 1725.
Mambrun, 1661.
Marbe, 1904.
Marchal, 1898.
Marests (Des), 1675.
Mari, 1899.
Marmontel, 1763, 1787, 1806, 1825.
Marolles, 1662.
Martens, 1894.
Martinon, 1905, 1909, 1912.
Marty-Laveau, 1862, 1868, 1890.

INDEX ALPHABÉTIQUE 411

Masing, 1866.
Massieu, 1739.
Maugard, 1812.
Mc Crackin, 1902.
Meigret, 1542.
Melchior, 1909.
Ménage, 1666, 1672.
Mende, 1880, 1889.
Mercier, 1653, 1784.
Merkel, 1873.
Mervesin, 1706, 1717.
Mesnardière, 1640.
Meyer, P., 1861, 1892.
Meyer, W., 1905.
Meyer, R.-A., 1907.
Minor, 1893.
Misset, 1882.
Mockel, 1894.
Mojsisovics, 1905.
Molinet, 1524.
Molinier, xive s.
Möllmann, 1896.
Mone, 1853-1855.
Montaiglon, 1855-1858.
Morandini d'Eccotage, 1886.
Mornet, 1907.
Mothéré, 1886-1888.
Mourgues, 1684.
Moussé, 1888.
Müller, O., 1901.
Müller, K., 1882.
Mussafia, 1884.
Mützel, 1835.

N

Nadal, 1738.
Nagel, 1878.
Naetibus, 1891.
Nauendorf, 1871.

Nebout, 1895, 1897.
Nicolas, 1734.
Nicole, 1659.
Nisard, 1845.
Nivelle de la Chaussée, 1732.
Noack, 1898.
Nordfeld, 1891, 1893.
Nordstrom, 1870.
Normandy, 1902, 1903.
Nyrop, 1883, 1886, 1910.

O

Odet de la Noue, 1596, 1624.
Olivet, 1736, 1738, 1753, 1755, 1767, 1804, 1805, 1810, 1812, 1824.
Olmsted, 1897.
Oreans, 1888.
Otten, 1884.
Orth, 1882.

P

Pagnat, 1901.
Paris, G., 1862, 1866, 1875, 1893, 1896.
Paris, L., 1896.
Parterre (Le), 1666.
Passy, 1887.
Pasquiers, 1560.
Peletier, 1545, 1555.
Pellissier, 1882, 1885, 1893, 1898.
Perrandière, 1899.
Perrault, 1688.
Perron (Du), 1669.
Petit, 1683.
Pflanzel, 1898.
Philippon de la Madeleine, 1805.
Phuhl, 1887.
Pierson, 1884.
Piis, 1785.

Pleines, 1886.
Poggel, 1834.
Poinsot, 1902, 1903.
Pont (Du), 1539.
Port-Royal, 1654.
Porte (De La), 1571.
Pothier, 1881.
Pradels, 1905.
Prépetit de Grammont, 1711.
Prévost d'Exiles, 1735, 1736.
Prieur, 1364, 1380.
Prinzheim, 1890.
Prudhomme, 1892, 1901.
Pujol, 1858.

Q

Quicherat, 1838, 1850.
Quitard, 1867, 1883.

R

Racine, 1747.
Rack, 1902.
Raisonnemens, 1737.
Rajna, 1884.
Rambeau, 1878.
Ramorino, 1893.
Ramus, 1562.
Ranninger, 1895.
Rapin, 1670, 1674, 1684.
Raynaud, 1884, 1889, 1892.
Raynouard, 1834.
Règles de la Sec. Rhétorique, 1411-1415.
Régnier, 1887.
Régnier-Des Marais, 1706.
Remond de Saint-Mard, 1729, 1734.
Renard, 1875.
Renouvier, 1893.

Restaud, 1730.
Reyle, 1904.
Ricard, 1887.
Richaud, 1867.
Richelet, 1671, 1700, 1751, 1772, 1809.
Ricken, 1884.
Riese, 1888.
Rigault, 1856.
Rigolet de Juvigny, 1772.
Rimestad, 1905.
Robert, 1890.
Robertson, 1895.
Rochat, 1870.
Rochette, 1899, 1911.
Roedel, 1898.
Rollin, 1726.
Ronca, 1890.
Ronsard, 1565.
Roosmalen, 1842.
Ropohl, 1909.
Rose, 1880.
Rosenbauer, 1895 (2).
Rosières, 1896.
Rosset, 1904.
Roudet, 1910.
Rousselot, 1897, 1898, 1902, 1903, 1904.
Rücktäschel, 1889.
Rudmose-Brown, 1905.
Rydberg, 1896, 1898, 1904.

S

Sacchi, 1770.
S. Antoine, 1650.
Saint-Mard, 1734.
Sainte-Beuve, 1828.
Salm, 1812.
Samson, 1865.

Samson-Himmelstjerna, 1904.
Santillana, 1368-1458.
Saran, 1889, 1900, 1903, 1904, 1907.
Saroihandy, 1904.
Saugeon, 1832.
Sauvebois, 1908.
Scaliger, 1561.
Schenk, 1900.
Schläger, 1900.
Schlicher, 1900.
Schnatter, 1876.
Schuchardt, 1874, 1886.
Schuermans (Boscaven), 1859.
Schwan, 1890.
Scoppa, 1803, 1811, 1816.
Scriban, 1906.
Scudéry, 1654.
Sibilet, 1548.
Simrock, 1858.
Sizeranne, 1904.
Sommer, 1850.
Sonnemans, 1905.
Sonnenburg, 1885.
Sorel, 1622, 1664.
Soubeiron de Scapon, 1738.
Souriau, M., 1885, 1888, 1893.
Souriau, P., 1893.
Souza, 1832, 1892, 1895, 1899, 1906, 1912.
Spencer, 1871, 1899.
Spenz, 1886.
Spiegel, 1896.
Stapfer, 1886.
Stengel, 1893, 1896.
Stimming, 1906.
Stramwitz, 1886.
Suchier, 1875, 1876.
Suhle, 1866.

T

Tabourot, 1571, 1572.
Taille, J. de la, 1573.
Taine, 1853.
Tamm, 1879.
Tampucci, 1864.
Tempo, 1332.
Ten Brink, 1865, 1879.
Tenint, 1844.
Tercut (Thercut, cf. Herenc, 1432.
Terrasson, 1715.
Thamhayn, 1893.
Theys, 1896.
Thieme, 1899, 1906, 1910.
Thierfelder, 1868.
Thiéry, 1887.
Thieulin, 1890.
Thomas, W., 1904.
Thurau, 1899, 1901.
Thurot, 1881-1883.
Tiersot, 1889.
Tisseur, 1893.
Tivier, 1873.
Tobler, 1880.
Träger, 1889.
Traité de l'Art de Rhétorique, xve s.
Traité de Rhétorique, 1490.
Trévoux, 1771.
Tschin, 1906.

V

Vacandard, 1905.
Vaganay, 1902-1903.
Valentin, 1870.
Van Bever, 1900.

Van Hasselt, 1862.
Vaugelas, 1647.
Vauquelin de la Fresnaye, 1605.
Vavasseur, 1669, 1675.
Vernier, 1889, 1894.
Verrier, 1909, 1911, 1912.
Veyrières, 1869-1871.
Viehoff, 1859.
Viereck, 1902.
Vigié-Lecocq, 1897.
Vildrac, 1902, 1910.
Vincent, 1908.
Violet-le-Duc, 1809, 1829, 1843.
Vising, 1884.
Voltaire, 1719, 1731, 1770.
Vossius, 1647, 1673.

Wailly, A. de, 1856, 1894.
Wallensköld, 1891, 1901, 1908.
Wallner, 1879.
Wehrmann, 1883.
Weigand, 1840, 1857, 1863.
Weill (Benloew et), 1855.
Wenzell, 1908.
Westphal, 1862, 1872, 1880, 1885, 1889, 1892.
Wey, 1848.
Winderlich, 1885.
Wolf, E., 1890.
Wolf, F., 1859.
Wölflin, 1903.
Wright, 1841-1843.
Wulff, Fr., 1892, 1896, 1900.

W

Wackernagel, 1834.
Wagner, 1893.
Wailly, Noël, 1754, 1808, 1822, 1831.

Z

Zarnke, 1865, 1897.
Zettl, 1906.
Zschalig, 1884.
Zverina, 1878.

Périodiques

A

Appel, 1887, 1906.
Arbois de Jubainville, 1879, 1880.
Arnauld, 1909, 1910.

B

Banner, 1884.
Bartsch, 1859, 1866, 1878, 1879.
Batault, 1912.
Beaunier, 1901 (2).
Becker, 1888, 1894, 1904, 1906.

Bédier, 1896.
Bennett, 1896.
Berr, 1903.
Bibesco, 1891.
Birkenhoff, 1884.
Block, 1891.
Boisjoslin, 1884.
Bolton, 1894.
Borrmann, 1908.
Boscaven, 1856.
Boschot, 1897, 1901.
Bouchaud, 1894.

Boucherie, 1882.
Brakelman, 1896.
Brunemann, 1871.
Brunot, 1892.

C

Chamard, 1899.
Chantavoine, 1897.
Clédat, 1892, 1894.
Clément, 1892.
Comte, 1893.
Cornu, 1905.
Cottinet, 1910.
Couture, 1892.
Crestoy, 1906.
Croze, 1895.

D

Daremberg, 1850.
Darthèze, 1898.
Darzens, 1888.
Davidson, 1901, 1910.
Dejob, 1892.
Delaporte, 1896.
Dellost, 1903.
Des Granges, 1901.
Doumic, 1895, 1897.
Duchesne, 1889.
Dümmler, 1879.
Dumur, 1890.

E

Ebers, 1871.
Ebert, 1880.
Ernault, 1892, 1900.
Espinas, 1883.

F

Faguet, 1906.

Firmery, 1893, 1894 (2).
Fleury, 1893.
Forment, 1887.
Fraguier, 1729.
Freymond, 1882.

G

Gaijer, 1881.
Gautier, L., 1866.
Ghéon, 1909 (2), 1910.
Gilliéron, 1887.
Gladow, 1905.
Gourmont, 1902.
Grammont, 1900, 1903-1904 (2).
Gröbedinkel, 1881.
Gröber, 1882.
Groth, 1888.
Guerre, 1903.
Guyard, 1876.
Guyau, 1884.

H

Halary, 1908.
Hale, 1896.
Hamel, 1890, 1891.
Hannappel, 1881.
Harczyk, 1880.
Hardinge, 1881.
Hecq, 1891.
Hermann, 1865 (2).
Hoffmann, 1816.
Hofmeister, 1884.
Hohlfeld, 1893.
Horák, 1902.
Hügli, 1900.
Humbert, 1878, 1894, 1896.
Humphreys, 1892.
Hupfeld, 1852.

J

Jäger, 1884.
Jansz, 1901.
Jordan, 1888.
Journal des Savants, 1685.
Journal Encyclopédique, 1770.

K

Kahn, 1902, 1906.
Kastner, 1849.
Kastner, 1903 (3), 1904 (3).
Keuter, 1882.
Klingsor, 1900.
Koch, 1879.
Köhler, 1890.
Kossmann, 1903.
Krause, 1885.

L

Lenfant, 1710.
La Motte, 1730.
Léautaud, 1900.
Le Goffic, 1892, 1901, 1909.
Legouis, 1898.
Lemaître, 1893.
Levaillant, 1907.
Lindsay, 1892.
Littré, 1856-1859.
Longue, 1737.
Lote, 1911-1912 (2).
Loth, 1900, 1901.

M

Madeleine, 1902.
Magoun, 1903.
Mahly, 1864.
Mandin, 1909.
Marcou, 1896, 1899.

Marelle, 1894.
Mari, 1901.
Martinon, 1907, 1909 (2), 1913.
Matzke, 1891.
Maurras, 1893.
Maus, 1884.
Mennung, 1902.
Mercure de France, 1780.
Merkel, 1880.
Meumann, 1894.
Meyer, P., 1861, 1867, 1882, 1890, 1894, 1903.
Meyer, W., 1882 (2), 1886 (2), 1898, 1903.
Meyer, R.-M., 1886.
Mila y Fontanals, 1875.
Mone, 1838.
Mőrch, 1896.
Motte, 1730.
Müller, K., 1882.
Müller, L., 1884.

N

Nagel, 1879.
Normandy, 1903 (2), 1905.

O

Omega, 1909.
Oreans, 1887.
Ovidio, 1898.

P

P., 1888.
Paris, G., 1866, 1872.
Pelen, 1900.
Pellissier, 1905.
Peters, 1897.
Piccoli, 1908.
Piaget, 1898.

Plattner, 1889.
Pleines, 1886.
Pohl, 1886.
Poinsot, 1903 (2), 1905 (2).
Polti, 1906.
Prinzheim, 1890.
Provenzal Versification, 1871.
Prudhomme, 1897 (3), 1903.
Psichari, 1891.

Q

Quicherat, 1855 (2).

R

Raynouard, 1833, 1836.
Rechnitz, 1908.
Régnier, 1900.
Reissert, 1884.
Renouvier, 1874, 1885.
Restori, 1895.
Retté, 1893, 1899, 1905.
Revue de Métrique, 1894.
Ricken, 1885, 1889.
Rimes en omphe, 1902.
Rochat, 1870.
Romains, 1911.
Römer, 1884.
Rose, 1880.
Rosières, 1888, 1891.

S

Saran, 1897, 1898 (2), 1900.
Sauvebois, 1911.
Savarit, 1910.
Schenk, 1902.
Scherer, 1888.
Schläger, 1900.

Schoppe, 1902.
Schulz-Gora, 1900.
Schwan, 1890.
Scott, 1905.
Sepet, 1865, 1879.
Simon, 1895.
Souriau, 1899.
Souza, 1895, 1906-1907.
Spenz, 1886.
Spire, 1912.
Stapfer, 1887.
Stengel, 1880 (2), 1887, 1890
    1903, 1894, 1896, 1897.
Stetson, 1905.
Storm, 1889.
Strong, 1907.
Suchier, 1873, 1876, 1878, 1879,
    1895.

T

Tavan, 1897.
Texte, 1893, 1894.
Teza, 1895.
Thieme, 1906.
Thomas, A., 1881, 1882, 1883.
Thomas, W, 1904.
Thurneysen, 1884, 1885, 1887.
Tisseur, 1892.
Toldo, 1900.
Trublet, 1737.

U

Uhland, 1812.

V

Valentin, 1896, 1897.
Valin, 1891.

Valois, 1881.
Valvor, 1885.
Van Bever, 1900.
Vannoz, 1903.
Vaultter, 1840.
Vernier, 1899.
Verrier, 1912.
Vianey, 1902-1903.
Viehoff, 1864.
Vielé-Griffin, 1895, 1898, 1899.
Vinson, 1894.

W

Waetzold, 1892.
Wallner, 1879.
Westphal, 1888.
Wölflin, 1881, 1884, 1887, 1895.
Worp, 1890.
Wulff, Fr., 1892 (2), 1898.

Z

Zarnke, 1865, 1871.
Zingarelli, 1905.

INDEX GÉNÉRAL DE LA PREMIÈRE PARTIE

Les chiffres renvoient aux pages.

A

Aae, 8, 19, 180.
Accents, 155-181.
Ackermann, 31, 58, 60, 162.
Alembert (d'), 144.
Alexandrin, 67-75.
Allais, 14.
Allitération, 97-99.
Andresen, 98, 105, 149.
Aristote, 24, 52.
Arnauld, 85, 87, 180.
Arts Poétiques, 21-34.
Assonance, 97-99.
Aubertin, 13, 63.
Aubry, 193.
Augé-Chiquet, 184.
Auriol (d'), Blaise, 26.

B

Baïf, 116, 182.
Baillet, 17-19.
Baïni, 31, 158, 190.
Baju, 81, 82.
Banner, 150.
Banville, 22.
Barat, 14.
Barbieux, 58.
Barneville, 176.
Bartsch, 58, 60, 61, 62, 65, 67-71, 149, 165.
Batteux, 30, 106.
Beaunier, 79, 84, 111, 123, 183.
Beck, 33, 180, 193.
Becker, 59, 63, 74, 116, 183.
Becq de Fouquières, 8, 31, 32, 34, 66, 78, 98, 161, 162, 166.
Beethoven, 81.
Bellanger, 149.
Bellay (du), 12, 26, 116, 130-131.
Benloew, 32, 44, 47, 162, 164.
Berlioz, 89, 142.
Bèze, 14, 37.
Bibliographie, 16-20.
Billet, 95, 149.
Blaise d'Auriol, 26.
Blaze, cf. Castil-Blaze.
Bleton, 108.
Blondel, 118, 196.
Boileau, 27, 53, 116, 124.
Boindin, 30.
Boisjoslin, 46, 100.
Boissière, 96.
Bonaparte (Saint-Leu), 18, 31, 91, 124, 136, 144, 148, 155, 158, 190.

Bos (du), 14, 29, 32, 58, 133.
Boschot, 14, 82, 84, 123, 125, 126, 151, 189.
Bouchaud, 31, 57, 125, 144, 151, 155.
Bouhier, 133, 138, 139, 142.
Bouhours, 52.
Bouchet, 150.
Bourcier, 14.
Bourdon, 82, 189.
Braam, 114.
Brandenburg, 116.
Braunschvig, 112, 177, 189.
Brémont, 109, 111, 192, 195.
Bresche, 28.
Broutesauge, 14.
Brunot, 19, 95.

C

Carion, 96.
Castaigne, 151.
Castil-Blaze, 31, 32, 124, 190, 192.
Cerceau (du), 29, 30, 39, 53, 90, 185, 188.
Césure, 99, 105.
Chalons, 29, 133.
Chamard, 19.
Chasles, 13.
Chatelain, 75, 117, 120, 183.
Chénier, 141.
Chifflet, 14.
Choron, 156, 190.
Clément, 40.
Clouet, 23.
Clotilde de Surville, 150.
Combarieu, 66, 166, 192.
Comparaison avec d'autres langues, 35-52.

Comte, 183.
Conseils et Traités, 95-97.
Coppée, 103.
Coquelin, 109, 194.
Corneille, 17, 25, 28, 124.
Cottinet, 85.
Crestoy, 119.
Croy, 26, 130.
Cubières de Palmezeaux, 124.

D

D'Alembert, 144.
Dangeau, 14.
Darmesteter, 13.
Darthèze, 111, 195.
Daru, 18, 41, 144, 157.
Darzens, 125.
Davidson, 75.
Debussy, 80, 88, 89, 193.
Décasyllabe, 67-75.
Deimier, 27, 28, 131.
Delacroix, 142.
De La Porte, 19.
Delaporte, 151.
Della Rocca, 91, 124.
Deschamps, 129.
Desfontaines, 142.
Desmarets, 53.
Desportes, 131.
Dessirier, 106.
Dialogue, 132.
Dickmann, 109.
Diez, 8, 13, 32, 60.
Distinction entre la prose et la poésie, 184-189.
Dolet, 14, 181.
Dorchain, 8, 104.
Doumic, 82, 127, 183.
Du Bellay, 12, 26, 116, 130, 131.

Du Bos, 14, 29, 37, 53, 133.
Dubroca, 31, 43, 48, 155, 160, 196.
Du Cerceau, 29, 30, 39, 53, 90, 185, 188.
Ducondut, 32, 77, 78, 124, 149, 165, 183, 191, 192.
Du Gardins, 27.
Du Méril, 54, 57, 60, 162.
Dŭmmler, 57.
Dumur, 46, 59.
Du Pont, 26, 130.

E

Ebert, 49, 57.
Ecole Française, 92-93.
Egger, 13, 18, 183.
Eichthal, 8, 173
Eickhoff, 74.
Elision, 114-115.
E muet, 105-113,
Endécasyllabe, 67-75.
Enjambement, 99-105.
Ernault, 96.
Escherny, 31-90.
Espinas, 34, 118, 171.
Estienne, 14, 46, 130, 182.
Evolution, 76-93.

F

Fabre d'Olivet, 31, 91, 148.
Fabri, 26, 99, 130, 155.
Faguet, 104.
Fauchet, 89, 90, 131, 155.
Fontaine, 26, 130.
Fénelon, 29, 37, 53, 123, 132, 133, 184.
Féret, 92.
Firmery, 125, 151.

Fontenelle, 24, 53, 133, 142-145.
Foth, 8, 169.
Framery, 31.
Freymond, 149.

G

Galino, 192.
Gaullyer, 17, 29.
Gautier, 32, 34, 57, 58, 60, 61, 62, 65, 66, 71, 165, 192.
Gengnagel, 15.
Génin, 13, 14.
Ghéon, 85, 86, 120, 180, 184.
Ghil, 81.
Gladow, 85.
Gossart, 149.
Goujet, 17, 18, 30.
Gourmont, 8, 83, 87, 111, 183.
Gournay, 13, 27, 131.
Grammont, 8, 22, 33, 78, 98, 177.
Grein, 152.
Gröbedinkel, 116.
Gropp, 109.
Groth, 184.
Guerre, 92.
Guilliaume, 8, 78.
Guyau, 8, 33, 45, 102, 112, 150, 170-173.

H

Halary, 152.
Hannsen, 176.
Harczyk, 170.
Hatzfeld, 13.
Havet, 62.
Hecq, 19.
Henry, 71, 72, 192.
Heredia, 80.

Herenc, 130.
Heune, 101.
Hiatus, 114-115.
Holborn, 19, 178.
Hossner, 15.
Huemer, 57.
Huet, 185.
Hugo V., 33, 102, 103, 125-127, 141, 142, 147, 152, 162, 171, 174, 177, 180.
Humbert, 15, 108.
Hupfeld, 117.
Hymnologie, 57.

I

Irailh, 18.

J

Jeanroy, 63, 116.
Johannesson, 114, 151.
Jubainville, 67, 69, 70.
Jullien, 34, 44, 45, 67, 68, 183.

K

Kahn, 81, 85, 184.
Kastner, 101.
Kawcynski, 54, 63, 66, 74, 151, 173.
Klingsor, 84, 193.
Köhler, 98.
Koschwitz, 117, 118.

L

Lacombe, 18.
La Croix, 29, 37, 99, 132.
La Croix du Maine, 17.
Lacuzon, 85.
La Faille, 135.
La Faye, 133, 136.

La Grasserie, 65, 111, 117, 151, 174, 176, 193.
Laharpe, 40, 158.
La Mesnardières, 28.
La Motte, 24, 30, 53, 90, 124, 133-137.
Lamy, 121.
Landry, 74, 111, 120.
Langlois, 19, 33.
Lanson, 8, 19, 53.
Larousse, 96.
Laurent, 83.
Léautaud, 19.
Leconte de Lisle, 80, 103.
Le Goffic, 8, 84, 85, 96, 103, 125, 127, 128.
Legouis, 51, 55, 56, 176.
Legouvé, 108, 109.
Lemaître, 82, 151.
Lesaint, 106.
Lewis, 51, 54, 66.
Littré, 13, 14, 60, 66, 183.
Longue, 30, 31, 39, 90, 124, 133, 140.
Lote, 34, 111, 118, 120, 195.
Lubarsch, 8, 32, 78, 108, 109, 169.
Lulli, 32, 124.
Lurin, 43, 164, 190.
Lussy, 192.

M

Mablin, 43, 145, 158.
Magnus, 128.
Malherbe, 13, 14, 27, 111, 114, 159.
Marcou, 114.
Marelles, 33, 110, 111.
Marmontel, 40, 123, 141, 156.

Marolles, 46, 123.
Marot, 12, 18.
Martinon, 19, 101-103, 115, 116.
Massieu, 13.
Maus, 116.
Meigret, 14, 106, 181.
Melchior, 66, 101.
Ménage, 14, 28, 52.
Mende, 106.
Mendès, 79.
Mercure Galant, 29.
Mervesin, 12.
Métrique Comparée, 53-55.
Meyer, P., 13, 34, 58, 60, 62, 63, 66, 68.
Meyer, W., 57.
Minor, 49, 54, 175.
Misset, 58.
Mockel, 82.
Molière, 124, 195.
Monet, 80.
Mornet, 14, 19.
Mothéré, 50, 54.
Moustier, 23.
Müller, 48, 78, 98, 170, 183.
Musique et Versification, 189-196.

N

Naetebus, 116.
Nagel, 116.
Nebout, 14.
Nicolas, 14, 53.
Nivelle de la Chaussée, 136.
Noack, 117.
Nordfeld, 116.
Normandy, 92.
Nyrop, 19, 63, 71.

O

Octavien de St-Gelais, 150.
Octosyllabe, 66.
Olivet, 30, 39, 122, 142, 183, 188.
Origines, 56-75.
Orth, 116, 149.
Otten, 101.
Ovidio, 174.

P

Pagnat, 92.
Paris, 19, 48, 58, 60-62, 68-72, 149, 165.
Pasquiers, 12, 28, 46, 130, 182.
Passy, 33, 111, 117-119.
Pédagogie, 94-128.
Peletier, 26, 36, 99, 130, 181.
Pellissier, 18, 19, 34, 82, 85, 127.
Perrault, 53.
Perron, 28, 46, 182.
Petit, 53.
Phonétique, 117-121.
Pierson, 33, 118.
Plan de groupement, 7,
Plattner, 109.
Poinsot, 92.
Polti, 55.
Prépetit de Grammont, 29.
Prévost, 30, 31, 90, 124, 133.
Principes, 155-181.
Psichari, 81, 111.

Q

Quantité et qualité, 196.
Querelle des Anc. et Mod., 52-53.
Questions à étudier, 197-202.
Quicherat, 13, 22, 29, 32, 34, 44, 67, 68, 107, 178.

R

Racine, 25, 53, 122-124, 134, 142, 146, 188, 195.
Rack, 116.
Rajna, 63, 71.
Rameau, 32, 124,
Ramus, 14, 182.
Rapin, 24, 28, 52, 53, 121.
Raynal, 18.
Récitation des vers, 105-113, 189-196.
Réformes, 121-128.
Régnier, 84, 109, 180, 194.
Régnier-Desmarais, 14.
Remond de S.-Mard, 14, 53, 90, 122, 124, 133, 136, 188.
Renoir, 80.
Renouvier, 102, 126, 127, 172, 192.
Retté, 84, 85, 125, 128, 176, 180, 183.
Ricard, 19, 33, 118, 196.
Richelet, 17, 28, 29, 132, 183, 184.
Ricken, 109, 114.
Riese, 98.
Rigault, 53.
Rigoley de Juvigny, 13, 17.
Rime, 129-153.
Rochat, 68.
Rochette, 33, 98, 176-177.
Rodin, 80.
Rollin, 24, 38.
Ronsard, 27, 107, 116, 130, 131, 150, 184, 186.
Rosenthal, 142.
Rosières, 14, 78, 82, 89.
Rosset, 111.
Rostand, 10, 113.
Rousselot, 33, 118, 119, 121, 181.
Rücktäschel, 19, 27.
Rudmose-Brown, 8, 19, 33, 51, 55, 178, 180.
Rydberg, 111.
Rythme, 154-196.

S

Sacchi, 31, 156.
Sachs, Hans, 49.
Saint-Gelais, 150.
Saint-Mard, cf. Remond.
Saint-Leu, cf. Bonaparte.
Sainte-Beuve, 13, 108, 183.
Sainte-Eulalie, 34.
Samson, 194.
Samson-Himmelstjerna, 55, 178.
Saran, 8, 9, 19, 27, 33, 43, 49, 55, 102, 177, 178, 183.
Sarcey, 110.
Sauvebois, 14.
Savarit, 46, 87, 180.
Schenk, 151.
Scherer, 151.
Schläger, 117, 193.
Schuchardt, 47, 54.
Schumann, 81.
Schwan, 15.
Scoppa, 13, 18, 31, 46, 156, 157, 178, 190.
Sepet, 58, 60.
Seurat, 80.
Sibilet, 23, 26.
Simon, 49, 59, 176.
Sonnenburg, 108.
Sorel, 17.

Souriau, 14, 78.
Souza, 8, 14, 30, 33, 84-86, 111, 119, 121, 128, 174, 180, 195, 196.
Spencer, 66, 166, 171.
Spenz, 101.
Spire, 180.
Stapher, 77, 127.
Stengel, 8, 9, 19, 20, 33, 65, 73, 78, 100, 107, 115, 116, 169, 170, 175.
Storm, 117, 196.
Stramwitz, 105.
Strong, 55, 74, 117.
Strophe, 115-117.
Suchier, 60, 192.
Sully Prudhomme, 22, 33, 43, 80, 83, 84, 102, 103, 112, 123, 128, 143, 174, 189, 195.
Sweet, 117.

T

Taille, 27, 36, 182.
Tavan, 59, 176.
Technique et Pédagogie, 94-128.
Ten Brink, 61, 71.
Tenint, 31, 34, 77, 78.
Thieme, 19, 84.
Thieulin, 96.
Thomas, 19, 34, 55, 65, 74.
Thurneisen, 67, 72.
Thurot, 18.
Tisseur, 8, 22, 33, 125, 151.
Tivier, 32, 63.
Tobler, 32, 33, 65, 75, 78, 100, 107, 170.
Träger, 49, 75, 108.
Traités avec Exercises, 95-97.

U

Uhland, 60.

V

Vaganay, 19.
Valentin, 49.
Valin, 98.
Valvor, 150.
Van Bever, 19.
Van Hasselt, 59.
Vannoz, 84, 123, 128, 189.
Vaultier, 31, 34, 161, 162.
Vaugelas, 12, 14, 28, 111.
Vauquelin, 19, 22, 27, 131.
Vavasseur, 52.
Verlaine, 83.
Vernier, 46.
Vernon, 194.
Verrier, 34, 51, 55, 66, 118, 120.
Vers classique, 77-78.
Vers mesurés (sans rimes, vers libres), 181-184.
Vers Parnassien, 79.
Vers Romantique, 78-79.
Vers Symboliste et Décadent, 79-92.
Vers Symboliste avant le Symbolisme, 89-92.
Versification Rythmique, 57-59.
Viehoff, 47.
Vielé-Griffin, 80, 82, 125.
Viereck, 116.
Vieux vers français, 75.
Vigié-Lecocq, 14.
Vildrac, 85.
Violet-le-Duc, 18.
Voltaire, 50, 108, 114, 122-124, 133-135.
Vossius, 28, 155.

W

Wätzhold, 79.
Wagner, 81.
Wallensköld, 15.
Weigand, 47, 116.
Wenzel, 152.
Westphal, 54.
Wey, 13, 14, 18.

Wolf, 60.
Wölflin, 97.
Wulff, 8, 10, 19, 33, 43, 102, 174, 175, 178, 179, 180.

Z

Zarnke, 48, 58, 61, 68, 74.
Zschalig, 19, 34.

TABLE DES MATIÈRES

PREMIÈRE PARTIE

	Pages
Préface.	
Introduction	1-10
Chapitre I. — Conditions favorables ou défavorables à la versification	11-15
Chapitre II. — Bibliographie	16-20
Chapitre III. — Les Arts poétiques	21-34
Chapitre IV. — Comparaison entre la langue française et d'autres langues	35-55
a. Avec le grec et le latin.	35-46
b. Avec l'italien	46-47
c. Avec l'allemand	47-49
d. Avec l'anglais.	50-52
e. Querelle des anciens et des modernes.	52-53
f. La métrique comparée	53-55
Chapitre V. — Les origines	56-75
a. L'Hymnologie	57
b. La Versification rythmique	57-59
c. Les Origines en général	59-66
d. L'Octosyllabe	66
e. Le Décasyllabe. L'Endécasyllabe. L'Alexandrin	67-75
f. Le vieux vers français	75
Chapitre VI. — L'Evolution ou les Ecoles littéraires.	76-93

- *a.* Le vers classique 77-78
- *b.* Le vers romantique. 78-79
- *c.* Le vers parnassien 79
- *d.* Le vers symboliste et décadent 79-89
- *e.* Le vers symboliste avant le symbolisme . . 89-92
- *f.* L'Ecole française 92-93

Chapitre VII. — Technique et pédagogie. Les règles. . 94-128
- *a.* Conseils et Traités avec exercices 95-97
- *b.* L'allitération. L'assonance. 97-99
- *c.* La Césure. L'Enjambement 99-105
- *d.* L'*e* muet. La Récitation des Vers 105-113
- *e.* L'Hiatus. Elision 114-115
- *f.* La Strophe 115-117
- *g.* La Phonétique. 117-121
- *h.* Les Réformes. 121-128
    1. Adhérence stricte aux Règles 121-123
    2. Nécessité de Réformes 123-126
    3. Réformes accomplies 126-128

Chapitre VIII. — La Rime 129-153

Chapitre IX. — Le Rythme 154-196
- *a.* Les Principes. Les Accents. 155-181
- *b.* Les Vers mesurés. Les Vers sans rime. Vers libres. 181-184
- *c.* Distinction entre la Prose et la Poésie . . 184-189
- *d.* La Musique et la Versification. La Récitation. 189-196
- *e.* La Quantité et la Qualité. 196

Chapitre X. — Questions à étudier 197-202

DEUXIÈME PARTIE

Bibliographie Chronologique et Analytique. 203-357

TROISIÈME PARTIE

Tableau analytique de matières relatives à la versification.	359-387
Accents	359-360
Alexandrin	360
a. Etudes générales.	360
b. Accents. Repos. Allitération	360
Les anciens et les modernes	360
L'Anglo-Norman	361
Arts poétiques et Traités de versification	361-364
a. Etudes et Editions des Arts Poétiques et des Traités	362
b. Arts Poétiques et Traités appuyant sur : 1) L'esthétique. 2) La mécanique. 3) L'esthétique et la mécanique (faisant école). 4. Les Règles.	363-364
Assonance	364
Ballade	364
Bibliographie	364
Césure.	365
Comparaison avec d'autres langues	365-366
a. Le grec et le latin	365
b. L'italien	365
c. L'allemand	365-366
d. L'anglais	366
e. En général	366
Conditions : langue, littérature, civilisation	366-367
a. Le xvie siècle	366
b. Le xviie siècle.	366
c. Le xviiie siècle	366-367
d. Le xixe siècle	367
e. Le xxe siècle et en général.	367
Conseils pour l'Etude de la Versification	367
Couplet	367

Cursus.	367
Descorts.	367
Dictionnaires de rimes	367
Dispute celtique	367
Ecole française.	368
Ecoles littéraires	368
a. Le vers classique.	368
b. Le vers romantique.	368
c. Le vers parnassien	368
d. Le vers symboliste et décadent	368
e. En général	368
Elégie	369
Elision.	369
Enjambement	369
Epigramme	369
Epique (poème).	369
Esthétique	369-370
Flors des Gay Saber	370
Grammaire : orthographe, accents, ponctuation, dipthongues	370
Hiatus. Cacophonie	370
Hymnologie et poésies populaires latines au moyen âge	370-371
Lais.	371
Laisse monorime	371
Licences poétiques	371
Madrigal.	371
Métrique comparée	371
Motet.	371
E muet	372
Musique et versification	372
a. L'union de la musique et de la versification.	372
b. Musique et rythme ou le rythme musical.	372
Nécessité de réformes.	372-373
Ode.	373
Origines de la versification.	373-374

TABLE DES MATIÈRES 431

    a. En général 373
    b. Octosyllabe. 373
    c. Décasyllabe 373-374
    d. Endécasyllabe. 374
    e. Alexandrin. 374
Phonétique 374
Poésie populaire : origine, structure. 374
Poésie et prose 374-375
    a. Distinction entre la prose et la poésie. . . 374-375
    b. Emploi de la poésie et de la prose. . . . 375
Principes. 375
Provençal : Trouvères et Troubadours 375
Quantité. Qualité 376
Querelles et polémiques : La rime. Les origines. Origine celtique. Décasyllabe. *Eulalie.* Anglo-Norman. L'*e* muet et la Récitation. Malherbe. Résumé . . 376-377
Récitation des vers 377-378
Recueil des poèmes primitifs 378
Refrain 378
Règles. 378-379
    a. Adhérence stricte aux règles mécaniques. . 378
    b. Nécessité de réformes 378-379
    c. Réformes accomplies 379
Rime 379-380
Ritornelle 380
Romances et pastourelles 380
Rondeau 380
Rythme 380-381
    a. Le terme ritme 380
    b. Rythme. 380-381
    c. Rythme prosaïque ou prose rythmée . . . 381
Saturnien. 381
Sestina. 381
Sonnet. 381-382
Strophe 382
Symbolisme : Décadents, tendances modernes . . 382

Symbolisme annoncé ou prédit.   382
Termes.   382
Terza rime   383
Textes, thèses, études.   383-385
Transposition   386
Triolet.   386
Vers au théâtre.   386
Vers libres   386
Vers métrifiés, quantité, vers sans rime, non rimés.   386
Versification rythmique   387
Vieux vers français.   387
Virelai.   387

INDEX

Index chronologique. Livres. Périodiques.   388-404
Index alphabétique. Livres, Périodiques   405-418
Index général de la Première Partie   419-426